Diderot e a arte de pensar livremente

Andrew S. Curran

Diderot e a arte de
pensar livremente

tradução
José Geraldo Couto

todavia

Para Jen

Prólogo: Desenterrando Diderot 9

Parte I: Frutos proibidos
1. O abade de Langres 23
2. Abandonando Deus 45
3. Um filósofo na prisão 65
4. A bíblia do Iluminismo 85
5. O cilício da *Encyclopédie* 110

Parte II: Colheita tardia
6. Sobre a virtude e o vício 147
7. Sobre arte: Diderot no Louvre 163
8. Sobre a origem das espécies 187
9. O sexólogo 208
10. Sobre o amor 233
11. Uma viagem à Rússia:
Política, filosofia e Catarina, a Grande 250
12. Últimas palavras:
Falando a déspotas e a insurgentes americanos 272

Epílogo: Caminhando entre duas eternidades 295

Agradecimentos 316
Cronologia 319
Lista de personagens 323
Notas 328
Referências bibliográficas 361
Índice remissivo 374
Créditos das imagens 385

Prólogo
Desenterrando Diderot

Em algum momento do nevoso inverno de 1793, sob o manto da noite, um pequeno grupo de ladrões arrombou uma porta de madeira e invadiu a igreja de Saint-Roch. A invasão do santuário parisiense era quase uma ocorrência semanal durante aquela época de revolução. No início dos anos 1790, vândalos anticlericais tinham arrancado enormes pinturas religiosas das paredes e retalhado as telas. Outros invasores tinham surrupiado obras de arte mais portáteis, incluindo uma esplêndida estátua esculpida por Étienne-Maurice Falconet. Naquela noite particular, porém, os intrusos vieram para roubar tudo o que pudessem encontrar de cobre, prata ou chumbo na cripta localizada no subsolo da Capela da Virgem. Pondo mãos à obra em frente ao altar da capela, os arrombadores de túmulos usaram compridas barras de ferro para levantar e afastar para o lado a lápide de mármore do tamanho de um colchão no centro do piso. Embora eles certamente não fizessem ideia de quem estava sepultado na catacumba, mesmo o mais tosco do grupo, presumindo que soubesse ler, teria reconhecido o nome do escritor Denis Diderot inscrito num dos caixões. Morto havia nove anos, o notório ateu havia sido a força motriz por trás do projeto literário mais controverso do século XVIII, a *Encyclopédie*. Esse volumoso dicionário não apenas trouxera à luz o sacrilégio e o livre-pensamento, mas desencadeara um escândalo de décadas que envolvia a Sorbonne, o Parlamento de Paris, os jesuítas, os jansenistas, o rei e o papa.

Nada dessa história velha interessava aos arrombadores. Depois de tirar do túmulo o caixão de chumbo de Diderot, os homens simplesmente jogaram seu corpo em decomposição no chão de mármore da igreja. No dia seguinte, os restos mortais de Diderot (junto com os outros cadáveres profanados da cripta) foram presumivelmente recolhidos e transferidos sem cerimônia para uma cova coletiva cerca de 1,5 quilômetro a leste.[1] Ninguém notou; ninguém noticiou na imprensa. Presumindo que os poucos párocos remanescentes da igreja soubessem que Diderot havia sido enterrado ali, eles sem dúvida ficaram aliviados por se verem livres do escandaloso incréu.

Uns vinte anos antes de seus restos mortais serem retirados da Saint-Roch, Diderot havia comentado profeticamente que "embaixo do mármore ou embaixo da terra, de todo modo você apodrece".[2] No entanto, ser despejado e esquecido numa vala em meio a cadáveres de aristocratas recém-guilhotinados não teria sido sua preferência. Ateu ou não, Diderot havia expressado por muito tempo um vivo interesse em ser lembrado e, se tudo desse certo, celebrado por gerações futuras. "A prosperidade é para o filósofo", declarou certa vez, o mesmo que "o paraíso para o homem religioso."[3]

O interesse de Diderot em falar do além-túmulo para gerações futuras nascera da necessidade. Em 1749, pouco depois de o escritor, então com 36 anos, ter publicado uma obra de imoderado ateísmo intitulada *Lettre sur les aveugles* [Carta sobre os cegos], dois gendarmes apareceram em sua casa, detiveram-no e o arrastaram para a prisão de Vincennes. Três meses mais tarde, pouco antes de Diderot ser solto, o tenente-general de polícia fez uma visita especial à prisão para avisar ao escritor que qualquer nova publicação imoral ou irreligiosa implicaria uma sentença de prisão medida em décadas, não em meses.

Diderot levou a ameaça a sério. Nos 33 anos seguintes, ele evitou publicar o tipo de livro incendiário que escrevera quando jovem. Grande parte da energia que poderia ter sido dedicada a tais esforços foi redirecionada para a *Encyclopédie* e sua exigência absoluta. Quando finalmente completou o último volume de ilustrações, em 1772, o então já idoso escritor estava bem consciente de que era uma celebridade em toda a Europa e mesmo em partes da América do Norte, mas não era considerado de fato um grande da literatura. Seu destino, conforme ele admitia abertamente, era talvez "sobreviver" por muito tempo depois que sua reputação como enciclopedista tivesse empalidecido. Ficaria ainda mais velho e desapareceria sem deixar para trás uma obra significativa.[4] Esse, de fato, parecia ser o caso quando ele morreu, em 1784. Embora vários obituários o creditassem como o líder da geração de pensadores que haviam posteriormente mudado o país, também sugeriam que ele não tinha estado à altura de seu indiscutível gênio.[5] Até mesmo seus amigos concordavam a contragosto. Jacques-Henri Meister, que admirava o homem, reconhecia melancolicamente que Diderot jamais produzira um livro que pudesse situá-lo na primeira fila de "nossos filósofos ou de nossos poetas".[6]

Amigos caridosos culpavam o fardo pesado da *Encyclopédie* pela produção literária supostamente limitada do escritor. Outros, em privado, atribuíam seu insucesso a seu cérebro alvoroçado. Como acontecia com frequência, a língua afiada de Voltaire, que admirava e ao mesmo tempo desconfiava de Diderot, apareceu com a observação mais engenhosa sobre o assunto; num evidente gracejo, disse que a mente do enciclopedista "era um forno que queima tudo o que cozinha".[7]

O que Voltaire, e virtualmente todo mundo, não sabia era que Diderot na verdade tinha escrito *para a gaveta*, como os franceses gostam de dizer, um conjunto impressionante de livros e ensaios improvavelmente modernos. Enfurnado em seu sótão-escritório num sexto andar da Rue Taranne durante o último terço de sua vida, Diderot produziu esse estoque escondido de escritos com a esperança de que um dia ele pudesse explodir como uma bomba. Esse momento foi preparado cuidadosamente. Quando chegou à faixa dos sessenta anos — uma idade avançada, no século XVIII —, o autor contratou copistas para produzir três coletâneas separadas de manuscritos. O primeiro e mais completo dos conjuntos foi confiado à sua filha, Angélique, que conhecemos como Madame de Vandeul; um segundo e menos completo grupo de textos foi passado a seu admirador e herdeiro literário designado, Jacques-André Naigeon. E seis meses depois de sua morte, 32 volumes encadernados de manuscritos, junto com a biblioteca inteira de Diderot, com 3 mil livros, viajaram de navio até Catarina, a Grande, em São Petersburgo.

Os livros, ensaios e críticas de Diderot inéditos ultrapassavam amplamente os que ele havia publicado em vida. Entre esses escritos estavam dois romances muito díspares, mas igualmente brilhantes. O primeiro deles, *La religieuse* [A religiosa], consiste em fascinantes pseudomemórias de uma freira que sofre abusos indizivelmente cruéis depois de anunciar que deseja deixar o convento. O segundo, *Jacques le fataliste* [Jacques, o Fatalista], é um antirromance de final aberto em que Diderot usa a ficção para abordar o problema do livre-arbítrio. Mas havia também grossos cadernos de crítica revolucionária de arte, uma crônica ímpia da raça humana com ares de ficção científica, um tratado político secreto escrito para Catarina, a Grande, uma sátira sobre o absurdo dos costumes sexuais cristãos ambientada no Taiti, bem como algumas das mais comoventes cartas de amor da história da literatura francesa. Familiarizar-se com a amplitude da obra de Diderot é assombrar-se: entre outras coisas, o filósofo sonhou com a seleção natural antes de Darwin, com o complexo de Édipo antes de Freud, com a manipulação genética duzentos anos antes que a ovelha Dolly fosse engendrada.

Essas obras escondidas não apareceram nos primeiros meses depois da morte de Diderot; foram pingando ao longo das décadas. Vários de seus livros perdidos foram publicados durante os anos finais da Revolução Francesa; outros surgiram no período da Restauração dos Bourbon (1814-30), ao passo que ainda outros escritos vieram à luz durante o Segundo Império (1852-70). Talvez o acréscimo mais significativo ao corpus de Diderot tenha ocorrido em 1890, quando um bibliotecário descobriu uma versão manuscrita completa da obra-prima de Diderot *Le neveu de Rameau* [O sobrinho de Rameau], numa banca de *bouquiniste* na margem do Sena. Nesse turbulento diálogo filosófico, o escritor deu vida corajosamente a um inesquecível anti-herói que louvava as virtudes do mal e do parasitismo social enquanto pregava o direito ao prazer desenfreado.

Dizer que a chegada desses livros perdidos teve um efeito sobre as gerações subsequentes é dizer pouco. A exuberante crítica de arte de Diderot inspirou Stendhal, Balzac e Baudelaire. Émile Zola creditava às "vivissecções" da sociedade operadas por Diderot o papel de alicerces do naturalismo que caracterizava seus próprios romances e os de Balzac.[8] Teóricos sociais também se impressionaram com o pensamento presciente de Diderot. Karl Marx, que se serviu profundamente das reflexões de Diderot sobre a luta de classes, citava o escritor como seu autor favorito.[9] E Sigmund Freud creditava ao pensador do ancien régime a identificação dos desejos psicossexuais inconscientes em *O sobrinho de Rameau*, muito antes que ele ou seus colegas psicanalistas o fizessem.[10] Se muitos críticos continuaram a desdenhar do escritor por considerá-lo demasiado ateu, demasiado paradoxal e demasiado incontido, Diderot foi se tornando, não obstante, o escritor preferido da vanguarda do século XIX.[11]

O alcance completo da influência de Diderot só foi conhecido verdadeiramente quando um jovem acadêmico germano-americano, Herbert Dieckmann, encontrou o último lote perdido dos escritos de Diderot. Tendo ouvido rumores de que os descendentes conservadores de Diderot continuavam de posse de alguns dos manuscritos perdidos entregues originalmente à filha do escritor, o professor de Harvard finalmente obteve permissão para visitar o château da família na Normandia em 1948. Depois de vencer as suspeitas, típicas do pós-guerra, do zelador, inicialmente desconfiado de seu francês com sotaque alemão, Dieckmann acabou sendo conduzido a alguns armários no segundo andar do château. Ao entrar numa sala que continha vários grandes armários verticais, ele se esgueirou até o primeiro deles e abriu a porta. Com a esperança, talvez, de encontrar uma ou duas obras perdidas, deparou-se com um enorme sortimento de manuscritos encadernados de Diderot. Dieckmann ficou tão estupefato que simplesmente caiu no chão. O derradeiro lote de Diderot, a coleção perdida de manuscritos que ele dera à filha, tinha sido encontrado afinal.

O que hoje se conhece como os arquivos Vandeul — assim rotulados por provirem da filha de Diderot — tornou-se a fonte mais importante do que sabemos a respeito de Diderot e suas obras. Mais espantosa, talvez, foi a descoberta de vários manuscritos anotados com a sua caligrafia que revelaram que ele havia sido o principal ghost-writer na realização da *Histoire philosophique et politique des deux Indes* [História filosófica e política das duas Índias] do abade Raynal, a amplamente difundida investigação crítica da colonização europeia. Havia sido Diderot, conforme se revelou, que redigira as partes anticoloniais mais influentes e conhecidas desse livro de múltiplos volumes, incluindo um diálogo imaginário com um africano escravizado que não apenas reivindicava o direito de ser livre, mas predizia o dia em que os escravizados do Caribe iriam justificadamente passar à espada seus senhores. Escrito em 1779, uma década antes que os eventos em São Domingos (Haiti) comprovassem que ele estava certo, esse é talvez o exemplo mais revelador da política radical do escritor, para não mencionar sua habilidade de antever o futuro.

Cerca de trezentos anos depois de ter nascido, Diderot tornou-se hoje o mais relevante dos filósofos do Iluminismo. O fato de ele se abster de publicar em vida suas ideias mais avançadas (ou de assumir o crédito por elas) não foi simplesmente uma questão de evitar a perseguição; ele escolheu deliberadamente renunciar a uma conversa com seus contemporâneos de modo a estabelecer um diálogo mais frutífero com gerações posteriores — conosco, em resumo. Sua esperança sincera era de que nós, os compreensivos e ilustrados interlocutores do futuro, pudéssemos por fim ser capazes de avaliar corretamente seus escritos escondidos, escritos que não apenas questionavam as convenções morais, estéticas, políticas e filosóficas do ancien régime, mas também as nossas.

Retratando Diderot

Apesar de repetidas alusões à importância da posteridade, Diderot não facilitou a vida de seus biógrafos. Um biógrafo mais cooperativo teria deixado um rastro de correspondência ininterrupta, a matéria-prima para um relato ordenado dos atos, das palavras e da vida interior do autor. O que Diderot deixou para nós, especialmente de seus anos iniciais, é, em comparação, uma terra desolada. Das centenas de cartas que ele presumivelmente enviou antes dos trinta anos, restam apenas treze. Essa escassez de fontes primárias se completa com o relativo silêncio do filósofo quanto a sua juventude. Em contraste com Jean-Jacques Rousseau, que mergulhou profundamente em suas lembranças mais antigas numa busca para identificar sua própria verdade interior, Diderot se recusou deliberadamente a observar, em restrospecto e de modo substancial, os anos em que cresceu em Langres, sua cidadezinha natal com ares de praça-forte. O escritor é também de pouca ajuda no que se refere ao final da sua adolescência e início da vida adulta, compartilhando poucas informações sobre seus estudos no Collège D'Harcourt e na Sorbonne, e nunca detalhando as razões precisas pelas quais ele, um aspirante ao clero, transformou-se no mais destacado ateu da sua época.

O que nos falta em termos de correspondência da juventude talvez seja compensado pelas descrições múltiplas e sobrepostas de Diderot fornecidas por seus amigos e colaboradores. Nos anos 1750, as pessoas começaram a chamá-lo de *le philosophe* (o filósofo, em vez de *um* filósofo). Em parte, isso tinha a ver com seu legendário apetite pelo conhecimento. O homem era um *pantophile*, de acordo com Voltaire: o tipo de pensador que se apaixona desesperadamente por todo assunto que estuda, seja matemática, ciência, medicina, filosofia, política, Antiguidade clássica, teatro, literatura, musicologia ou belas-artes. Essa paixão pelo conhecimento o assemelhava a um antigo buscador da verdade, uma alma "simples e honesta" que "nasceu sem ambição".[12] Mas seus amigos também o apelidaram de *le philosophe* porque ele se tornara o maior defensor da força emancipatória da filosofia. Muito mais que Voltaire, Diderot era o rosto de uma oposição cada vez mais franca e cética a todas as ideias recebidas: a encarnação de uma época que estava submetendo a religião, a política, os costumes contemporâneos e uma série de outras noções a um questionamento devastador. Sua *Encyclopédie* sintetizou essa missão de modo perfeitamente sucinto ao dizer que o papel do filósofo é "pisotear o preconceito, a tradição, os hábitos antigos, as convenções compartilhadas, a autoridade — numa palavra, tudo que controla a mente do rebanho comum".[13]

Boa parte da celebridade de Diderot vinha de seu status como proeminente homem de letras. O restante se originava de seu talento como conversador ou, talvez mais precisamente, como um homem que brilhava na arte de conversar. Passar um tempo com Diderot — um pensador que não apenas escreveu 7 mil artigos radicalmente diversos para a *Encyclopédie*, mas tinha a correlata habilidade de conectar os ramos mais díspares do conhecimento — era, ao que parece, uma experiência esmagadora e muitas vezes fatigante. Goethe e Madame de Staël, nenhum dos quais chegou a se encontrar com o filósofo, sabiam que, pelo que se dizia, nenhuma conversa suplantava a de Diderot em vivacidade, força, sagacidade, variedade e graça.[14] Rousseau o qualificou de um "gênio espantoso, universal, talvez singular".[15] Friedrich Melchior Grimm, o colega e amigo mais querido de Diderot, maravilhava-se com a "força e os saltos violentos de sua imaginação".[16] E o mesmo Jacques-Henri Meister, que lamentava a incapacidade de Diderot de produzir uma grande obra autônoma de literatura, também se assombrava com o modo como o cérebro de seu amigo funcionava. Diderot, de acordo com Meister, tinha na verdade pouco domínio sobre sua mente extravagante: eram os pensamentos do próprio filósofo que o conduziam, sem que ele "fosse capaz de deter ou controlar os movimentos deles".[17] Tão logo começava a perseguir suas próprias ideias, Diderot era um homem possuído, voejando com rapidez e leveza de uma noção extravagante a outra, como um pintassilgo numa árvore.

A anedota mais ilustrativa da exuberância intelectual de Diderot vem de Catarina, a Grande. Numa carta hoje perdida que aparentemente circulou em Paris nos anos 1770, a monarca russa relatava que, quando Diderot ia ao Hermitage, ela ordenava que uma mesa fosse colocada entre os dois durante seus encontros, porque o filósofo, que frequentemente se entregava a monólogos febris, tinha o hábito de agarrar os joelhos dela e dar palmadas em suas coxas ao defender um ponto de vista.[18]

Várias histórias e anedotas nos deixaram com uma imagem de Diderot complexa, feita de fragmentos. Mas também herdamos os comentários do próprio escritor sobre como ele poderia ser lembrado melhor. Diderot gerou a maior parte desses insights autobiográficos, como se percebe, ao discutir os retratos, desenhos e bustos de mármore que os artistas do século criaram à sua imagem. Que ele tenha dedicado tempo a falar sobre sua personalidade, sua psicologia e mesmo seu aspecto físico ao contemplar tais ilustrações não chega a ser uma surpresa: em inúmeras ocasiões ele afirmou que esses retratos certamente "precisavam ser bem pintados no interesse da posteridade".[19] Era em torno dessas imagens, ele supunha com razão, que seu legado iria se cristalizar.

Denis Diderot, gravura de Pierre Chenu a partir de Garand.

O retrato do escritor que mais se assemelha ao modelo, na opinião do próprio Diderot, foi pintado em setembro de 1760 por um artista nômade, virtualmente desconhecido, chamado Jean-Baptiste Garand, que conheceu casualmente o filósofo no Château de la Chevrette, a pitoresca propriedade rural nos arredores de Paris, pertencente a sua amiga e colega escritora Louise d'Épinay. Aos 47 anos de idade, Diderot havia sido um modelo ideal para Garand, sendo acomodado numa cadeira depois de ter tropeçado numa barra de metal à altura da canela enquanto perseguia cisnes em redor do chafariz do château.[20] O retrato a óleo de Garand, hoje perdido, representava Diderot segurando serenamente a cabeça com a mão direita. "Quem vê [este] retrato", escreveu Diderot, "enxerga a mim."[21]

O retrato mais reconhecido de Diderot foi realizado por um de seus amigos, Louis-Michel van Loo. Um dos mais conhecidos pintores de retratos de Luís XV, Van Loo tinha um talento incontestável para transmitir poder político, autoridade e fausto.[22] Em muitos sentidos, aquele Diderot desprovido de peruca, que preferia seu casaco gasto a sedas e veludos, não era um modelo muito vistoso. Postando o filósofo atrás do que era presumivelmente uma mesa manchada de tinta em seu ateliê no Louvre, o artista colocou uma pena na mão direita do escritor e pediu a seu retratado que se imaginasse mergulhado em pensamentos.

Diderot se viu diante da versão final da tela no verão de 1767, quando visitou o salão bienal da Academia Real de Pintura e Escultura, que teve lugar no Louvre. O retrato, pendurado à altura dos olhos em meio a imagens de dezenas de outras figuras ilustres, foi recebido como um triunfo de virtuosismo. O Diderot de Van Loo está sentado serenamente numa cadeira de vime diante de um tinteiro e de uma pequena pilha de manuscritos dobrados. Em contraste com o robe de chambre surrado e rabiscado de tinta que o escritor trajava de fato em seu escritório na Rue Taranne, Van Loo pintou o amigo vestindo um suntuoso e iridescente manto azul-acinzentado de seda brilhante que cai suavemente sobre um colete harmônico. Enquanto o filósofo olha para a sua direita, uma luz branda pousa levemente sobre seus compassivos olhos castanhos, de pálpebras grossas, e sua testa proeminente. Van Loo procurou claramente não apenas captar um momento no atarefado dia de trabalho do filósofo, mas também glorificar o homem e seu ofício.

Denis Diderot, pintura de Louis-Michel van Loo.

Quando terminou o *salon*, em setembro, Van Loo, muito generosamente, deu o quadro a Diderot. Ele se comoveu. O escritor reconheceu que de fato o retrato se parecia com ele e o pendurou acima da espineta de sua filha Angélique, no apartamento da família. No entanto, o crítico de arte dentro dele também ficou secretamente desapontado por Van Loo não ter transmitido sua estatura, sua eminência, e pelo fato de que, conforme escreveu em outra parte, ele aparecia com o porte de um trabalhador braçal. Enveredando por um estado mental agitado ao contemplar o retrato, Diderot declara que a composição estática e convencional falhava ao não captar sua característica definidora, sua mutabilidade profunda. Ele então adverte a seus descendentes — e a nós — de que é um objeto difícil de apreender. Essa tirada encantadora culmina com o escritor falando diretamente a seu próprio duplo, ao qual se refere como seu "belo filósofo":

Meu belo filósofo, você sempre me servirá como precioso testemunho da amizade de um artista, um excelente artista, e um homem ainda mais excelente. Mas o que dirão meus netos, quando compararem minhas tristes obras com esse velho coquete sorridente, afetado, afeminado? Meus filhos, eu lhes advirto que esse não sou eu. No curso de um único dia eu assumia uma centena de expressões diferentes, de acordo com as coisas que me afetavam. Eu era sereno, triste, pensativo, terno, violento, apaixonado, entusiástico. Mas nunca tal como vocês me veem aqui.[23]

Ao longo de sua carreira, Diderot frequentemente enfatizou a rapidez com que seu estado de espírito e seu raciocínio mudavam. Numa ocasião famosa, ele comparou seu espírito com um cata-vento que se move segundo a corrente predominante.[24] Em outro momento, equiparou seus pensamentos às meretrizes que jovens malandros talvez perseguissem, vacilantes, pelos jardins do prazer do Palais Royal.[25] Isso não é sinal de caráter caprichoso ou de frivolidade, como algumas pessoas disseram a seu respeito, mas sim de sua avidez canina de perseguir uma ideia, aonde quer que ela levasse.

Anos de leitura, reflexão e escrita sobre esse intelecto deslumbrante me convenceram de que nossa época pode aprender muito com Diderot. No entanto, fazer justiça a um homem que podia escrever sobre música antiga da China e da Grécia logo que se levantava pela manhã, estudar a mecânica de uma tecelagem de algodão até o meio-dia, ajudar na aquisição de alguns quadros para Catarina, a Grande, à tarde, e então voltar para casa e compor uma peça teatral e uma carta de vinte páginas a sua amante ao anoitecer, é algo tão desafiante quanto encantador. Para tornar compreensível essa vida complexa e azafamada, particularmente para os que não conhecem Diderot muito bem, este livro começa com uma crônica dos sucessivos estágios na existência do futuro filósofo: o aspirante a clérigo na cidadezinha de Langres, o estudante e livre-pensador cada vez mais cético em Paris, o ateu e prisioneiro do Estado e, por fim, o mais famoso enciclopedista do século. A segunda metade do livro é mais temática, e corresponde mais ou menos ao período da vida de Diderot em que ele censurou a si mesmo, criando uma série de obras-primas não publicadas (*c.* 1760-84) que acabaram por plantar as sementes para a maior safra tardia da era do Iluminismo. Aqui eu me concentro nas questões imperiosas que preocuparam Diderot durante a vida. Qual é o incentivo para ser moral num mundo sem Deus? Como devemos apreciar a arte? O que significa ser humano, e de onde provimos? O que é o sexo? O que é o amor? E como um escritor ou filósofo poderia intervir de modo efetivo nos assuntos políticos? Esses capítulos tendem a coincidir com alguns dos muitos papéis que o escritor desempenhou na vida: de dramaturgo, de crítico de arte, de escritor de ficção, de sexólogo, de moralista, de pai, de amante e de teórico e comentarista político. Eles também nos lembram por que Diderot foi o pensador mais criativo e notável de sua época, ainda que tenha escolhido primordialmente falar àqueles que viriam depois dele.

Parte I
Frutos proibidos

Eu te proibi de comer deste fruto para evitar tua ruína.
Que desculpa tens tu para ser desobediente?

São João Crisóstomo, *Homilias ou
sermões sobre o Gênesis*, c. 388

*Se você me proibir de escrever sobre religião ou
sobre o governo, não terei mais nada para dizer.*

Diderot, *O passeio do cético*, 1748

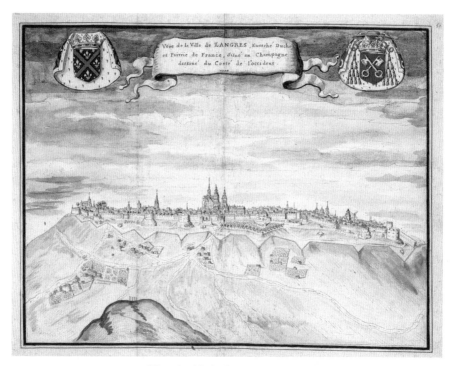

Vista da cidade de Langres, 1700.

I.
O abade de Langres

Empoleirada entre as regiões de Franco-Condado, Lorena e Borgonha, a cidade de Langres, de 2,5 quilômetros quadrados, fica escondida por paredões de pedra que se elevam 550 metros acima do vale a seus pés. Há mais de 2 mil anos, pedestres, carroças e agora automóveis têm chegado a esse burgo com ares de fortaleza escalando estradas íngremes rumo às portas de pedra da cidade. Minutos depois de atravessar algum desses portais, chega-se a uma praça triangular que costumava ser chamada de Place Chambeau. Foi ali que Denis Diderot nasceu, filho de Didier e Angélique, em 5 de outubro de 1713.

A praça central de Langres conserva muito da atmosfera do século XVIII. Virtualmente todas as casas de pedra calcária de dois, três e quatro andares da cidade estão aparentemente inalteradas, embora agora algumas estejam se curvando sob o peso da idade.[1] Como é muitas vezes o caso em velhas cidades francesas, as mudanças mais dignas de nota nesse povoado foram simbólicas. Em 1789, o governo revolucionário rebatizou a Place Chambeau de "Place de la Révolution", nome que ela manteve até a restauração da monarquia Bourbon em 1814. A segunda mudança emblemática aconteceu setenta anos mais tarde, em 3 de agosto de 1884, quando Jean-Ernest Darbot, prefeito de Langres, rebatizou a praça de "Place Diderot" em homenagem ao filho mais famoso da cidade.

A cerimônia organizada em homenagem ao escritor atraiu a maior cobertura internacional de imprensa que Langres jamais teve, antes ou depois. De acordo com numerosos relatos, Darbot mandou enfeitar a cidade com lanternas de papel e serpentinas.[2] Ele e a câmara municipal também providenciaram demonstrações de ginástica, concursos de tiro e uma banda que tocou ao longo de todo o dia, suas fanfarras se misturando ao alarido de 20 mil participantes da festa.[3] O ponto alto do dia, porém, foi o descerramento da estátua de bronze de Denis Diderot projetada pelo célebre criador da Estátua da Liberdade, Frédéric Auguste Bartholdi. A escultura representava Diderot vestido de robe e um colete abotoado displicentemente. Contemplando a praça do alto de um pedestal de mármore, Diderot vira a cabeça para a sua direita, como se estivesse no meio de um pensamento. A exemplo da volumosa Lady Liberty, que estava em construção naquele mesmo momento em Paris, Diderot segura um livro na mão esquerda.[4]

Jornalistas relataram que a multidão aglomerada na recém-nomeada Place Diderot bradara em júbilo "*Vive la republique!*" ao ver pela primeira vez a estátua. Um grupo menor de católicos praticantes observava com despeito das beiradas da multidão. Que ultraje aquele evento todo devia ser, do seu ponto de vista: além do fato de Darbot e outros políticos republicanos de Langres terem programado a solenidade para um domingo, os funcionários da prefeitura tinham posicionado a estátua de tal modo que Diderot estava dando ostensivamente as costas para o mais famoso monumento religioso de Langres, a vizinha catedral de Saint-Mammès.

A Place Chambeau, Langres, *c.* 1840.

Estátua de Diderot em Langres.

Cerca de 135 anos depois que Darbot desvelou a estátua de Bartholdi, a atmosfera da cidade permanece impregnada de lembranças do escritor. A Place Diderot leva à Rue Diderot, que, por sua vez, leva ao Collège Diderot, a escola secundária da cidade. Uma em cada três ou quatro lojas dentro dos muros da cidade também parece ostentar o nome de seu filho mais famoso. Além de um museu lindamente constituído dedicado ao filósofo, há uma cafeteria Diderot, uma loja Diderot de grãos de café, uma padaria Diderot, uma charutaria Diderot, uma revendedora de motos Diderot e uma autoescola Diderot. Os maçons da cidade, segundo alguém que conheci num café em Langres, participam de reuniões mensais na Loja Diderot.

Mais importantes, porém, são os prédios, casas e igrejas do início da era moderna que Diderot conheceu em vida. Hoje, ainda se pode parar diante da fachada de pedra calcária da casa dos avós de Diderot e contemplar as janelas de seu segundo andar, onde ele veio a este mundo. Na mesma praça, trinta metros para o oeste, ergue-se outro marco, a estreita casa de quatro andares que Didier Diderot adquiriu no início de 1714 (alguns meses depois do nascimento de Denis) para acomodar o que estava destinado a ser uma grande família.

A casa onde Diderot nasceu.

Didier Diderot.

Angélique e Didier Diderot ainda teriam nove filhos enquanto moravam na Place Chambeau, muitos dos quais não conseguiram sobreviver aos perigosos primeiros anos de vida. Além do bebê que morreu antes de Denis nascer, quatro meninas sucumbiram a variados males. Uma morreu quando Denis tinha dois anos, outra quando estava com cinco, outra quando tinha seis. E mais uma pereceu numa data desconhecida. Os quatro filhos sobreviventes, duas meninas e dois meninos, tinham temperamentos bem distintos. Os dois mais velhos, o primogênito Denis e sua irmã Denise (1715-97) — que Diderot descreveu certa vez como uma Diógenes de saias —, tinham personalidade forte e um irônico senso de humor. Os filhos mais novos se transformaram em adultos bem mais taciturnos e religiosos. Angélique (1720-*c.*1749), sobre quem quase nada sabemos, insistiu em entrar no Convento das Ursulinas aos dezenove anos. O filho mais novo da família, Didier-Pierre (1722-87), também devotou a vida a Deus. Nove anos mais jovem que Denis, Didier-Pierre parece ter construído toda a sua vida como uma resposta ao livre-pensamento iconoclasta de seu irmão mais velho. Tornou-se disciplinado onde Denis era rebelde, devoto onde Denis era irreverente, abstêmio onde Denis era autoindulgente e um sacerdote doutrinário onde Denis era um cético. Ao final de sua carreira, Didier-Pierre não apenas se tornara um membro particularmente inflexível do clero de Langres, mas também o arcediago da catedral de Saint-Mammès.

Denis e seus três irmãos mais novos cresceram num meio burguês em que as meninas iriam se entregar a casamentos estratégicos e convenientes e os meninos se tornariam cuteleiros, curtidores de couro ou, talvez, padres. A mãe de Diderot, *née* Angélique Vigneron, tinha vindo de uma família que, como era típico, ganhava a vida com o "o odorífero ofício" do curtume e da venda de couro animal. O pai de Denis, Didier Diderot, também seguira uma antiga tradição familiar e abraçara a profissão do pai e do avô como fabricante de facas e instrumentos cirúrgicos.[5] Expandindo o negócio herdado do pai, Didier ficou conhecido em todo o leste da França como manufaturador de alguns dos mais refinados instrumentos cirúrgicos da região — incluindo um tipo de lanceta que ele havia inventado.

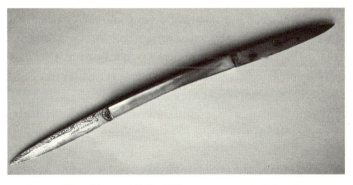

Faca feita por Didier Diderot, mestre cuteleiro.

27

A vida na Place Chambeau e arredores girava em torno do negócio da cutelaria. Seis dias por semana, Diderot *père* descia dos aposentos da família para a oficina no térreo, onde labutava lado a lado com vários trabalhadores. A residência se enchia constantemente dos sons e cheiros da fabricação de facas: a combustão e respiração dos foles, o estalar do martelo e o guincho do esmeril, que era operado por um trabalhador deitado de bruços numa prancha, com o nariz literalmente junto ao rebolo.

Oficina de um cuteleiro.

Embora, no fim das contas, tivesse pouca afinidade com o ofício de cuteleiro, Diderot admirava tremendamente o pai. Até seu último dia de vida, ele louvou os valores cívicos e morais associados ao mundo patriarcal, burguês, de Didier Diderot, chegando a "encenar" alguns desses valores em suas peças teatrais. Todas as poucas descrições ou anedotas escritas relacionadas com o Diderot pai o retratam como um trabalhador dedicado, um homem profundamente religioso e um súdito fiel do rei. A neta de Didier Diderot, Madame de Vandeul, também enfatiza a integridade e severidade dele, descrevendo-o como o tipo de homem que uma vez levou Denis, então com três anos, para assistir à execução pública de um criminoso nos arredores da cidade. Esse espetáculo horrendo, ela acrescenta de passagem, deixou o menino seriamente doente.[6]

Em algum momento durante a infância de Denis, seus pais decidiram que ele não estava destinado a ser nem cuteleiro nem curtumeiro. Talvez por constatar seu espantoso intelecto, eles começaram a prepará-lo para o sacerdócio, que havia sido também uma carreira escolhida por cerca de uma dúzia de parentes de ambos os lados da família. Diderot certamente conheceu muitos desses membros devotos da família, entre eles o vigário da vizinha Chassigny, os dois tios-avôs e os dois primos de segundo grau que serviam como párocos rurais nos arredores da cidade, e outro tio que era um frade dominicano.[7] O mais importante e proeminente eclesiástico em sua vida, porém, foi o irmão mais velho de sua mãe, Didier Vigneron, que ocupava a cobiçada posição de *chanoine*, ou cônego, na catedral de Langres.

Por vários anos, Didier e Angélique Diderot nutriram a esperança de que seu filho não apenas se tornasse um sacerdote, mas também que sucedesse o tio como cônego na catedral. Caso tivesse sucedido o idoso Vigneron, Diderot teria se tornado um membro influente do cabido da catedral, o grupo de clérigos que controlava o bispado de Langres.[8] Além de granjear imenso prestígio para a família, o jovem cônego teria recebido uma generosa porção de proventos — a chamada prebenda — de uma diocese que abarcava umas seiscentas paróquias e 1700 padres fora dos muros da cidade.[9] Numa era em que um trabalhador típico podia ganhar duzentas libras por ano, a renda anual básica de um cônego eram mais que respeitáveis mil ou 2 mil libras.

O jovem Denis deu o pequeno passo inicial no rumo de se tornar um homem do clero em seu sétimo aniversário. Este era visto como a aurora de uma "idade da responsabilidade" para os meninos.[10] Daquele ponto em diante, o clangor dos sinos da igreja na manhã de domingo convocava Denis para um dia de culto e estudo na igreja vizinha de Saint-Martin. Durante os primeiros poucos anos em que ele frequentou a igreja, a liturgia em latim resvalava por ele sem causar efeito. Depois da missa, porém, Denis passava para o catecismo, que era ministrado em francês. Essa obrigação semanal, que era conduzida simultaneamente em centenas de igrejas por toda a diocese de Langres, consistia em uma rotina particularmente monótona. Logo que as crianças estavam acomodadas, o *curé* local ou seu representante lia uma série de perguntas predeterminadas relativas a temas de fé, prática religiosa e Deus.[11] As crianças maiores presentes, que tinham decorado as respostas ao longo dos anos, respondiam em uníssono. As mais novas gaguejavam suas respostas como podiam.

Em outubro de 1723, aos dez anos, Diderot foi admitido no colégio jesuíta de Langres, que era do outro lado da Place Chambeau. Diderot era qualificado para tal educação avançada porque tinha a boa sorte de haver nascido numa família que podia se dar ao luxo de pagar aulas particulares de francês e latim, as línguas requeridas para admissão. Quando começou a frequentar o collège, ele (e seus duzentos colegas de classe) passou a ter aulas que se baseavam amplamente no *Ratio Studiorum*, o "plano de educação" formal criado no fim do século XVI por um grupo internacional de eruditos jesuítas. Além de aprofundar a compreensão de Diderot dos aspectos fundamentais da fé católica, esse programa introduziu o menino ao que hoje chamaríamos de disciplinas tradicionais de humanidades, como grego antigo, latim, literatura, poesia, filosofia e retórica.[12]

Quando Diderot, aos doze anos, estava terminando o terceiro ano no collège, ele ou sua família decidiu que era hora de tomar o segundo passo para ingressar no sacerdócio, tornando-se um *abbé*, ou abade. Essa cerimônia, que teve lugar ali perto, na catedral de Saint-Mammès, em 22 de agosto de 1726, seguiu um roteiro rígido. Diderot foi chamado a um banco e recebeu a ordem de se ajoelhar diante do bispo da diocese, o cara-flácida Pierre de Pardaillan de Gondrin. O prelado começou então a cerimônia de tonsura, cortando vários tufos do cabelo alourado na frente, no topo, na nuca e dos lados de sua cabeça — formando uma cruz —, e depois de tirar sua mitra, rezou sobre o jovem Diderot. Na parte final da cerimônia, o prelado ajudou o abade recém-tonsurado a vestir uma sobrepeliz, proclamando que o Senhor estava lhe vestindo novas roupas.[13]

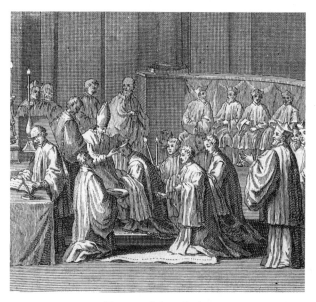

Tonsura de um abade.

Diderot havia ingressado nas ordens menores, mas o plano para que sucedesse Vigneron como cônego estava destinado ao fracasso. No início da primavera de 1728 — menos de dois anos depois que se tornara o abade Diderot —, o cabido da catedral votou resolutamente contra o plano nepotista de sucessão de seu tio. Enfurecido, Vigneron decidiu passar por cima de sua própria diocese e deu o passo audacioso de escrever diretamente ao papa Bento XIII, pedindo-lhe que forçasse aquela promoção. Infelizmente para o *chanoine* (e para a florescente carreira de seu sobrinho como clérigo de Langres), Vigneron morreu enquanto sua carta estava a caminho do Vaticano, tornando assim nulo e vazio o seu pedido. Pouco tempo depois, o cabido votou por oferecer a posição de cônego a outra pessoa. Como escreveu melancolicamente um historiador oitocentista da diocese de Langres: "Se a morte do primo de Diderot viesse só alguns dias depois, o menino teria sem dúvida se tornado cônego em Langres... Ainda que Diderot talvez não fosse um cônego ideal, ele não teria se tornado um descrente".[14]

Paris

Depois de ficar sabendo que não substituiria seu tio no Cabido de Saint-Mammès, Diderot, então com catorze anos, resignou-se a completar seu ano final no collège. Durante seus últimos meses na escola, continuou a se destacar como um estudante brilhante e, às vezes, incômodo. Isso começou como provocação a seus professores. Como ele próprio admitiu, Diderot ao que parece tinha um prazer perverso em empreender traduções do latim e do grego nas quais inseria uma sintaxe enigmática, mas gramaticalmente acurada, para que seus professores o corrigissem. Ele então se deleitava mostrando a seus instrutores que eles estavam errados.

Além de se entregar a tais travessuras eruditas, o jovem Diderot tinha uma tendência a envolver-se em escaramuças. Numa ocasião, depois de ser mandado para casa por ter brigado, ele se deu conta de que assim estava sendo excluído do dia anual da recompensa, um dia em que seus professores identificavam os alunos mais capazes, por meio de uma série de exames e competições. Recusando-se a ficar de fora da disputa, tentou entrar sorrateiramente de volta na escola misturando-se aos outros alunos na entrada, mas foi percebido pelo vigia do collège. Não tendo impedido Diderot de passar pelo portão, a sentinela mesmo assim conseguiu ferir o rapaz com sua alabarda. Sangrando de uma ferida que sua família só descobriu cerca de uma semana depois, Diderot mesmo assim sobrepujou seus colegas, ganhando prêmios em escrita de ensaio, poesia e tradução do latim. Num dos poucos momentos em que contemplou retrospectivamente seus dias no colégio jesuíta em Langres, Diderot deleitou-se com a lembrança de seu retorno triunfal depois da competição:

> Lembro-me daquele momento como se fosse ontem; cheguei em casa vindo da escola, com os braços cheios de prêmios que tinha conquistado, e meus ombros cobertos de coroas que tinham sido conferidas a mim e que, por serem grandes demais para a minha fronte, tinham escorregado da minha cabeça. Meu pai me avistou de longe, parou de trabalhar, foi até a porta e começou a chorar. É uma coisa linda ver um homem honesto e austero chorar.[15]

Duas das tendências mais arraigadas de Diderot estão presentes nessa história reveladora: sua eterna luta contra várias formas de autoridade e o profundo respeito e admiração que sentia pelo pai.

Honrarias e lágrimas paternas à parte, na época em que completou seus estudos no collège, em 1728, Diderot estava bem consciente de que suas opções de carreira em Langres haviam se estreitado consideravelmente. Rejeitado como cônego — e tendo desprezado a ocupação familiar de cuteleiro como atividade embotadora da mente —, o jovem Denis recaiu na possibilidade de uma carreira eclesiástica diferente, uma que envolvesse estudos adicionais de filosofia em Paris. Foi nessa época, ao que parece, que o jovem Diderot caiu sob a influência de um padre jesuíta que lhe deu a ideia de escapar para Paris e ingressar na Companhia de Jesus. Diderot, aparentemente, não falou a ninguém de sua família imediata a respeito desses planos, embora tenha alertado um primo indiscreto que logo informou o pai de Denis. Na noite em que Diderot deveria partir para a capital, seu pai o barrou na porta. "Onde é que você vai?", perguntou, segundo consta, o Diderot mais velho, ao que o filho respondeu: "Para Paris, onde devo me juntar aos jesuítas". "Seu desejo de fazer isso será satisfeito, mas não esta noite", retrucou seu pai.[16] Pouco tempo depois, Didier Diderot concedeu ao filho permissão para estudar em Paris, mas sob condições que ele, como páter-famílias, iria determinar.

No final de 1728 ou início de 1729, Didier Diderot reservou dois assentos na carruagem que passava por Langres e Troyes a caminho da capital. A rota para Paris atravessava campinas suavemente onduladas e grandes extensões de terras cultivadas. A cada noite, depois de uns oitenta quilômetros de estradas esburacadas e cobertas de raízes, a carruagem parava em tavernas de beira de estrada onde o pai e o filho comiam pratos típicos de estalagem, muito frequentemente ensopado de carneiro. Depois de quatro ou cinco dias, chegaram a Paris, uma cidade cinquenta vezes maior que Langres.

Como era inevitável no caso de viajantes provincianos que chegavam pela primeira vez à capital, Denis e seu pai ficaram presumivelmente espantados com a tremenda concentração de construções cobertas de fuligem, ruas apertadas e cheias de lama, e bairros sujos fervilhando de crianças famintas e seminuas. À medida que se deslocavam das áreas periféricas para o coração da capital, devem também ter se maravilhado com a escala da arquitetura real e eclesiástica.

Seu destino final em Paris era a nova escola do jovem abade, o Collège D'Harcourt, localizado no Quartier Latin, na Rue de la Harpe, a uns cinco minutos de caminhada de Notre-Dame.[17] Harcourt, uma instituição de tendência jansenista no interior da Universidade de Paris, era composta de uma miscelânea de prédios contíguos, alguns datados do século XIII. Didier Diderot matriculou Denis na escola em caráter provisório, e alugou um quarto numa hospedaria vizinha por duas semanas. De acordo com Madame de Vandeul, o jovem Denis quase foi expulso durante esse período de experiência por ter ajudado um colega com uma lição de casa de latim. A tarefa, ironicamente, era um exercício sobre a tentação, cujo tema era "O que a serpente disse a Eva". Apesar da reprimenda severa que Denis certamente recebeu por ter ajudado seu colega de escola, o aspirante a clérigo acabou anunciando ao pai, no final das duas semanas, que desejava continuar no collège. Uma vez tomada essa decisão, Diderot *père* e Diderot *fils* se despediram. E logo depois Didier Diderot cruzou o Sena rumo à Rue de Braque para embarcar na carruagem para Langres. Ao iniciar sua jornada a sete ou oito quilômetros por hora rumo ao sudeste, o mestre cuteleiro provavelmente pensou que veria o filho dali a um ou dois anos. No entanto, treze anos se passariam antes que os dois Diderot se encontrassem de novo.

Harcourt e a Sorbonne

A vida no Collège D'Harcourt estava longe de ser gratificante para Diderot. Assim como no colégio dos jesuítas que ele frequentara em Langres, a estrutura da escola espelhava a estratificação social do próprio ancien régime.

Entre os cerca de 150 internos, os estudantes em melhores condições frequentemente dispunham de serviçais e lareiras, enquanto os estudantes de meios mais modestos, como o filho de um cuteleiro, suportavam alojamentos inferiores.

A rotina diária era exaustiva. Os estudantes eram convocados para orar às seis da manhã e passavam o resto do dia em aula e sessões de estudo, durante as quais copiavam laboriosamente suas lições de retórica e física em cadernos.[18] As poucas interrupções nessa rotina incluíam um curto intervalo depois do almoço e, claro, várias obrigações religiosas, entre elas uma oração noturna às 20h45.[19] O dia do juízo para todos os alunos vinha a cada sábado. Depois da missa, os professores da escola examinavam o trabalho da semana uma última vez antes de atribuir recompensas e punições de acordo com o mérito particular de cada estudante. Embora não tenha escrito sobre tais rituais no D'Harcourt, mais tarde na vida, com frequência, Diderot falou mal do mundo repetitivo e recluso dos colégios religiosos dentro dos quais, nas suas palavras, alguns de seus melhores anos haviam desvanecido.[20]

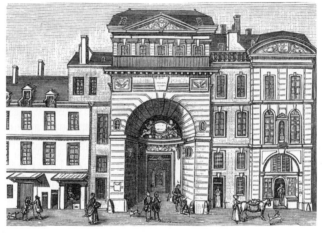

O Collège D'Harcourt, gravura.

Depois de três anos de estudo no D'Harcourt, em 2 de setembro de 1732, Diderot, aos dezenove anos, conquistou o grau mais comum conferido pela escola, o *maîtrise ès arts*, que grosso modo equivale ao atual bacharelado.[21] Pouco depois, ele entrou na Sorbonne, a destacada faculdade de teologia dentro da Universidade de Paris.[22] Como acontecia com todos os estudantes de primeiro ano, Diderot começou estudando filosofia ali.

Durante seu segundo ano, passou para a física, a teologia e, com muito menos entusiasmo, a escolástica. Como muitos de seus colegas filósofos, Diderot nutria uma grande dose de escárnio pelas "frivolidades" do método escolástico, que envolvia a aplicação frequentemente desvirtuada das ideias aristotélicas ao dogma da Igreja. Embora os detalhes desses anos sejam escassos, é bem fácil imaginar como esse pensador cético deve ter ficado exasperado em meio a um mar de aspirantes ao clero, todos engajados em impenetráveis debates escolásticos sobre a distinção de formas substanciais, os diferentes tipos de matéria, a imaterialidade da alma e as causas últimas de todos os corpos. Voltaire resumiu melhor essas abstrações enlouquecedoras quando gracejou que os "sectários de Aristóteles usam palavras que ninguém entende para explicar coisas que são inconcebíveis".[23]

Vista da Sorbonne, água-tinta.

Diderot nunca documentou as razões precisas pelas quais abandonou seu plano de se tornar padre. O que sabemos, contudo, é que em 1735, aos 22 anos, ele chegara a um ponto nos estudos em que tinha a opção de se devotar a uma carreira eclesiástica. Tendo completado cinco anos de estudos — o quinquênio — em Paris, ele agora estava apto a requerer um respeitável *benefice* ou pensão de talvez quatrocentas ou seiscentas libras por ano.[24] Em outubro de 1735, ele parece até ter flertado com essa ideia, chegando a dar o passo inicial de registrar tal requisição junto ao bispo de Langres, Gilbert Gaspard de Montmorin de Saint-Hérem. Como aconteceria com frequência em momentos desse tipo em sua vida, porém, Diderot nunca concluiu o processo de requisição, e simplesmente deixou passar essa oportunidade.[25]

A ambivalência de Diderot quanto à Igreja e à continuação de sua instrução religiosa se entrecruzava com sua resistência mais geral a se comprometer com qualquer profissão real. De 1736 até por volta de 1738, ele trabalhou sem muito entusiasmo para um procurador chamado Clément le Ris, segundo consta, ocupando a maior parte de seu tempo no escritório a estudar matemática, latim e grego, e a aprender por conta própria duas novas línguas: italiano e inglês. A evidente falta de interesse de Diderot numa carreira jurídica acabou levando o promotor a escrever a Didier Diderot para informá-lo de que seu filho não estava mostrando um desempenho adequado. O Diderot mais velho, segundo relatos, pediu que Le Ris dissesse a seu relutante empregado que tinha chegado a hora de ele escolher entre três profissões: médico, procurador ou advogado. Madame de Vandeul narra com um sorriso a reação jocosa de seu pai:

> Meu pai pediu um tempo para pensar no assunto, e teve esse desejo atendido. Depois de vários meses, a pergunta lhe foi feita de novo. Ele respondeu que a profissão de médico não o atraía porque ele não queria matar ninguém; que a profissão de procurador era difícil de ser praticada escrupulosamente; que ele escolheria com prazer a profissão de advogado, só que tinha uma invencível aversão a cuidar dos problemas dos outros.[26]

Madame de Vandeul conta então que seu pai foi indagado sobre o que desejava fazer da vida. Ele respondeu: "Meu Deus, nada, nada mesmo. Eu gosto de estudar; estou muito contente, muito satisfeito; não peço mais nada".[27] O relacionamento de Diderot com o direito e com Le Ris terminou pouco depois.

Para custear suas despesas, Diderot logo conseguiu um cargo bem pago de preceptor dos filhos de um rico banqueiro chamado Élie Randon de Massanes. Depois de três meses tomando conta dos filhos do financista e cuidando da sua instrução — tarefa que começava no café da manhã e terminava na hora em que eles iam para a cama —, Diderot informou a seu empregador que não podia mais ficar confinado àquele emprego: "Monsieur", ele teria dito, "dê uma olhada em mim. Um limão é menos amarelo que o meu rosto. Estou transformando seus filhos em homens, mas a cada dia eu me torno uma criança com eles. Estou muitíssimo rico e demasiado feliz nesta casa, mas preciso deixá-la".[28]

Nas poucas ocasiões em que se referiu a esse período imprevisível de sua vida, Diderot tendeu a minimizar as dificuldades e evocar as alegrias, que incluíam a corte ocasional a cortesãs ou atrizes, longos passeios pelo Jardim de Luxemburgo, conversas demoradas com amigos em cafés como o Procope e, se o bolso permitisse, um ingresso sem assento marcado no setor mais barato da Comédie-Française.[29] Como pagar por essa existência autoindulgente, porém, logo virou um problema. Embora a independência obstinada de Diderot viesse a lhe convir mais tarde na vida, na segunda metade dos anos 1730 essas características exasperavam seu pai, que acabou cortando sua mesada. Sua mãe, ao que parece, tinha um coração mais mole. Em pelo menos uma ocasião, ela lhe mandou dinheiro por intermédio de um empregado que, por incrível que pareça, percorreu a pé os 238 quilômetros de Langres a Paris para entregá-lo a Denis, e voltou do mesmo jeito.

Apesar dessa pequena ajuda ocasional, Diderot de todo modo se condenara a uma vida mísera, passada em uma sucessão de espeluncas no Quartier Latin. Foi uma época de meias puídas, lareiras frias e vazias, comida escassa e preciosa na despensa. Sua fonte mais consistente de recursos no final dos anos 1730 e início dos 1740 vinha de lecionar matemática para alunos particulares. Havia também outros estratagemas. Numa ocasião, consta que ele se valeu de sua instrução teológica para produzir uma série de sermões para uma missão de partida para colônias portuguesas.

A maquinação mais notável de Diderot para ganhar dinheiro, porém, envolveu tapear um monge carmelita chamado irmão Ange.[30] O irmão Ange tinha crescido em Langres e era amigo ou parente distante da família Diderot. Como os outros membros de sua ordem monástica, ele residia no mosteiro carmelita situado logo ao sul do Jardim de Luxemburgo. Diderot entrou em contato pela primeira vez com o frade sob o pretexto de visitar a biblioteca do mosteiro, que abrigava mais de 15 mil volumes e manuscritos. Como Madame de Vandeul relata alegremente, seu pai deu a entender durante sua visita inicial que estava cansado da existência "tempestuosa" que vinha levando fora dos muros do mosteiro e agora se sentia atraído para a vida de paz e estudos de um monge.[31] O irmão Ange percebeu imediatamente que o erudito Diderot seria um excelente aspirante à sua ordem religiosa. Depois de várias outras visitas, Diderot anunciou que decidira se tornar um postulante, mas primeiro precisava pagar suas dívidas mundanas. Em particular, informou ao irmão Ange que tinha de trabalhar por talvez mais um ano para obter dinheiro suficiente para agir corretamente com uma moça que ele arrastara para o pecado. Temendo que esse adiamento enfraquecesse as coisas, o irmão Ange adiantou a Diderot 1200 libras, uma soma considerável. Pouco tempo depois, Diderot voltou ao mosteiro e informou ao monge que agora estava bem mais perto de fazer seus votos, mas que precisava também pagar suas dívidas com o refeitório público de seu bairro e com seu alfaiate. O bom frade lhe emprestou de novo oitocentas ou novecentas libras. Durante sua derradeira visita para se encontrar com o irmão Ange, Diderot usou a mesma conversa: estava muito disposto a ingressar na ordem, mas precisava de um adiantamento para comprar os livros, as roupas de cama e banho e a mobília para sua nova vida. O monge lhe assegurou que nada disso seria necessário e que tudo lhe seria fornecido assim que ele chegasse. A essa altura, Diderot decretou ressentido que, se o monge não queria lhe adiantar mais nenhum dinheiro, então ele também não queria mais se tornar monge, e saiu de modo abrupto.[32] Ludibriado e humilhado, o irmão Ange escreveu a Didier Diderot, queixando-se de que seu filho o espoliara de mais de 2 mil libras. O Diderot pai — que já havia sido obrigado a pagar dívidas similares — reembolsou o carmelita, mas não sem antes zombar do monge por ser tão crédulo.[33]

Jean-Jacques e Anne-Antoinette

A carreira de Diderot como diletante e vigarista ocasional chegou ao fim, mais ou menos, no início dos anos 1740. Agora beirando os trinta anos, ele não apenas se aprofundava no estudo de matemática, física e história natural, mas também havia aprendido como autodidata italiano e inglês, este último idioma, por improvável que pareça, usando um dicionário latim-inglês. O domínio do inglês escrito teve um efeito positivo imediato na vida de Diderot. No início de 1742 ele pôde conquistar seu primeiro emprego realmente vantajoso como tradutor de *The Grecian History* [A história da Grécia], de Temple Stanyon.

Foi durante essa mesma época que Diderot conheceu algumas das pessoas mais importantes da sua vida. Em setembro de 1742, enquanto tomava café e assistia a jogos de xadrez no Café de la Régence, Diderot foi apresentado a um genebrino de trinta anos e constituição delicada chamado Jean-Jacques Rousseau. Rousseau e Diderot perceberam de imediato que tinham uma notável quantidade de coisas em comum. Além de sua paixão por xadrez, estudo, música, teatro, filosofia e literatura, ambos tinham rejeitado profissões que lhes teriam proporcionado vidas assentadas e seguras em favor de carreiras bem mais precárias. Mesmo suas relações com as respectivas famílias tinham semelhanças significativas: Rousseau, como Diderot, crescera numa casa em que o pai era um hábil artesão (um relojoeiro, no seu caso); para completar, ambos, forasteiros em Paris, estavam agora afastados de suas famílias.

A diferença fundamental entre os dois homens era de temperamento. Diderot era intensamente otimista, um conversador poderoso, e muito mais efusivo e confiante que o introvertido Rousseau. Em parte, isso tinha a ver com a história familiar de cada um. Diderot escolhera deixar sua família, enquanto Rousseau se sentira órfão ou abandonado desde seus primeiros momentos na terra. Referindo-se, em suas *Confissões*, ao fato de sua mãe ter morrido nove dias após seu nascimento, Rousseau proclamou celebremente que "custei a vida à minha mãe. De modo que meu nascimento foi o primeiro dos meus infortúnios".[34] Criado pela tia e pelo pai e carecendo da instrução formal desfrutada por Diderot, o menino aprendeu a ler e escrever esmiuçando longos romances de aventura produzidos por congêneres de Honoré d'Urfé. Essa fase comparativamente pacífica de sua vida terminou pouco depois de seu décimo aniversário, em 1722, quando seu pai, Isaac Rousseau, foi detido por invadir a propriedade de um nobre. Temendo ser condenado pela justiça, ele abandonou a família e fugiu para Berna.

Jean-Jacques Rousseau por La Tour.

Entregue a outra tia junto com seu irmão, Rousseau logo foi despachado para morar com um pastor calvinista na aldeia vizinha de Bossey. Dois anos depois, aos treze anos, Rousseau começou a se preparar para a vida adulta como aprendiz junto a um notário e depois a um gravador embrutecido chamado Monsieur Ducommun, que às vezes o espancava impiedosamente. Aos dezesseis anos, Rousseau deixou Genebra e foi para Annecy, uns sessenta quilômetros a oeste. Foi ali que ele conheceu uma bela aristocrata com olhos de vaca chamada Françoise-Louise de Warens (*née* de La Tour du Pil), uma mulher que funcionaria para o jovem filósofo como mãe substituta e como objeto de desejo.

Nos cerca dos dez anos seguintes, Rousseau vagou de cidade em cidade, morando em Turim — onde se converteu ao catolicismo — e também em Lyon, Montpellier, Neuchâtel e Chambéry. Apesar de suas muitas viagens, ele sempre voltava a Annecy e a Madame de Warens para longas estadias. Quando chegou aos dezenove ou vinte anos, sua outrora figura materna tomou-o como amante. Esse curioso arranjo durou até o verão de 1742, quando Madame de Warens substituiu Rousseau por outro calvinista jovem e perdido. Foi a essa altura que Rousseau, então com trinta anos, decidiu mudar-se para Paris, onde rapidamente se inseriu no grupo de escritores e filósofos que acabariam sendo responsáveis pela *Encyclopédie*.

Durante os mesmos meses em que Rousseau estava se estabelecendo na vida da capital, Diderot estava ocupado cortejando a mulher que ele considerava o amor da sua vida: a fascinante, majestosa e muito devota Anne-Antoinette Champion.[35] Aos 31 anos, essa lavadeira aplicada, a quem Diderot chamava de Toinette ou Nanette, deveria estar levando a vida de uma nobre de província em sua cidade natal de Le Mans, casada com alguém condizente com seu nível e sua beleza. Uma série de desastres financeiros, porém, golpeara sua família. O infortúnio tinha começado com seu avô, que, como muitos aristocratas de orientação militar, arruinara-se brincando de guerra.[36] Sua filha (Anne-Antoinette mãe) foi capaz mesmo assim de fazer valer seu berço nobre e se casar decentemente com Ambroise Champion, um rico burguês cuja fortuna estava fortemente ligada ao comércio de peles. Esse casamento também terminou em desastre financeiro. A exemplo de seu sogro aristocrata, Champion foi à falência, com seus investimentos desaparecendo nas florestas nevadas do Canadá. Para piorar, ele ficou doente pouco depois e morreu em 1713, deixando a jovem esposa e a filha de três anos sozinhas e desamparadas. Com poucas perspectivas diante de si, a enviuvada Madame Champion viajou em seguida com a filha a Paris, onde montou um pequeno negócio como lavadeira, uma profissão muito abaixo da sua posição. Com o pouco dinheiro que trouxera de Le Mans ou ganhara na capital, ela logo despachou Anne-Antoinette para o convento das Miramiones. A menina saiu de sua reclusão por volta dos treze anos, mal e mal sabendo ler.[37]

Diderot tinha começado a se aproximar de Mademoiselle Champion em 1741, quando por acaso se mudou para o mesmo prédio onde ela e a mãe estavam morando, na Rue Boutebrie. Depois de enfrentar dificuldades com Madame Champion, ele se deu conta de que, para ter algum sucesso com a bela lavadeira de 31 anos, precisaria vencer os receios de sua mãe com um pequeno ardil. Anunciando que estava prestes a ingressar no sacerdócio — nesse caso particular, no seminário de Saint-Nicolas-du-Chardonnet, na Rue Saint-Victor —, Diderot se reapresentou na casa das Champion como um inofensivo futuro clérigo que, por acaso, precisava com frequência dos serviços das duas lavadeiras. De acordo com a narração dessa história por Madame de Vandeul, a manobra permitiu que seu pai descrente vencesse o sólido ceticismo de Madame Champion e passasse mais tempo com Toinette. Por fim, Diderot conseguiu não apenas declarar seu amor como também deixou Toinette saber que ele concebera o estratagema todo porque queria se casar com ela, para início de conversa. Algum tempo depois, quando Diderot finalmente anunciou suas intenções a Madame Champion, a velha viúva estremeceu diante da ideia de que sua filha iria "se casar com um homem de mente tão frívola e espalhafatosa, um homem que não fazia coisa alguma, um homem cuja única qualidade era... a língua de prata com que seduzira completamente sua filha". Mas essa hesitação, de acordo com a filha de Diderot, logo acabou cedendo.[38] Uma vez recebida a bênção de Madame Champion para se casar com Toinette, Diderot decidiu pedir permissão também a seus próprios pais. Juntando o dinheiro para a carruagem a Langres, o jovem voltou para casa em dezembro de 1742 pela primeira vez desde que partira para Paris mais de uma década antes.[39]

A curta estada de Diderot em Langres começou tão bem quanto se poderia esperar; terminaria, porém, em encarceramento. A primeira coisa que ele fez quando chegou foi explicar o que estivera fazendo na capital. Ao longo dos anos, notícias que vinham em gotas de Paris tinham lhe valido a reputação de um inútil, um vadio, e um possível livre-pensador aparentemente incapaz de encontrar uma carreira apropriada para si. Em 1742, porém, ele pôde se apresentar a seus pais e amigos como um dos novos "homens de letras" que estavam tomando Paris de assalto. Essa imagem foi confirmada espetacularmente em Langres graças a Antoine-Claude Briasson, o editor que encomendara a Diderot a tradução de *The Grecian History* de Temple Stanyon.[40] Tendo chegado ao ponto, no projeto, em que o livro estava indo para a impressão, Diderot providenciou antes de partir para que as provas tipográficas lhe fossem mandadas por carruagem. Esses despachos periódicos de Paris a Langres aparentemente impressionaram sobremaneira a família de Diderot. Como era espantoso, de fato, que um importante editor parisiense se desse ao trabalho de mandar via diligência páginas impressas para o rapaz em Langres! A família de Diderot mais uma vez tinha motivo para se gabar de seu filho, o clérigo-que-virou-tradutor-importante.

A autoapresentação de Diderot como o filho pródigo — antes perdido, agora encontrado e redimido — teve um fim abrupto quando ele finalmente revelou o motivo primordial por trás de sua viagem: pedir a permissão dos pais para se casar com uma lavadeira sem pai, sem dote e que, apesar do berço, era obviamente um partido distante do ideal para seu primogênito. Para somar afronta ao ultraje, Diderot também pedia um estipêndio de 25 *pistoles* (2500 libras) por ano para sustentar sua nova família.[41] Didier Diderot reagiu com desdém a essa proposta. O sacramento do matrimônio, todos sabiam, tinha a ver não apenas com amor e ternura: o casamento era uma canga que os pais colocavam no pescoço dos filhos. Antes dos trinta anos, na verdade, Diderot não tinha o direito de se casar legalmente sem o consentimento deles.

Depois de uma altercação feroz durante a qual Diderot filho ameaçou seu pai com uma ação legal, o Diderot mais velho trancou o filho atrás dos muros do que muitos historiadores hoje supõem que era o mosteiro carmelita adjacente. Consumado isso, Didier escreveu prontamente uma carta impiedosa para a mãe de Toinette, na esperança de erguer de uma vez por todas uma barreira entre os amantes irresponsáveis: "Se sua filha é [de fato] de origem nobre e ama [meu filho] como ele alega, ela vai convencê-lo a desistir dela. É a única maneira de o meu filho ser solto. Com a ajuda de alguns amigos que ficaram tão indignados com a audácia dele quanto eu, tranquei-o num lugar seguro, e temos condições de mantê-lo lá até que ele mude de ideia [quanto a sua filha]".[42]

Enquanto essa carta viajava a Paris, os monges carmelitas que retinham Diderot estavam muito felizes em ensinar uma lição ao descuidado amante. De acordo com o relato desse episódio pelo próprio Diderot, os frades não apenas se deleitaram em insultá-lo e maltratá-lo, como cortaram metade do seu cabelo, ostensivamente, de modo que seria fácil identificá-lo caso escapasse. Ainda que tal punição fosse talvez sancionada pelo pai de Diderot, é também possível que os membros da ordem se regozijassem com a revanche contra um rapaz que fizera um deles de tolo, o mencionado irmão Ange.

A tosquia de Diderot nas mãos dos carmelitas acabou sendo sua segunda e última tonsura em Langres. Depois de vários dias de cativeiro, ele conseguiu escalar uma janela aberta em algum momento depois da meia-noite. Dali presumivelmente se esgueirou até a *porte du marché*, o portão mais próximo da cidade murada. Passando pela entrada de pedra, o fugitivo caminhou então 120 quilômetros até Troyes, temendo, muito justificadamente, que seu pai despachasse homens para trazê-lo de volta. Tendo chegado àquele ponto intermediário entre Langres e Paris, Diderot encontrou uma hospedaria e redigiu um bilhete dramático para Toinette, antes de embarcar na carruagem para Paris: "Percorri trinta léguas a pé sob a intempérie... Meu pai está numa fúria tal que estou certo de que ele agora me deserdará, conforme ameaçou. Se eu perder você de novo, haverá alguma coisa na terra que possa me convencer a permanecer neste mundo?".[43] Toinette deve ter ficado arrasada. Diderot tinha ido a Langres com promessas de obter tanto uma pensão como o consentimento dos pais para casar; agora ele estava voltando a Paris como um réprobo foragido.

Os meses seguintes foram emocionalmente aflitivos. Rejeitado por sua família e angustiado com a possibilidade de ser detido e levado acorrentado de volta a Langres, Diderot se viu forçado a abandonar seu antigo apartamento e mudar para aposentos esquálidos na Rue des Deux-Ponts, na Île de la Cité. Pior ainda, ele descobriu em sua volta que Toinette tinha ficado profundamente abalada com a carta que o pai dele enviara à mãe dela; ela lhe informou sem rodeios que não tinha intenção alguma de entrar pelo casamento numa família "em que não era vista favoravelmente" e rompeu o noivado.[44]

De acordo com Madame de Vandeul, Toinette aparentemente não vacilou em sua resolução até o início de 1743, quando foi informada de que seu antigo namorado caíra gravemente doente em seu quartinho na Île de la Cité. Ela e também a mãe acabaram correndo para o leito de enfermo do ex-noivo, onde encontraram o rapaz emagrecido e num estado lastimável.[45] As duas mulheres tomaram então para si a tarefa de cuidar do malnutrido e doente Diderot e trazer-lhe a saúde de volta. Em algum momento durante ou logo após esse período de dedicação, Toinette rompeu seu voto anterior e mais uma vez concordou em se casar com Diderot. O casal se casou em 6 de novembro de 1743 ali perto, na igreja de Saint-Pierre-aux-Bœufs, uma das poucas paróquias parisienses onde o matrimônio de jovens casais prescindia do consentimento dos pais. Embora Diderot tivesse completado trinta anos em outubro — e, portanto, estivesse apto para se casar com Toinette legalmente —, ele providenciou uma cerimônia discreta que se realizou ao badalar da meia-noite.

Com exceção de várias cartas sentimentais de amor que mandou a Toinette, Diderot preservou muito pouca correspondência desse período. Ele escreveu sobre aqueles anos, curiosamente, ao comentar um quadro de Nicolas-Guy Brenet exposto no salão de 1767. Vinte e cinco anos depois de ter conhecido sua futura esposa, resumiu aquela época tumultuosa de sua vida com seu estilo caracteristicamente irreverente:

> Chego a Paris. Eu ia adotar o traje acadêmico [beca com gola de pele vestida pelos professores de teologia] e me instalar entre os doutores da Sorbonne. Encontro uma mulher linda como um anjo; quero dormir com ela, e o faço; tenho quatro filhos com ela e me vejo obrigado a abandonar a matemática que eu amava, o Homero e o Virgílio que sempre carregava em meu bolso, e o teatro que eu apreciava.[46]

O que Diderot não diz aqui falaria por muitos livros. Ao escrever sobre a própria esposa como se ele fosse vítima de circunstâncias inevitáveis, Diderot omite o fato doloroso de que seu pai no fundo estava certo sobre Toinette; sua criação e sua posição social em última análise faziam dela um mau partido. Falta também nesse relato a imensa culpa que Diderot sentia (e às vezes admitia) quanto àquela época da sua vida, um período durante o qual ele decepcionou o pai, não visitou a mãe antes de ela morrer e criou uma cisão terrível no clã Diderot. Há também uma grande dose de verdade psicológica presente nessa avaliação sumária de seus anos de juventude. Apesar do fato de assumir pouca responsabilidade por suas próprias ações, Diderot mesmo assim reconhece a legitimidade de sua nostalgia, bem como sua tendência permanente a abraçar plenamente a existência, por inteiro e com audácia, pouco se importando com as consequências. Seria exatamente esse aspecto de seu temperamento que logo o levaria a escrever uma série de livros desafiando os alicerces religiosos do próprio *ancien régime*.

2.
Abandonando Deus

Nos anos que se seguiram à fuga de Diderot do mosteiro carmelita e seu retorno a Paris, seus pais ficaram cada vez mais convencidos de que ele se envolvera com os livres-pensadores e céticos da capital. A culpa e a decepção devem ter sido dilacerantes. Era muito desolador que seu primogênito estivesse ousando substituir a verdade revelada pela crença pessoal. Era fruto de uma completa falta de visão, também, o fato de ele renunciar a uma felicidade eterna em favor dos prazeres fugazes do sacrilégio. Angélique Diderot sofria por seu menino; nas palavras dela, ele ficara "cego" durante seus anos em Paris.[1]

Diderot via esse resvalamento para a apostasia de um ponto de vista inteiramente diferente. Desembaraçar-se do conforto do cristianismo era tudo menos um ato impensado ou egoísta; era algo sério, transformador, mais iluminação que cegueira. Talvez o insight mais crítico que ele tivera na época em que deixou a Sorbonne fosse o de que pessoas sensatas tinham o direito de submeter a religião ao mesmo escrutínio a que estava sujeita qualquer outra tradição ou prática humana. Vista sob esse ângulo crítico, a própria fé católica podia ser explicada racionalmente, aperfeiçoada, e talvez até descartada.

A suscetibilidade de Diderot a tal raciocínio blasfemo tinha várias fontes. Para começar, o futuro filósofo tinha obviamente uma arraigada tendência a irritar-se com a autoridade e a questionar as ideias sobre as quais essa autoridade se baseava. Mas havia também outras razões mais concretas que explicam suas relações cada vez mais céticas com o catolicismo. Quando jovem, o ex-abade ficara preocupado com o que considerava uma série de incoerências no dogma cristão, o mais famoso deles sendo o antiquíssimo problema do mal. Como era possível, perguntava-se ele, que a divindade cristã fosse ao mesmo tempo um pai benevolente que amava e protegia seu rebanho e um magistrado implacável que condenava furiosamente os iníquos a um eterno ranger de dentes num mar de fogo e suplício?

A obscuridade das intenções de Deus era apenas uma das angústias de Diderot. Na condição de aspirante a clérigo vivendo numa comunidade repleta de escolas religiosas, igrejas de paróquia, abadias e dezenas de mosteiros e conventos, ele também teve ampla oportunidade de observar e criticar as pessoas que agiam como intérpretes da vontade de Deus. Essa aversão tinha começado com os doutores de teologia da Sorbonne, mas logo se expandiu para uma exasperação bem mais generalizada com a Igreja em geral.

Diderot criou enfim sua sátira de mais longo alcance da religião e da vida devota em *A religiosa*, um romance mordaz que mostrava monges hipócritas, confessores manipuladores, padres indolentes e, de modo mais memorável, legiões de mulheres enclausuradas cuja energia sexual reprimida se expressava através da violência ou do desvio sexual.[2] Mais cedo em sua carreira, porém, ele algumas vezes manifestou sua frustração num tom mais leve. Um de seus alvos preferidos de ridículo era a ordem dos monges cistercienses conhecidos como bernardos, supostos ascetas a quem Diderot descrevia invariavelmente como epicuristas amantes dos prazeres, com barrigas tão proeminentes quanto as dos banqueiros da metrópole. De modo muito mais sério, o antigo estudante de teologia também se desconcertava com as visões doutrinárias divergentes expressas pelos expoentes da "única fé verdadeira"; ao longo dos anos, ele conhecera cartesianos que sustentavam que Deus era perfeito e portanto não podia enganar a humanidade, socinianos que rejeitavam tanto a Trindade como a divindade de Jesus Cristo, e quietistas que defendiam que o único meio de alcançar a união com a divindade era através da passividade espiritual e do misticismo. Como editor da *Encyclopédie*, Diderot mais tarde se divertiria escrevendo (ou encomendando) artigos sardônicos que zombavam das várias subculturas do catolicismo por se engalfinharem em torno de questões metafísicas esotéricas e insolúveis.

Uma controvérsia desse tipo — o debate particularmente destrutivo que dividia jesuítas e jansenistas — não era um assunto engraçado. Essa fissura havia começado nos anos 1640, quando um grupo combativo de clérigos católicos franceses começou a disseminar as crenças de Cornelius Jansen, o bispo de Ypres. Numa época em que a França ainda sofria tremendamente as consequências da Reforma Protestante, os jansenistas desafiaram por dentro as bases da Igreja galicana. Condenando a suposta frouxidão moral e o mundanismo da poderosa ordem jesuíta, eles advogavam o retorno a uma visão mais austera da existência, em que o pecado original e a depravação definiam a condição humana. De modo mais chocante, do ponto de vista dos jesuítas, os seguidores de Jansen (que chegaram a incluir Blaise Pascal) enfatizavam a predestinação de um grupo limitado de pessoas abençoadas com a graça de Deus. Teólogos jesuítas, com sua ênfase na educação e na perfectibilidade humana, tinham obviamente uma visão bem mais conciliatória. Ecoando o dogma vigente da Igreja e abraçando seu papel como defensores tradicionais da fé, eles sustentavam que o mundo era um campo de provas para as criaturas escolhidas por Deus, e que a humanidade podia alcançar a salvação exercendo seu livre-arbítrio.[3] Eles também declararam heréticos os jansenistas.

Como aluno tanto dos jesuítas em Langres como do colégio de inclinação jansenista D'Harcourt, em Paris, Diderot estava intimamente familiarizado com essa luta teológica e política intestina. Os eventos que preocupavam especialmente a geração de Diderot tinham começado com a decisão de Luís XIV, em 1709, de dissolver e em seguida demolir Port-Royal des Champs, a cidadela do movimento jansenista. Essa tentativa violenta de esmagar os jansenistas foi secundada quatro anos depois pelo papa Clemente IX, que editou um decreto papal do mais alto grau — uma constituição apostólica — condenando as principais doutrinas do movimento como falsas, escandalosas, precipitadas e contrárias ao bem-estar da Igreja. Várias formas de perseguição, tanto real quanto papal, tinham prosseguido durante o reinado de Luís XV, o que, por sua vez, desencadeara uma enxurrada interminável de panfletos jansenistas. Versalhes respondeu exilando ou encarcerando numerosos líderes jansenistas. Era um círculo vicioso.

Tal conflito não tinha nada de inusual, do ponto de vista de Diderot; era emblemático de como a religião funcionava de modo mais geral no mundo. Longe de unir as pessoas, parecia que cada facção religiosa via seus adversários ou como infiéis espirituais ou como inimigos políticos que, em ambos os casos, deviam ser esmagados. Diderot explicou mais tarde esse fenômeno nos termos mais simples: "Vi o deísta se armar... contra o ateu; o deísta e o ateu atacarem o judeu; o deísta e o judeu se coligarem contra o cristão; o cristão, o deísta, o ateu e o judeu se oporem ao muçulmano; o ateu, o deísta, o judeu, o muçulmano e uma porção de seitas cristãs atacarem o cristão".[4]

Divergências quanto ao dogma, Diderot sabia muito bem, tinham uma história longa e sangrenta na França. Durante o século XVI, bispos e reis católicos tinham expulsado, enforcado, queimado e massacrado milhares de protestantes, produzindo uma era durante a qual, em suas palavras, "metade da nação estava se banhando devotamente no sangue da outra metade".[5] Tal perseguição e intolerância não eram apenas história antiga. Menos de trinta anos antes de Diderot nascer, Luís XIV havia publicado o Édito de Fontainebleau de 1685, que pôs fim à época de comparativa tolerância que havia sido garantida pelo Édito de Nantes de 1598. Nos dias que se seguiram à assinatura dessa proclamação, Versalhes ordenou um ataque duplo contra os protestantes da França; o Exército francês cruzou o país, devastando igrejas e santuários huguenotes, ao mesmo tempo que bandos organizados de soldados de cavalaria invadiam residências de protestantes com instruções explícitas de aterrorizar, converter ou exilar da França os supostos heréticos. Mais de 200 mil saíram do país, fugindo para a Inglaterra, a Alemanha, a Holanda e a América. Onde estava, perguntava-se Diderot, a vontade de Deus em toda aquela luta fratricida e perseguição religiosa?

Um aprendizado inglês

Na época em que começou a questionar ativamente o que percebia como incoerências e falhas do catolicismo, Diderot certamente estava familiarizado com a (ou tinha ouvido a respeito da) longa tradição de livre-pensamento e de livros clandestinos que serviram para introduzir a "irreligião" e mesmo o ateísmo no tecido cultural da capital. A mais antiga dessas obras vinha de uma longa linhagem de filósofos epicuristas, sendo o mais famoso deles Tito Lucrécio, autor de *De rerum natura* [Sobre a natureza das coisas, *c*. 50 a.C.].[6]

O único exemplar remanescente do poema de seis livros de extensão de Lucrécio foi descoberto num mosteiro alemão em 1417 e impresso pela primeira vez em 1473. Escrito em hexâmetros heroicos — o estilo grandioso da poesia épica —, *De rerum natura* rejeitava a existência de deuses imateriais, afirmava que a alma era material e mortal, e explicava o mundo, o universo, a vida toda unicamente em termos de partículas materiais e atômicas. Mais que isso, o poeta romano empenhava-se com afinco para descrever os efeitos nefandos da religião e da superstição numa série de aforismos memoráveis, o mais famoso deles sendo *Tantum religio potuit suadere malorum* [A quantos males os homens podem ser induzidos pela religião].[7] Essa notável, abrangente e encantadora elegia à irreligiosidade continuava sendo uma pedra de toque durante a época de Diderot.[8]

Abordagens mais modernas da heterodoxia também estavam disponíveis, especialmente para quem conhecesse o livreiro certo ou tivesse os amigos certos. O tratado mais influente era o *Tractatus theologico-politicus* [Tratado teológico-político, 1670] de Baruch Espinosa. Além de fornecer uma análise implacavelmente cética das Escrituras, esse filósofo holandês de ascendência judaico-portuguesa rejeitava a revelação e negava a possibilidade de que um Deus pudesse existir fora dos limites da natureza e da filosofia.[9] Se Espinosa chegava a admitir a existência de um ser divino, sua divindade era inteiramente diferente do Deus cristão. Além de ocupar o mesmo plano de existência de tudo o mais no universo, esse deus não tinha "psicologia" alguma, nem metas, e certamente nenhum interesse na humanidade.[10] Clérigos do século XVIII não se davam ao trabalho de debater as sutilezas da visão de mundo de Espinosa, porém; eles simplesmente o condenavam como o "líder e mestre dos ateus".[11]

Os herdeiros do *Tractatus* foram muitos durante o século XVIII. O descendente espiritual mais notável do filósofo holandês na França foi um padre de província da obscura paróquia de Étrépigny chamado Jean Meslier, que, enquanto cuidava do seu rebanho, produzira um "testamento" ateu descoberto pouco tempo depois da sua morte em 1729. Cópias manuscritas das *Mémoires des pensées et sentiments de Jean Meslier* [Memórias dos pensamentos e sentimentos de Jean Meslier] logo começaram a circular entre livres-pensadores. Apropriando-se amplamente de ideias de Espinosa, o testamento sustenta que toda a religião católica não passava de uma invenção humana; que a fé é o fundamento do erro; que revelação, profecias e milagres são invenções; e que qualquer pessoa razoável deveria concluir que os deuses do mundo, incluindo o Deus cristão, simplesmente não existem.[12] Se a Igreja Católica Romana era supostamente "mãe e mestra", o testamento de Meslier equivalia a um matricídio.

Embora Paris estivesse sendo inundada por tais manuscritos e livros ímpios enquanto Diderot chegava à idade adulta, os estudiosos não sabem se ele chegou a ler Espinosa ou, o que é ainda menos provável, Meslier, nos anos posteriores a sua saída da Sorbonne. O que não se discute é que, se Diderot folheou alguma dessas obras, elas não o levaram a entrar de cabeça no ateísmo. Sua conversão à descrença começou bem mais devagar, com uma série de livros aparentemente mais inofensivos, em sua maioria ingleses.

Como muitos pensadores de mentalidade filosófica de sua geração, Diderot sabia que as contribuições intelectuais da nação inglesa eram equivalentes a seu crescente domínio dos mares. Se a maioria dos europeus reconhecia (certa ou erradamente) que os franceses detinham um virtual monopólio das mais elevadas expressões do teatro, da pintura e da poesia nos anos 1730, também admitia que a Inglaterra originara muitas das ideias e métodos associados com o que seria, em retrospecto, chamado de Iluminismo.[13] O primeiro contato de Diderot com um corpo de ideias inglesas ocorreu, talvez não por coincidência, vários meses antes de ele abandonar seus estudos teológicos na Sorbonne. Isso foi em 1734, quando as *Lettres philosophiques* [Cartas filosóficas, ou Cartas inglesas] de Voltaire apareceram nas livrarias de Paris.

Voltaire, estudo de La Tour.

Quase vinte anos mais velho que Diderot, o talentoso dramaturgo Voltaire (nascido François-Marie Arouet em 1694) sempre tivera atração por gestos teatrais, até mesmo na filosofia.[14] Era esse certamente o caso também nas *Lettres*. Nessa breve obra de 24 cartas semelhantes a ensaios, Voltaire fornece um projeto para um realinhamento fundamental do pensamento francês. Movendo-se velozmente de um tema a outro, ele louva a (comparativa) tolerância de diferentes crenças religiosas na Inglaterra, elogiando, de passagem, os aparentemente razoáveis quacres. Exalta o mercantilismo de mentalidade avançada do país, a bolsa de valores e o novo programa de inoculação. Também encontra coisas boas para dizer sobre a constituição inglesa e a situação política, que propiciavam mais liberdade política a seus cidadãos do que a França. A porção mais vigorosa e influente das *Lettres*, porém, vem na breve introdução, por Voltaire, de renomados cientistas e filósofos da Inglaterra, entre eles Francis Bacon, John Locke e Isaac Newton. Esses homens, como Voltaire deixa bem claro, tinham mudado o mundo ao redefinir as antigas relações entre filosofia, ciência e religião.

O elogio de Voltaire à "nova filosofia" que provinha da Inglaterra não foi bem recebido pelas autoridades. Ao acusar a França de padecer de uma prática científica atrasada e de uma religião impregnada de superstição, as *Lettres* desencadearam um verdadeiro incêndio. Embora o Parlamento de Paris tenha ordenado a incineração das *Lettres*, acusando-as de "escandalosas e contrárias à religião",[15] estima-se que 25 mil exemplares — incluindo várias edições piratas — tenham chegado a bibliotecas francesas e europeias.[16] Era um momento de inflexão na história do pensamento iluminista. Além de conclamar seus compatriotas a sair de sua infância intelectual, Voltaire havia criado de um só golpe um novo espaço público para a discussão sem rodeios da religião e da ciência. Havia, em essência, redefinido o papel do filósofo, do intelectual público. E passara essa ideia adiante a escritores mais jovens como Diderot.

Em algum momento no final dos anos 1730, depois de aprender inglês por conta própria, Diderot seguiu o exemplo de Voltaire e começou a ler Bacon, Locke e Newton.[17] Cada um desses pensadores proporcionou ao promissor filósofo nascente lições específicas fundamentais. Com Bacon, Diderot aprendeu que a ciência não precisava se curvar diante de uma visão de mundo baseada na Bíblia; ela deveria basear-se na indução e na experimentação e, idealmente, ser usada para levar adiante o domínio do homem sobre a natureza. Locke forneceu dois conceitos interligados. O primeiro era uma teoria da mente que rejeitava a antiga crença de que os humanos nasciam com ideias *inatas* (e, portanto, com um entendimento congênito do divino). Na visão de Locke, a mente, quando se nasce, é uma lousa em branco, e nosso entendimento do mundo exterior provém unicamente dos sentidos e da reflexão. Essa visão inteiramente não espiritual da cognição constituía uma segunda lição decisiva. Uma vez que, de acordo com o filósofo inglês, o verdadeiro conhecimento está limitado ao que podemos aprender por meio dos sentidos, qualquer pessoa que se envolva na procura dos segredos da natureza deve basear-se na observação e no experimento — numa assim chamada abordagem empírica — e evitar a construção de grandes sistemas baseados na fantasia. Como Bacon antes dele, Locke postulava uma relação completamente nova com a verdade científica e com a verdade filosófica.

Dos três luminares ingleses sobre os quais Diderot leu nas *Lettres* de Voltaire, Isaac Newton teve presumivelmente o maior impacto sobre o filósofo nascente nos anos 1740. Para começar, Newton havia subvertido a compreensão vigente do cosmo e do movimento planetário, que tinha sido formulada por René Descartes em 1633. Lá se foi num instante a afirmação altamente especulativa de Descartes de que corpúsculos e planetas rodopiavam por aí em enormes redemoinhos cósmicos; em seu lugar, Newton demonstrara de modo conclusivo a teoria das leis universais do movimento e da gravitação universal (que os franceses chamaram de *attraction*), usando amplos recursos matemáticos, incluindo o cálculo infinitesimal. Ainda é possível ficar arrepiado quando se lê o anúncio de Newton do que ele havia alcançado em sua primeira edição dos *Philosophiæ Naturalis Principia Mathematica* [Princípios matemáticos da filosofia natural, 1687]: "Derivo dos fenômenos celestes as forças de gravidade com as quais corpos tendem ao sol e aos vários planetas. Em seguida, por meio de outras proposições que são também matemáticas, deduzo os movimentos dos planetas, dos cometas, da lua e do mar".[18]

Talvez tão importante quanto a descoberta em si, porém, era o fato de que Newton sintetizava seus achados com uma recomendação que impulsionava mil experimentos: "Gostaria que pudéssemos derivar o restante dos fenômenos da Natureza, pelo mesmo tipo de raciocínio, de princípios mecânicos".[19]

O efeito de Newton sobre a geração de Diderot não poderia ser maior; ao longo de duas décadas, o físico inglês convenceu toda uma cultura científica de que uma filosofia matemática, mecânica, da natureza podia iluminar os segredos do mundo físico.[20] No entanto, a influência mais profunda do filósofo natural sobre Diderot nos anos 1740 não estava relacionada com as ciências físicas em si, mas com a crença de Newton de que se podia também conciliar a fé religiosa com o funcionamento matematicamente perfeito do universo.[21] Essa tinha sido uma das metas subsidiárias dos *Principia* desde o começo: realçar o fato de que o "sumamente elegante sistema do sol, dos planetas e cometas não teria podido surgir sem o desígnio e o controle de um ser inteligente e poderoso".[22] Newton, em resumo, tinha usado o cálculo para encontrar traços do artesanato de Deus.

Várias formas da discussão sobre o desígnio (ou da argumentação teológica sobre a existência de Deus) tinham existido muito antes de Newton publicar seus *Principia*. Para começar, a maioria das pessoas aceitava como fato inquestionável que as estrelas, as montanhas, os animais e o próprio homem evidenciavam todos uma intenção divina. Os pais da Igreja também haviam citado formalmente a criação como uma das provas confirmadas das "qualidades invisíveis de Deus — seu poder eterno e sua natureza divina".[23] No entanto, o status da discussão mudou consideravelmente nas décadas que se seguiram ao aparecimento das teorias de Newton. Considerado por muito tempo um complemento da palavra de Deus, o argumento do desígnio substituiu progressivamente a importância das Escrituras em certos círculos.

No final do século XVII, uma nova geração de escritores de língua inglesa começou a propor um entendimento da existência de Deus mais "racional" e livre da Bíblia.[24] Partidários dessa teologia natural incluíam o irlandês John Toland, que, em seu *Christianity Not Mysterious* [Cristianismo sem mistério], de 1696, afirmava não apenas que a existência de Deus era inferida melhor mediante o método experimental proposto por Locke, mas também que havia uma necessidade de desmitificar a fé, de torná-la *natural*.[25] Matthew Tindal desenvolveu ideias semelhantes em seu *Christianity as Old as the Creation* [Cristandade tão antiga quanto a Criação], de 1730, postulando que a "revelação externa" era o melhor meio de se comunicar com a realidade da divindade.[26]

Várias obras de teologia natural e deísmo, todas elas sugerindo que a religião organizada havia tornado confusa nossa relação com Deus, caíram nas mãos de Diderot nos anos 1740.[27] Numa época em que ele estava atormentado por dúvidas e incertezas quanto à existência de Deus, esses textos forneciam um ansiado compromisso entre o vazio do ateísmo e o absurdo da doutrina da Igreja. Os deístas não apenas estimulavam, implícita e explicitamente, tentativas de um entendimento muito mais "científico" da divindade, como também convidavam as pessoas a conceber uma relação com Deus baseada em sua capacidade de *pensar*, não de obedecer. Isso foi uma revelação para Diderot: de acordo com os deístas, Deus nos deu os instrumentos necessários para acreditar n'Ele, e de viver uma vida simples e moral, mas Ele não nos deu a religião organizada; nós infligimos esse problema a nós mesmos.[28]

À mon frère (1745)

Por mais interessado que estivesse na religião natural ou no deísmo, Diderot absteve-se inicialmente de publicar qualquer coisa relacionada com esse perigoso modo de pensar. Durante o breve período em que esteve empregado como tradutor do idioma inglês, ele restringiu suas atividades a dois encargos concretos: a mencionada *Grecian History* e os seis volumes do *Medicinal Dictionary* [Dicionário medicinal], de Robert James, de que se incumbiu com dois colegas, François-Vincent Toussaint e Marc-Antoine Eidous. Nenhuma dessas obras era polêmica.

No final de 1744, porém, Diderot decidiu procurar o impressor Laurent Durand com uma proposta de tradução de uma obra inglesa de deísmo: *An Inquiry Concerning Virtue or Merit* [Uma investigação acerca da virtude ou do mérito], do conde de Shaftesbury.[29] Apesar dos riscos envolvidos na disseminação desse entendimento não tradicional de Deus, Durand foi convencido ou seduzido a financiar a tradução. Vários meses depois, ele pagou a Diderot a soma de cinquenta luíses (1200 libras, ou aproximadamente o salário anual de um trabalhador manual) pelo manuscrito completo. Como Durand viria a fazer com frequência ao publicar os livros do jovem escritor em anos subsequentes, ele driblou a aprovação real e publicou o livro de modo anônimo e ilegal. Acrescentou também duas outras camadas de proteção: além de delegar a impressão propriamente dita a outra gráfica de Paris, indicou que o livro tinha sido editado em Amsterdam, o que eliminava a necessidade da aprovação do censor.

Traduzir Shaftesbury permitiu a Diderot iniciar uma carreira de intelectual público, mas também lhe propiciou explicar suas ideias sobre Deus e a religião a sua família, em particular a seu irmão, Didier-Pierre. De todos os habitantes de Langres que condenaram Diderot por seu pensamento irreligioso durante os anos 1740 — e certamente eram muitos —, foi Didier-Pierre que assumiu a posição mais agressiva contra ele. Nove anos mais novo que Denis, Didier-Pierre só havia encontrado de fato seu irmão pela primeira vez quando Diderot voltou de Paris para casa em dezembro de 1742. Agora com vinte anos, Didier-Pierre tinha sido aluno no colégio jesuíta em Langres. Sem dúvida aborrecido pelo sofrimento que Denis estava causando a seus pais, ele decidiu compensar os pecados do irmão dando início a uma marcha ininterrupta rumo ao sacerdócio, afrontando até o fim o irmão extraviado.[30]

Dois anos depois, Diderot respondeu às críticas contínuas de Didier-Pierre dedicando a ele sua tradução de Shaftesbury. Era tanto uma provocação como uma tentativa de reconciliação. No discurso em tom de sermão que publicou junto com essa dedicatória, Diderot oscilou entre o amor fraterno e o paternalismo brutal. Depois de informar ao irmão que o estava suprindo com sua tradução como um "presente" e "sinal de amizade fraterna",[31] ele sugere que seu irmão mais novo excessivamente devoto talvez queira se tornar um pouco mais aberto e tolerante. A mensagem era clara: extremistas censuradores como Didier-Pierre estavam causando mais danos do que ninguém aos encantos da religião.

Diderot enviou um exemplar de sua tradução para o irmão logo depois de publicada. Didier-Pierre ficou furioso.[32] Se Deus sobressai em cada página do texto de Shaftesbury, o autor inglês tinha obviamente eliminado a divindade que Didier-Pierre conhecia e venerava. Em vez do juiz celestial vingativo que examina, sentencia e pune seu rebanho, Shaftesbury (e Diderot) descreve um ser bem mais benevolente que supostamente havia modelado o melhor dos mundos possíveis "com inteligência e bondade".[33] O aspecto mais escandaloso desse livro era que o universo perfeitamente constituído de Shaftesbury não tinha necessidade alguma da moral revelada que a Igreja católica ensinava e impunha. Do ponto de vista de Shaftesbury, Deus havia engendrado a humanidade com um senso moral que permitia às pessoas reconhecerem a virtude verdadeira, e que as impelia a praticar ações virtuosas porque agir assim produzia prazer e felicidade. Não surpreende que Didier-Pierre tenha considerado uma "doutrina horrível" e uma afronta esse modo anticristão de pensar.[34]

Diderot tivera a reação oposta. A teoria da moralidade natural de Shaftesbury anunciava o nascimento de uma nova trindade otimista, em que a verdade, a beleza e os bons atos funcionavam como um todo integrado. As vantagens dessa relação com a moralidade alheia às Escrituras eram manifestas. O filósofo inglês não apenas rompera o monopólio da Igreja quanto à ética, como também eliminara a necessidade de ameaçar com o inferno e o sofrimento eterno. Talvez ainda mais importante: Shaftesbury havia reabilitado o prazer humano, um dos bichos-papões dos moralistas cristãos. Isso era imensamente atraente para Diderot. Como era gratificante descobrir um sistema filosófico que não apenas permitia que um cético como ele próprio se sentisse virtuoso, mas que fazia isso convidando-o a dar ouvidos ao corpo desejoso de prazer que Deus lhe havia dado.[35]

Pensamentos filosóficos: Que o homem seja livre

Quando saiu a tradução de Shaftesbury feita por Diderot, em 1745, o escritor, então com 31 anos, estava afastado da família havia dois anos. Ainda temeroso de ser arrastado de volta a Langres e posto a ferros, ele havia mantido uma atitude discreta. Além de pedir a Toinette para usar seu sobrenome de solteira, ele mudara sua pequena família para um apartamento na Rue Traversière no outono de 1744. Era um endereço incomum, para dizer o mínimo. Não apenas esse bairro ficava do lado oposto do rio em relação à região onde estavam localizados os principais impressores da cidade, mas ficava não menos que um quilômetro além dos limites urbanos, depois da Bastilha. Ainda que Diderot não tenha jamais revelado exatamente por que deixou o centro de Paris, isso talvez tivesse a ver com o fato de que seu sentencioso irmão mais novo se mudara para o Quartier Latin para concluir seus estudos.

Os anos que o casal passou exilado no Faubourg Saint-Antoine não foram fáceis para Toinette e Diderot. Embora não exista correspondência alguma dessa época, suspeita-se que o relacionamento entre eles começou a desmoronar algum tempo após sua mudança para a região. Seis semanas depois que o casal se instalara em sua nova residência, sua primogênita, Angélique, sucumbiu a uma das muitas doenças que vitimavam bebês nos três primeiros meses de vida. Desolados, os pais a enterraram no cemitério da igreja Sainte-Marguerite de Paris em 29 de setembro de 1744. Para agravar a desgraça de Toinette, sua mãe morreu pouco tempo depois.

A vida ficou ainda mais complicada vários meses mais tarde, quando Diderot conheceu a mulher que viria a ser sua primeira amante, a escritora Madeleine d'Arsant de Puisieux. Madeleine, à qual voltaremos em mais detalhes, teve um efeito marcante sobre os primeiros anos da carreira de Diderot. Ele se apaixonou por ela como havia se apaixonado por Toinette: subitamente, de todo coração, e sem se preocupar muito com a dor ou os problemas que tal relacionamento viesse a causar.

Madeleine e Diderot eram mais do que meros amantes; eram colaboradores que intercambiavam seus escritos, e até trabalharam juntos em pelo menos um conto, o orientalista "Oiseau blanc: Conte bleu" [Pássaro branco: Conto azul, 1748].[36] Mais importante: ao que parece, foi Madeleine que incentivou Diderot a produzir seu primeiro livro de autoria individual, *Pensées philosophiques* [Pensamentos filosóficos]. A filha de Diderot, a quem devemos esse detalhe autobiográfico, compreensivelmente não pinta a primeira amante de Diderot sob uma luz muito positiva. Em vez de apresentá-la como colega escritora e *femme de lettres*, ela descreve Madeleine como gananciosa e financeiramente insaciável, supostamente encorajando seu pai a produzir aquele livro para poder embolsar todos os cinquenta luíses que ele recebeu pelo manuscrito.

A filosofia arrancando a máscara da superstição;
frontispício dos *Pensées philosophiques*.

Diderot supostamente escreveu em duas semanas, em torno da Páscoa de 1746, os 62 breves ensaios sobre Deus, deísmo, ceticismo e ateísmo que constituem os *Pensamentos filosóficos*. Bem antes de o livro começar a aparecer em livrarias, em maio, ele sabia que a obra estava destinada a causar alvoroço. Para dar a leitores em perspectiva um sinal do que estava contido em suas páginas, ele pediu ao impressor Laurent Durand que acrescentasse uma inscrição latina na folha de rosto. Esse alerta dizia *"Piscis hic non est omnium"* ou "Este peixe não é para todo mundo".

A maioria dos leitores do século XVIII que vissem essa obra publicada anonimamente ficaria em estado de alerta antes mesmo de abri-la. Ao intitular seu livro de *Pensamentos filosóficos*, Diderot fazia alusão a duas obras de filosofia famosas e diametralmente opostas. A primeira era a mencionada *Lettres philosophiques* de Voltaire, um livro cuja crítica zombeteira da Igreja católica havia mandado seu autor para o exílio quando apareceu, em 1734. O segundo título era um dos grandes textos espirituais cristãos do século XVII, os *Pensées* [Pensamentos, 1669] de Blaise Pascal. O que o livrinho de Diderot prometia, ao que tudo indicava, era uma análise filosófica das visões pessimistas de Pascal sobre o horror da condição humana.[37]

Pascal, para filósofos como Diderot, era Hobbes vestindo cilício. À já deprimente ideia de que a vida é curta, sórdida e estúpida, Pascal acrescentara uma camada de denso temor metafísico que continuava a pairar sobre a França 75 anos depois que seu livro foi publicado pela primeira vez. Formulando seus argumentos numa prosa hábil e frequentemente mordaz, o matemático e filósofo roga a seus leitores que se concentrem no desespero fundamental da vida humana. Não apenas nossa queda da graça de Deus nos separou tragicamente da divindade, afirma ele, mas também somos iludidos por nossas paixões perniciosas e pela sedução enganosa do mundo material.[38] O único recurso da humanidade, ele sugere, é voltar-se para dentro de si e contemplar toda a extensão da nossa miséria. Essa é nossa única qualidade redentora; temos a capacidade de examinar nossa desgraça fundamental, enquanto "uma árvore não a tem".[39]

Combater essa visão desolada da condição humana era muito mais difícil para Diderot do que poderia parecer. A noção de que os humanos eram criaturas corrompidas que carregavam o fardo do pecado original era, para a maioria das pessoas, uma realidade fundamental da existência, não apenas endossada por Santo Agostinho e pelos jansenistas, mas inculcada na maioria dos cristãos desde a mais tenra infância na igreja, durante o catecismo e a confissão.

A eficácia da causa de Diderot contra essa triste cosmologia não veio de um ataque direto a Pascal, Santo Agostinho ou outro teólogo cristão qualquer. Embora tivesse mais formação em teologia que a maioria dos filósofos de sua geração, sua estratégia foi confrontar a suposta miséria da condição humana com a realidade da vida cotidiana, frequentemente entrelaçando suas próprias experiências e opiniões com seus envolventes argumentos. O fato de ele ter se deparado com um novo e bem-sucedido método de subverter ideias religiosas longevas não passou despercebido por seus leitores mais perspicazes, entre eles Anne-Robert-Jacques Turgot, que logo ficaria famoso como economista e seria o futuro controlador-geral das finanças da França: "A erudição aborrece as pessoas. A metafísica as repele. Um *bon mot* é lembrado e passa de boca em boca; seu veneno [é] mais volátil e se insinua pela respiração. [A toxina de Diderot] é ainda mais perigosa por produzir os prazeres mais alegres da imaginação e as mais refinadas gratificações da mente".[40]

Turgot compreendeu melhor que a maioria das pessoas qual era a intenção de Diderot naqueles pensamentos filosóficos: criar uma persona conhecível e gostável que podia apelar ao bom senso e à sensibilidade estética das pessoas com ironia, aforismos incisivos e, como ficou claro, inebriantes doses de sacrilégio.

Foi precisamente isso que Diderot tentou fazer ao abordar o tema muito sério da obsessão do catolicismo pela morte e pela vida pós-morte. De particular preocupação era o fato de que o clero e os condutores espirituais de tendência jansenista estavam ensinando a seus fiéis mais suscetíveis a dar as costas a sua existência terrena, a "nada desejar, nada amar, nada sentir".[41] Diderot presumivelmente viu em primeira mão alguns dos efeitos desse ascetismo na primavera de 1746. Tendo mudado recentemente para um apartamento na Rue Mouffetard, a poucos passos da igreja de Saint-Médard, de orientação jansenista, Diderot se estabelecera no reduto dos assim chamados *convulsionnaires* (convulsionários), uma ala dos discípulos de Deus, de tendência jansenista, que acreditava que sua meta mais elevada era alcançar a pureza espiritual por meio da mortificação da carne.

O fenômeno "convulsionário" tivera início quase vinte anos antes, em 1727, quando um grupo de jansenistas particularmente fervorosos começou a ir à igreja de Saint-Médard para observar ou participar dos milagres que supostamente ocorriam na tumba de um famoso eremita (e diácono) chamado François de Pâris. De acordo com a opinião geral, Pâris tinha sido um homem de bom coração e incansável generosidade. Dedicando-se aos moradores necessitados do miserável bairro de Saint-Marcel, o profundamente abstêmio diácono raramente tomava a comunhão, não tinha sapatos, vestia cilício, dormia sobre pregos enferrujados e passava fome de verdade. Se com certeza havia sido bem conhecido em vida, esse possível candidato à canonização tornou-se uma sensação depois de sua morte, aos 36 anos. Conta-se que no seu velório, que teve lugar na capela de Saint-Médard, numerosos pranteadores, incluindo membros do clero, arrancaram unhas e mechas de cabelo do cadáver do diácono para usar (e talvez vender) como relíquias.[42] Mas, de modo mais espetacular, durante o concorrido funeral no dia seguinte, uma mulher idosa interrompeu tumultuosamente a cerimônia e declarou que recuperara de súbito os movimentos de seu braço paralisado.[43] Da noite para o dia, o túmulo de Pâris se transformou de monumento memorial em local de peregrinação que atraía os doentes e desenganados, na esperança de curas semelhantes.[44]

François de Pâris, gravura.

O cemitério de Saint-Médard e seus arredores logo assumiram uma atmosfera de feira ou parque de atrações. Todos os dias, do amanhecer ao crepúsculo, uma massa de pessoas doentes e agonizantes — independente de classe social, mas em geral de orientação jansenista — se esparramava sobre o túmulo de mármore negro de Pâris. Os que tinham a ventura de receber a cura entravam em convulsões, acompanhadas por sonoros grunhidos, tremores e gritos estridentes.[45] Num período de cinco anos, mais de cem pessoas alegavam ter experimentado os poderes curativos de Deus no cemitério de Saint-Médard.[46] Milhares de outras vinham para assistir ao espetáculo; comerciantes empreendedores alugavam cadeiras para os curiosos.

Fiéis e *convulsionnaires* no túmulo de François de Pâris, gravura.

No início dos anos 1730, Luís XV se cansou desse estado de coisas e mandou trancar os portões do cemitério. Embora os *convulsionnaires* não fossem conhecidos por seu humor, um de seus apoiadores, ao que parece, tinha um senso de ironia altamente desenvolvido, e afixou no portão de ferro um cartaz que dizia: POR ORDEM DO REI FICA PROIBIDO A DEUS FAZER MILAGRES NESTE LOCAL.[47] A interdição real não pôs fim ao movimento, porém; em vez disso, empurrou seus adeptos para a clandestinidade e inspirou práticas mais violentas que iriam demonstrar sua falta de merecimento e sua devoção a Deus.[48] Além de enfiar pregos na própria carne, mulheres — sempre mulheres — eram submetidas a terríveis suplícios, incluindo suportar homens adultos pisando em seu pescoço.

Diderot descreve um exemplo perturbador de violência sagrada desse tipo em *Pensamentos filosóficos*. Embora esse famoso *pensée* comece sem introdução nem contexto, seus leitores sabiam exatamente do que ele estava falando: gritos horripilantes de mulheres rasgando seus corpos pela glória de Deus:[49] "Que vozes! Que gritos! Que lamúrias! Quem trancafiou esses corpos plangentes nas masmorras? Que crimes essa gente desventurada cometeu? Alguns estão golpeando o peito com pedras; outros rasgam o próprio corpo com garras de ferro; todos têm remorso, dor e morte nos olhos".[50]

Em reação a esse quadro aterrorizante, Diderot formula então uma série de perguntas penetrantes. Como poderia um Deus zeloso ter condenado aquelas pessoas a tais tormentos? Por que Ele encontraria prazer naquele sofrimento? O *pensée* seguinte amplifica essas acusações. Investindo contra a implacável divindade que supostamente inspirava aqueles atos, Diderot então se pergunta em voz alta por que aquele ser todo-poderoso só intervém no interesse de seus adoradores imediatos, e deixa milhares morrerem diariamente: "Levando em conta o retrato da divindade que [alguns] pintaram, levando em conta Sua tendência à ira, levando em conta a severidade de Sua vingança, levando em conta a disparidade entre aqueles que Ele deixa perecer e aqueles a quem Ele se digna a estender a mão... [tendo tudo isso em mente], a alma mais decente seria tentada a desejar que tal Deus não existisse".[51]

Enquanto escrevia essas frases, Diderot talvez estivesse pensando em sua própria filha, que morrera no ano anterior. Qualquer que tenha sido a fonte dessa explosão, esse momento está entre os mais tocantes dos *Pensamentos filosóficos*. Além de rejeitar a crença de inspiração cristã de que o sofrimento na terra é nosso chamado mais elevado, Diderot reivindica o direito de livrar a si mesmo (e a nós) dos supostos caprichos da divindade.

Rumo ao ateísmo

Aos 32 anos, o autor dos *Pensamentos filosóficos* já não tinha necessidade alguma do catolicismo e de seu Deus malvado e trapaceiro. No entanto, o escritor permanecia temeroso do vazio do ateísmo. Embora hoje possa ser difícil de entender, o aspecto mais assustador de um mundo sem Deus não era a ausência de Deus em si; era o que ficava depois que Deus não mais existia: humanos sem alma pareciam pouco mais que máquinas vivendo num mundo que era potencialmente determinista, onde todos os eventos estavam predeterminados, não por uma divindade onisciente, mas por um conjunto de regras mecânicas.[52] Esse era o lado escuro da alegre irreligião que Diderot pregava.

Uma parte dessa ameaça pode explicar por que *Pensamentos filosóficos* não é uma obra de aberto ateísmo. Refletindo a hesitação do próprio Diderot em 1746, o livro é uma sucessão em staccato de ensaios que dão a palavra ao deísta, ao ateu, ao cético e ao próprio autor, este último jurando morrer praticando a religião de seus "pais".[53] Essa é a sagacidade do livro. Em vez de nos golpear com um implacável ataque direto à fé católica — algo de que o autor era mais do que capaz —, Diderot compartilha suas próprias inseguranças e hesitações quanto à existência de Deus. Essa estratégia tornava os *Pensamentos filosóficos* mais sedutores, e possivelmente mais perigosos, que um livro de franco materialismo.

Pensamentos filosóficos não entrega uma mensagem inequívoca. E, no entanto, se há uma voz dominante no livro, ela previsivelmente pertence ao cético. O cético, do ponto de vista do próprio Diderot, não é um ignorante que afirma cegamente que não sabe nada, mas uma pessoa que se empenha num estudo profundo e desinteressado de uma questão antes de admitir sua incapacidade de decidir.[54] É aquele que, ao procurar provas, só encontra "dificuldades".[55]

Coincidindo em grande parte com o que o próprio Diderot sentia em 1746, a voz do cético se expressa mais efetivamente numa série de aforismos emblemáticos do movimento iluminista como um todo. O primeiro se tornou o mantra de Diderot: "O ceticismo é o primeiro passo em direção à verdade".[56] O segundo é um esclarecimento lógico desse ponto: "O que nunca foi colocado em questão nunca foi provado".[57] E o terceiro é uma vigorosa declaração do direito de pensar livremente: "Pode-se exigir de mim que eu busque a verdade, mas não que eu a encontre".[58]

Leitores reagiram ruidosamente a essa provocação profunda e desafiadora à religião. Um mês depois do aparecimento da obra, em junho de 1746, o Parlamento de Paris condenou o livro de Diderot a ser queimado na Place de Grève. Nos meses subsequentes, numerosos escritores religiosos também se deram ao trabalho de publicar longas refutações do livro com títulos como *Pensées raisonnables* [Pensamentos razoáveis], *Pensées chrétiennes* [Pensamentos cristãos] e *Pensées anti-philosophiques* [Pensamentos antifilosóficos]. Não se poderia desejar uma publicidade melhor. Os *Pensamentos filosóficos* de Diderot venderam vertiginosamente: seis edições do livro sem autor apareceram em três anos.[59] Seu perigoso jogo de gato e rato com os poderes do ancien régime tinha começado.

3.
Um filósofo na prisão

A primeira escaramuça de Diderot com as autoridades parisienses veio pouco depois da aparição de *Pensamentos filosóficos* em 1746. Na época, ele e sua pequena família ainda estavam morando na Rue Mouffetard num apartamento (ou quarto) de primeiro andar pertencente a um amigo chamado François-Jacques Guillotte.[1] Oficial do Exército que mais tarde contribuiria com um artigo sobre pontes para a *Encyclopédie*, Guillotte, presume-se, tolerava ou até mesmo apreciava a conversa animada e o livre pensar de Diderot. A esposa de Guillotte, por sua vez, ficava escandalizada com as ideias blasfemas que ouvia sob o seu teto.[2] Apenas um ano depois de servir de madrinha ao segundo filho de Diderot — o desafortunado François-Jacques —, Madame Guillotte caminhou até a igreja de Saint-Médard, ali perto, para denunciar seu inquilino. Quem recebeu essa queixa foi o recém-ordenado *curé* Pierre Hardy de Levaré.[3] Convencido de que era seu dever proteger seu rebanho de ideias subversivas, o padre encaminhou a acusação de Guillotte a um gendarme real chamado Perrault, que por sua vez contatou o onisciente tenente-general de polícia, Nicolas-René Berryer, conde de La Ferrière.

Em sua atribuição como magistrado indicado pela realeza, Berryer tinha poder e responsabilidades muito mais amplos do que os que hoje associamos à aplicação da lei. Além de policiar práticas comerciais, atividades criminosas, milhares de prostitutas, a classe dos servidores, os pobres e os indigentes, bem como a má situação crônica do esgoto e da lama, Berryer também supervisionava a indústria tipográfica e editorial francesa. Para manter o controle sobre essa poderosa corporação — junto com o punhado de escritores que tinham domicílio na capital —, Berryer dirigia uma enorme operação de inteligência com centenas de espiões.[4] Esses informantes, conhecidos como seus *mouchards* (moscas ou alcaguetes), relatavam a ele uma gama de delitos, que incluíam pensamento sedicioso, violações da moralidade pública e desafios escritos à ortodoxia religiosa.⁵

Nicolas-René Berryer, pintura.

A delação de Madame Guillotte foi a primeira acusação desse tipo contra Diderot que chegou à mesa de Berryer. Assim como fazia com centenas de outros romancistas, dramaturgos, poetas e jornalistas, Berryer acabaria criando um dossiê sobre "*sieur Didrot* [*sic*]". Os primeiros documentos viriam a incluir a afirmação de Perrault de que "Diderot é um homem perigoso que fala com escárnio dos mistérios sagrados da nossa religião".⁶ Anexou também um bilhete do padre de Levaré que censurava Diderot por ter casado sem a permissão do pai e por ser um "libertino", um "blasfemo" e "um deísta, no mínimo".⁷ Tal informação, na opinião de Berryer, merecia claramente um interrogatório e uma advertência. Já em 1747, ele enviou o inspetor de polícia encarregado do comércio de livros, Joseph d'Hémery, para recomendar a Diderot que guardasse para si suas ideias sacrílegas.⁸ D'Hémery não apenas transmitiu essa mensagem, como também confiscou uma versão manuscrita de *La Promenade du sceptique* [O passeio do cético], que o escritor presumivelmente pretendera vender em algum momento a seu editor, Laurent Durand.

O passeio do cético desapareceu em meio aos arquivos da polícia e Diderot nunca mais voltou a vê-lo em vida. (Foi finalmente redescoberto e publicado em 1830.) Embora Diderot lamentasse essa perda, os críticos em geral estão de acordo em que esse texto de juventude — que talvez tenha sido escrito antes mesmo dos *Pensamentos filosóficos* — não é nem de longe tão interessante quanto outras obras que ele escreveu nos anos 1740. Carecendo da verve dialógica que Diderot instilou em seus escritos posteriores sobre Deus, *O passeio do cético* é uma alegoria um tanto laboriosa que descreve três caminhos que se pode tomar na vida: o caminho dos espinhos (cristianismo), o caminho dos castanheiros (filosofia) e o caminho das flores (prazer carnal). As partes do texto mais estimulantes ao pensamento vêm entre os castanheiros, onde Diderot invoca uma academia de filosofia similar à de Atenas, na qual céticos, espinosistas, ateus e deístas têm voz.[9] Diderot inseriu suas posições mais anticlericais durante a discussão do caminho de espinhos, de inspiração cristã, onde um "príncipe" ilógico impera sobre seus soldados de olhos vendados que vagueiam ignorantemente pela vida.

Apesar da descoberta de D'Hémery de que Diderot produzira outro texto heterodoxo, o autor foi liberado apenas com uma advertência. O tenente-general de polícia quis muito provavelmente evitar transformar o escritor num mártir perseguido e celebrado. Por um tempo, o próprio Luís XV desempenhou um papel no incentivo a essa política de relativa clemência. Frequentemente se posicionando contra os muito mais inflamáveis Parlamento e Igreja, o rei e as autoridades nomeadas por ele buscavam encontrar um equilíbrio entre criar escândalos, sustentar o altamente lucrativo comércio de livros e manter a ortodoxia do reino.

Diderot certamente se beneficiou também do fato de ser cada vez mais visto como um sério homem de letras. Embora Berryer e os responsáveis por supervisionar o ramo dos livros estivessem perfeitamente cientes de que ele publicara os ímpios *Pensamentos filosóficos*, também reconheciam que ele era um dos tradutores de *A Medicinal Dictionary* (1746-48), de Robert James, e que estava na época trabalhando na tradução de *Memoirs on Different Mathematical Subjects* [Memórias sobre diferentes assuntos matemáticos], de 1748, uma obra breve que demonstrava como a matemática podia elucidar problemas relativos ao mundo físico, incluindo a teoria harmônica. Mais importante que isso, porém, Diderot tinha sido contratado pelo eminente impressor André-François Le Breton para contribuir com o projeto da vindoura *Encyclopédie*, que era mencionado como uma questão de orgulho nacional.

No entanto, nem esses empreendimentos "valiosos" nem a advertência que recebeu de D'Hémery dissuadiram Diderot de testar ainda mais os limites da paciência do ancien régime. Não muito tempo depois de receber essa visita do inspetor de polícia, o escritor publicou anonimamente seu primeiro romance, uma narrativa erótica intitulada *Les Bijoux indiscrets* [As joias indiscretas], de 1748. Essa história de um sultão africano cujo anel mágico era capaz de impelir os genitais das mulheres a contar suas aventuras eróticas — um livro ao qual voltaremos mais adiante — foi seguida de uma obra ainda mais perigosa.[10] No verão seguinte, enquanto estava ocupado assentando as bases para o primeiro volume da *Encyclopédie*, Diderot publicou sua *Carta sobre os cegos*. Essa obra refinada e complexa de filosofia fluente almejava refutar a existência de Deus de um modo que *O passeio do cético* e os *Pensamentos filosóficos* não tinham feito.

Guiando os cegos

No início de junho de 1749, Diderot recebeu alguns dos primeiros exemplares da *Carta sobre os cegos* saídos da gráfica. Além de manter consigo um ou dois, ele provavelmente reservou exemplares para Jean-Jacques Rousseau e para sua então amante, Madeleine de Puisieux. Mais estrategicamente, enviou um exemplar para o filósofo mais famoso de sua geração, Voltaire, então com 54 anos, a quem nunca havia encontrado.[11] Voltaire ficou não apenas lisonjeado, mas muito interessado em ver o que o jovem e atrevido filósofo havia urdido naquela sinuosa "carta" de duzentas páginas. Três anos antes, o famoso filósofo havia lido com atenção e anotado os *Pensamentos filosóficos* de Diderot, às vezes louvando o entusiasmo do jovem escritor, outras vezes o repreendendo por suas tendências ateias.

Diderot tinha sem dúvida imaginado que Voltaire — o mais célebre defensor francês de Locke — consideraria uma leitura estimulante sua discussão da percepção e da cegueira. O livro, afinal de contas, estava repleto de uma investigação fascinante em torno de como os cegos de nascença reagiam ao recuperar a visão depois de uma operação de catarata, como eles sentiam e se adaptavam a um mundo de trevas e, de modo geral, como a sensação em si é relativa. Voltaire leu a *Carta* logo que a recebeu — estava em Paris na época — e escreveu de volta a Diderot um ou dois dias depois, elogiando o autor por seu "livro engenhoso e profundo".[12] Depois de se desincumbir dessas amabilidades, porém, Voltaire deixou claro que tinha sérias dúvidas quanto ao clímax do livro, uma cena em que um dos personagens nega violentamente a existência da divindade "porque nasceu cego".[13]

Nicholas Saunderson, gravura.

O "personagem" a quem Voltaire se refere era uma pessoa real chamada Nicholas Saunderson (1682-1739), o cego mais famoso que viveu no século XVIII. Esse prodígio tinha sido professor universitário em Cambridge, autor do influente *The Elements of Algebra*, em dez volumes, e aluno de Newton. Boa parte do relato de Diderot exalta os espantosos talentos do cego: seu refinado sentido do tato, sua capacidade incomum de relacionar ideias abstratas, bem como o sistema de aritmética "palpável" que ele criou para si próprio. Perto do final dessa discussão, porém, o narrador do texto de Diderot se interrompe e anuncia que agora compartilhará a verdadeira história dos últimos momentos da vida do cego. Essa parte da *Carta*, supostamente baseada em "fragmentos" manuscritos não publicados, era inteiramente inventada pelo próprio Diderot.[14]

A representação da cena de Saunderson no leito de morte sugere de início uma conversão religiosa triunfal, em que um homem de ciência finalmente se submete à verdade do cristianismo. Mas o que se segue está longe de ser um retorno à fé: em vez disso, na versão de Diderot, Saunderson envereda por um debate apaixonado sobre a existência de Deus com Gervais Holmes, um pastor protestante que está lá para dar ao cego seus últimos sacramentos.[15] Em contraste com os *Pensamentos filosóficos* de Diderot — em que pontos de vista deístas, ateus e céticos se entrechocam sem uma resolução clara —, aqui a irreligiosidade de Saunderson sobrepuja a apresentação do cristianismo por Holmes, semelhante ao deísmo. Entre outras coisas, o cego ridiculariza o pastor por explicar os prodígios da natureza com patéticos contos de fadas: "Se julgamos que um fenômeno está além do homem, imediatamente dizemos que é obra de Deus; nossa vaidade não aceita menos que isso, mas será que não poderíamos ser um pouco menos vaidosos e um pouco mais filosóficos no que dizemos? Se a natureza se apresenta a nós com um problema difícil de deslindar, vamos deixá-lo como está e não tentar desfazê-lo com a ajuda de um ser que nos oferece então um novo problema, mais insolúvel que o primeiro".[16]

Saunderson reformula então essa mesma ideia com uma parábola muito mais mordaz:

> Pergunte a um indiano como o mundo se mantém suspenso no ar, e ele lhe dirá que um elefante o está carregando nas costas; e o elefante, sobre o que se sustenta? "Sobre uma tartaruga" [diz o indiano]. E essa tartaruga, o que a ergue? [...] Para o senhor, Mr. Holmes, esse indiano é digno de pena, no entanto se poderia dizer do senhor a mesma coisa que o senhor diz dele. Portanto, meu amigo, o senhor deveria talvez começar confessando sua ignorância, e deixar que nos viremos sem o elefante e a tartaruga.[17]

Esses dois parágrafos têm a ver tanto com a presunção e a empáfia da humanidade como com o ateísmo. Por meio de seu oráculo cego, Diderot nos pergunta por que continuamos a olhar para fora da natureza com o intuito de explicar a natureza. Ele então fornece a resposta: criamos esse mito ilusório de modo a poder adular nossa própria vaidade.

Tratar os crentes como tolos arrogantes — rogando-lhes que se livrem de sua "tartaruga" — não foi a última palavra de Saunderson. Pouco antes de morrer, ele entra num delírio durante o qual nos convida a refletir sobre como o universo poderia ter vindo a existir. Essa visão poética da sopa primordial está entre as passagens mais ousadas publicadas durante a vida de Diderot:

Quando o universo foi chocado a partir da matéria em fermentação, meus semelhantes [os homens cegos] eram muito comuns. No entanto, essa crença quanto aos animais não poderia também valer para os mundos? Quantos mundos tortos, deficientes, não terão se dissolvido e não estarão talvez sendo refeitos e dissolvidos de novo a cada minuto em espaços distantes, além do alcance de minhas mãos e dos olhos de vocês, onde o movimento ainda prossegue e prosseguirá até que as porções de matéria se arranjem numa combinação que seja sustentável? Oh, filósofos! Venham comigo até a beira desse universo, para além do ponto em que eu posso sentir e vocês podem ver seres organizados; vaguem através desse novo oceano com seus movimentos irregulares e turbulentos e vejam se podem encontrar algum traço daquele ser inteligente cuja sabedoria vocês admiram aqui.[18]

Para o leitor do século XVIII, a visão onírica de Saunderson de mundos defeituosos e protótipos humanos monstruosos teria lembrado *De rerum natura*, de Lucrécio. O que é inovador nessa parte da *Carta*, contudo, é o modo como Diderot faz uso dessa visão do acaso e da ausência de Deus. Em vez de acomodar isso numa reconstituição pedante das origens da terra, Diderot deixa que as ideias visionárias de Saunderson emerjam de seu estado de agitação e delírio. Essa febre ateia é supostamente contagiosa, infectando-nos com a ideia de que somos pouco mais que o resultado fugaz de uma circunstância casual.[19]

Vincennes

Em algum momento de julho de 1749, o segundo homem mais poderoso da França, o conde D'Argenson — cujos títulos administrativos incluíam o de ministro real da Imprensa, ministro da Censura, ministro da Guerra e supervisor do Departamento de Paris —, recebeu uma queixa referente a um livro irreverente publicado por um filósofo parvenu chamado Denis Diderot. Dessa vez, a acusação não vinha de um *mouchard*, nem de um padre repressor, nem de um censor atento; ela partira de uma amiga do ministro, Madame Dupré de Saint-Maur, que tinha ambições filosóficas próprias.

Dupré de Saint-Maur tinha sido menosprezada. Nos primeiros parágrafos da *Carta sobre os cegos*, Diderot (ou, mais precisamente, seu narrador) queixara-se de não ter sido convidado a observar uma das primeiras operações de catarata na França, que havia sido comandada por René-Antoine Ferchault de Réaumur. Em seguida o narrador ridiculariza aqueles que presenciaram o procedimento como estúpidos "olhos sem consequência". Dupré, que estivera presente ao evento, sentiu-se pessoalmente atacada e presumivelmente pediu a D'Argenson que ensinasse ao filósofo desrespeitoso uma lição sobre querer criticar seus superiores.[20]

Se a *Carta* tivesse aparecido em qualquer outro momento, o ministro da Censura talvez tivesse ignorado a queixa da dama sua amiga. Mas os atrevimentos anteriores de Diderot, suas ideias heréticas e sua ficha policial vieram à atenção de D'Argenson durante um momento turbulento da história da França. Problemas econômicos, fome espalhada entre os pobres das cidades e uma decepção quase universal com os termos do tratado de paz de Aix-la-Chapelle — que exigiam a devolução pela França da maior parte da atual Bélgica à Áustria — tinham provocado uma inquietação e um desencanto generalizados.[21] Paris estava agitada havia meses.

Uma parte dos distúrbios de 1749 viera de soldados desmobilizados que estavam semeando o caos na capital, inclusive sequestrando e matando diversas mulheres durante uma cerimônia de "celebração da paz" perto do Hôtel de Ville. Uma onda de poemas e canções contra o governo também inundava a cidade.[22] O que era talvez mais irritante para Luís XV era o rumor muito difundido de que ele supostamente mandara a polícia raptar as crianças da capital e levá-las para Versalhes, onde ele supostamente as fazia chacinar para poder banhar-se em seu sangue, purificando-se assim dos próprios pecados. Não admira que o rei tenha chamado D'Argenson para retomar o controle sobre a população e sobre aquela circulação de ideias inconvenientes. E assim foi feito. Na primavera de 1749, todas as cinquenta celas da Bastilha estavam cheias de contestadores de impostos, "*philosophes*, jansenistas e pessoas que simplesmente falavam mal do regime".[23]

Foi nesse clima nervoso que D'Argenson decidiu usar Diderot de exemplo. Em 22 de julho, ordenou a Berryer, o tenente-general de polícia, que prendesse o escritor e o levasse ao Château de Vincennes, um antigo palácio real que tinha sido convertido em prisão. Dois dias depois, Agnan Philippe Miché de Rochebrune, um advogado no Parlamento e comissário de polícia, e Joseph d'Hémery, o inspetor do ramo dos livros, chegaram ao apartamento na Rue de la Vieille Estrapade às sete e meia da manhã para levar detido o escritor. Depois de entrar no seu apartamento de dois andares, eles interrogaram o escritor e fizeram uma busca por papéis ou obras que atacassem a moral ou a religião.[24]

Com base no dossiê de Berryer sobre o escritor, o que incluía o testemunho de um impressor que divulgara a lista exata das publicações de Diderot, o Comissário Rochebrune esperava descobrir um tesouro escondido de tratados ímpios ou contos pornográficos. (Em anos posteriores descobriu-se que Rochebrune de fato juntara para seu próprio aperfeiçoamento moral uma coleção substancial de obras proibidas.)[25] No entanto, o comissário não encontrou nada parecido com as vaginas falantes de *As joias indiscretas* de Diderot, nem tampouco algum tratado visivelmente materialista. O que ele relatou em seu inventário foram 21 caixas de manuscritos relacionados com a então ainda inédita *Encyclopédie* e uma versão manuscrita da já publicada *Carta sobre os cegos*.

Rochebrune, de todo modo, informou a Diderot que ele era objeto de uma *lettre de cachet* real, um édito de encarceramento assinado pelo próprio Luís XV em sua residência real em Compiègne. Esse documento legal, uma das mais odiadas expressões de poder arbitrário associadas ao ancien régime, podia mandar indivíduos para a prisão sem julgamento, em alguns casos por toda a vida. De acordo com o relato do episódio por Madame de Vandeul, sua mãe, Toinette, estava num quarto dos fundos vestindo François-Jacques quando chegaram os homens de Berryer. Assim que percebeu que seria preso, Diderot pediu e recebeu permissão para informar à esposa que estava saindo. Por temor de alarmá-la, porém, ele simplesmente disse a ela que precisava cuidar de algum assunto relacionado à *Encyclopédie* e que a veria mais tarde naquela noite. Alguns minutos depois, sentindo talvez que alguma coisa não estava certa, Toinette enfiou o rosto para fora da janela e viu um dos guardas empurrando seu marido em direção à carruagem estacionada. Percebendo afinal o que tinha acontecido, ela desabou.

A viagem de oito quilômetros de Diderot da Rue de la Vieille Estrapade até o Château de Vincennes — logo a leste de Paris — levou cerca de uma hora. D'Argenson havia especificado que Diderot fosse levado a Vincennes porque as celas da Bastilha continuavam lotadas de presos políticos, entre eles um número significativo de fornecedores e consumidores de poesia contra o governo.[26]

O Château de Vincennes.

Ao chegar a Vincennes, Diderot foi novamente interrogado e em seguida conduzido a uma cela desolada no interior da grande torre-calabouço do château. Hoje é possível visitar essa imponente fortificação de cinquenta metros de altura, incluindo os cômodos que serviam como celas de prisão. Artesãos e canteiros contemporâneos, porém, restauraram boa parte da torre-calabouço restituindo sua antiga glória como solar real usado por monarcas franceses entre os séculos XIV e XVII. Dificilmente eram esses o seu aspecto e a sua atmosfera em 1749. Segundo a descrição de Diderot, a parte do calabouço que ele habitou havia se tornado um esconderijo malcheiroso e (alegava ele) insalubre onde a monarquia trancafiava seus indesejáveis.[27]

Solitária

A vida no cárcere sob o ancien régime podia variar enormemente. Se todas as prisões tinham sua cota de piolhos, camundongos, ratos e doenças contagiosas sem controle, os prisioneiros em Vincennes recebiam um tratamento diferenciado de acordo com seus supostos delitos, sua notoriedade ou classe social. Detentos aristocráticos ou ricos, com subornos ou os conhecidos certos, podiam conseguir prontamente uma estada confortável. Quando o marquês de Sade foi detido e levado à prisão no final dos anos 1770, logo tirou o melhor proveito de sua situação, pagando para ter sua cela guarnecida de tapetes turcos, sua própria mobília e uma biblioteca com centenas de volumes. O contraste com prisioneiros políticos como Jean-Henri Latude não podia ser mais completo. Diferentemente de Sade, Latude havia incorrido na mais plena ira do Estado ao enviar uma caixa de veneno à estimada amante de Luís XV, a marquesa de Pompadour, em 1749. A intenção desse esforçado escritor, contudo, não tinha sido de lhe fazer mal. Ao contrário, o homem, mal orientado, tivera na verdade a esperança de se tornar um herói nacional ao informar Pompadour da conspiração pouco antes de ela ingerir a substância tóxica. Esse estratagema saiu espetacularmente pela culatra. Não muito depois da chegada do pacote, Latude foi identificado como culpado e acabou passando os 35 anos seguintes trancafiado em Vincennes e na Bastilha, com frequência confinado em masmorras com pouco mais que pão amanhecido e caldo de carne para comer.[28]

Documentos da polícia indicam que o tratamento a Diderot ficou em algum ponto entre o dado a Sade e o dado a Latude. Embora o filósofo tenha sido confinado a um quarto insalubre na torre-calabouço, Berryer instruiu o administrador do château a tratá-lo de modo decente, exatamente como "Boyer e Rochères", dois padres jansenistas que estavam em prisão perpétua por publicar panfletos contra os jesuítas.[29] Isso significava que Diderot devia receber sua comida às expensas do rei, em geral uma tigela de carne assada ou, ocasionalmente, de fígado ou bucho, junto com uma garrafa de vinho e uma porção grande de pão.[30] Às sextas-feiras, a prisão servia peixe barato — arenque ou arraia — junto com algumas verduras cozidas.[31] Diderot estava instalado nessa rotina havia uma semana quando Berryer por fim resolveu cuidar de seu caso. Na quinta-feira, 31 de julho, o chefe de polícia fez pessoalmente a viagem de Paris a Vincennes para interrogar o filósofo sobre suas atividades. A transcrição de seu encontro contém não apenas pormenores do interrogatório, como também as contínuas tentativas de Diderot de ludibriar seu interrogador:

Interrogatório... do sr. Diderot, prisioneiro por ordem do Rei no Cárcere de Vincennes... em 31 de julho de 1749, à tarde, na sala de audiência da mencionada prisão, depois que o prisioneiro jurou falar e responder a verdade.

Interrogado quanto a seus nomes, sobrenomes, idade, classe, país, endereço, profissão e religião:

[O prisioneiro] respondeu que seu nome era Denis Diderot, natural de Langres, 36 anos de idade, morador de Paris, quando foi preso na

Rue de la Vieille Estrapade, na Paróquia de Saint-Étienne du Mont, e de fé católica, apostólica e romana.

Indagado se tinha produzido uma obra intitulada *Carta sobre os cegos para uso dos que veem*:

Respondeu que não.

Indagado por quem ele imprimiu a mesma obra:

Respondeu que não foi ele que publicou o livro.

Indagado se tinha vendido ou dado o manuscrito a alguém:

Respondeu que não.

Indagado se sabia o nome do autor do livro:

Respondeu que não tinha ideia...

Indagado se redigira uma obra, que surgiu dois anos antes, e que era intitulada *As joias indiscretas*:

Respondeu que não etc.[32]

No restante do documento, Berryer pergunta sobre cada uma das obras que Diderot havia sido acusado de escrever. A cada vez, Diderot negou ter qualquer coisa a ver com os manuscritos, os editores ou a distribuição de tais livros. No final da entrevista, o filósofo leu as perguntas e respostas, atestou sua validade e assinou seu nome.

A defesa fraudulenta de Diderot não foi bem recebida por Berryer. Irritado com as evasivas do filósofo, o chefe de polícia retornou a Paris e ordenou imediatamente o interrogatório do editor de Diderot, Laurent Durand, de 37 anos. Levado diante de Berryer já no dia seguinte, Durand foi muito mais cooperativo que Diderot, revelando logo a história dos arranjos clandestinos em que se envolvera para publicar os livros proscritos do autor. Com as provas na mão, Berryer agora tinha pouco incentivo para soltar o filósofo impenitente. Seu movimento seguinte, que se revelou bastante eficaz, foi simplesmente cessar a comunicação com seu prisioneiro.

Oito dias depois de Berryer ter interrogado Diderot — e aproximadamente três semanas após Diderot ter sido levado a Vincennes —, o filósofo compreendeu que o silêncio ensurdecedor vindo de Paris significava que seu tempo na prisão não seria medido em semanas, mas em meses ou anos. Isso ficou dolorosamente claro no dia em que um guarda veio a sua cela para abastecê-lo com sua cota semanal de velas, à razão de duas por dia. De acordo com Madame de Vandeul, Diderot informou ao carcereiro que não precisava de nenhuma àquela altura, pois tinha muitas de reserva.

O guarda respondeu secamente que talvez ele não precisasse delas agora, mas ficaria feliz em tê-las à mão no inverno, quando o sol nascia pouco antes das nove da manhã e se punha bem antes das cinco da tarde.[33]

A resistência de Diderot começou a amolecer no meio da sua quarta semana na cela isolada. Pediu papel e mandou cartas redigidas cuidadosamente para o conde D'Argenson e para Berryer. Em sua carta a D'Argenson, empregou uma estratégia dupla. Por vezes, desculpava-se um tanto vagamente por suas inconveniências; mais eficazmente, talvez, enfeitou sua missiva com lisonjas e uma mal disfarçada sedução. Depois de louvar o conde por ser um grande apoiador da literatura da época, Diderot dava a entender que (como editor da *Encyclopédie*) estivera prestes a anunciar que o projeto como um todo seria dedicado ao próprio D'Argenson. A mensagem era claríssima: solte-me e a dedicatória impressa na futura *Encyclopédie* será sua. Dois anos depois, esse tributo apareceu no primeiro volume do grande dicionário.[34]

Ao mesmo tempo que procurava persuadir D'Argenson, Diderot apelou à misericórdia de Berryer numa carta mais longa e pesarosa. Depois de mencionar a possibilidade de sofrer uma morte dolorosa em sua cela, ele gastou uma grande quantidade de tinta enfatizando sua carreira como intelectual diligente empenhado na difusão da matemática e das "letras". Não fazia nenhuma menção, porém, ao motivo pelo qual tinha sido preso, para começar.

Essa ausência não escapou à atenção de Berryer, e mais uma vez o chefe de polícia não respondeu à carta de Diderot. Cada vez mais desesperado, Diderot enviou outro bilhete a Berryer no qual não apenas admitia ser o autor de *Pensamentos filosóficos*, *As joias indiscretas* e *Carta sobre os cegos*, mas também pedia desculpas por compartilhar tais "autoindulgências da mente" com o público francês. Uma semana depois de receber essa confissão, Berryer viajou pessoalmente à prisão para falar com Diderot, e lhe contou que ele logo seria libertado do confinamento solitário e receberia um quarto e cama apropriados, desde que prometesse por escrito não fazer dali em diante nada que fosse contrário à religião e aos bons costumes.[35]

Enquanto empreendia essas negociações com Berryer e D'Argenson, Diderot conseguiu também escrever duas cartas a seu pai em Langres.[36] Embora os dois homens estivessem afastados havia mais de seis anos, Denis, aos 36 anos, havia obviamente temido com apreensão o momento em que seu pai (e o restante de Langres) ficasse sabendo de sua prisão. Para amenizar o efeito que essa notícia podia ter em sua cidade natal, ele sugeriu em pelo menos uma das cartas que tinha sido vítima de calúnia e que a polícia o estava acusando de publicar livros dos quais ele não era o autor. Embora isso fosse tecnicamente verdade — Berryer o acusara de ser o autor do banido *Les mœurs* [Os costumes, 1748], por exemplo —, Diderot escondia ou minimizava a extensão total de suas publicações anônimas. Pode-se imaginar como teria sido duro admitir a autoria de uma obra infame de ficção libertina como *As joias indiscretas.*

Didier Diderot não era nenhum ingênuo, porém. Na carta que mandou em resposta a Denis, ele assinalou que sabia muito bem por que o filho tinha sido trancafiado numa "caixa de pedra" em Vincennes. Informou friamente então ao prisioneiro que este deveria tirar proveito de seu tempo na cadeia para refletir sobre sua vida. Do ponto de vista do Diderot mais velho, a queda do filho fora causada por um mau uso da sua educação e do seu intelecto. Se "Deus lhe deu talentos", escreveu ele de modo incisivo, "não foi para enfraquecer o dogma da nossa religião sagrada".[37]

Mas o aspecto mais significativo da carta não era essa leve repreensão, mas sim o sentimento de que era hora de o filho errante voltar para o seio da família. Uma parte dessa mudança de sentimentos podia provir do fato de que a prisão abrira, paradoxalmente, linhas de comunicação que estiveram fechadas por anos. Talvez tão importante quanto isso, Didier Diderot também via sua vida e sua família esvaírem-se em 1749. Sua esposa por 36 anos, Angélique tinha morrido no outubro anterior, aos 71 anos; sua filha de 27 anos, também chamada Angélique, enlouquecera e morrera atrás dos muros de pedra calcária do Convento das Ursulinas no mesmo ano. Confrontado com a perspectiva de uma família bem menor — e certamente tocado pelo fato de o filho tê-lo procurado, apesar de suas próprias circunstâncias lastimáveis —, Didier Diderot acenou com a bandeira branca. Embora sua carta estivesse cheia de admoestações, o patriarca anunciava que agora estava contente em aprovar o casamento de Denis com Toinette, admitindo que ele estava casado de fato aos olhos da Igreja. E acrescentou, então, que esperava contar com a autorização do filho para conhecer seus netos.

Contos do cárcere

A carta de Didier Diderot presumivelmente chegou a seu filho em meados de setembro, quando já fazia dois meses que ele estava em Vincennes.

Àquela altura, as condições e a disposição do prisioneiro já haviam melhorado significativamente. Libertado de sua cela na masmorra do château, ele agora tinha acesso ao jardim e ao pátio e havia sido transferido para acomodações mais confortáveis. Berryer também lhe concedera o direito de receber visitas de membros da família e de colegas de trabalho na *Encyclopédie*.

Toinette viajou a Vincennes no primeiro dia depois da concessão do direito de visitas a Diderot. Os quatro impressores, que tinham enviado várias cartas a Berryer e D'Argenson apelando pela soltura do escritor, também vinham discutir como dar andamento ao dicionário paralisado. Nos dias e semanas seguintes, Diderot recebeu também visitas de seu coeditor, Jean le Rond d'Alembert, e do artista Louis-Jacques Goussier, que tinha sido contratado para começar a trabalhar nas ilustrações da *Encyclopédie*. O que restava de sua permanência em Vincennes acabou se tornando um período de trabalho na prisão.

Como costuma acontecer com o encarceramento de qualquer pessoa famosa, há histórias e um folclore familiar associado ao período de Diderot em Vincennes. Madame de Vandeul conta que, durante os dias de confinamento na solitária, seu pai tirou do telhado uma telha de ardósia, triturou-a para fazer sua própria tinta e transformou um palito de dentes numa pena de escrever, tudo isso para fazer anotações nas margens do *Paraíso perdido*, de Milton. Esse exemplo de inventividade na prisão é inteiramente plausível em comparação com o relato de Madame de Vandeul sobre como seu pai escapou de Vincennes para espionar aquela que era sua amante havia quatro anos, Madame de Puisieux. Madeleine estava aparentemente tão preocupada quanto qualquer outra pessoa com o encarceramento de Diderot; pouco depois de ele ser autorizado a receber visitas, ela entrou na lista de peregrinos que rumavam para Vincennes. Esperando um encontro afetuoso, em vez disso se deparou com um interrogatório ciumento quando Diderot notou que ela estava vestida de modo excessivamente elegante para uma visita à prisão. Depois de obrigar a amante a admitir que seguiria viagem até a cidade vizinha Champigny para participar de uma festa, Diderot, ao que parece, ficou tão convencido de que ela o havia substituído por outro amante que, depois que a carruagem dela partiu, ele supostamente se esgueirou para fora da prisão e percorreu a pé os sete quilômetros até Champigny para ficar de olho nela. Essa jornada — através dos bosques de Vincennes e cruzando o rio Marne — não parece muito provável; tampouco o desenlace da história, em que Diderot supostamente voltou para o château e confessou sua breve fuga ao marquês du Châtelet, governador da prisão. Independente de suas relações amistosas com seu cavalheiresco anfitrião, Diderot raramente era sincero com tanta presteza.

Ter dado ou não essa escapada a Champigny importa muito pouco na história geral da temporada de Diderot em Vincennes. Muito mais importantes foram as viagens de Jean-Jacques Rousseau à prisão durante o outono de 1749. Em suas *Confissões*, Rousseau relata que o encarceramento do amigo o afligiu imensamente e que, sempre que conseguiu fugir momentaneamente do trabalho, empreendeu a pé em várias ocasiões a longa jornada de Paris a Vincennes para visitar Diderot. Na primeira vez em que Rousseau chegou à prisão, segundo seu relato, encontrou o filósofo preso conversando com um padre e com o coeditor de Diderot, D'Alembert.[38] Descrevendo Diderot como "muito abalado por seu encarceramento", Rousseau escreve que ficou comovido até as lágrimas com esse encontro: "Eu só tive olhos para ele quando entrei; tive um sobressalto, soltei um grito, pressionei meu rosto no dele e o abracei com força, falando a ele apenas com minhas lágrimas e suspiros, pois minha alegria e meu afeto me sufocavam".[39]

A descrição de Rousseau de seu reencontro emotivo com o amigo é seguida por seu mítico relato sobre como ele — um filósofo em botão — foi fulminado pela ideia de virar as costas para as influências corruptoras do conhecimento e da civilização, as próprias pedras angulares do projeto iluminista. Essa história começa numa tarde quente de verão na qual Rousseau está seguindo seu caminho a pé até a prisão de Vincennes. Exausto, banhado de suor, ele decide se refugiar sob a sombra de uma árvore à beira da estrada, tirando da bolsa em seguida o *Mercure de France*, a principal revista da época para o debate literário e filosófico. É nas páginas desse periódico mensal que Rousseau se depara fatidicamente com um concurso de ensaios proposto pela Academia de Dijon, pedindo resposta à seguinte pergunta: "O reflorescimento das artes e das ciências tem contribuído mais para a corrupção ou para a purificação dos costumes?".[40]

Era mais do que uma questão de progresso técnico e declínio moral. Os acadêmicos de Dijon estavam reconhecendo tacitamente que algo drástico estava acontecendo na França. Embora aquele grande país de 25 milhões de habitantes continuasse a ser refreado (em comparação com a Inglaterra) por suas entrincheiradas corporações, por seu rígido sistema social e por problemas relacionados a uma dívida debilitante, mesmo assim seus cientistas e filósofos tinham levado o país a uma fase estimulante de fervor intelectual que ameaçava ser mais radical que as formas mais brandas de Iluminismo que se desenrolavam do outro lado do canal da Mancha ou na Holanda. Esses avanços intelectuais e "filosóficos", na visão de muitas pessoas, vinham com um custo: filósofos como Voltaire e Diderot haviam não só encorajado as pessoas a separar as esferas da religião e da ciência, como estavam também pedindo que elas repensassem questões morais básicas — como a felicidade humana — que até então haviam sido da alçada da Igreja. Num mundo em profunda mudança, onde o "reflorescimento das artes e das ciências" fora acompanhado por uma tremenda quantidade de pensamento livre, o concurso da Academia de Dijon parecia clamar por uma avaliação cuidadosa das recentes realizações em pintura, escultura, música e ciências — lado a lado com alguns reparos pontuais referentes aos excessos de certas almas desencaminhadas.

Rousseau tinha outra coisa em mente. Descrevendo sua reação depois de descobrir o concurso da Academia, ele explica que "no momento em que li aquilo enxerguei outro universo e me tornei outro homem". Quando chegou à prisão, prossegue, "estava num estado de agitação à beira do delírio".[41] Rousseau relata então como ele e Diderot teriam discutido longamente essa questão durante sua visita e como Diderot não apenas o incentivou a competir pelo prêmio, mas a ir em frente com a "verdade" divergente que ele recebera na estrada para a prisão, isto é, de que as artes e as ciências tinham causado mais dano do que benefício à humanidade.[42] Sobre essa conversa, Diderot escreveu:

> Eu estava nessa época no Château de Vincennes. Rousseau veio me visitar e, enquanto estava lá, consultou-me sobre como responder à pergunta [proposta pela Academia de Dijon]. "Não hesite", eu lhe disse. "Você deve tomar o lado que ninguém mais vai tomar." "Você tem razão", Rousseau me respondeu; e pôs mãos à obra transformando esse *jeu d'esprit* num "sistema filosófico".[43]

Na forma final de seu *Discours sur les sciences et les arts* [Discurso sobre as ciências e as artes], de 1750, que completou com a ajuda de Diderot alguns meses mais tarde, Rousseau traçou uma genealogia da ruína que rastreia as origens das disciplinas científicas e técnicas nos vícios humanos adquiridos quando se deixou o estado da natureza: nossa ganância, sustenta ele, originou a matemática; nossa ambição desenfreada gerou a mecânica; nossa curiosidade ociosa produziu a física. A mensagem de Rousseau era simples e sedutora: quanto mais avançamos técnica e intelectualmente, mais regredimos moralmente. O progresso é não apenas uma miragem que a humanidade persegue tolamente, ele é a nossa queda.

O ensaio de Rousseau não só venceu o prêmio da Academia de Dijon, como também o levou a produzir uma segunda e mais poderosa abordagem da queda da humanidade, que ele intitulou *Discours sur l'origine et les fondements de l'inégalité parmi les hommes* [Discurso sobre a origem da desigualdade entre os homens], de 1755. Também conhecido como *Segundo discurso*, essa peça profundamente influente de antropologia especulativa faz a crônica da transição infeliz da humanidade do estado natural — em que os humanos eram solitários, selvagens e desprovidos de razão ou racionalidade — para a época em que começaram a coabitar, a desenvolver a razão e a linguagem, a comparar-se uns aos outros e a entrar no terreno da competição social e da hierarquia. Daí, demonstra Rousseau, foi apenas um pequeno passo para a propriedade privada e para a desigualdade social, ambas as quais só tendiam a crescer no estado recentemente civilizado do homem. Diderot serviu mais uma vez como leitor em primeira mão de Rousseau antes de este publicar o *Segundo discurso*. Mal sabia ele, porém, que aquele entendimento espantosamente pessimista da história era muito mais que um argumento provocador; ele refletia um realinhamento fundamental na maneira como Rousseau compreendia o "sistema social", suas amizades pessoais e o modo como ele iria se relacionar dali em diante com Diderot e os demais filósofos.

O retorno

Diderot foi finalmente solto de Vincennes em 3 de novembro de 1749, 102 dias depois de sua detenção. Entre os poucos pertences que levou de volta consigo estava uma pequena edição da *Apologia de Sócrates* (399 a.C.) de Platão que ele conseguira manter em sua posse durante sua permanência ali. De acordo com Madame de Vandeul, os guardas da prisão tinham decidido não confiscar aquele livro em particular porque não podiam imaginar que ele fosse capaz de ler em grego antigo. Diderot, segundo consta, fez bom uso do texto, traduzindo longas partes da *Apologia* durante seu período de encarceramento.

Que ele tenha sido capaz de manter a *Apologia* de Platão deve ter parecido apropriado. Nesse livro Platão narra o julgamento de seu mentor e seu discurso de autodefesa; detalha também como Sócrates tinha sido acusado, entre outras coisas, de ser um descrente. Mais tarde em sua carreira, Diderot referiu-se com frequência ao filósofo grego como um espírito próximo, que, assim como ele próprio, estava em desajuste com sua era intolerante. Conforme ele se expressou em 1762, "quando Sócrates morreu, era visto em Atenas como nós [filósofos] somos vistos em Paris. Seus costumes foram atacados; sua vida, difamada". Ele era "uma mente que ousou falar livremente sobre os Deuses".[44]

A despeito de tais semelhanças, há aspectos da prisão de Sócrates que diferem significativamente do relato da temporada de Diderot em Vincennes. Diferente do filósofo francês, Sócrates permaneceu celebremente resignado em face da perseguição, bebendo serena e lucidamente a cicuta que pôs fim a sua vida. Diderot, por sua vez, estava disposto a fazer qualquer coisa para ganhar sua liberdade, vestindo deliberadamente uma série de máscaras para enganar seus captores. Quando chegou à prisão, representou o filósofo desafiador; logo depois passou a ser o prisioneiro sofredor; no final de sua estada, era o bajulador contrito. Alguns anos depois, justificou de modo célebre essa oscilação moral como sendo resultado direto de relações de poder desiguais. Os humanos, sugeriu, têm na verdade pouco controle da situação na maior parte do tempo, e precisam assumir poses dependendo de quem tem influência sobre eles; a vida, em resumo, exige concessões morais. Em *O sobrinho de Rameau*, Diderot rotulou esses escorregões éticos de "modos de expressão vocacionais". Cada ocupação, a seu ver, tende a aceitar certos deslizes morais repetidos como prática estabelecida — e, portanto, eticamente tolerável — da mesma maneira que modos de expressão linguísticos (curiosas torções de frases) também se tornam comumente aceitos com o tempo. Se houve algum "modo de expressão vocacional" empregado pelo filósofo perseguido enquanto ele esteve na prisão, foi sem dúvida a duplicidade, especialmente em face da polícia.

Pouco antes de ser finalmente libertado de Vincennes, Diderot teve seu último encontro com Berryer, o tenente-general de polícia. Durante esse encontro, o prisioneiro assinou uma declaração prometendo nunca mais publicar obras do tipo herético como as que o tinham levado àquele encarceramento humilhante. Pelos 33 anos seguintes, ele iria manter, em essência, sua palavra. Em parte, isso tinha relação com o fato de que Diderot sabia que, pelo resto da vida, cada vez que conversasse num café, que conhecesse estranhos num salão ou enviasse uma carta, ele poderia muito bem estar sob a vigilância dos *mouchards* da cidade. E, no entanto, se o estado efetivamente pôs fim a sua carreira pública como escritor de livros audazes, de autoria individual, Diderot, não obstante, pretendia difundir as alegrias do livre-pensamento de modo ainda mais audacioso depois da sua saída de Vincennes. A labiríntica *Encyclopédie*, no fim das contas, iria fornecer justamente o terreno apropriado.

4.
A bíblia do Iluminismo

O encarceramento de Diderot em Vincennes aconteceu exatamente na metade de seus setenta anos na terra. Cesura indesejada, a prisão se tornou a pausa dramática que deu forma e sentido a ambos os lados da sua vida. Antes da prisão, Diderot tinha sido um tradutor contratado, editor de uma enciclopédia inédita e autor relativamente desconhecido de obras clandestinas de heterodoxia; no dia em que saiu de Vincennes, estava rotulado para sempre como um dos mais perigosos apóstolos do livre-pensamento e do ateísmo no país.

Durante os três meses de prisão de Diderot, o conde D'Argenson e seu irmão, o marquês, contemplaram com deleite o "insolente" filósofo ser curvado e amansado diante da autoridade do Estado. Numa anotação de diário de outubro de 1749, o marquês relatou com alegria que seu irmão, o conde, havia supostamente quebrantado a determinação de Diderot. O confinamento solitário e a perspectiva de um gélido inverno tinham obtido êxito onde as advertências da polícia haviam fracassado; no final, o escritor outrora desaforado tinha não apenas implorado perdão, mas sua "mente adoecida", sua "imaginação avariada" e sua "genialidade insensata" tinham sido subjugadas. Os dias de Diderot como autor de "livros interessantes, mas amorais", ao que parecia, tinham chegado ao fim.[1]

O marquês estava certo apenas pela metade. Quando foi finalmente libertado de Vincennes, em novembro de 1749, Diderot com certeza voltou a Paris com o rabo entre as pernas. Inteiramente silenciado, porém, ele não estava. Dois anos depois de ter deixado a prisão, o primeiro volume da *Encyclopédie* que ele e Jean le Rond d'Alembert estavam editando juntos apareceu impresso. Seu título estendido e pretensioso, que indicava uma abordagem crítica e *sistemática* do conhecimento da época *e* seus ramos, prometia algo muito maior que uma obra de referência normal:

Encyclopédie, ou Dictionnaire raisonné des sciences, des arts et des métiers, par une société de gens de lettres. Mis en ordre par M. Diderot, de l'Académie Royale des Sciences et des Belles-Lettres de Prusse; et quant à la partie mathématique, par M. D'Alembert, de l'Académie Royale de Prusse, et de la Société Royale de Londres.

Encyclopédie, ou Dicionário Racional das Ciências, Artes e Ofícios, por uma sociedade de pessoas de letras. Editado pelo sr. Diderot, da Academia Real de Ciências e Belas-Artes da Prússia; e, quanto às partes matemáticas, pelo sr. D'Alembert, da Academia Real da Prússia e da Sociedade Real de Londres.

Muito mais influente e notável que as obras individuais produzidas por Diderot até então, a *Encyclopédie* era expressamente concebida para transmitir a tentação e o método da liberdade intelectual a um público enorme na Europa e, em menor medida, em terras distantes como São Petersburgo e Filadélfia. Levada a termo, em última instância, mediante artimanhas, despistes e às vezes cooperação com as autoridades, a *Encyclopédie* (e suas várias traduções, republicações e trechos e edições pirateados) é hoje considerada a suprema realização do Iluminismo francês: um triunfo do laicismo, da liberdade de pensamento e do comércio do século XVIII. Num plano pessoal, contudo, Diderot considerava esse dicionário a incumbência mais ingrata da sua vida.

Paris, 1745: Os alicerces

Embora a *Encyclopédie* hoje seja sinônimo de Diderot, o projeto não começou como fruto de seu cérebro. A ideia original veio de um imigrante desventurado de Danzig (Gdańsk) chamado Gottfried Sellius. Em algum momento de janeiro de 1745, esse acadêmico alto e magricela entrou em contato com o impressor e livreiro André-François Le Breton para lhe propor um negócio potencialmente lucrativo: uma tradução francesa de uma das primeiras enciclopédias "universais" de artes e ciências a ser publicadas em dois volumes, a *Cyclopaedia* (1728), de Ephraim Chambers. O impressor ficou interessado. Traduções do inglês para o francês, que podiam ser feitas sem pagar uma única libra ao autor estrangeiro ou a seu editor, tinham se tornado um grande negócio para sua corporação. Dois anos antes, com efeito, ele contratara o então desconhecido Diderot para ajudar a traduzir outra obra de referência inglesa, o *Medicinal Dictionary* (1743-5) de Robert James.

Le Breton concordou em se encontrar em outra ocasião com Sellius e seu sócio, um cavalheiro inglês ostensivamente rico chamado John Mills. Mills deve ter parecido inicialmente um colaborador valioso: além de trazer um conhecimento nativo do inglês à tradução proposta, ele insinuou que tinha os meios de financiar parte do projeto. Dois meses depois, Le Breton assinou um contrato com Mills que previa a publicação de uma tradução ampliada, em quatro volumes, do dicionário inglês, junto com um quinto volume contendo 120 ilustrações.[2]

Os preparativos para a nova *Encyclopédie* começaram imediatamente. Le Breton, segundo consta, encomendou resmas de papel de primeira qualidade, bem como um carregamento de *fontes* de metal — uma liga de chumbo, estanho e antimônio — para um novo conjunto de tipos móveis.[3] Trabalhando com Sellius e Mills, ele também imprimiu e distribuiu um grandiloquente folheto que buscava assinantes contribuintes para o projeto editorial. Para sua satisfação, vários jornais, incluindo o jesuíta *Mémoires de Trévoux*, transcreveram textualmente a prosa animada do folheto: "Não há nada mais útil, mais fecundo, mais bem examinado, mais bem encadeado, numa palavra, mais perfeito e mais belo, que este dicionário. É este o presente que o sr. Mills concedeu à França, seu país de adoção".[4]

A dádiva de Mills à nação francesa não estava à altura de sua retórica. Quando Le Breton recebeu exemplares da obra, ficou furioso ao descobrir que a tradução estava cheia de erros e imprecisões. Mills também se revelou tudo menos um generoso aristocrata quando começou a pressionar Le Breton a assinar promissórias relacionadas a uma parcela dos futuros lucros do negócio. O teimoso e pragmático impressor, embora pequeno na estatura, reagiu com seus punhos e sua bengala, golpeando com tanta força seu parceiro de negócios numa noite de sábado de 1745 que Mills registrou uma queixa-crime.[5] Le Breton respondeu a essa acusação com um processo de sua parte contra Mills, a quem acusou de embusteiro e impostor numa *mémoire* de circulação pública. A muito propagandeada *Encyclopédie*, tudo indicava, não iria a parte alguma.[6]

Apesar desse revés, Le Breton continuou a acreditar tanto na viabilidade como na lucratividade do projeto da *Encyclopédie* proposta. Depois de esperar por vários meses a poeira baixar, ele começou de novo os preparativos para solicitar outra concessão real. Mais ciente dessa vez dos riscos logísticos e financeiros substanciais envolvidos na produção dessa obra de vários volumes, Le Breton firmou parceria com três impressores — Antoine-Claude Briasson, Michel-Antoine David e Laurent Durand —, os mesmos homens que haviam colaborado na publicação dos vários volumes do *Medicinal Dictionary*. Ele procurou também um tipo diferente de editor-geral para substituir Mills, alguém que não apenas fosse francês, mas também experimentado, e com referências impecáveis. Este acabou sendo Jean-Paul de Gua de Malves.[7] Matemático consumado e membro da Royal Society de Londres, da Académie Royale des Sciences de Paris e do Collège de France, o desengonçado e aparentemente subnutrido Gua de Malves assinou um contrato com o consórcio em 27 de junho de 1746, diante de duas testemunhas, Jean le Rond d'Alembert, de 29 anos de idade, e Denis Diderot, de 32, ambos trazidos para o projeto para editar e, no caso de Diderot, traduzir alguns artigos.[8]

O envolvimento de Gua de Malves no projeto não durou mais que um ano.[9] Dessa vez a *Encyclopédie* foi prejudicada pela personalidade irascível e pelo lastimável talento organizacional do novo editor-chefe. Como Mills anteriormente, também ele entrou numa série de desavenças ásperas com Le Breton e os outros impressores e acabou abandonando o projeto no verão de 1747.[10] A saída do geômetra de sangue quente mudaria a vida de Diderot: depois de dois meses de indecisão, Le Breton e o pequeno consórcio de impressores nomearam Diderot e D'Alembert os novos coeditores da *Encyclopédie*.

Do ponto de vista dos quatro impressores, D'Alembert e Diderot eram tão diferentes como a água e o vinho. O célebre D'Alembert — que publicara uma obra revolucionária sobre dinâmica dos fluidos em 1744 — podia recrutar colaboradores entre colegas na Academia de Ciências de Berlim, supervisionar artigos que tivessem a ver com as ciências e a matemática e, assim como Gua de Malves, fornecer um ar de respeitabilidade institucional ao projeto. Embora tivesse acabado de celebrar seu trigésimo aniversário, esse homem bonito já se estabelecera como o mais famoso geômetra da Europa. Gênio indiscutível que estava em contato com os maiores intelectos da matemática de seu tempo, D'Alembert fora escolhido para ser a face mais famosa da *Encyclopédie*. Os impressores viam Diderot sob uma luz totalmente diversa. Por um lado, todos aqueles homens sabiam que ele era um trabalhador laborioso. Enquanto redigia seus próprios livros clandestinos, Diderot tinha sido também o principal tradutor do substancial *Medicinal Dictionary* de James. Por outro lado, Le Breton e seus sócios estavam bem cientes de que aquele ativo tradutor e escritor — o ex-abade Diderot — tinha uma tendência potencialmente perigosa a desafiar por escrito ideias religiosas estabelecidas.[11]

Tramando na "Cesta de flores"

Hoje pode parecer estranho que alguém da estatura de André-François Le Breton tenha confiado o maior investimento de sua carreira a um escritor com a reputação duvidosa de Diderot. Diferentemente de alguns dos outros impressores mais ousados que atuavam nos anos 1740 — em particular, do parceiro de Le Breton no empreendimento da *Encyclopédie*, Laurent Durand —, Le Breton evitara cuidadosamente projetos de publicação controversos. Era uma prática de prudência empresarial. Nomeado um dos seis impressores oficiais do rei em 1740, Le Breton desfrutava de uma série de privilégios, incluindo redução de impostos e um fluxo contínuo de encomendas reais de fácil impressão.[12]

Mais importante do que isso, porém, era o fato de Le Breton ser o impressor oficial do *Almanach Royal*, um calendário que Luís XIV havia pedido que o avô de Le Breton, Laurent-Charles Houry, começasse a publicar em 1683. Essa obra de referência extremamente lucrativa, que havia aumentado para seiscentas páginas sob a gestão editorial de Le Breton, incluía uma gama impressionante de informações úteis: ocorrências astronômicas, dias de santos, obrigações religiosas e até horários de partidas de carruagens (as chegadas eram mais difíceis de prever). Mas a maior parte do *Almanach* era dedicada a uma lista das personalidades monárquicas, aristocráticas, religiosas e administrativas que imperavam sobre 25 milhões de franceses. Como definiu Louis-Sebastien Mercier, o livrinho de Le Breton ungia os "deuses da terra".[13] Com exceção do departamento gráfico real localizado no Louvre, seria difícil encontrar um livreiro ou impressor associado de modo mais completo com a estrutura de poder do ancien régime. Tendo isso em mente, quando Le Breton trouxe D'Alembert e Diderot para o projeto da *Encyclopédie*, ele não tinha intenção alguma de encomendar uma das obras mais provocadoras do século. Em parte, sua falta de preocupação certamente tinha a ver com o próprio gênero do dicionário ou enciclopédia. É verdade que o huguenote Pierre Bayle havia publicado em 1697 um controverso dicionário em quatro volumes que se chocava criticamente com os dogmas e a história do cristianismo, mas ele fizera isso na relativa segurança da Holanda. Os mais destacados realizadores de dicionários franceses católicos (que estavam na prática em guerra com seus congêneres protestantes) tendiam, ao contrário, a corroborar e até mesmo reforçar as ideias mais tradicionais da época sobre um tema determinado.[14] Se os antecedentes franceses diretos da *Encyclopédie* — o *Dictionnaire universel* de Furetière, o assim chamado *Dictionnaire de Trévoux* dos jesuítas e o *Dictionnaire de l'Académie Française* — podiam servir como parâmetro, a *Encyclopédie* de Diderot e D'Alembert deveria ser um não controverso, embora muito mais amplo, compêndio de conhecimento referente às artes e às ciências.[15] Essa, evidentemente, não era de modo algum a intenção dos editores; o tipo de dicionário que eles estavam idealizando significava repensar por completo o modo como funcionavam os dicionários.

Jean Le Rond d'Alembert,
gravura de um pastel de La Tour.

Boa parte do planejamento para a terceira tentativa de produzir a *Encyclopédie* teve lugar a cerca de 1,5 quilômetro da gráfica de Le Breton, numa "casa de pasto" chamada Panier fleuri [Cesta de flores] na Rue des Grands-Augustins. Bem antes de começar a trabalhar na *Encyclopédie*, Diderot ia com frequência àquele bairro apinhado próximo do Pont Neuf — que contava com várias pensões, tavernas e fornecedores de refeições — para se encontrar com Rousseau.¹⁶ Na época, ambos levavam vidas modestas, se não marginais. Rousseau tinha morado numa série de pequenos apartamentos do outro lado do rio, perto do Palais Royal, ganhando no trabalho de copiar música apenas o dinheiro suficiente para se alimentar; Diderot, que aparentemente mudava de apartamento a cada seis meses, também batalhava para se sustentar em Paris. Durante aqueles dias de zeloso companheirismo, os dois chegaram a fazer planos para criar uma revista jocosa chamada *Le Persifleur* [O Gozador]. Vinte anos depois, ao contemplar com nostalgia aquela época feliz de sua vida, Rousseau brincou sarcasticamente que aquelas reuniões deviam ter sido o ponto alto da semana para um homem que "sempre falhou em cumprir seus compromissos", pois ele nunca "perdia um encontro no Panier fleuri".¹⁷

Depois que Diderot se tornou coeditor da *Encyclopédie*, no final de 1747, D'Alembert se juntou a esses encontros regulares no restaurante. Rousseau, que se oferecera para escrever artigos sobre música para o dicionário, também introduziu no grupo um padre de queixo mole chamado abade Étienne Bonnot de Condillac.

Abade Étienne Bonnot de Condillac.

Diferentemente dos outros três homens congregados no Panier fleuri, Condillac não contribuiria com artigo algum para a *Encyclopédie*. No entanto, sua orientação filosófica e seus interesses tiveram um efeito decisivo sobre os fundamentos teóricos do projeto. Isso se verificou particularmente depois que Condillac compartilhou com o grupo uma versão manuscrita de seu *Essai sur l'origine des connaissances humaines* [Ensaio sobre a origem do conhecimento humano], em 1746.[18] Desenvolvendo a rejeição de Locke às ideias inatas, Condillac expunha uma arrebatadora compreensão empírica da cognição que sustentava que nossos sentidos são mais do que a fonte da "matéria-prima" para a cognição; eles também moldam a maneira como nossa mente funciona, "ensinando-nos" a lembrar, desejar, pensar, julgar e raciocinar.[19] A contribuição de Condillac chegou num momento crítico da pré-história do projeto. Embora preferisse, por uma questão de estratégia, guardar distância da heterodoxia da *Encyclopédie*, o padre católico de todo modo havia dirigido o olhar de seus amigos para o relacionamento crítico entre teorias da mente e uma abordagem científica apropriada para o estudo do mundo exterior. Isso acabaria sendo um dos alicerces do projeto da *Encyclopédie*: substituir uma teoria da cognição teologicamente compatível por outra que deixava pouco espaço para a alma ou para uma consciência inata da existência de Deus.[20]

Promovendo a *Encyclopédie*

Durante esses anos aflitivos, antes de o primeiro volume da *Encyclopédie* finalmente aparecer, Diderot e D'Alembert passaram boa parte de seu tempo estudando com afinco dicionários e obras de referência da época. Além de identificar os verbetes para os quais teriam que encomendar artigos, os coeditores precisavam delinear o que julgavam ser as incontáveis relações entre dezenas de milhares de possíveis tópicos. Pensar o projeto como um todo antes de encomendar o primeiro artigo, por medo de deixar passar uma referência cruzada, talvez tenha sido o aspecto mais sacrificante da *Encyclopédie* nos primeiros tempos.

Além de determinar a extensão e o conteúdo do projeto e o modo exato de proceder, os coeditores participaram de um empreendimento igualmente difícil — angariar subscrições. Nos primeiros meses de 1750, pouco depois de seu retorno de Vincennes, Diderot redigiu um "Prospecto" de nove páginas no qual anunciava triunfantemente que aquele livro seria muito mais que um mero compêndio dos fatos e saberes da época; em contraste com dicionários anteriores, a *Encyclopédie* vindoura era descrita como um texto vivo, pulsante, que iluminaria as relações óbvias e as obscuras entre diversas esferas do conhecimento. Era esse, evidentemente, o modo como Diderot definia o termo "enciclopédia". Muito mais do que um simples *círculo* ou *circunferência da educação* — o significado literal da *enkuklios paideia* grega —, essa nova forma de dicionário explicado iria examinar ativamente e reestruturar a compreensão que a época tinha do conhecimento.

Ao mesmo tempo que enfatizava as qualidades inovadoras do projeto, Diderot deixava escapar várias mentirinhas benignas. Tais eram as convenções do gênero prospecto. A primeira delas era que o livro, que àquela altura simplesmente não existia, estava quase completo: "A obra que estamos anunciando não é mais um trabalho a ser realizado. O manuscrito e as ilustrações estão completos. Podemos garantir que haverá não menos que oito volumes e seiscentas lâminas, e que os volumes aparecerão sem interrupção".[21]

Essa peça de marketing criativo combinava com o relato romântico de Diderot sobre como a *Encyclopédie* veio a existir. Em contraste com dicionários e compêndios anteriores, explicou, ele e D'Alembert haviam selecionado uma equipe internacional de especialistas que eram peritos em seus campos de estudo. A época dos palpiteiros e diletantes, sugeria ele, tinha chegado ao fim.

> Percebemos que, para suportar um fardo tão grande quanto o que [D'Alembert e eu] tínhamos que carregar, precisávamos dividir a carga; e procuramos imediatamente um número significativo de sábios...; distribuímos a parte apropriada a cada um; matemática ao matemático; fortificações ao engenheiro; química ao químico; história antiga e moderna a um homem bem versado em ambas; gramática a um autor conhecido pelo espírito filosófico que impera em suas obras; música, assuntos marítimos, arquitetura, pintura, medicina, história natural, cirurgia, jardinagem, humanidades e os princípios das artes aplicadas a homens experimentados nessas áreas; assim, cada pessoa só [escreveu sobre] aquilo que entendia.[22]

Justiça seja feita, nem tudo o que Diderot afirmou nesse "Prospecto" de 1750 era mentira. À medida que o projeto foi ganhando força, D'Alembert e Diderot convenceram mais de 150 assim chamados *Encyclopédistes* a fornecer artigos. Quarenta vinham dos campos da história natural, química, matemática e geografia; outros 22 eram médicos e cirurgiões; e mais 25 eram poetas, dramaturgos, filósofos, gramáticos ou linguistas. Diderot e

D'Alembert contrataram também catorze artistas, um grupo que incluía gravadores, desenhistas, arquitetos e pintores.[23] Alguns desses especialistas acabaram produzindo extensas porções da *Encyclopédie*. Louis-Jean--Marie Daubenton, o responsável pelo acervo de história natural do rei, forneceu quase mil artigos sobre as espécies botânicas, minerais e animais do mundo. O famoso médico Gabriel-François Venel, de Montpellier, iluminou mais de setecentos tópicos que iam da constipação à evacuação forçada do estômago. Guillaume Le Blond, um historiador militar e tutor dos filhos do rei, escreveu uns 750 artigos, entre eles dissertações sobre estratégias no campo de batalha, tribunais militares e os vários rituais associados a uma vitória. O renomado especialista em direito Antoine-Gaspard Boucher d'Argis chegaria a produzir 4 mil artigos que incluíam desde a documentação de um recurso legal de um querelante vítima da mordida de um cão até a definição de sodomia e as punições previstas para o ato.

No entanto, durante os primeiros anos de produção da *Encyclopédie*, Diderot foi o motor do projeto. Embora a página de rosto do primeiro volume da obra proclamasse orgulhosamente que o livro estava sendo produzido por uma "Sociedade de Homens de Letras" (com dezoito colaboradores citados), ele foi obrigado em última instância a escrever 2 mil artigos para aquele primeiro tomo sobre tópicos tão variados como geografia, parto, botânica, história natural, mitologia, carpintaria, jardinagem, arquitetura, geografia e literatura.[24] Viu-se similarmente sobrecarregado para o segundo volume.

Mente e método

Enquanto Diderot escrevia furiosamente artigos para os dois primeiros volumes da *Encyclopédie*, D'Alembert estava envolvido na produção de um dos mais célebres textos do Iluminismo francês, o "Discours préliminaire" [Discurso preliminar], de 1751. Servindo como introdução principal à *Encyclopédie*, esse manifesto assinalava uma mudança dramática na paisagem cultural e intelectual da Europa.

Na primeira parte do "Discurso", D'Alembert explica como ele e Diderot planejaram categorizar as dezenas de milhares de artigos que o dicionário iria conter. Rejeitando implicitamente qualquer categoria ou autoridade dada a priori, D'Alembert propõe o que hoje talvez pudéssemos chamar de organização do conhecimento humano baseada na mente. Partindo da noção básica lockiana de que nossas ideias nascem unicamente do nosso contato sensorial com o mundo exterior, o matemático associa então três formas de cognição humana com seus ramos de conhecimento correspondentes. Tomando essa ideia emprestada diretamente do filósofo, político e cientista inglês Francis Bacon e de seu *Advancement of Learning* [Avanço do conhecimento], de 1605, D'Alembert afirma que nossa Memória dá origem à disciplina da História; nossa Imaginação corresponde à categoria da Poesia (ou criatividade artística); e nossa capacidade de Raciocínio se relaciona com a disciplina da Filosofia.[25] Além de criar as três grandes rubricas sob as quais todos os artigos do livro supostamente seriam organizados, essa divisão tripartite estabelece um alicerce inteiramente secular para a teia de conhecimento apresentada no dicionário.

A segunda parte do "Discurso" situa a *Encyclopédie* no interior de uma crônica muito mais ampla das conquistas científicas e intelectuais da humanidade. Depois de atacar a era medieval como um milênio de trevas da ciência e do saber, D'Alembert louva os heróis intelectuais dos trezentos anos anteriores, entre eles Bacon, Leibniz, Descartes, Locke, Newton, Buffon, Fontenelle e Voltaire. Esses luminares, de acordo com o matemático, haviam não apenas combatido o obscurantismo e a superstição, mas também originado uma nova geração de estudiosos e eruditos que agora se empenhavam em anunciar uma era mais racional e laica. Ainda que a visão de história de D'Alembert não advogasse de modo algum a insurreição política, ele estava promovendo o que se poderia chamar de versão iluminista do destino manifesto.

Diderot publicou dois trabalhos que acompanhavam o "Discurso preliminar" de D'Alembert. O primeiro foi o já citado "Prospecto", que não apenas especifica como as várias disciplinas seriam tratadas, mas fornece também uma útil história dos dicionários. (É aqui também que Diderot declara, de modo um tanto pessimista, que, em tempos de desespero ou revolução, a *Encyclopédie* poderia servir como um "santuário" de conhecimento preservado, semelhante a uma enorme cápsula do tempo.)[26] O segundo documento era um amplo encarte com um diagrama do projeto, uma versão ligeiramente modificada do "Système des conaissances humaines" [Sistema do conhecimento humano], que aparecera com o "Prospecto" um ano antes. Configurando graficamente o mesmo esquema do entendimento humano que D'Alembert descrevia no "Discurso preliminar", o "Sistema" de Diderot emparelhava Memória com História, Razão com Filosofia e Imaginação com Poesia. E sob essas categorias baseadas na cognição Diderot explanava a longa lista de temas a serem abordados.

À primeira vista, esse amplo mapa de tópicos, que abarcava dos cometas à poesia épica, parece bastante inofensivo. De fato, o primeiro crítico da *Encyclopédie*, o padre jesuíta Guillaume-François Berthier, não se preocupou com o modo como Diderot tinha organizado o "Sistema"; ele simplesmente acusou Diderot de roubar esse aspecto da obra de Bacon sem o devido reconhecimento. A verdadeira transgressão de Diderot, porém, era não seguir mais de perto o filósofo inglês. Pois, embora fosse verdade que Diderot tomara livremente emprestada de Bacon a estrutura geral de sua árvore do conhecimento, ele havia feito de fato duas mudanças significativas na concepção de compreensão humana do inglês. Primeiro, ele rompera e subvertera a relação hierárquica tradicional entre as artes liberais (pintura, arquitetura e escultura) e as "artes mecânicas" ou ofícios (isto é, trabalho manual). Segundo, e de modo mais subversivo, ele deslocara a categoria da religião diretamente para baixo da capacidade da humanidade de raciocinar. Enquanto Bacon havia cuidadosa e sabiamente preservado um segundo e separado nível de conhecimento para a teologia, fora da competência das três faculdades humanas, Diderot tornava a religião submissa à filosofia, essencialmente dando a seus leitores o poder de criticar o divino.

É hoje um pouco difícil compreender e processar os exemplos ao mesmo tempo sutis e substanciais de heterodoxia que Diderot embutiu em seu "Sistema". Para isso, é preciso fazer o que um censor do século XVIII faria: esquadrinhar as partes menos proeminentes do mapa em busca das ideias mais chocantes. Observemos, por exemplo, como Diderot zombou da noção de religião na subseção da árvore do conhecimento dedicada à assim chamada Ciência de Deus.

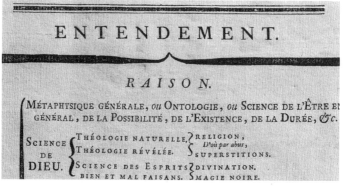

O "Sistema do conhecimento humano" de Diderot,
do volume 1 da *Encyclopédie* (detalhe).

Já submetida à razão humana, a "Ciência de Deus" se fraciona em duas categorias menores: a primeira é a teologia natural (a crença em Deus como algo deduzido da ordem da criação) e a segunda é a teologia "revelada" (a crença baseada nas Escrituras Sagradas e na suposta demonstração da vontade divina). Essas duas rubricas são então reduzidas mais genericamente à "religião". Diderot escondeu sua primeira noção um tanto irreverente embaixo dessa rubrica, indicando que a religião era em última instância indistinguível da superstição. Essa ideia afrontosa — de que a religião e a superstição eram práticas contíguas, não categorias distintas — também aparece sob a segunda subcategoria importante, a "Ciência de Deus e dos Espíritos Maus", onde a prática religiosa parece resvalar imperceptivelmente para a adivinhação e a magia negra. Leitores atentos captaram a piada: quanto mais se estuda a assim chamada Ciência de Deus, mais fica claro que a religião conduz inevitavelmente a práticas ocultas e irracionais. De fato, no interior do esquema geral do conhecimento humano da *Encyclopédie*, a chamada Ciência de Deus poderia ter sido classificada sob a capacidade humana para "imaginar" com a mesma facilidade que sob sua capacidade para "raciocinar".[27]

O labirinto acessível

Em sua correspondência, Diderot e D'Alembert frequentemente descreviam o projeto da *Encyclopédie* como um campo de batalha em que intelectuais empenhados em anunciar uma era de mudança social lutavam contra a vigilância e a interferência constantes da Igreja e do Estado francês. O resultado, do ponto de vista de D'Alembert, era um livro que sofria de uma incapacidade fundamental de dizer precisamente o que era necessário dizer, sobretudo em questões que tinham a ver com religião. Diderot era ainda mais categórico. Ao concluir por fim o trabalho no último volume, ele responsabilizou pela qualidade radicalmente desigual dos artigos os intermináveis compromissos que fora obrigado a fazer para satisfazer os censores. No entanto, uma das muitas ironias associadas à *Encyclopédie* é que os mesmos círculos conservadores que conseguiram censurar e interromper a publicação da *Encyclopédie* em duas ocasiões — uma história à qual voltaremos — foram parcialmente responsáveis pelo espírito e pela textura desse imenso dicionário. Afinal, foram os elementos mais repressivos do ancien régime que fizeram proliferar as artimanhas brilhantes do livro, sua sátira e sua ironia, para não falar de seu aparato metodológico e de sua estrutura geral.

Mesmo o aspecto menos controverso e aparentemente mais benigno da *Encyclopédie* — sua ordem alfabética — foi escolhido tendo isso em mente.[28] Ao organizar em ordem alfabética (e não temática) os 74 mil artigos do livro, D'Alembert e Diderot rejeitavam implicitamente a tradicional separação de valores monárquicos, aristocráticos e religiosos em relação aos associados com a cultura burguesa e os negócios do país.[29] Em sua *Encyclopédie*, segundo decidiram, um artigo sobre o tópico mais sagrado do catolicismo poderia ver-se ao lado de uma intrincada discussão de como era feito o bronze. Além disso, a natureza arbitrária da ordem alfabética os autorizava a "orientar" seu leitor como julgassem adequado, mediante um sistema sutil e altamente desenvolvido de conexões e referências cruzadas.[30]

Graças às possibilidades das ciências humanas na era digital, hoje sabemos mais do que o próprio Diderot chegou a saber sobre a rede de remissões ou *renvois* que ele e D'Alembert esparramaram por toda a *Encyclopédie*. No todo, aproximadamente 23 mil artigos, ou cerca de um terço, tinham pelo menos uma remissão. O número total de conexões — alguns artigos tinham cinco ou seis — chegava a quase 62 mil.[31] No início, Diderot e D'Alembert mostraram-se bastante reservados quanto à função de suas referências e remissões tanto no "Discurso preliminar" como no "Prospecto". Mas na época em que Diderot escreveu seu famoso artigo autorreferente sobre o projeto — o verbete *"Encyclopédie"* que apareceu no volume cinco, em novembro de 1755 —, ele se permitiu ser mais assertivo quanto ao modo como funcionava esse sistema de referências cruzadas.

A *Encyclopédie*, explica Diderot, contém dois tipos de *renvois*: os materiais e os verbais. As referências materiais são análogas aos atuais hyperlinks: recomendações baseadas em disciplinas ou em temas para um estudo mais aprofundado, que "indicam as conexões mais íntimas do assunto com outros imediatamente relacionados com ele, e suas conexões distantes com outros que poderiam lhe parecer alheios".[32] Concebido para produzir uma relação dinâmica entre temas, o *renvoi* material ecoa o modo vibrante e vigoroso como o próprio Diderot tendia a pensar. Conforme ele definiu, "a qualquer momento, a gramática pode [nos] remeter à dialética; a dialética à metafísica; a metafísica à teologia; a teologia à jurisprudência; a jurisprudência à história; a história à geografia e à cronologia; a cronologia à astronomia; a astronomia à geometria; a geometria à álgebra e a álgebra à aritmética etc.".[33] Dicionários anteriores, com exceção, mais uma vez, do *Dictionnaire historique et critique* [Dicionário histórico e crítico] de Bayle, geralmente buscavam comunicar uma visão linear e singular da verdade. Essa nova apresentação interdinâmica do conhecimento e das referências cruzadas tinha uma função diferente: não apenas realçava relações despercebidas entre várias disciplinas, como também colocava em diálogo, de modo deliberado e ostensivo, artigos contraditórios, ressaltando assim as grandes incongruências e fissuras que existiam no interior do conhecimento da época. Leitores que seguissem D'Alembert e Diderot nessa jornada intelectual não poderiam deixar de questionar uma série de convicções tradicionais da época referentes a religião, moral e política.

Além dessas referências cruzadas potencialmente instigadoras do pensamento, os artigos da *Encyclopédie* estavam povoados do que Diderot chamou de conexões "verbais" que satirizavam marotamente algumas das vacas sagradas, ou "preconceitos nacionais", da época. Ele escreve: "Sempre que [uma preconcepção absurda] impõe respeito, o artigo [correspondente] deve tratá-la respeitosamente, e com um acompanhamento de plausibilidade e persuasão; mas, ao mesmo tempo, esse mesmo artigo deve dissipar tal entulho e sujeira, remetendo a artigos nos quais princípios mais sólidos formam uma base para verdades contrárias".[34]

Alguns desses *renvois* satíricos funcionavam de modo bem abrupto. O artigo sobre "Liberdade de pensamento", por exemplo, remetia ao verbete mordaz de Diderot sobre "Intolerância" eclesiástica, convidando o leitor a cultivar um ponto de vista crítico. Outras referências eram mais jocosas, entre elas o *renvoi* que Diderot embutiu no artigo "*Cordeliers*" ou "Franciscanos". Esse verbete desprovido de humor começa com a história da ordem religiosa antes de passar a uma descrição detalhada dos trajes dos Cordeliers, em particular de seus capuzes; conclui então louvando a ordem religiosa por sua sobriedade, piedade, conduta moral e pelos grandes homens que ela produziu para servir a Deus. A referência, porém, remete o leitor ao artigo "Capuz", um verbete cômico em que Diderot explica que uma série de ordens religiosas, incluindo os franciscanos, debateram acaloradamente o tipo e a forma de capuz que seus membros deveriam usar. Esse "fato" é seguido por uma história inventada, detalhando como uma guerra de cem anos opôs duas facções da seita franciscana: "A primeira [facção dos Cordeliers] queria um capuz estreito, a outra queria que fosse mais largo. A disputa durou mais de um século com muita intensidade e animosidade e só foi precariamente encerrada graças às bulas papais de quatro pontífices".[35]

Em termos de sátira, a conexão de "*Cordeliers*" com "Capuz" — que suscitava uma comparação implícita entre essa anedota ridícula e o debate muito mais sério e insolúvel entre jansenistas e jesuítas — era comparativamente branda. Não tão suaves foram outras conexões temáticas que Diderot não mencionou em seu artigo "*Encyclopédie*". O exemplo mais famoso é o verbete sobre "*Anthropophages*" ou "Canibais": suas remissões enviavam o leitor para os verbetes sobre "Altar", "Comunhão" e "Eucaristia".

A possibilidade de encontrar uma sátira assim escandalosa incitava o público da *Encyclopédie* a ler o livro de modo mais abrangente do que se fazia com um dicionário típico. No entanto, Diderot e D'Alembert tomavam muito cuidado para não inserir tais ideias patentemente irreligiosas nos lugares mais óbvios. De fato, para temas potencialmente sensíveis como "Adão", "Ateu", "Anjos", "Batismo", "Cristo", "Deístas" e "Testamento", os editores tendiam a encomendar artigos ortodoxos. Para os tópicos mais incendiários, incluindo o materialismo, Diderot decidiu se abster de encomendar ou de escrever um artigo.

"O cordeiro vegetal", uma planta lendária descrita na *Encyclopédie*.

Entretanto, Diderot e D'Alembert certamente se divertiam salpicando o dicionário com noções irreligiosas, frequentemente no interior dos artigos mais esotéricos. Veja-se, por exemplo, a abordagem de Diderot do "Cordeiro vegetal" ("*Agnus scythicus*") da Ásia Central. Comentando as alegações de que essa enorme flor supostamente produz um animal semelhante à cabra com cabeça e cascos em seu caule central, Diderot lembra a seus leitores que quanto mais extraordinário um "fato" afirmado possa ser, mais se deve procurar testemunhos para confirmá-lo. Poucos leitores devem ter deixado de entender do que Diderot estava falando quando concluiu que todos aqueles milagres, que sempre parecem ter sido testemunhados por apenas umas poucas pessoas, "dificilmente merecem crédito".[36]

Diderot e D'Alembert também estimulavam outra forma de sátira, encomendando artigos cujo conformismo fervoroso e enfadonho proporcionava sua própria forma de zombaria. Era esse o caso da aplicada colaboração de 5 mil palavras do abade Mallet sobre a "Arca de Noé", um relato criacionista do mundo que entra em detalhes absurdamente laboriosos sobre a quantidade de madeira usada para o grande barco, o número de animais salvos (e aqueles a serem abatidos para alimentação) e o sistema de descarte de dejetos necessário para os milhares de criaturas a bordo. Tenha Mallet se dado conta ou não, suas explicações da doutrina tradicional da Igreja não apenas afundavam sob o peso de suas próprias afirmações improváveis e contraditórias, como também suscitavam mais questões do que resolviam.

Nem todos os artigos empregavam essa ironia oblíqua. Em algum momento de 1850, Diderot escreveu um verbete provocador sobre o tema da *âme* [alma] humana que ele anexou a um artigo muito mais longo sobre o mesmo assunto, escrito pelo filósofo cristão abade Claude Yvon. O artigo de Yvon, que o próprio Diderot havia encomendado, expõe uma história substanciosa, de 17 mil palavras, do conceito da alma que inclui frequentes ataques contra Espinosa, Hobbes e a ameaça do materialismo. Do ponto de vista cartesiano de Yvon, a alma está vinculada a Deus e, assim como a divindade, é imaterial e imortal; e só os humanos, diferentemente dos animais, são abençoados com essa essência incorpórea. Suspeita-se que, contra seu melhor juízo, Diderot simplesmente não conseguiu deixar essa prolixa dissertação passar sem algum tipo de refutação.[37]

Nesse artigo suplementar, que os jesuítas atacaram imediatamente quando foi publicado, Diderot não se enredava em abstrusas questões teológicas. Em vez disso, fazia uma pergunta bem mais simples: se a alma imaterial é supostamente a sede da consciência e da emoção, onde ela se conecta com o corpo? Na glândula pineal, como afirmou Descartes? No cérebro? Nos nervos? No coração? No sangue?[38] Chamando a atenção para a incapacidade da teologia de responder essa pergunta, ele então passou a demonstrar que a suposta imaterialidade da consciência — e da alma — estava mais ligada ao mundo físico do que muita gente acreditava. Se alguém vem à luz num nascimento malfeito por uma parteira, ou tem um derrame, ou é atingido com violência na cabeça, diz Diderot, "pode dar adeus ao juízo e à razão" e "se despedir" da suposta transcendência da alma.[39] Os críticos de Diderot entenderam perfeitamente o que o filósofo estava dizendo nesse artigo: a verdadeira localização da alma é na imaginação.[40]

O único outro tema mais problemático que a religião era a política. Num país sem partidos políticos, onde a sedição era punida com a condenação às galés ou à morte, D'Alembert e Diderot nunca questionaram abertamente a autoridade espiritual e política da monarquia. Ainda assim, a *Encyclopédie* foi bem-sucedida em promover princípios liberais, entre eles a liberdade de pensamento e um exercício mais racional do poder político. Por mais mornos que alguns desses escritos possam parecer quando comparados ao discurso político da era da Revolução, a *Encyclopédie* desempenhou um papel significativo na desestabilização das teses-chave do absolutismo.

O verbete mais direto e perigoso de Diderot nessa vertente foi seu artigo não assinado sobre "autoridade política" ("*Autorité politique*"), que também apareceu no primeiro volume da *Encyclopédie*. Leitores que se deparavam com esse artigo logo notavam que ele não começa com uma definição da autoridade política em si; em vez disso, abre-se poderosamente com uma impecável afirmação de que nem Deus nem a natureza deu a pessoa alguma a autoridade indiscutível de governar.[41]

> AUTORIDADE POLÍTICA: Nenhum homem recebeu da natureza o direito de mandar em outros homens. A liberdade é uma dádiva dos céus, e cada indivíduo da mesma espécie tem o direito de usufruí-la tão logo seja capaz de raciocinar.[42]

"*Autorité politique*" fazia mais do que meramente desafiar a ideia de que a legitimidade da autoridade de um monarca emana da vontade de Deus. Antecipando o que Rousseau iria escrever vários anos mais tarde no muito mais famoso *Discurso sobre a desigualdade* (1755), Diderot passa a narrar as origens do poder político e da desigualdade social como provenientes de duas possíveis fontes, ou "a força ou violência" da pessoa que privava as pessoas de sua liberdade, o que era a visão de Hobbes, ou o consentimento do grupo subjugado mediante um contrato estabelecido, ideia que vinha de Locke. Embora não contradiga o direito dos reis franceses de governar diretamente — mais adiante louva Luís XV —, ele avança a ideia perigosa de que a verdadeira origem da autoridade política brota do povo, e que esse corpo político não apenas tem o direito inalienável de delegar esse poder, mas também de tomá-lo de volta. Quarenta anos depois, durante a Revolução, os elementos mais incendiários do verbete "*Autorité politique*" forneceriam o esqueleto para o 35º e último artigo da Declaração dos Direitos do Homem e do Cidadão de 1793, que afirmava não apenas a soberania do povo, mas o direito de resistir à opressão e o dever de se revoltar.

A *Encyclopédie* visual

A faceta mais intrigante da *Encyclopédie* são as maneiras engenhosas pelas quais seus editores arquitetaram a disseminação de ideias subversivas — seja por meio de um artigo sobre teologia que se autoimplode, seja por meio de uma remissão satírica. No entanto, a grande maioria de seus verbetes carecia de qualquer traço de ironia. No cerne da *Encyclopédie* estão dezenas de milhares de artigos objetivos em terrenos que incluem anatomia, arquitetura, astronomia, relojoaria, sistema colonial, jardinagem, hidráulica, medicina, mineralogia, música, história natural, pintura, farmacologia, física e cirurgia. Muito do que está contido nesse inventário coletivo do saber da época é politicamente neutro em comparação com os comentários anticlericais ou políticos da *Encyclopédie*. Contudo, esse enorme dilúvio de informações reflete o que talvez seja o ato político supremo da *Encyclopédie*: a subversão de ordenações de conhecimento estabelecidas.

Em nenhum lugar isso foi mais verdadeiro do que na representação dos ofícios e ocupações mais importantes da época, que são descritos suntuosamente no interior dos onze volumes de *planches*, ou lâminas de ilustração, da *Encyclopédie*. Essas ilustrações começam, no volume I, com várias cenas bucólicas de agricultura doméstica; terminam, quase 3 mil imagens depois, com uma série formidável de desenhos esquemáticos do tear de seda. Esse inventário abrangente de conhecimento técnico e profissional — que inclui ofícios tão variados como a fabricação de alfinetes, a sapataria e a construção de navios — não apenas elevou as ocupações e profissões da época a novas alturas, como também ajudou a redefinir o âmbito do que as enciclopédias podiam e deviam esforçar-se por abarcar.[43]

Em sua concepção original, a porção ilustrada da *Encyclopédie* seria algo como um suplemento, um compêndio visual contendo várias centenas de imagens.[44] Em sua forma final, porém, as lâminas se tornaram tão cruciais para o projeto como um todo quanto o próprio texto. A erudição associada à produção dessas ilustrações revela Diderot em sua dimensão mais dinâmica e polimática, vagando por Paris de oficina em oficina, entrevistando artífices, traduzindo seu conhecimento técnico em francês culto e criando modelos das suas máquinas. O próprio Diderot forneceu essa impressão no "Prospecto": "Esforçamo-nos para ir às oficinas deles, fazer-lhes perguntas, usar os termos específicos de suas profissões, delinear os planos e diagramas… e esclarecer, mediante longas e frequentes entrevistas, aquilo que outros tinham explicado de modo imperfeito, obscuro e às vezes não confiável".[45]

Embora certamente seja verdade que esse filho de um mestre cuteleiro de Langres tivesse um vivo interesse em certos ofícios — era fascinado, ao que parece, por um modelo de máquina de tricotar meias que mantinha em sua escrivaninha —, parece que Diderot exagerava seu envolvimento com os artesãos. Sua correspondência posterior indica que ele passou a maior parte de seu tempo durante os anos 1750 e 1760 na atividade editorial, enquanto o verdadeiro trabalho nas lâminas era delegado a uma série de ilustradores, sendo Jean-Jacques Goussier o principal deles.

Goussier, que está entre os maiores heróis não devidamente celebrados da *Encyclopédie*, entrou no projeto em 1747. Atuando sob a supervisão de Diderot, o ilustrador labutou junto com uma equipe relativamente pequena de desenhistas ao longo de 25 anos, produzindo bem mais de novecentas das 2885 ilustrações.[46] O trabalho envolvido nesse processo é, pelos padrões da época, inconcebível. Para começar, muitos dos temas abordados nas lâminas demandavam um enorme volume de pesquisa preliminar antes que o primeiro esboço adequado fosse feito. O próprio Goussier, segundo consta, passou seis semanas estudando a fabricação de papel em Montargis, um mês estudando como as âncoras eram feitas em Cosne-sur-Loire e seis meses na Champagne e na Borgonha estudando metalurgia e a complexa manufatura dos espelhos.

Uma vez produzidos por Goussier e seus colegas ilustradores (entre eles Benoît-Louis Prévost, A. J. de Fert e Jacques-Raymond Lucotte), os refinados desenhos eram encaminhados a Diderot, que assinava cada ilustração com uma breve nota indicando que estavam aptos a ser impressos (*bon à tirer*).[47] Os desenhos aprovados eram passados então para os gravadores, responsáveis por transpor os desenhos para placas de cobre do tamanho de um fólio (folha de impressão).

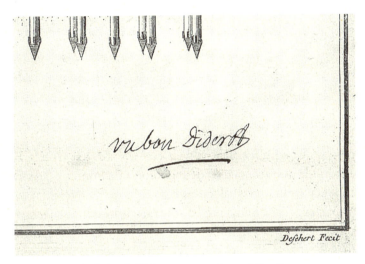

Rubrica de Diderot aprovando a publicação.

As ilustrações na *Encyclopédie* dedicadas ao processo da gravura evocam um local ordeiro de trabalho.

Ateliê de gravador.

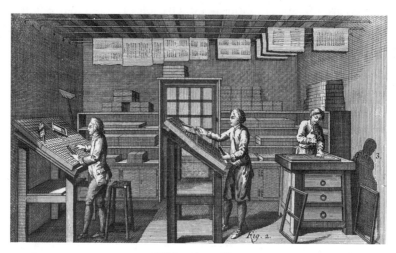
Oficina tipográfica.

A tipografia de Le Breton na Rue de la Harpe era certamente mais bagunçada e suja. Ainda que as imagens de tecnologia de impressão da *Encyclopédie* de fato nos permitam visualizar os passos básicos envolvidos numa gravação — aquecer a placa numa grelha, aplicar a tinta nas pequenas ranhuras da placa, enxugar a placa de modo que a tinta permaneça apenas nas partes entalhadas, aplicar o papel sobre a placa e, finalmente, pressionar e rolar o papel através da impressora —, elas não reflectem a escala da produção da própria *Encyclopédie*. Para produzir mais de 4 mil cópias de cada ilustração, a operação de Le Breton com frequência contava com cinquenta funcionários trabalhando em tempo integral no projeto — algo muito distante da sala clinicamente organizada com três trabalhadores pendurando folhas de papel num varal para secar.[48]

Quaisquer que possam ter sido as condições de trabalho na oficina de Le Breton, as ilustrações que seus empregados produziram eram tão belas quanto reveladoras. Presumivelmente agindo de acordo com a arraigada crença de Diderot de que somos muitas vezes enganados pelas formas exteriores, Goussier e sua equipe desconstruíam os objetos que estavam desenhando. Assim, os ilustradores desenhavam as peças que faziam funcionar centenas de máquinas e aparelhos, incluindo moinhos de vento, "fábricas" de cana-de-açúcar, relógios antigos, vários veículos navais, minas de carvão e canhões de artilharia, entre outras coisas. Talvez a mais reveladora "desmistificação" fosse a das fantásticas máquinas teatrais da

Ópera de Paris, cujos engenhosos elevadores mecânicos e palcos móveis eram descritos em minúcias.

O objetivo das lâminas da *Encyclopédie* era abrir as cortinas do mundo. Essa tendência se estendia também à apresentação do corpo humano. Tomando uma página de Vesalius (e de livros de anatomia da época), os ilustradores produziram representações nauseantes do corpo humano chanfrado, dissecado e desmembrado. Além de apresentar imagens de pênis cortados e costurados e dissecações completas da cavidade abdominal, as lâminas de anatomia do livro destacavam procedimentos cirúrgicos de experimentação pioneira então recente, como a remoção de catarata. Essas ilustrações, que às vezes incluem o tipo de instrumento necessário para manter o paciente sob controle, exprimem na prática tanto as maravilhas da técnica cirúrgica como o correspondente temor do tratamento médico.

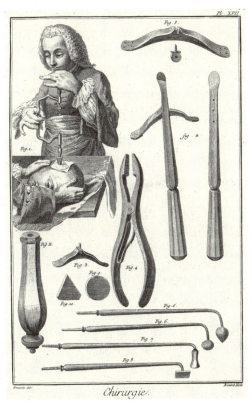

Instrumentos cirúrgicos.

Além de descrever o funcionamento interno tanto de máquinas como de corpos, os ilustradores agrupavam vários objetos e animais de acordo com seu tipo, tamanho e outros critérios similares. Conjuntos de insetos, conchas marinhas, caracteres tipográficos, emblemas marítimos, brasões de armas e até colunas arquitetônicas aparecem em progressões dispostas cuidadosamente. Se os idealizadores dessas composições estavam buscando trazer ordem aos vários objetos representados, as ilustrações hoje nos parecem, paradoxalmente, ter perdido sua racionalidade simples inicial.[49] Isso vale em particular para os milhares de páginas dedicadas a ferramentas havia muito tempo esquecidas, todos eles dispostos com uma precisão compulsiva. Frequentemente à deriva no espaço com pouca ou nenhuma escala evidente ou ponto de referência, esses instrumentos irreconhecíveis sobreviveram ao seu contexto original.

Tão importante quanto o que é mostrado nas lâminas é, evidentemente, o que não aparece. A maior ausência visual entre os "ofícios" é um dos mais lucrativos de todos: o negócio de comprar e vender africanos escravizados. Embora algumas das lâminas dedicadas à agricultura colonial apresentem pequenas vinhetas bucólicas de africanos escravizados trabalhando na produção francesa de algodão e de anil, Diderot não encomendou imagens de navios do tráfico, de porões usados para armazenar humanos, nem de várias formas de encarceramento que tornavam esse comércio possível.[50]

Africanos escravizados trabalhando num engenho de açúcar.

A bem da verdade, Diderot parecia igualmente desinteressado em retratar as condições muitas vezes brutais sob as quais labutava a classe trabalhadora francesa. Se uma ou outra lâmina ocasional evoca inadvertidamente a realidade dos trabalhadores da época — na imagem da página 105, por exemplo, pode-se ver um menino segurando um jarro em que um gravador está despejando ácido —, o intento dos editores e artistas dificilmente era o de despertar a consciência para as condições sofridas dos escravizados ou dos operários que faziam o país funcionar. Pelo contrário, o objetivo da *Encyclopédie* era retratar uma visão idealizada e estetizada do engenho, do esforço e da industriosidade humanos, especialmente quando observados em meio às classes mais baixas. O ponto de vista refletido nos volumes de ilustrações da *Encyclopédie* é, em muitos aspectos, o do filho orgulhoso de um mestre cuteleiro. Em termos de documentos "políticos", esse inventário de ofícios e ocupações é decerto mais sutil do que o contido nos volumes de texto. No entanto, a natureza informativa e aparentemente inofensiva das ilustrações, como o próprio dicionário em seu conjunto, sugere as aspirações políticas latentes do Terceiro Estado, várias décadas antes da Revolução.

5.
O cilício da *Encyclopédie*

No final de agosto de 1772, mais de um quarto de século depois de ter iniciado sua carreira como tradutor freelance para a *Encyclopédie*, Diderot colocou um ponto-final no maior projeto editorial da história. O sacrifício tinha sido enorme. Entre os cerca de 150 escritores, naturalistas, historiadores, filósofos, médicos, geógrafos e artistas que haviam contribuído para o empreendimento, só ele sofrera o desgaste de todo o processo. Seu coeditor, Jean le Rond d'Alembert, deixou o projeto em 1758; a grande maioria dos colaboradores seguiu seu exemplo. Diderot, porém, obstinou-se em concluir o que havia começado; levou o empreendimento para o subterrâneo, negligenciando no processo sua família, sua saúde e suas ambições literárias.[1]

Em retrospecto, alguns dos obstáculos e dificuldades que Diderot enfrentou não devem ter sido inesperados. Embora Le Breton e seus sócios tivessem obtido um privilégio real para publicar a obra em 1746, todos os envolvidos no projeto estavam bem cientes de que a assinatura do secretário e inspetor Henri François d'Aguesseau não garantia nada parecido com uma carta branca. De fato, o sinal verde do censor-mor era não apenas contingente, mas também submetido a uma rede mais ampla de vigilância formal e informal. Esta começou com dois homens que tinham sido atores-chave na prisão de Diderot em 1749: o inspetor-chefe do ramo editorial, Joseph d'Hémery, e o tenente-general de polícia Nicolas-René Berryer.[2] Entre os aspirantes a censores estavam os teólogos da Sorbonne, alguns dos quais forneciam consultoria ao censor estatal no que se referia à moralidade das publicações propostas.[3] Uma supervisão adicional vinha do Parlamento de Paris, de tendência jansenista. Bem longe do que hoje associamos ao ramo legislativo de um governo representativo, essa classe formidável e hereditária de magistrados não apenas "registrava" e aprovava os éditos e leis emitidos pelo rei, mas também atuava como mais um órgão de controle de crenças perigosas. O Parlamento conhecia bem Diderot; já havia votado pela incineração de seus *Pensamentos filosóficos* na Place de Grève em 1746.

A maior ameaça à *Encyclopédie* não vinha, porém, nem da Sorbonne nem do Parlamento; vinha, na verdade, da poderosa ordem jesuíta. A exemplo das variadas faces da própria Companhia de Jesus, a antipatia dos jesuítas ao projeto do dicionário assumia diversas formas. Havia, primeiro e acima de tudo, os padres jesuítas conservadores residentes em Versalhes que vituperavam a irreligião da *Encyclopédie* e sua influência corrosiva sobre o país. Esse grupo incluía não apenas o confessor de Luís XV, o reverendo padre Desmarets, mas também o influente tutor do delfim, Jean-François Boyer.

Além dos jesuítas mais reacionários no interior da corte, havia uma importante rede de sacerdotes acadêmicos que tinham outras contas a acertar com Diderot e D'Alembert. Longe de ser uma retaguarda anti-intelectual, alguns desses "sacerdotes de letras" eruditos tinham presumido que também eles seriam convidados a participar do projeto. Embora alguns historiadores que escreveram sobre "a batalha da *Encyclopédie*" tendam a considerar os jesuítas como um grupo "anti-Iluminismo", a verdade é que os membros dessa ordem religiosa católica romana se consideravam havia muito tempo atores-chave na arena do conhecimento.[4] Era, afinal de contas, uma ordem religiosa que se orgulhava não apenas de sua rede notavelmente influente de escolas, mas de publicações que incluíam o melhor dicionário lexical da época, o *Dictionnaire de Trévoux*, e do similarmente intitulado *Mémoires de Trévoux*, um importante periódico mensal que apresentava resenhas de livros e textos acadêmicos sobre uma variedade de temas literários e científicos.[5]

Não causa surpresa, então, que os jesuítas — em especial o editor das *Mémoires de Trévoux*, Guillaume-François Berthier — tenham ficado incomodados quando os enciclopedistas os excluíram conscientemente da organização inicial do projeto. Esse ressentimento só fez aumentar quando os primeiros volumes da *Encyclopédie* começaram a aparecer em 1751. Em particular, o artigo de D'Alembert "Collège" não apenas desdenhava do ensino da ordem religiosa como sendo atrasado, obsoleto, superficial e inadequado, mas sugeria que os jesuítas estavam produzindo estudantes que eram tão parcamente instruídos que se tornavam descrentes depois de sua "primeira conversa ímpia ou livro perigoso".[6] Para um número significativo de jesuítas, a maior ameaça trazida pelos enciclopedistas não era o antropocentrismo do livro nem mesmo seu anticlericalismo, mas a tendência inequívoca a definir o projeto iluminista como algo diametralmente oposto à religião tradicional em geral.

Entre a poderosa rede jesuítica, o Parlamento de Paris, a Sorbonne e o clero conservador que orbitava em redor de Luís XV, seria difícil encontrar um clima menos favorável para a publicação de uma obra daquela natureza. Contudo, se muitas forças conspiravam contra a *Encyclopédie*, o projeto tinha também defensores em todos os níveis da sociedade, até mesmo em Versalhes. Em destaque entre os apologistas da *Encyclopédie* na corte estava a amante de Luís XV, Madame de Pompadour. Inimiga jurada dos jesuítas, Pompadour conhecera presumivelmente Diderot em algum momento quando o filósofo fazia uma visita ao médico pessoal dela, o fisiocrata François Quesnay.[7] Durante os anos que se seguiram, e particularmente em 1752, quando a reação atingiu seu ápice, Pompadour ajudaria a contra-atacar a conspiração jesuíta na corte. Embora ela tenha em última instância retirado seu apoio quando a pressão se tornou perigosa politicamente, seus primeiros sentimentos em relação àqueles homens de letras desbravadores foram mesmo assim imortalizados num pastel revelador executado por Maurice Quentin de La Tour que a mostrava em sua escrivaninha, com o terceiro volume da *Encyclopédie* na ponta dos dedos.[8]

Madame de Pompadour, pastel de La Tour (detalhe).

Guillaume-Chrétien de Lamoignon
de Chiebes de Malesherbes.

Por improvável que pareça, Diderot e os enciclopedistas também encontraram outro aliado crítico no censor real e diretor do ramo editorial, Guillaume-Chrétien de Lamoignon de Chiebes de Malesherbes. Nomeado pelo pai para esse posto elevado durante o inverno de 1750, quando tinha apenas trinta anos de idade, Malesherbes era membro da nova geração de aristocratas ilustrados que ocupavam os níveis mais altos da sociedade, sem contar que era grande admirador e defensor dos filósofos.[9] Mas mesmo o apoio proporcionado por Malesherbes e Pompadour não foi capaz de proteger integralmente Diderot, D'Alembert e a *Encyclopédie* do que seria uma série aparentemente interminável de crises imprevistas.

O abade de Prades

Apenas quatro meses depois que o primeiro volume da *Encyclopédie* apareceu, em 1751, um evento não relacionado colocou em risco o empreendimento como um todo. Esse episódio ocorreu alguns dias depois que um obscuro eclesiástico chamado abade Jean-Martin de Prades — amigo de Diderot e autor do controverso artigo "Certeza" — defendeu sua tese de doutorado em latim diante de uma banca examinadora de teólogos na Sorbonne. O título da tese, "Quem é aquele em cuja face Deus soprou o alento da vida?", provinha do Gênesis e sugeria uma apreciação ortodoxa do destino de Adão ou talvez uma meditação sobre as intenções de Deus.[10]

Prades havia cumprido cuidadosamente todos os requisitos antes de seu exame público. Obtivera dos devidos doutores da Sorbonne a permissão requerida para imprimir sua tese.[11] Providenciou para que 450 exemplares da sua incomumente longa dissertação de 8 mil palavras fosse composta, segundo a tradição, em folhas individuais de papel espesso de tamanho fólio elefante, com quase sessenta centímetros de altura. Ele também afixara sua tese vários dias antes da defesa.

A arguição pública de sete horas, que aconteceu em 18 de novembro de 1751, correu excepcionalmente bem: todos os relatos afirmam que o jovem abade recebeu louvores por sua discussão do que acabou sendo uma síntese da filosofia natural com o cristianismo. Os problemas começaram quando alguém leu de fato a tese. A exemplo de Espinosa e Hobbes, Prades havia chamado a atenção para problemas com a cronologia interna encontrados no Pentateuco.[12] Como Locke, ele insinuara que não havia essa coisa de ideias inatas (entre elas a noção de Deus) e que todo o conhecimento provinha dos sentidos. Prades chegara a insinuar uma compreensão um tanto hobbesiana do poder político que não apenas rejeitava o direito divino dos reis como também situava a origem da autoridade política na vontade dos governados. Embora todas essas ideias estivessem circulando sob várias formas havia décadas, era a primeira vez que a instituição teológica mais célebre do país sancionava tal blasfêmia. Logo se espalhou por Paris o rumor de que a Sorbonne conferira o título de doutor em teologia a um herege. De modo nada surpreendente, a faculdade não demorou a se arrepender da decisão. Para escapar de punição, alguns de seus membros alegaram que o corpo das letras era pequeno demais para a leitura; essa desculpa foi considerada pouco convincente quando usada pelo supervisor da dissertação de Prades, o irlandês Luke Joseph Hooke, que logo perdeu seu invejável posto no corpo docente da Sorbonne.[13]

Adversários do projeto do dicionário viram imediatamente a tese de Prades como um pretexto para acusar a *Encyclopédie* e a atmosfera liberal que ela estava criando. No início de 1752, dias depois do aparecimento do segundo volume da *Encyclopédie*, o Parlamento de Paris denunciou a tese de Prades, alegando que ela era emblemática de "uma nova ciência que pretendia substituir o dogma da fé e as noções naturais de nossa razão".[14] Outras autoridades religiosas emitiram sentenças semelhantes. Em 27 de janeiro, a própria Sorbonne entrou na discussão, tomando a iniciativa humilhante e sem precedentes de condenar uma de suas próprias dissertações, declarando que sua sagrada faculdade estremecia de repugnância — *horruit sacra Facultas*.[15] Dois dias depois, um dos maiores adversários da *Encyclopédie*, o arcebispo de Paris, emitiu uma acusação semelhante. A autoridade final a se insurgir contra Prades foi o próprio papa Bento XIV, que emitiu uma bula proclamando que a tese era uma abominação.

No início de fevereiro de 1752, a pressão para que se fosse além da simples condenação crescia dia a dia. Reagindo à ira de várias entidades religiosas, o grupo de ministros altamente situados em Versalhes conhecido como o conselho do rei vergastou a própria *Encyclopédie*, emitindo um *arrêt* que acusava os enciclopedistas de "destruir a autoridade real e encorajar um espírito de independência e revolta".[16] Essa ordem de paralisação também proibiu a distribuição de qualquer exemplar remanescente do segundo volume da *Encyclopédie*.

Saboreando a vitória, membros do Parlamento buscaram em seguida punir o próprio Prades. Em 11 de fevereiro, o principal órgão jurídico do país ordenou que o abade de Prades fosse levado à prisão medieval na Île de la Cité — a Conciergerie — para responder por seus crimes.[17] Temendo que a fúria de toda a facção conservadora tanto em Versalhes como em Paris se voltasse logo contra ele, Prades deixou astutamente a França, indo primeiro para a Holanda e depois para a corte de Frederico, o Grande, em Berlim, para onde o déspota esclarecido buscara atrair outros membros perseguidos do *parti des philosophes*, entre eles Voltaire.[18]

Diderot observava com temor a situação de Prades. A mensagem básica que Berryer lhe transmitira antes de ele deixar a prisão em 1749 — na próxima vez em que você vier parar aqui por uma transgressão desse tipo, não sairá mais — deve ter ecoado em seus ouvidos. O mais fácil teria sido seguir o exemplo de Prades, fugindo para terras mais acolhedoras e patronos reais mais compreensivos.[19] Alguns mexeriqueiros de Paris espalharam o rumor de que a partida de Diderot era iminente. Outros sussurravam que o rei assinara outra *lettre de cachet* com o nome de Diderot que logo o mandaria para a Bastilha. Nenhum desses rumores era verdadeiro. No entanto, houve uma notícia que se espalhou por Paris nessa época que era inteiramente correta. Os jesuítas estavam pressionando para se apossar do projeto todo da *Encyclopédie* assim que os dois editores fossem afastados ou, melhor ainda, encarcerados.[20]

Luís XV acabou decidindo não trancafiar os editores na Bastilha. Em vez disso, emitiu uma *lettre de cachet* ordenando que os manuscritos remanescentes da *Encyclopédie* fossem apreendidos. Malesherbes, em sua atribuição como diretor do setor editorial, foi obrigado a levar a cabo seu dever, ou pelo menos fazer de conta. Se existe uma grande dose de incerteza quanto ao que aconteceu durante aqueles dias tensos, os historiadores hoje supõem que o próprio Malesherbes alertou secretamente Diderot de que o rei lhe ordenara apreender a *Encyclopédie*. Qualquer que possa ter sido o caso, quando Malesherbes e seu entourage chegaram solenemente à gráfica de Le Breton para confiscar os papéis remanescentes em 21 de fevereiro, eles nada encontraram. Esse lance de teatro serviu a vários propósitos. Além de assegurar a Versalhes, aos jesuítas e aos jansenistas que eles tinham pouca coisa a temer, Malesherbes eliminara a necessidade de uma interdição mais ampla do projeto pelo Parlamento.

A estratégia de Diderot durante esse período excruciante foi manter uma atitude discreta, enquanto trabalhava furtivamente no terceiro volume do dicionário.[21] D'Alembert, por sua vez, ameaçou abandonar o projeto. Em 1º de março ele escreveu ao secretário da Academia de Ciências de Berlim, Johann Heinrich Samuel Formey, proclamando: "Não sei se este projeto terá prosseguimento, mas o que posso lhe garantir é que não será feito por mim".[22]

Malesherbes, enquanto isso, estava trabalhando diligentemente em Versalhes para chegar a um compromisso que permitisse o aparecimento dos volumes remanescentes da *Encyclopédie*. Com o apoio de Madame de Pompadour, que de bom grado se posicionou contra os religiosos conservadores na corte, o censor acabou por conseguir um acordo desconcertante que refletia a atmosfera conflituosa na corte. Dali em diante, os dois primeiros volumes da *Encyclopédie* permaneceriam ilegais, enquanto o trabalho nos volumes subsequentes era tacitamente autorizado a continuar, se bem que sob um nível suplementar de censura. Como parte do arranjo, Malesherbes permitia a Boyer, o mais franco e poderoso crítico eclesiástico da *Encyclopédie* na corte, escolher três outros censores que perscrutassem cada artigo à procura de traços de "irreligião" ou heterodoxia antes de aprová-lo para publicação.[23] Embora os editores do dicionário se queixassem em voz alta da dificuldade de trabalhar sob tais condições, tanto Diderot como D'Alembert acabaram por aceitar esses termos. Sua estratégia, que certamente discutiram em particular, era soterrar os três homens com artigos até que o escrutínio deles começasse a enfraquecer.[24]

O olho do furacão

Proibir e depois voltar a autorizar a *Encyclopédie* só fizeram aguçar o apetite do público pelo dicionário. Isso acabou se transformando numa sorte inesperada para Le Breton e seus colegas editores. Assim que correu a notícia de que novos volumes da *Encyclopédie* começariam a aparecer outra vez, novos assinantes afluíram para fazer uma subscrição. No final de 1752 as subscrições tinham crescido 50%, chegando a 3 mil. Dois anos mais tarde, os editores tinham recebido outras 1200 encomendas, o que elevou a tiragem final a 4200 exemplares.

Durante meados dos anos 1750, os enciclopedistas atravessaram o que só pode ser descrito como o olho do furacão. Apesar de ter informado a vários participantes em março de 1752 que sua relação com a *Encyclopédie* tinha chegado ao fim, em julho D'Alembert havia concordado relutantemente em prosseguir trabalhando nas partes matemáticas do livro. Dois anos mais tarde, ele tinha voltado a uma postura até mais editorial ao assinar o prefácio ao volume quatro, registrando com orgulho a longa lista de renomados colaboradores associados ao projeto e ao mesmo tempo proclamando o triunfo do dicionário sobre as forças retrógradas da época.[25]

Os filósofos haviam claramente aproveitado um vento a favor. Até mesmo a Académie Française, outrora cheia de bispos de alto escalão que escreviam muito pouco e publicavam menos ainda, estava cada vez mais canonizando membros do movimento. Sete anos depois de Voltaire ter sido eleito para a Académie, em 1746, a augusta associação empossou Georges Louis Leclerc, conde de Buffon, que era não apenas o guardião do jardim do rei, mas também autor de um dos livros mais importantes do século, sua *Histoire naturelle* [História natural], de 1749-88. No ano seguinte, a Académie também acolheu D'Alembert em suas fileiras, em 19 de dezembro de 1754. Assim como acontecera com Voltaire e Buffon, o matemático assumiu uma cadeira antes ocupada por um eclesiástico da alta hierarquia. As implicações de tal mudança de orientação não passaram despercebidas nem pelos filósofos nem pelo clero.[26]

O meio da década de 1750 foi também uma época melhor para Diderot. Nos dez anos em que ele e Toinette estavam casados até então, suas vidas pareciam ter sido truncadas por uma série de desgostos. De fato, apesar de Toinette ter dado à luz três vezes, o casal nunca tivera dois filhos vivos ao mesmo tempo. Sua filhinha Angélique morrera em setembro de 1744 com um mês de vida; seis anos depois, em 1750, François-Jacques Denis, aos quatro anos, sucumbiu à doença. A calamidade final veio mais tarde no mesmo ano, em junho de 1750. No dia mesmo em que o terceiro filho do casal, Denis-Laurent, foi batizado, sua madrinha o deixou cair de cabeça na escadaria de pedra da igreja de Saint-Étienne-du-Mont. O menino morreu pouco tempo depois, em dezembro de 1750. Diderot e Toinette finalmente tiveram mais sorte com seu quarto rebento. Nascida em setembro de 1753 no segundo andar do apartamento deles na Rue de la Vieille Estrapade, Marie-Angélique (a futura Madame de Vandeul) foi a única filha de Diderot a escapar dos primeiros e traiçoeiros anos da infância. Ela logo se tornaria a alegria da vida do pai.

Esse marco foi acompanhado por outros progressos significativos. Em 1754, os editores associados tinham compreendido que Diderot — mais do que o famoso porém irascível D'Alembert — afirmara-se como o coração e a alma do projeto. Diderot deve ter percebido isso também, pois renegociou um contrato bem mais favorável para si mesmo ao longo do ano. Além de se tornar o único proprietário dos muitos livros que comprara com o dinheiro dos impressores, ele agora contaria com o pagamento de 2500 libras cada vez que um novo volume aparecesse. Esse fluxo de rendimentos era acompanhado por um incentivo ainda maior: os impressores tinham concordado em pagar a Diderot a vultosa soma de 20 mil libras por ocasião do último volume.[27]

A Rue Taranne, no canto inferior direito no mapa de Paris de Turgot, 1734-9.

Relativamente próspero pela primeira vez na vida, Diderot decidiu também mudar-se com a família de seu apartamento apertado na Rue de la Vieille Estrapade para um apartamento de quinto andar na Rue Taranne, no bem mais burguês Faubourg Saint-Germain. Essas novas acomodações, pelas quais o escritor pagaria um aluguel anual de seiscentas libras, tinham seis cômodos e quatro lareiras, incluindo uma área de cozinha no fundo do apartamento. A verdadeira vantagem da Rue Taranne, porém, era o escritório separado, localizado no sexto andar, logo abaixo da mansarda do prédio. Foi ali que Diderot passou a maior parte dos trinta anos seguintes, debruçado sobre sua escrivaninha, cercado por sua biblioteca e vestido em seu robe de chambre e chinelos.

Revés

Esse período de relativa calma não durou muito; na segunda metade dos anos 1750, os críticos da *Encyclopédie* tinham juntado suas forças e começaram a atacar com vigor renovado. Em Lyon, um novo e influente grupo de jesuítas passou a militar de forma vociferante e eficaz contra o projeto, escrevendo libelos e realizando conferências sobre a areia movediça espiritual do "enciclopedismo" da época.[28] Novos tipos de crítica começaram a aparecer no front parisiense também. A voz anti-*Encyclopédie* mais eficaz a entrar na refrega em meados dos anos 1750 foi a de Élie Catherine Fréron, o brilhante crítico conservador e protegido da rainha. Em 1754 ele começou a publicar o primeiro verdadeiro periódico literário da França, o *Année Littéraire* [Ano literário]. Publicado a cada dez dias, esse jornal altamente influente e bem distribuído logo se tornou a voz mais estridente no seio do crescente coro direcionado contra os filósofos e a *Encyclopédie*. Entre outras coisas, Fréron apreciava perscrutar cada novo volume da *Encyclopédie*, zombando meticulosamente de seus autores por supostos plágios e vergastando-os por sua descrença.[29] Contudo, não foram acusações de pirataria intelectual nem do crime de impiedade que tiveram em última instância o maior efeito sobre a *Encyclopédie*; foi, em vez disso, o ato de um aspirante a assassino político.

Em 5 de janeiro de 1757, Robert-François Damiens — um homem alto, de ombros largos e presumivelmente perturbado que acreditava estar agindo com a aprovação de Deus — entrou nas dependências de Versalhes com a intenção de matar ou, como alegou depois, ferir Luís XV. Uma vez dentro do palácio, Damiens descobriu que o rei sairia de sua residência para visitar sua filha adoentada, Madame Victoire, naquela mesma noite. Ele então se misturou a um pequeno grupo de curiosos e guardas que se aglomeravam perto da carruagem do monarca numa passagem entre os canteiros do Norte e o pátio real.

Robert-François Damiens, gravura.

Às 17h45, o monarca de 46 anos emergiu de sua pequena sequência de aposentos no palácio principal e começou a descer a escadaria que levava à carruagem à sua espera.[30] Damiens, que retardou seu ataque até o momento em que Luís estava prestes a subir à carruagem, surgiu de repente do escuro da noite de inverno, agarrou o rei pelo ombro esquerdo e enfiou-lhe um canivete entre a quarta e a quinta costelas. Embora o rei estivesse protegido por seu grosso casaco de inverno, o sangue fluiu em profusão. Levado às pressas a seu quarto de dormir pelos guardas, Luís achou que tivesse sido ferido mortalmente. Apesar de todos no aposento lhe dizerem que a arma de Damiens não infligira um ferimento que ameaçasse sua vida, o rei francês mesmo assim chamou seu confessor e pediu perdão à esposa por qualquer mágoa que pudesse ter lhe causado. Em uma semana, contudo, Luís estava quase plenamente recuperado do ferimento; o único dano irreparável tinha sido à sua psique e a sua estatura enquanto monarca.

Nos dias e semanas que se seguiram ao ataque, a atenção de Luís se deslocou de sua convalescença para a perturbadora ideia de que havia uma conspiração potencialmente mais ampla por trás das ações de Damiens. Para averiguar se isso era verdade, os torturadores mais tarimbados do país passaram dois meses e meio interrogando o prisioneiro, tanto em Versalhes como, mais tarde, na cela prisional de Damiens na Conciergerie, em Paris. Sua horripilante execução, realizada um dia depois da Páscoa — 28 de março de 1757 —, refletiu com precisão o quanto o país havia mudado depois daquele atentado traumático contra a vida do rei.

Pouco antes das três da tarde, os carcereiros de Damiens o arrastaram para fora de sua cela na Conciergerie. Ele foi despido rapidamente, amarrado a uma carroça e levado à outra margem do Sena para a Place de Grève, onde dezesseis carrascos haviam planejado para ele um espetáculo de indizível atrocidade. Adotando os mesmos métodos que haviam sido usados para executar François Ravaillac — o fanático católico que havia assassinado o amado Henrique IV em 1610 —, os carrascos começaram por rasgar a mão que tentara matar o rei; nessa ferida, despejaram uma mistura fervente de enxofre, chumbo, óleo e cera, antes de infligir a mesma tortura a outras partes do corpo. Em seguida, os algozes prepararam o prisioneiro para ser arrastado e esquartejado. Isso não saiu como planejado. Quatro cavaleiros (e seus cavalos) tentaram umas trinta vezes desmembrar Damiens, no entanto suas juntas permaneciam firmes. Por volta das seis da tarde, os carrascos de Damiens decidiram talhar parcialmente os membros do prisioneiro e colocar de novo os cavalos para trabalhar; dessa vez, seus braços e pernas se separaram do tronco, e o aspirante a regicida expirou. Como um ato simbólico final, os homens responsáveis pelo espetáculo juntaram os restos mortais de Damiens e os jogaram numa fogueira voraz.

A execução de Damiens foi concebida, literalmente, para destruir qualquer resquício de seu corpo e de seu ato impensável. No entanto, o ataque do louco tinha conseguido lançar uma mortalha sobre o reinado de Luís XV, prenunciando um período particularmente sombrio e crescentemente conservador na história da monarquia. Embora filósofos e enciclopedistas tivessem passado anos condenando o tipo de fanatismo religioso que suscitava crimes como o de Damiens, a *Encyclopédie*, que alguns eclesiásticos já haviam associado à ameaça de uma potencial revolução, entrara de novo numa era perigosa.

A execução de Damiens, gravura.

Enquanto os editores se preparavam para publicar o sétimo volume, no final de 1757, a turma habitual de críticos — escritores conservadores e membros indignados do clero — recebeu a adesão de uma nova geração de satiristas literários que deixaram a pena correr solta contra o movimento dos filósofos e a *Encyclopédie*.[31] Em outubro de 1757, Jacob-Nicolas Moreau, um colunista e propagandista do governo que escrevia para o *Mercure de France*, publicou um "Conselho útil" aos filósofos do país, cunhando de passagem o termo pseudoetnográfico *Cacouac* para descrever a "tribo" dos livres-pensadores. Supostamente derivado do grego (de *kakos*, "ruim, malvado") e engendrado para lembrar o grasnado sem sentido dos patos, o termo acusava implicitamente os filósofos de ser uma raça de criaturas "estranhas", "malevolentes" e "corrompidas", cujo veneno provinha de suas ideias pervertidas.[32] Incentivado pelo sucesso de sua sátira, Moreau publicou sua *Nouveau Mémoire pour servir à l'histoire des Cacouacs* [Nova memória para servir à história dos Cacouacs], que descrevia em detalhes os hábitos desses estranhos humanos e os meios para vencê-los: apitar (o equivalente a vaiar).[33] O livro vendeu bem.

A veia satírica de Moreau só encontrava páreo com o escritor e dramaturgo oportunista Charles Palissot de Montenoy, que, a exemplo de Moreau, percebeu que havia então um mercado significativo para escritos contra os filósofos. Em 1757, Palissot publicou suas *Petites Lettres sur les grands philosophes* [Pequenas cartas sobre os grandes filósofos], um livro em que Diderot e D'Alembert eram acusados de pirataria intelectual, escarnecidos por sua presunção e arrogância, ridicularizados pela incoerência de suas opiniões e repreendidos por sua suscetibilidade às críticas.[34] Esses ataques contra o projeto da *Encyclopédie* ocorriam paralelamente a condenações mais sérias também. De modo agourento ao extremo, o rei assinou uma nova declaração sobre a sedição e o livre-pensamento, alertando o público de que, dali em diante, qualquer pessoa julgada culpada de "escrever, mandar escrever ou imprimir escritos que tendam a atacar a religião, incitar mentes, minar nossa autoridade e perturbar a ordem e a tranquilidade de nosso Estado será sentenciada à morte".[35]

Tal era o clima sulfúreo em que o malfadado sétimo volume da *Encyclopédie* apareceu finalmente, em novembro de 1757. Entre os artigos desse tomo a suscitar críticas, o verbete de D'Alembert sobre "Genebra" foi o que atraiu mais fogo. Redigido em parte durante o ano anterior, enquanto o matemático estava visitando Voltaire em Genebra, o verbete em estilo de narrativa de viagem de D'Alembert foi talvez o único artigo da *Encyclopédie* a criar um incidente internacional.[36]

D'Alembert começava seu artigo exaltando muitas das virtudes de Genebra: mostrava-se poético quanto à situação geográfica ideal da cidade junto ao lago Léman, a sua riqueza e a seu povo laborioso. Mas também introduzia uma porção de opiniões ofensivas nesse verbete desproporcionalmente longo. Para começar, criticava a cidade-estado calvinista por sua proibição de produções teatrais, ao mesmo tempo que maldizia a qualidade dos cantos nas igrejas protestantes. De modo muito mais provocador, D'Alembert atribuía ao clero protestante da cidade crenças teológicas que este não abraçava. Uma porcentagem significativa do clero suíço, de acordo com seu artigo, tornara-se cautelosa em face da superstição e das abstrações desnecessárias, chegando a rejeitar a noção da divindade de Jesus Cristo e vários outros mistérios cristãos (por exemplo, o inferno) como absurdos e inúteis. Que contraste bem-vindo, concluía ele, com o supersticioso clero católico do outro lado da fronteira.[37]

O artigo de D'Alembert enfureceu comunidades religiosas de ambos os lados da fronteira franco-suíça. Os suíços, que de fato haviam sido acusados de heresia, exigiram uma retratação. Os católicos franceses, que estavam sendo considerados como crédulos e religiosamente atrasados, vergastaram

D'Alembert também. Para piorar as coisas, Versalhes (junto com os censores teológicos designados para examinar todos os artigos publicados depois de 1752) percebeu que nem Diderot nem D'Alembert buscaram aprovação para aquele verbete provocador e herético, caso contrário ele jamais teria sido publicado.[38] O alvoroço resultante não demorou a colocar em risco o empreendimento como um todo. O teimoso D'Alembert não ajudou a melhorar a situação. Recusando-se a se desculpar, abjurar ou recuar de uma maneira ou de outra, ele simplesmente se queixou da atmosfera inquisitorial na França, dos parasitas religiosos em Versalhes e dos críticos literários que agora o submergiam em "sátiras e brochuras".[39]

O cidadão peculiar

O abalo que se seguiu ao artigo inoportuno de D'Alembert contribuiu para uma longa sequência de noites de insônia para Diderot. Além de fornecer ainda mais munição para os inimigos da *Encyclopédie*, ele desempenhou um papel decisivo para a ruptura final entre Diderot e seu amigo mais antigo e querido, Jean-Jacques Rousseau.

O primeiro conflito real que irrompeu entre Diderot e Rousseau ocorrera vários anos antes, em outubro de 1752. Na época, Diderot estava profundamente absorvido por seu trabalho e pelo escândalo em curso da tese do abade de Prades; Rousseau, enquanto isso, desfrutava do que acabou sendo uma breve, mas muito bem-sucedida, carreira musical. Apenas dois anos depois de seu *Discurso sobre as artes e ciências* aparecer e ser aclamado amplamente, o músico-filósofo obteve êxito com sua ópera em um ato *Le Devin du village* [O adivinho da aldeia], encenada em Fontainebleau para a corte. Luís XV ficou tão encantado com a apresentação que não apenas buscou arranjar uma audiência com o excêntrico libretista e compositor, como também fez Rousseau saber por intermédio de seus agentes que queria lhe oferecer uma pensão real. Para grande consternação de Diderot, Rousseau recusou ambas as ofertas.

Diderot não censurava o amigo por ter rejeitado uma oportunidade de falar com o rei: ele sabia que a bexiga cronicamente solta de Rousseau poderia ocasionar um acidente humilhante diante do monarca. O que o deixou irritado foi a decisão magnânima de Rousseau de não aceitar a pensão real. De acordo com o relato dessa história por Rousseau nas *Confissões*, Diderot não apenas tentou obrigá-lo a aceitar o estipêndio, como acusou Rousseau de negligenciar o bem-estar financeiro de sua companheira de longa data, Thérèse Levasseur, e da mãe desta. Rousseau, segundo consta, explicou a Diderot que não poderia se tornar um *protégé* do rei porque precisava preservar sua preciosa relação com a verdade, a liberdade e a coragem. Essa argumentação, de acordo com Rousseau, não satisfez Diderot, que teria explodido num acesso de fúria.[40]

Escaramuças posteriores entre os dois homens tenderam a seguir o mesmo padrão. Precipitadas muitas vezes por eventos aparentemente insignificantes, essas disputas levantavam questões filosóficas maiores relacionadas com o modo como deveríamos conduzir nossas vidas; que companhia deveríamos cultivar; e como deveríamos manter nossa integridade e pureza num mundo corrompido.[41]

Muitos desses mesmos atritos no relacionamento entre eles pioraram nos meses que antecederam o surgimento do verbete "Genebra" de D'Alembert. Em 1756 Rousseau já expressara seu desagrado com a sociedade parisiense e, em certa medida, com o que julgava ser a insinceridade e a esperteza dos filósofos que se reuniam nos bacanais dos livres-pensadores do barão D'Hollbach, nas tardes de quinta-feira e de sábado. Essa coterie, como Rousseau a chamava, tinha de início concluído que as diatribes do genebrino contra a civilização eram meramente parte de uma postura filosófica esperta. Isso acabou se revelando um sério erro de cálculo: em meados dos anos 1750 a acusação de Rousseau à sociedade e aos supostos benefícios do progresso haviam se tornado uma crença profundamente assentada.

Em abril de 1756, Rousseau havia deixado a capital de modo um tanto teatral, refugiando-se num chalé encantador em Montmorency — convenientemente chamado de *Ermitage* [Eremitério] —, situado uns quinze quilômetros ao norte de Paris. Essa casa tinha sido carinhosamente reformada e preparada para ele pela rica aristocrata Louise d'Épinay, sua amiga de longa data. Morar nos domínios do Château de La Chevrette, porém, dificilmente poderia ser considerado uma ruptura com o círculo dos filósofos. D'Épinay, que era uma famosa *salonnière* e reflexiva *femme de lettres* por mérito próprio, mantinha importantes laços com esse mesmo grupo. Em especial, ela se tornara em 1755 amante de um dos melhores amigos de Rousseau e Diderot, o crítico literário, enciclopedista e filósofo Friedrich Melchior Grimm.

Grimm, como D'Épinay, acabou por desempenhar um papel importante no que veio a ser a cisão entre Rousseau e seus amigos parisienses.

Bem antes que qualquer palavra mais dura fosse trocada entre Rousseau e D'Épinay, Grimm havia aconselhado a amante a tomar cuidado com seu novo inquilino: "Se você se recusar uma só vez a ficar sob o comando dele", alertou, Rousseau "a acusará de ter implorado para que ele vivesse perto de você e de impedi-lo de viver em sua terra natal".[42] Madame d'Épinay relatou sua própria (e embelezada) versão da carta de alerta de Grimm no romance epistolar à clef que escreveu alguns anos depois, *L'Histoire de Madame de Montbrillant* [A história de Madame de Montbrillant]. O personagem de Grimm nesse livro, escrevendo para o alter ego de D'Épinay, expressa seus sentimentos em palavras ainda mais fortes: "Você não o está ajudando ao oferecer-lhe o Ermitage. A solidão vai sujar mais ainda a imaginação dele; logo ele verá todos os seus amigos como injustos e ingratos, e isso atingirá você antes de qualquer outra pessoa".[43]

Madame d'Épinay, pastel de Liotard.

Além de alertar D'Épinay quanto à irracionalidade e à paranoia de Rousseau, Grimm desqualificou o escritor recluso junto à sociedade parisiense. A anedota mais acusatória que ele contava girava em torno do tratamento insensível dispensado por Rousseau a Madame d'Épinay. D'Épinay, que sofria de uma úlcera estomacal e de uma série de sintomas desagradáveis relacionados à sífilis, convidara seu inquilino para acompanhá-la a Genebra, onde consultaria o famoso médico suíço Théodore Tronchin. Rousseau não apenas recusou, o que certamente era sua prerrogativa, mas enviou a D'Épinay uma carta rude em que a acusava de fazer dele seu "escravo".[44] Depois que D'Épinay compartilhou esse bilhete com Grimm, ele ficou tão furioso que tomou a iniciativa de mostrar a carta de Rousseau para quem quisesse vê-la, aproveitando para acusar o eremita folgado de ser um santarrão hipócrita. Grimm também escreveu diretamente a Rousseau para romper relações: "Nunca mais quero vê-lo enquanto viver", escreveu, "e me julgarei feliz se conseguir apagar da minha mente toda e qualquer lembrança de suas ações".[45]

F. M. Grimm, gravura.

Embora não tão conhecida quanto a ruptura entre Diderot e Rousseau, a separação entre Grimm e seu antigo amigo foi talvez igualmente dolorosa. Os dois homens tinham se conhecido em 1749, quando Grimm acabara de chegar a Paris a serviço do conde de Schomberg. Durante os primeiros meses de suas relações, Rousseau e Grimm logo descobriram que eram ambos aficionados entusiásticos de música. De acordo com Rousseau, os dois eram muito ligados, e passavam muitas noites no apartamento de Grimm, tocando a espineta e "cantando árias e barcarolas italianas, sem pausa ou interrupção da manhã até o anoitecer, ou melhor, do anoitecer até a manhã".[46]

Em meados dos anos 1750, porém, as disposições e visões de mundo de Grimm e Rousseau tinham divergido significativamente. Rousseau trocara Paris, as perucas empoadas e as meias brancas de cortesão por uma vida de relativo isolamento no campo. Grimm, que começara seus dias como filho de um modesto pastor luterano em Regensburg, optou por um caminho inteiramente oposto. Em 1753 ele assumira o cargo de editor da *Correspondance Littéraire* [Correspondência Literária], um jornal secreto de literatura e crítica feito só de manuscritos e distribuído por correio diplomático para uma porção de monarcas Europa afora. Em contato frequente com Frederico, o Grande, alguns príncipes e princesas alemães, o rei da Suécia, a rainha da Polônia e, em anos posteriores, Catarina, a Grande, Grimm logo se tornou uma das figuras cosmopolitas mais importantes da segunda metade do século XVIII. Tinha adquirido também uma queda pelas últimas modas do vestuário e pelo pó facial branco perfumado. Alguns de seus amigos o chamavam jocosamente de Tirano Branco, não apenas por sua aparência fantasmática de albino, mas por sua postura um tanto intrometida.[47]

Grimm abraçou o tipo de vida que Rousseau rejeitara de modo bem resoluto; mais que isso, ele tomou seu lugar entre os filósofos. Tinha sido por meio de Rousseau, ironicamente, que Grimm começara a frequentar o salão de D'Holbach. Rousseau tinha também apresentado o jovem prussiano a D'Alembert e, ainda mais significativamente, a Diderot, que passaria a ver Grimm como uma alma gêmea. A ironia e a tristeza dessa situação não passaram despercebidas por Rousseau, que mais tarde lamentou: "[Grimm] nunca me apresentou a um amigo seu. Eu o apresentei a todos os meus, e no fim ele os tomou de mim".[48]

Até mesmo os maiores admiradores de Rousseau admitem que seu sentimento de perseguição e sua instabilidade emocional ajudaram seu pior pesadelo pessoal a se realizar: o de ser abandonado pelos amigos, em especial por Diderot. De cabo a rabo em seus escritos, Rousseau tinha professado um amor sem limites pela humanidade; seu verdadeiro problema era relacionar-se com humanos concretos, com suas fraquezas, suas incoerências e seu ensimesmamento, especialmente quando se chocavam com os dele próprio. Mas Diderot também contribuíra para a ruptura entre os dois ao lidar mal com a desconfiança e a paranoia do amigo. Além de dar conselhos autoritários a Rousseau, como faria um irmão mais velho, Diderot não conseguia deixar de dizer ao amigo que ele estava sendo julgado e talvez até difamado em Paris. Um dos episódios mais famosos ocorreu em março de 1757, quando Diderot enfiou matreiramente um aforismo em sua peça teatral então recém-publicada, *Le Fils naturel* [O filho natural], que Rousseau interpretou como um ataque pessoal. O provérbio em questão — "O homem bom é um membro da sociedade, e só o homem mau fica sozinho" — despertou a fúria do antissocial Rousseau.[49] Ao se deparar com essa frase, ele escreveu às pressas uma carta a Diderot para contestar aquela máxima "injuriosa". Em 10 de março, Diderot escreveu uma resposta, explicitamente para pedir perdão a Rousseau. Mas no momento em que chegava de fato ao pedido de desculpas, no pós-escrito, Diderot também introduziu uma brincadeirinha: "P.s.: Peço seu perdão pelo que eu digo sobre a solidão em que você vive... Esqueça o que eu digo a respeito e fique certo de que não falarei mais disso. *Adieu*, Cidadão! Ainda que um Eremita constitua um Cidadão muito peculiar".[50]

Rousseau, que com frequência tinha dificuldade de digerir a descontração e o senso de humor de Diderot, não achou graça. Três dias depois ele escreveu a Madame d'Épinay para fazê-la saber que seu amigo lhe escrevera uma carta que estava "trespassando [sua] alma".[51]

O pedido de desculpas um tanto insensível de Diderot não foi a única afronta percebida. Rousseau com frequência se queixava de que Diderot negligenciava a amizade entre eles, muitas vezes cancelando compromissos no último segundo. Tinha sido esse certamente o caso em 1756 e 1757, uma época em que Diderot evitara viajar ao Eremitério. As cartas de Diderot durante aqueles anos cada vez mais difíceis como editor da *Encyclopédie* revelam também uma nova e palpável exasperação com a ansiedade inconveniente e a desconfiança inflexível do amigo. Até mesmo a mais leve interação com o eremita parecia gerar agora um grande drama de fundo moralizante.[52] Em novembro de 1757, Diderot informou brutalmente a Rousseau que sua desconfiança permanente lhe custara todos os seus amigos em Paris, com uma única exceção: o próprio Diderot. Numa analogia reveladora, ele se pôs a explicar que decidira manter seu relacionamento tortuoso com o amigo recluso mesmo contra o que julgava mais sensato: você é como uma "amante", ele escreveu a Rousseau, "cujos defeitos eu conheço bem, mas de quem meu coração não consegue se libertar".[53]

A cisão final entre os dois começou a tomar forma naquele mesmo mês. Foi por essa época que Rousseau confidenciou a Diderot que se apaixonara desesperadamente por Sophie Élisabeth Françoise Lalive de Bellegarde, condessa D'Houdetot, uma aristocrata vibrante, jovial e espirituosa de 27 anos que introduziu brevemente um facho de luz na existência normalmente taciturna de Rousseau. Desenvolver um relacionamento com Madame d'Houdetot tinha seus problemas. Ela era não apenas cunhada de Madame d'Épinay, mas também amante do marquês de Saint-Lambert, um oficial do Exército, enciclopedista, escritor e, para todos os efeitos, amigo tanto de Rousseau quanto de Diderot.

Diderot ficou consternado. Ele próprio um marido adúltero, não fazia objeção àquele caso amoroso pelo fato de Rousseau estar teoricamente comprometido com sua companheira de longa data, Thérèse Levasseur. Pelo contrário, Rousseau violara uma regra muito mais sagrada no seio da sociedade educada: um homem não se apropria da amante de um amigo quando este está na guerra. Durante a discussão desse problema ético, Diderot implorou a Rousseau que escrevesse a Saint-Lambert para confessar tudo e lhe contar que estava rompendo seu relacionamento com Madame d'Houdetot. Rousseau de fato escreveu, mas a carta ambígua revelava muito pouco sobre o que estava acontecendo no Eremitério.

Pouco tempo depois, Saint-Lambert voltou da guerra e passou por Paris, onde parou na Rue Taranne para visitar Diderot. Enquanto conversavam, Diderot logo mencionou o amor de Rousseau por Madame d'Houdetot, julgando que o amigo do Eremitério tivesse dado a notícia a Saint-Lambert. Ficou evidente que não era esse o caso, e Saint-Lambert retornou a Montmorency e exigiu que Madame d'Houdetot terminasse seu relacionamento com Rousseau. Rousseau ficou enraivecido, e com razão. Além de precisar terminar sua amizade com D'Houdetot, ele agora estava convencido de que o manipulador Diderot criara cuidadosa e engenhosamente aquela situação não apenas manejando-o como a uma marionete, mas engendrando um escândalo público com o intuito de destruí-lo.

Em fevereiro de 1758, Rousseau decidiu acertar as contas com os filósofos, os enciclopedistas e Diderot. O foro que escolheu foi uma carta aberta a D'Alembert sobre o tema da proibição do teatro em Genebra, um dos assuntos que o matemático abordara em seu famoso artigo da *Encyclopédie*. Antes de chegar ao cerne da questão, porém, Rousseau declarou que, numa fase anterior da sua vida, ele teria submetido aquele ensaio a um amigo estimado em busca de comentários prévios antes de publicá-lo. Esse amigo, todos sabiam, era Diderot. Rousseau declarou então, melodramaticamente: "Eu não o tenho mais; não o quero mais; mas sentirei sua falta para sempre, e meu coração sente sua falta mais do que a minha escrita". Mais tarde ele anexou a essa observação uma citação latina do Eclesiástico que deixava pouca dúvida quanto ao que ele agora pensava sobre seu camarada mais antigo e querido: "Ainda que tenhas empunhado a espada contra o teu amigo, não desesperes; porque o regresso é fácil. Ainda que tenhas dito ao teu amigo palavras duras, não temas, porque a reconciliação é possível; exceto quando se chegou a irromper em afrontas, impropérios, orgulhoso desdém, revelação de segredo e golpes de traição — em todos esses casos fugirá de ti o amigo".[54]

Ao longo dos anos, Diderot tinha sido acusado de uma profusão de transgressões pela coligação antienciclopedista. No entanto, a acusação de traição na *Lettre à D'Alembert sur les spetacles* [Carta a D'Alembert sobre o teatro] feriu Diderot mais do que qualquer outro ataque público que ele havia sofrido. O fato de ter vindo do seu mais antigo confidente, de um homem que ele amara e que o amara, tornava insuportável o golpe. Sem vontade de entrar numa rixa pública que teria sido agradável demais para seus inimigos, mesmo assim Diderot redigiu às pressas, num caderno de reflexões chamado *Tablettes*, uma resposta anormalmente feroz àquilo que julgava ser uma traição de seu ex-amigo. Rousseau, escreveu Diderot, tornara-se um charlatão e um mentiroso com o intuito de melhor fustigar seu amigo; ele era simultaneamente "falso, presunçoso como Satã, ingrato, cruel, hipócrita e maldoso". "Na verdade", concluía Diderot, "esse homem é um monstro."[55]

1759, *annus horribilus*

A dolorosa ruptura de Diderot com Rousseau coincidiu com os meses mais difíceis do projeto da *Encyclopédie*. Em fevereiro de 1758, Voltaire prognosticou que Diderot, D'Alembert, a *Encyclopédie* e a incipiente república das letras estavam entrando numa nova e perigosa era, em que "fanáticos religiosos e cafajestes" tinham formado "batalhões enormes" que agora estavam cortando o pescoço dos filósofos "um a um".[56] Escrevendo de sua posição segura em Genebra, ele instava D'Alembert e Diderot a desistir ou a deixar Paris rapidamente e levar todo o projeto da *Encyclopédie* para a corte em Potsdam ou São Petersburgo. Dali, ele garantia a Diderot, todo o potencial da *Encyclopédie* poderia finalmente ser realizado, à medida que volume após volume de ideias não censuradas viajassem de volta à França, caindo como bombas sobre a Igreja.

Diderot estava bem ciente de que permanecer em Paris acarretava riscos e obrigações. Mas, como deixou claro numa carta a Voltaire, havia também numerosos motivos para ficar. Para começar, ele estava paralisado pelo simples fato de que o manuscrito do livro não era dele, para ficar arrastando-o mundo afora. Era propriedade de Le Breton e seus sócios: "o projeto de concluir a *Encyclopédie* num país estrangeiro", escreveu ele, "é uma fantasia. Foram os editores que assinaram os acordos com os colaboradores; os manuscritos que eles adquiriram lhes pertencem, e não a nós". De modo ainda mais importante, porém, Diderot fazia Voltaire saber em termos inequívocos que partir equivaleria a uma retirada covarde: "Abandonar o empreendimento significaria voltarmos as costas à batalha e fazer exatamente o que esses patifes desejam... O que faremos? O que cabe a pessoas de coragem fazer: escarnecer de nossos inimigos, importuná-los e tirar partido, como temos feito, da estupidez de nossos censores".[57]

Essa postura corajosa seria posta à prova no final de julho, quando um dos textos mais radicais do século XVIII, *De L'Esprit* [Do espírito], de Claude-Adrien Helvétius, começou a ser bem vendido nas livrarias. Helvétius, um coletor de impostos extremamente rico, cortesão de Versalhes que comprara o posto de *maître d'hôtel* da rainha, havia percorrido devidamente todos os canais apropriados antes de publicar seu tratado em dois volumes. A primeira edição do livro, impressa pelo mesmo Laurent Durand da *Encyclopédie*, traz a declaração do censor M. Tercier de que nada viu de problemático na obra.

Do espírito, porém, era tudo menos inofensivo. Nessa interpretação sistemática do espírito humano e suas motivações, o escritor irreligioso foi mais longe do que Diderot jamais havia ido ao reduzir a condição humana a uma série de reações mecânicas de prazer ou de dor. Os humanos, teorizava ele, conduzem suas vidas baseados unicamente em sua capacidade de obter gratificação sensual ou evitar desconforto e sofrimento, seja ele físico ou psicológico. Esse entendimento da psique humana, somando-se ao questionamento da noção de alma, da utilidade da religião e do velho conceito cristão das ideias inatas, também demandava uma reorganização radical da sociedade.

As ideias de Helvétius eram tão inflexíveis e de longo alcance que a maioria dos filósofos — mesmo entre aqueles que compartilhavam as mesmas crenças materialistas que ele — julgou a publicação do livro tremendamente imprudente.[58] A reação em Versalhes provou que os filósofos estavam certos. Consta que o delfim extremamente religioso, que recebera das mãos do próprio Helvétius um exemplar de *Do espírito*, saiu tempestuosamente de seus aposentos depois de lê-lo, gritando que iria mostrar à rainha algumas das "coisas lindas" que seu *maître d'hôtel* publicara.[59]

Em pouco tempo o livro foi banido e incinerado, o privilégio revogado e o censor demitido. Helvétius perdeu sua posição na corte, apesar de declarar publicamente, em três ocasiões diferentes, que se arrependia de ter publicado o livro.

O barulho em torno de *Do espírito* prenunciou os dias sombrios do projeto da *Encyclopédie*. Assim como os críticos haviam associado as teses do abade de Prades à *Encyclopédie*, uma legião ainda mais ampla de autoridades religiosas, literárias e reais agora atribuía as indiscrições de Helvétius ao clima intelectual permissivo fomentado pelos enciclopedistas. Entre os críticos mais relevantes, Abraham-Joseph de Chaumeix, o protegido do conservador delfim, publicou uma vociferante refutação do projeto em seis volumes, intitulada *Préjugés legitimes contre l'*Encyclopédie [Preconceitos legítimos contra a *Encyclopédie*]. Esse alerta contra o projeto era inequívoco: ler a *Encyclopédie* era semelhante a ingerir "veneno" disfarçado de alimento.[60]

Tais acusações literárias foram reforçadas no Parlamento de Paris pelo procurador-geral da França, Omer de Fleury, que emitiu em janeiro de 1759 uma denúncia violenta contra Helvétius e contra a *Encyclopédie*, declarando que "a impiedade [agora estava] caminhando de cabeça erguida" e que pensadores, entre os quais Diderot e Helvétius, estavam tentando "disseminar o materialismo, destruir a religião, inspirar um espírito de independência e corromper os costumes".[61] O Parlamento emitiu uma nova proclamação contra a *Encyclopédie* mais tarde naquele mesmo mês, votando esmagadoramente para proibir impressores e outras pessoas de vendê-la ou distribuí-la.[62] Duas outras interdições reais também foram emitidas, a última delas sendo uma ordem definitiva de "interrupção" proveniente do conselho do rei em 8 de março. A *Encyclopédie* se tornara novamente ilegal.

Nunca faltou empenho nem drama a Diderot em seu mandato como editor da *Encyclopédie*, mas aquele era um ponto de inflexão. Logo depois de ficar sabendo que o papa também colocara a *Encyclopédie* no Índex — a lista de publicações que os católicos estavam proibidos de ler —, Diderot ficou horrorizado ao descobrir que um defensor anônimo do projeto do dicionário tinha produzido uma sátira anticlerical (e de grande sucesso) que tinha como alvo Abraham Chaumeix, o homem que dedicara sua carreira a destruir a *Encyclopédie*. Elementos conservadores em Versalhes compreensivelmente julgaram que aquilo era obra de Diderot e clamaram por sua prisão.[63]

O rei não assinou uma *lettre de cachet*, mas mandou Malesherbes confiscar os manuscritos da *Encyclopédie*. O modo curioso como essa ordem foi levada a termo talvez tenha sido a única coisa que funcionou em favor dos enciclopedistas no início da primavera de 1759. Assim como Malesherbes presumivelmente fizera vários anos antes, o censor-chefe e diretor do ramo dos livros não apenas alertou Diderot um dia antes da apreensão agendada, mas se dispôs a tomar posse dos milhares de artigos revisados que Diderot arquivara em caixas de madeira no seu escritório na Rue Taranne. Naquela mesma noite, de acordo com o relato do próprio Diderot, ele foi capaz de transportar furtivamente essas caixas por cinco lances de escada até uma carruagem que esperava na rua. No dia seguinte, ao mesmo tempo que a polícia estava vasculhando Paris em busca de algum sinal dos manuscritos, Malesherbes os guardava a salvo em sua própria casa.

O melhor resumo da atmosfera tensa daquela época vem do próprio Diderot, que documentou os agitados eventos do início da primavera numa carta muito longa a Grimm. Confrontado com a triste perspectiva da prisão ou do exílio, bem como com a possível transferência do projeto para a Holanda ou a Rússia, Diderot relata como convocou uma reunião para discutir uma estratégia na casa de Le Breton na Rue de la Harpe. Estavam presentes naquela noite os quatro impressores, o barão d'Holbach, Louis de Jaucourt e D'Alembert:

> Nós nos sentamos às quatro da tarde. Estávamos animados. Bebemos, rimos, comemos; e quando caiu a noite nossa atenção se voltou para o assunto em pauta [isto é, continuar a *Encyclopédie* apesar de sua interdição]. Expliquei o projeto de completar o manuscrito. Não sou capaz de lhe dizer como ficou surpreso e impaciente meu querido colega [D'Alembert] ao me ouvir. Enveredou por uma de suas tiradas caracteristicamente pueris e temerárias, tratando os editores como serviçais, qualificando a continuação do projeto como loucura e, em meio a tudo isso, dizendo coisas desagradáveis a meu respeito que me vi obrigado a engolir.
>
> Quanto mais D'Alembert demonstrava oposição e tolice, mais eu respondia com moderação e calma. Está claro que a *Encyclopédie* não tem um inimigo mais determinado do que esse homem.
>
> E nosso amigo barão, que cara você acha que ele ficou fazendo durante [a parolagem de D'Alembert]? Ele se contorcia na cadeira. Temi que a qualquer momento os comentários sem sentido de D'Alembert enervassem o barão e o fizessem entrar na briga. Entretanto, ele se conteve, e fiquei bem contente com sua discrição. Quanto ao Chevalier de

Jaucourt, ele não disse palavra. Manteve a cabeça baixa e parecia aturdido. D'Alembert finalmente gaguejou, praguejou, girou nos calcanhares e saiu, e desde então não tive mais notícia dele.

Quando ficamos livres daquele maluquinho, voltamos ao projeto que nos reunira. Examinamo-lo de todos os ângulos; fizemos ajustes; incentivamos uns aos outros; juramos levar a tarefa até o fim; concordamos em trabalhar nos próximos volumes com a mesma liberdade dos primeiros e, se necessário, imprimi-los na Holanda.[64]

Nas semanas seguintes, D'Alembert retirou seu apoio para o que restava do projeto da *Encyclopédie*. Não obstante, Diderot e sua equipe muito menor de colaboradores continuaram a produzir artigos para o projeto, ainda que separadamente e a portas fechadas. D'Holbach passava muitos dias consultando sua biblioteca de 3 mil livros na Rue Royale com o intuito de escrever muitos dos artigos que faltavam sobre história natural, metalurgia, química, filosofia e história. Diderot também caracterizou sua existência em 1759 como monástica e monótona: sair da cama ao romper da aurora e subir as escadas até seu escritório no sexto andar, onde alternava a escrita de peças de teatro, a redação de verbetes não assinados da *Encyclopédie* e a edição de dezenas de milhares de artigos para os volumes restantes.

Diderot decerto trabalhou prodigiosamente nesse período, mas a maioria dos artigos restantes foi escrita por Louis de Jaucourt. Aristocrata abastado que, apesar de sua posição, escolhera se tornar médico, o Chevalier de Jaucourt havia iniciado modestamente sua carreira como enciclopedista em 1751, aos 47 anos. Na época, Jaucourt estava se recuperando da dolorosa perda de um manuscrito enorme que passara décadas preparando para publicação. Esse livro, um dicionário de anatomia em vários volumes, tinha ido parar no fundo do mar do Norte no ano anterior, quando o navio que o levava a seu potencial editor afundou nas proximidades da costa holandesa. Nove anos mais tarde, quando o chevalier se deparou com a possibilidade do fim da *Encyclopédie*, não estava em condições de suportar uma perda semelhante. Dedicando-se inteiramente ao projeto pelos seis anos seguintes, Jaucourt logo conquistou o apelido de "escravo da *Encyclopédie*". Trabalhando sem cessar e coordenando sua labuta com vários copistas e secretários que contratou com seus próprios recursos, o abnegado chevalier acabou por entregar mais de 17 mil artigos a Diderot.[65] Ele foi, na verdade, o terceiro e não recompensado editor da *Encyclopédie*.

Louis de Jaucourt, gravura.

No prefácio ao oitavo volume, Diderot chegou a demonstrar profunda gratidão ao chevalier por seus esforços hercúleos, admitindo que se ele e os enciclopedistas restantes agora estavam aptos a gritar "terra à vista", como marinheiros, isso se devia ao prodigioso empenho do chevalier.[66] Em particular, porém, Diderot com frequência difamava o salvador do livro como alguém obtuso e sem inspiração, um copista e vulgarizador mais do que um pensador original. Em parte, essa falta de reconhecimento vinha certamente da decepção que Diderot sentia quanto à qualidade dos volumes finais do projeto. Em sua opinião, muitos deles careciam da verve, da inteligência e do humor daquilo que a antiga equipe de colaboradores havia produzido para os primeiros tomos da *Encyclopédie*.

Se o chevalier reconhecidamente carecia da perspicácia de um Voltaire, da imaginação de um Diderot ou do estofo intelectual de um D'Alembert, o fato é que esse fazedor artesanal de dicionário possivelmente forneceu um dos argumentos mais progressistas e radicais para a época a aparecer na *Encyclopédie*. Numa era em que o movimento abolicionista estava ainda germinando, Jaucourt fez uso de sua plataforma para denunciar a escravidão como ninguém jamais fizera na França. Contradizendo vigorosamente uma porção de artigos pró-escravidão que também apareceram na *Encyclopédie* — em geral redigidos por especialistas em mundo colonial —, o chevalier proclamou inequivocamente que a escravidão "viola a religião, a moral, a lei natural e todos os direitos da natureza humana".[67] Declarou também que os africanos que tinham sido tomados como escravos, quaisquer que fossem as condições de sua escravização, tinham o direito de se declarar livres.[68] Desse ponto de vista, todas as justificações para a servidão humana, sejam elas científicas, religiosas ou econômicas, são condenadas pelo princípio definidor da humanidade: a liberdade. Para enfatizar este último ponto, Jaucourt proclama memoravelmente que preferiria que as colônias europeias no Caribe "fossem destruídas" a permitir a continuação de práticas tão horrendas.[69] Essas ideias, que Jaucourt sintetizava a partir de uma variedade de fontes, serviram de base para condenações ainda mais incisivas e violentas do tráfico de escravos, algumas delas expressas pelo próprio Diderot anos depois.

O trabalho incansável e abnegado de Jaucourt na *Encyclopédie* custou-lhe sua fortuna. O de Diderot lhe custou a saúde. A partir de 1759, seu transtorno estomacal recorrente, suas cólicas e suas diarreias terríveis haviam retornado com ímpeto. Citando frequentemente uma inextinguível sensação de queimação acima do esterno, Diderot trocou o prazer do vinho e da comida pelo conforto ilusório de uma dieta de leite. Problemas digestivos não eram nada, porém, em comparação com a dor que Diderot sentiu quando seu pai morreu de edema pulmonar agudo no início de 1759. Tendo hesitado e finalmente decidido não visitar o velho cuteleiro por receio de dar a impressão de estar fugindo da capital, Diderot perdera a oportunidade de confortar e dizer adeus ao pai. Pelo resto do verão, entrou num período de remorso e inatividade. Quando voltou por fim ao trabalho, vários meses depois, seu plano era simples: labutar arduamente para vencer a melancolia. "O trabalho", escreveu, "é a única coisa que me distrai da dor. Sendo assim, trabalho muito... Se meu pesar persistir e meus colegas continuarem a me ajudar, acabarei com isto muito antes do que eu havia prometido."[70] Seis anos se passariam, contudo, antes que o último volume da *Encyclopédie* fosse enfim impresso.

O novo *Dictionnaire de Trévoux*

Durante o outono de 1759, aqueles que se opunham tanto aos filósofos quanto à *Encyclopédie* tiveram bons motivos para se sentir satisfeitos com sua cruzada. Além de obter a condenação do Parlamento e uma segunda proibição emitida pelo conselho do rei, seus esforços levaram o papa

Clemente XIII a editar uma "condenação" do projeto que não apenas declarava blasfema a *Encyclopédie*, mas também determinava que as pessoas que ainda possuíssem algum dos seus sete volumes publicados os entregassem imediatamente a seu pároco local — para que fossem queimados.[71] A tentativa mais inteligente de desferir um golpe mortal contra o projeto, porém, viera em julho, quando o Parlamento votou por ordenar que os impressores reembolsassem cada um de seus 4200 assinantes, no valor de 72 libras por pessoa. Empreendida oficialmente para compensar as pessoas que já haviam pagado por volumes que não seriam mais publicados, essa transferência brutal de 300 mil libras tinha também o intuito de romper — de uma vez por todas — a associação entre a fome do público por ideias escandalosas e a habilidade dos impressores em saciá-la.

Por mais eficazes e abrangentes que fossem essas táticas, um descuido custou aos detratores do projeto a vitória na guerra. Os inimigos de Diderot concentraram seus ataques apenas nos volumes de texto, e não tentaram paralisar os tomos ainda inéditos dedicados às tecnologias e aos ofícios da época. Isso permitiu aos impressores solicitar um privilégio separado, que foi concedido em setembro de 1759. Uma vez obtida a autorização, os impressores fizeram seus assinantes saberem que o "reembolso" de 72 libras poderia ser aplicado como pagamento pelos volumes vindouros de ilustrações. A pequena vitória salvou a *Encyclopédie*: ninguém, conforme declararam orgulhosamente os impressores, pediu reembolso pelos volumes de texto ainda não impressos.

A permissão para publicar os volumes ilustrados da *Encyclopédie* deu novo fôlego ao projeto. Diderot e seus poucos colegas remanescentes agora tinham uma fachada legal para trabalhar nos volumes de texto que faltavam. Os impressores também podiam dispor mais livremente de seu capital. Isso permitiu a Le Breton e seus sócios resolver o espinhoso problema de onde imprimir os volumes restantes da *Encyclopédie*. Embora certamente desagradasse aos impressores o fato de não fazer uso de suas próprias oficinas em Paris — mesmo com a aprovação tácita de Malesherbes, isso teria sido perigoso demais —, os homens foram às compras para adquirir uma gráfica que pudesse não apenas imprimir 42 mil exemplares (dez volumes vezes 4200 assinantes), mas também abrigá-los até que estivessem prontos para a distribuição. Em 1760, depois de cogitar transferir o projeto para a Holanda ou a Suíça, Le Breton e seus sócios adquiriram furtivamente uma gráfica em Trévoux, 446 quilômetros a sudeste de Paris.[72]

Trévoux foi uma escolha tática. Além de ficar longe de Versalhes, do Parlamento e das restrições da corporação parisiense dos impressores, Trévoux (hoje um subúrbio de Lyon) tinha uma longa tradição de produzir dicionários. No caso mais famoso, a imprensa da cidade emprestara seu nome ao famoso *Dictionnaire de Trévoux* dos jesuítas; também imprimira uma sexta edição, clandestina, do *Dicionário histórico e crítico* de Pierre Bayle.[73] No entanto, Le Breton e seus sócios também foram atraídos a Trévoux e sua conveniência por outra razão importante: situada no interior do principado de Dombes, essa pequena cidade estava tecnicamente fora da jurisdição francesa.[74] Em vez de delegar a impressão dos volumes finais a uma gráfica estrangeira, Le Breton e os Impressores Associados simplesmente compraram uma eles próprios.

Embora os detalhes do que ocorreu permaneçam inteiramente obscuros — todos os volumes de texto foram impressos ali? Ou apenas alguns? —, é bastante provável, dado o investimento secreto dos impressores, que um grupo circunspecto de operários tenha produzido por volta de dois volumes por ano em Trévoux a partir de 1760. O fato de a *Encyclopédie* ser finalizada em última instância na cidade que emprestara seu nome às mais famosas publicações jesuítas do século — o *Dictionnaire* e as *Mémoires de Trévoux* — foi uma vitória simbólica, para dizer o mínimo: no confronto entre jesuítas e enciclopedistas, a *Encyclopédie* não apenas suplantara o jesuítico *Dictionnaire de Trévoux*, mas se transformara nele.

Quando se completou a impressão dos volumes finais em 1765, quinhentos metros cúbicos de livros, no valor de 800 mil libras (cerca de 12 milhões de dólares), deviam estar estocados na gráfica dos Impressores Associados em Trévoux. Cada um desses livros começava com a derradeira artimanha do projeto da *Encyclopédie*: uma página de rosto ostentando o nome e o emblema de Samuel Fauche e Companhia, livreiros e impressores de Neuchâtel, Suíça. Esse timbre espúrio, que os editores providenciaram mediante pagamento ao editor suíço não envolvido no projeto, agora permitia a Le Breton e seus colegas distribuir a *Encyclopédie* como se eles não tivessem desempenhado nenhum papel na sua publicação.

Os últimos volumes

No outono de 1765, os últimos dez volumes (8-17) da *Encyclopédie* estavam prontos para ser enviados a seus assinantes.[75] Dois eventos acabaram tornando isso possível politicamente. O primeiro foi a queda da poderosa ordem jesuítica, que não apenas perdera sua influência na corte por volta de 1762, como havia sido dispersada em 1764 depois que a Companhia se recusou a ajoelhar-se diante da Igreja gaulesa.[76] A segunda mudança significativa na atmosfera política veio um ano mais tarde, quando o filho de Luís XV, o delfim de 36 anos, morreu, em dezembro de 1765. Mais do que qualquer outro evento isoladamente, a morte da voz influente e conservadora em Versalhes parece ter levado Le Breton e os enciclopedistas a persuadir o novo chefe de polícia, Antoine de Sartine, a assegurar a permissão para entregar os livros restantes.

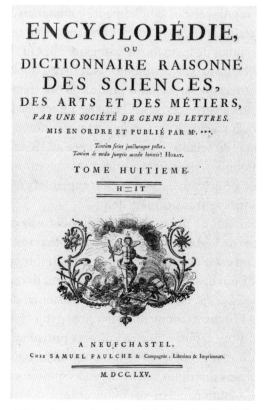

Página de rosto do volume 8 da *Encyclopédie*, 1765.

Distribuir a ostensivamente ilegal *Encyclopédie*, de todo modo, continuava sendo uma questão delicada. Como foi frequentemente o caso na história desse livro controverso, uma cautela suplementar era necessária. Trabalhando em combinação com Sartine, que por acaso era um velho amigo de escola de Diderot, Le Breton e seus sócios receberam permissão para divulgar anúncios dizendo, primeiro, que o editor suíço Samuel Fauche comprara os manuscritos e imprimira os últimos volumes em Neuchâtel e, segundo, que os livros restantes logo estariam disponíveis para distribuição a seus assinantes. Como concessão a elementos conservadores, porém, assinantes parisienses eram informados de que o livro não podia ser distribuído livremente na capital. Durante vários meses, carruagens e lacaios dos assinantes saíam de Paris para buscar os volumes remanescentes da *Encyclopédie*. Embora o volume final das ilustrações tenha demorado mais sete anos para sair, a batalha da *Encyclopédie* tinha sido vencida, pelo menos do ponto de vista de Le Breton.

Em algum momento de janeiro de 1765, Diderot recebeu seu próprio exemplar de cada um dos derradeiros volumes de texto. Embora aliviado por ver concluída essa porção do projeto, não estava nada contente com o resultado final. Muito de sua desilusão e de seu ressentimento instalara-se durante 1764, um ano antes da entrega dos últimos volumes. Enquanto consultava as provas do 14º volume, Diderot ficou horrorizado ao descobrir que seu artigo de 16 mil palavras sobre "Sarracenos" (um termo religioso e étnico para muçulmanos) tinha sido cuidadosamente editado por Le Breton sem a sua aprovação.[77] O impressor, claramente temendo reações a um livro que havia perdido sua concessão, tinha extirpado o cerne do artigo, umas oitocentas palavras, inclusive a explanação etnológica de Diderot da relação entre religião e filosofia: "É um consenso que a religião afunda no descrédito à medida que cresce a [prevalência da] filosofia. As pessoas decidirão — a favor ou contra — levando em conta a utilidade da filosofia ou a verdade da religião; mas posso dizer que, quanto mais filósofos encontrarmos em Constantinopla, menor será a frequência com que as pessoas empreenderão peregrinações a Meca".[78]

A censura de "Sarracenos" acabou se revelando a ponta do iceberg. Ao examinar metodicamente os volumes, Diderot descobriu que Le Breton mutilara dezenas de artigos potencialmente embaraçosos numa série de volumes, incluindo verbetes sobre costumes, opressão política, filosofia, poder monárquico e religião. No artigo "Luxúria", o editor cortara o gracejo (em itálico) no final da seguinte frase: "Na religião cristã, a luxúria é um dos sete pecados capitais; *pode-se imaginar quantas pessoas têm que ser condenadas, já que o mais leve pecado nessa categoria leva à danação*".[79] Le Breton fez cortes bem mais profundos no artigo "Paraíso", que, antes de ser editado, tinha zombado dos teólogos por sua tentativa de encontrar a localização física do paraíso, e por sua tendência a construir coisas "feitas de ar".[80] Do mesmo modo, o editor riscou uma frase sarcástica em "Pitagorismo" que reduzia todos os milagres a produto de superstição ou resultado de "eventos inteiramente naturais".[81] Em outros pontos Le Breton simplesmente suprimira por completo artigos ou subartigos, entre eles verbetes sobre "religião protestante", "teologia escolástica", "tolerância" e o enganoso artigo sobre "denominações cristãs", que começava anunciando de modo insincero que seria útil determinar qual das muitas versões conflitantes do cristianismo levava de fato à salvação.

A fúria de Diderot não tinha limites. Em novembro, ele escreveu um bilhete contundente para Le Breton: "Então esse é o resultado de 25 anos de labuta, empenho, perdas, perigos e mortificações de todos os tipos! Um incompetente, um ostrogodo, destrói tudo num instante!".[82] Em face do que chamou de mutilação da *Encyclopédie*, Diderot começou um período de autoanálise. Por mais de duas décadas ele sacrificara suas aspirações literárias mais elevadas pelo projeto da *Encyclopédie*, suportando no caminho episódios repetidos de hostilidade monárquica e religiosa. O empreendimento todo agora lhe parecia de pouca valia.

O que Diderot não percebia plenamente, em 1765, era que ele havia levado adiante as ideias do Iluminismo como nenhuma pessoa, nem Voltaire, e certamente nem Rousseau, tinha feito antes. Apesar de sua própria insatisfação com o resultado, ele alcançara indiscutivelmente as metas que havia anunciado: além de "servir à humanidade", ele havia produzido "uma revolução" na mente de seus leitores ao lhes dar as ferramentas não apenas para pensar por si próprios, mas para se postar diante dos "tiranos, opressores, fanáticos [religiosos] e intolerantes" do mundo.[83] Sob sua direção, o conhecimento havia se transformado numa forma de guerra política. Talvez mais importante do que isso, esse espírito de enciclopedismo persistiu até muito tempo depois que o último volume apareceu, em 1765. Por volta de 1782, impressores na Suíça e na Itália haviam produzido mais 20 mil exemplares da bíblia do Iluminismo.

Mas houve outro aspecto positivo naqueles anos como enciclopedista que Diderot parece nunca ter compreendido plenamente.[84] Despejar dezenas de milhares de artigos ao longo de 25 anos estava longe de ter sido um exercício estéril. Embora ele raramente tenha dito uma palavra positiva sobre a *Encyclopédie* depois que saíram os últimos volumes, seu trabalho lhe dera uma compreensão panorâmica do conhecimento que poucas pessoas haviam alcançado. Na verdade, décadas de labuta autoimposta, a par de sua memória prodigiosa e de sua capacidade de enxergar muito além de sua própria época, haviam preparado Diderot para a segunda e indubitavelmente maior fase de sua carreira, aquela que ele levou a cabo nas sombras.

Parte II
Colheita tardia

Uma pessoa só se comunica com força do fundo da tumba; é ali que ela deve se imaginar; e é dali que ela deve falar à humanidade.

Diderot, *Ensaio sobre os reinados de Cláudio e Nero*, 1782

6.
Sobre a virtude e o vício

Ao assumir o papel de editor da *Encyclopédie*, Diderot sabia que receberia sua cota de ataques e injúrias. Assassinato de reputações durante o ancien régime era simplesmente divertido demais, eficaz demais e, para alguns dos críticos do filósofo, lucrativo demais. Seus primeiros detratores o rotularam de ateu militante e contrabandista desavergonhado de ideias alheias. Vários anos depois, um novo grupo de críticos o acusou de ser o líder de um bando de patifes mal-intencionados cuja verdadeira intenção era causar a ruína do país. Em 1755, outra turma começou a espalhar rumores de que Diderot havia publicado diversos novos tratados irreligiosos, o que simplesmente não era verdade.

Trabalhar sob tais condições era difícil; manter uma presença como autor independente de obras filosóficas era ainda mais problemático. Mesmo assim Diderot tentou continuar sua carreira como escritor independente no início dos anos 1750. Em 1751, recebeu a permissão tácita de Malesherbes para publicar sua *Lettre sur les sourds et les muets* [Carta sobre os surdos e os mudos], uma exploração não herética — mas filosoficamente densa — das origens gestuais da linguagem.[1] Dois anos depois, em 1753, ele também trouxe à luz uma série de ensaios vigorosos sobre metodologia científica, sob o título *Pensées sur l'interprétation de la nature* [Pensamentos sobre a interpretação da natureza]. Esse breve livro evitava o tipo de materialismo polêmico que ele professara na *Carta sobre os cegos*, mas também instava uma nova geração de sábios a abraçar a força e a imprevisibilidade de uma investigação verdadeira e radical da natureza, uma investigação em que o cientista não busca respostas predeterminadas, mas simplesmente a verdade.[2]

Pensamentos sobre a interpretação da natureza foi a última obra de filosofia pura que Diderot publicou enquanto trabalhava na *Encyclopédie*.[3] No entanto, não desistira inteiramente de seu desejo de falar a sua própria geração. Em algum momento do ano seguinte, ele teve uma ideia para um projeto bem mais visível depois de ler a peça de Carlo Goldoni em italiano *Il vero amico* [O verdadeiro amigo]. Goldoni, que era, disparado, o mais conhecido dramaturgo e teórico do teatro da Itália, transformara com sucesso o teatro de seu país ao rejeitar muitas das convenções associadas à multissecular commedia dell'arte.[4] Inspirado pela campanha veneziana por encenações e enredos mais realistas, Diderot decidiu que também ele tentaria anunciar uma renovação semelhante do teatro francês.

Em 1757 ele publicou sua primeira peça, um drama moralista intitulado *Le Fils naturel, ou Les Épreuves de la vertu* [O filho natural, ou As provações da virtude]. Como suplemento a esse drama, acrescentou um diálogo imaginado que supostamente teria ocorrido entre ele próprio e "Dorval", o personagem principal e suposto autor da peça. Essas assim chamadas *Entretiens sur le fils naturel* [Conversas sobre o filho natural] propiciaram a Diderot a oportunidade de entrar numa discussão teórica em que ele, como Goldoni, clamava pelo fim dos batidos papéis-padrão que eram a espinha dorsal do teatro francês. Esses tipos fixos de personagens — *tipi fissi* em italiano — incluíam serviçais, pajens, amos, médicos, pais dominadores, monarcas, preceptoras, mães viúvas, soldados covardes e amantes, os chamados *innamorati*. No lugar deles, Diderot imaginava o palco sendo ocupado por personagens reais e críveis, fossem eles mercadores, filósofos, políticos ou magistrados. Do mesmo modo, defendia uma apresentação mais fiel e complexa dos papéis familiares que pessoas comuns desempenhavam na vida, como pais, mães, filhas, filhos ou amigos.[5] De longe, a inovação mais revolucionária que Diderot teorizava para o teatro francês era uma *tragédia burguesa* cujo final realista e pungente produziria um impacto emocional sem precedentes na plateia. Esses potentes dramas morais, refletia ele, poderiam ser tão comoventes que infundiriam medo no coração do público. Plateias poderiam "tremer indo para o teatro", dizia ele, "mas não seriam capazes de se impedir de ir".[6]

Diderot nunca realizou seu sonho de completar uma tragédia da classe trabalhadora. No entanto, entre 1757 e 1758, ele roubou um tempo da supervisão do sétimo e do oitavo volumes da *Encyclopédie* para compor dois dramas burgueses. Essas peças, ambas divergentes do teatro francês tradicional, transpunham o fosso entre a comédia leve e frívola e a seriedade mortal da tragédia aristocrática. A ideia básica era contar uma história moral que tem um final feliz, mas, ao mesmo tempo, recorda a nobreza despretensiosa das classes baixas e médias da França. Era precisamente isso que um dos pintores favoritos de Diderot, Jean-Baptiste Greuze, tinha alcançado nas artes visuais.

Diderot esperava que os espectadores de teatro que assistissem a essas peças realistas e sem afetação estilística "acreditassem estar em família e esquecessem que estavam no teatro".[7] Ao descrever como tais peças deveriam ser encenadas, Diderot recebe em geral o crédito por ter inventado o que hoje se denomina a teoria da quarta parede. Pedindo aos futuros atores que esquecessem o público e suas formas altamente codificadas e estilizadas de atuação, ele escreve: "Imagine uma grande parede na beira do palco que separa vocês da plateia. Ajam como se a cortina não tivesse subido".[8]

Os esteios teóricos dessas peças são, é preciso que se diga, bem mais interessantes do que as peças em si. A primeira peça de Diderot, a mencionada *Le Fils naturel*, conta a história de um homem virtuoso e órfão chamado Dorval que se apaixona pela noiva de seu amigo, Rosalie. Dividido entre a amizade e o amor, nosso herói Dorval sofre até que o pai de Rosalie aparece e reconhece Dorval como seu filho. Ao descobrir que a mulher que ele ama é na verdade sua irmã, Dorval é capaz não apenas de escapar de um terrível dilema ético, mas também de casar com a irmã de seu amigo, enquanto Rosalie pode casar com seu noivo original. Encharcado de sentimentalismo e de um moralismo desajeitado, Diderot obviamente concebeu esse final artificial com lágrimas na mente.[9]

O segundo drama burguês que Diderot escreveu durante esse período foi *Le Père de famille* [O pai de família], de 1758. Baseado vagamente em sua própria corte a Toinette, o enredo segue as aventuras de um homem jovem e um tanto impetuoso que espera casar com uma linda moça de posição social inferior. Diderot atribuiu o nome Saint-Albin ao jovem amante que desempenhava esse papel quase autobiográfico na peça; de modo mais notável, ele deu à personagem de Toinette o nome de Sophie, em homenagem à sua amante Sophie Volland.

A intriga de *Le Père de famille* faz lembrar os esforços da própria família de Diderot de dissuadi-lo de casar com alguém abaixo da sua posição. O pai benevolente na peça primeiro tenta argumentar com o filho; o tio se opõe de modo bem mais violento ao casamento e ameaça trancar Sophie num convento, assim como o pai do próprio Diderot fizera com ele.[10] Sophie só é salva desse destino cruel quando se descobre que ela é na verdade sobrinha do assim chamado *commandeur*, o cunhado de seu pai. Graças a esse *coup de théâtre*, a peça pode se concluir felizmente com o noivado do jovem casal e as bênçãos do pai de Saint-Albin. Espera-se novamente que nós, espectadores, choremos quando o amor triunfa sobre a aflição e as tensões de classe.

A xaropada e os enredos tediosos do teatro de Diderot tornam seus dramas praticamente impossíveis de serem encenados hoje. No entanto, em 1759 o estilo naturalista e os personagens não aristocráticos de *O pai de família* tiveram uma ressonância profunda junto às plateias europeias. Em 1761, dramaturgos haviam montado a peça em Bordeaux, Toulouse, Lyon, Marselha, Hamburgo, Frankfurt e Viena. À medida que recebia das províncias um número crescente de críticas positivas dessas produções — na esperança, o tempo todo, de que a peça fosse por fim encenada na capital —, ele foi se convencendo de que tinha entrado numa fase inteiramente nova em sua carreira de escritor, na qual poderia preconizar valores simples de família e aproveitar para corrigir sua reputação de militante ateu.[11]

A sátira de Palissot

Os críticos de Diderot, que quase sempre o colocavam como alvo por sua condição de editor da agora proibida *Encyclopédie*, reagiram violentamente a esse sopro de sucesso teatral. Nas páginas do *Année Littéraire*, Élie Fréron acusou Diderot de surrupiar *Il vero amico* desavergonhadamente.[12] Muito mais eficaz que essa alegação específica, porém, foi uma comédia satírica chamada *Les Philosophes* [Os filósofos], que Charles Palissot escrevera. Esse dramaturgo malevolente e, na opinião de Diderot, desprovido de talento tinha conquistado algo que Diderot não conseguira: garantira um lugar para sua peça no palco da Comédie-Française, o principal teatro da França.[13] A ironia era quase insuportável. No exato momento em que Diderot tinha a esperança de criar um novo tipo de obra teatral em que a plateia compartilhasse uma experiência moral comum e edificante, o pérfido Palissot estava usando o mesmo gênero para cuspir veneno nele.

A peça de três atos de Palissot estreou numa sexta-feira, 2 de maio de 1760. Para tristeza de Diderot, acabou sendo o evento teatral da estação. Na noite de estreia, uma multidão turbulenta esperou durante horas na Rue des Fossés-Saint-Germain-des-Prés para conseguir ingressos. A subsequente publicação da peça, por um dos colegas de Le Breton, Nicolas-Bonaventure Duchesne, também foi um lance de sorte para seu editor. Embora a maioria das pessoas percebesse que *Les Philosophes* carecia do estilo e da graça da melhor comédia francesa — Palissot, para dizer de modo delicado, não era nenhum Molière —, o fato de que o dramaturgo estava satirizando Diderot e o "sórdido rebanho de enciclopedistas" do país tinha causado sensação: cerca de 12 mil pessoas comprariam ingressos para *Les Philosophes* nos três meses seguintes, tornando-a uma das comédias mais populares do século.[14]

Verdade seja dita, a peça de Palissot é inteligente o bastante para merecer uma breve sinopse. O entrecho básico segue uma trama tradicional de "casamento forçado". Uma rica viúva chamada Cydalise cai sob a influência de um bando antiético de "filósofos". Enlevada pelas ideias pretensiosas e ridículas deles, ela ordena que sua filha abandone seu noivo atual, trocando-o por Valère, um dos falsos sábios do grupo.[15] No fim da peça, o namorado abandonado, Damis, conquista de novo as boas graças no coração da futura sogra depois de desmascarar os ignóbeis filósofos da peça, versões tenuemente disfarçadas de Helvétius, Duclos, Rousseau e Diderot.

Cena da peça satírica *Les Philosophes*, 1777.

Todos esses quatro filósofos recebem uma boa surra. Durante uma cena particularmente cômica, o pajem de Damis, Crispin (interpretado pelo famoso ator Préville), posa de filósofo viajante que vive sob os preceitos de Rousseau. Rastejando no palco como um animal, ele proclama (numa sátira do louvor de Rousseau ao estado de natureza) que decidiu retornar às origens primais da humanidade. A maior piada vem quando o disfarçado Crispin dá uma mordida num pé de alface que ele saca do bolso. (Os franceses não comiam verduras cruas no século XVIII.) O tratamento dispensado por Palissot ao personagem de Diderot, Dortidius, é ainda mais brutal.[16] Além de identificá-lo como o "líder da seita" que permite a seus discípulos transcender "seu status de insetos", o dramaturgo difama o filósofo como um escritor sem talento, um mentiroso sem princípios, um patife egocêntrico e um plagiário desavergonhado.[17] A certa altura da peça, Palissot chega a fazer o personagem de Diderot admitir que é antipatriótico, numa época em que a França estava profundamente envolvida na Guerra dos Sete Anos contra a Inglaterra e a Prússia: "Pouco me importo com minha própria nação/ O verdadeiro sábio é um cosmopolita".[18]

Muito do alvoroço gerado pela peça acabou arrefecendo antes do fim do verão. Na verdade, a fascinação inicial do público com a sátira de Palissot dera lugar a um gosto desagradável na boca. Embora as plateias tenham de início se deliciado com essa sátira mordaz, todas as pessoas que assistiram à peça ou a leram sabiam que a comédia em três atos violava uma das regras fundamentais do teatro francês: os dramaturgos tinham o direito de ridicularizar profissões específicas ou mesmo o que hoje chamamos de classes sociais, mas não era de bom-tom alvejar indivíduos. No outono, a reação contra Palissot era tamanha que Diderot soltou um suspiro de alívio: "Seis meses atrás", escreveu ele, "as pessoas estavam morrendo de rir de *Les Philosophes*. Onde está a peça agora? No fundo de um abismo que aceita prontamente tais produções sem inspiração e amorais, e a ignomínia pertence a seu autor".[19]

Em dezembro, Diderot recebeu uma notícia ainda melhor: a Comédie-Française aceitara *O pai de família* em seu repertório. Em 21 de fevereiro, a peça por fim estreou para uma grande e entusiasmada multidão. Diderot, tão nervoso e excitado que não teve condições de comparecer, pediu aos amigos que lhe informassem sobre como tinha sido a apresentação. Depois da terceira noite, que foi ainda mais bem-sucedida que as duas primeiras, ele finalmente se permitiu acreditar que tinha um grande sucesso nas mãos. Inflado com o êxito, redigiu às pressas um bilhete para Voltaire, com quem ele ainda não se encontrara, mas que era considerado certamente o maior dramaturgo de sua geração. A carta de Diderot era bastante modesta — talvez falsamente humilde —, mas a satisfação e o deleite transbordavam de sua pena ao relatar que, durante as muitas aclamações e chamados ao palco, alguém da plateia gritou: "Que resposta a *Les Philosophes* [de Palissot]!".[20]

A celebração da vitória de Diderot mostrou-se prematura. Enquanto essa carta ainda estava a caminho, entre Paris e o château de Voltaire em Ferney, o público da peça começou a minguar. Na sexta apresentação, a sala já contava com menos da metade da sua capacidade. Depois da sétima, *O pai de família* sumiu dos cartazes da Comédie-Française. Embora ainda fosse um desempenho decente, Diderot tivera a esperança de um triunfo indiscutível. Essa frustração era ainda mais difícil de engolir quando se sabia que seu amigo-tornado-oponente Rousseau tinha acabado de publicar o que seria o romance mais vendido do século XVIII, *Julie, ou La nouvelle Héloïse* [Julia, ou A nova Heloísa].[21] O sucesso desse romance epistolar — a trágica história do amor entre um professor jovem e sensível, Saint-Preux, e sua linda aluna Julia — era tão grande que os impressores não conseguiam suprir a demanda.[22]

Diderot, ao que parece, não deu demasiada importância a essa desilusão. No entanto, se havia uma coisa que continuava a preocupá-lo, era de fato o golpe lancinante que *Les Philosophes* desferira contra sua dignidade. Em algum momento da primavera de 1761, ele se sentou diante da sua escrivaninha na Rue Taranne e começou a escrever uma sátira com a intenção de atingir os membros sórdidos da sociedade parisiense que estavam por trás de *Les Philosophes*, um grupo que incluía não apenas escritores com motivações políticas, como o próprio Palissot, mas também aristocratas, políticos, eclesiásticos e banqueiros conservadores que estavam promovendo a agenda contra os filósofos. Diderot chamou essa obra de sua *Segunda sátira*; hoje conhecemos esse diálogo teatral por outro título que mais tarde foi rabiscado no alto do manuscrito: *O sobrinho de Rameau*.

Quando começa essa "conversa", Diderot (seu personagem é chamado de *Moi*, isto é, "Eu") se apresenta a nós tal como estava em 1761. O escritor de 48 anos está sentado satisfeito num banco dos jardins do Palais Royal, vestido com seu paletó surrado, seu colete gasto, meias de lã (em vez de seda), sapatos grosseiros e uma peruca fora de moda.[23] Está entretido, segundo diz, em seu hábito diário de observar um bando de pretendentes a sedutores perseguindo cortesãs e as prostitutas esvoaçando pelas aleias e passagens do jardim. Ele próprio afastado há muito tempo da ocupação de perseguir rabos de saia, o filósofo de meia-idade reflete que o zigue-zague dos *amants* no jardim lhe faz lembrar o zanzar impulsivo de sua própria mente:

> É um hábito meu sair para caminhar nos prazerosos jardins do Palais Royal todas as tardes, às cinco horas, qualquer que seja o clima. Sou eu que vocês estão vendo ali, sempre sozinho, devaneando no banco da alameda D'Argenson. Tenho conversas comigo mesmo sobre política, amor, gosto ou filosofia. Entrego-me a todas as fantasias da minha mente. Deixo que esta me conduza e que persiga a primeira ideia que lhe ocorre, seja boa ou má, comportando-se exatamente como aqueles nossos jovens libertinos que vemos perseguir alguma bela e frívola cortesã de olhos brilhantes e nariz pequenino ao longo da alameda de Foy, trocando esta moça por outra, espreitando todas e ficando sem nenhuma. No meu caso, meus pensamentos são minhas meretrizes.[24]

É essa libertinagem mental — que não distingue entre alto e baixo, bom e mau, louco e prudente — que abre as portas para uma conversa com um homem tão peculiar como Jean-François Rameau.

De acordo com numerosos relatos da época, o verdadeiro Jean-François Rameau era um completo fracasso, meio louco, e uma terrível decepção para a família. Nascido em 1716, três anos depois de Diderot, era filho de um respeitado organista de Dijon. Depois de uma breve passagem pelo Exército e de um período como prior, decidiu seguir a tradição de sua família e tornar-se músico. Aos trinta anos, mudou-se de Dijon para Paris, na esperança de tirar proveito da celebridade e da influência do tio, o grande Jean-Philippe Rameau (1683-1764). Viver à sombra de um dos mais célebres teóricos e compositores da música barroca francesa se revelou muito mais difícil do que ele havia previsto. Comparativamente desprovido de talento e, em consequência, incapaz de estar à altura do nome da família, Rameau acabou por constituir uma vida modesta dando aulas e recitais, bem como emprestando seus dons musicais a Palissot e ao florescente movimento anti-*Encyclopédie*.[25]

A fama de Rameau, porém, tem mais a ver com seu comportamento do que com sua capacidade musical. Alguns anos depois de chegar à capital, o sobrinho do famoso compositor criou um escândalo ao invadir à força o palco da Ópera de Paris e travar uma discussão em altos brados com um dos diretores.[26] Recusando-se a sair, Rameau foi detido "por desordem e insultos" e condenado a várias semanas na prisão de For-l'Évêque, geralmente reservada a atores que cometiam delitos.[27] Seu tio não gostou nem um pouco. Logo depois desse incidente, o grande compositor escreveu ao secretário de Estado para requerer que seu sobrinho fosse posto à força num navio mercante e enviado às colônias. (O pedido não foi atendido.)

Ao longo dos anos, frequentemente subempregado e sem dinheiro, Rameau construiu sua dúbia reputação fazendo de si mesmo um espetáculo em numerosos cafés. Um cronista relatou que Rameau proclamava que tudo o que fazemos, seja um ato altruísta de bravura ou uma grande descoberta científica, não passa de um meio de encher a nossa barriga: o mundo funciona, segundo ele, de acordo com a "lei da mastigação".[28] Até mesmo seus amigos mais próximos julgavam bizarras suas ideias e sua conduta. Um conterrâneo seu de Dijon, o escritor Jacques Cazotte, descreveu-o como alguém que "nunca dizia o que queria dizer, nem o que outros teriam desejado que ele dissesse, mas sempre o que nem ele próprio nem nós esperaríamos que dissesse: e tanto ele como nós, depois de cair na gargalhada, ficávamos sem saber o que ele tinha dito!".[29] Em meados dos anos 1760, um guia de viagem publicado pelos livreiros da cidade identificava-o como um dos maiores imbecis locais.[30]

Suposta cópia de um retrato a bico
de pena de Jean-François Rameau.

Colocar Rameau como personagem principal de sua sátira deve ter parecido a Diderot uma escolha inspirada na primavera de 1761. Que outra maneira de realçar a falência moral de Palissot e seu bando malévolo de difamadores seria melhor do que mostrar uma conversação com o membro mais repugnante e insólito do grupo? No entanto, à medida que Diderot retrabalhava o manuscrito no curso dos vinte anos seguintes, o personagem de Jean-François Rameau foi transcendendo o papel que lhe havia sido designado. Trazido inicialmente à vida como bode expiatório de Diderot, o personagem de Rameau (referido no diálogo como *Lui* ou Ele) tornou-se em última instância uma voz estridente para as dúvidas mais incômodas do filósofo. Na época em que concluiu seu curioso livro, Diderot sabia que tinha realizado algo monumental. Além de criar um novo tipo de literatura que lhe permitia interrogar suas convicções mais profundas, ele também mostrara que a filosofia podia ser muito mais que um conjunto positivo de ideias. Podia ganhar vida, girar sobre si mesma, conter as raízes de sua própria contradição e ser um veículo que exprimisse a tremenda complexidade da mente humana.

O sobrinho de Rameau

Nesse encontro imaginário, Diderot (*Moi*) topa com Rameau (*Lui*) no famoso Café de la Régence, perto do Palais Royal. Rameau tem um aspecto lastimável, tendo sido banido recentemente de uma suntuosa residência na qual proporcionara entretenimento sórdido em troca de um estipêndio mensal e comida. Enquanto *Moi* descreve *Lui* para nós, ele nos faz saber —numa voz mais arrogante que aquela que o próprio Diderot talvez empregasse — que não costuma se relacionar com sujeitos esquisitos como aquele. E no entanto *Moi* também admite que respeita o modo como aquele inconformista fala honestamente sobre sua indolência, ganância e covardia.[31] Homens como *Lui*, prossegue, têm um dom verdadeiro: exercem um efeito libertador sobre aqueles que se dispõem a falar com ele. Colocando em evidência e rompendo a "aborrecida uniformidade que a nossa educação, as convenções sociais e os códigos de conduta inculcaram em nós",[32] os Rameau do mundo funcionam como uma "pitada de levedura" que fermenta entre nós, fazendo aflorar a verdade.[33]

Pelo restante da tarde, *Moi* e *Lui* enveredam por uma discussão desenfreada em que abordam uma porção de assuntos. Conversam sobre o gênio, sobre as diferenças entre a música italiana e a francesa, a educação das crianças e se a filosofia deve ter um papel na sociedade e qual seria ele. Durante cada um de seus debates, e especialmente quando enfrentam a importantíssima questão da ética, *Lui* age como um sparring armado com uma versão metastasiada da filosofia do próprio Diderot, em especial seu materialismo.

Lui estava longe de ser o primeiro personagem materialista ou ateu a ter lugar na escrita de Diderot. Suas primeiras obras de filosofia, incluindo os *Pensamentos filosóficos* e a *Carta sobre os cegos*, colocaram em cena personagens descrentes em debate acalorado com cristãos ou deístas (ou com essas crenças). Em *O sobrinho de Rameau*, porém, Diderot engendrou algo inteiramente diferente ao apresentar uma disputa intelectual entre dois materialistas assumidos, ambos reconhecendo implicitamente que a matéria é a única substância no universo, que a alma imortal é um mito e que Deus e a vida pós-morte são contos de fadas. *Lui* e *Moi*, em suma, não perdem seu tempo debatendo ou mesmo questionando seu ateísmo. Eles refletem sobre as questões maiores que o espectro do materialismo suscita. Se Deus não existe, há de fato uma base para a moralidade? É realmente possível ser virtuoso? E o que separa a humanidade da amoralidade e da crueldade do mundo animal?

Assim como o Diderot verdadeiro, *Moi* luta com unhas e dentes para salvar a moralidade dos perigos dessa visão de mundo materialista. Para fazer isso, ele sustenta que todos os humanos — até mesmo *Lui* — são atraídos inescapavelmente para a beleza de fazer o bem. Essa noção foi um dos aspectos mais idealistas e duradouros do pensamento de Diderot. De seus primeiros tempos como tradutor de Shaftesbury até seu último suspiro, o filósofo nunca desistiu dessa sua crença na bondade essencial da humanidade e na possibilidade de uma ética natural e universal. As pessoas se tornam virtuosas, acreditava ele, não porque alguém escreveu algumas diretrizes num rolo de pergaminho 2 mil anos atrás, mas porque as próprias ações morais são belas, uma extensão natural da trindade secular da verdade, da beleza e do bem.[34]

Lui se contrapõe a esse otimismo com uma compreensão muito mais hedonística da condição humana. Por que se dar ao trabalho de obter satisfação fazendo boas ações, pergunta ele, quando o mundo oferece um verdadeiro bufê de prazeres sem nenhum martírio ou abnegação? De fato, se existe um estilo de vida que se deve emular, declara *Lui*, certamente não é o dos filósofos sonhadores da cidade: é, isso sim, o desfrutado pelos banqueiros abastados do Faubourg Saint-Germain que idolatram o dinheiro e passam o dia todo no ócio em suas mansões, bebendo "vinho bom", fartando-se de "acepipes delicados", rodando por aí "com mulheres bonitas" e dormindo em "adoráveis camas macias".³⁵ Rejeitando a visão altruísta de *Moi* de que os indivíduos deveriam aspirar a criar um futuro honrado e probo para as gerações vindouras, *Lui* deixa claro que nosso objetivo deve ser o de buscar nossa gratificação imediata — a começar pela comida — no dia a dia. Em sua concepção, uma pessoa pode medir a qualidade de sua existência computando o número de vezes que usa "de modo livre, prazeroso e copioso o penico todas as noites. *Ô stercus pretiosum!*".³⁶

O latim desbocado de *Lui* — que podemos traduzir por "Oh, bosta preciosa" — resume admiravelmente a filosofia (ou antifilosofia) de Rameau. Mas a ética de *Lui* é bem mais que um simples tributo à boa vida e à devassidão. Frequentemente argumentando, ele mesmo, como um filósofo — embora negue que o seja —, *Lui* ataca os códigos morais prescritivos e impraticáveis de *Moi*, pois do seu ponto de vista eles são não apenas ilusórios, mas também injustos. Como ousa aquele filósofo impor-lhe um sistema filosófico tão seco e aborrecido, quando ele está perfeitamente satisfeito em continuar sendo "um preguiçoso, um porco ganancioso, um covarde e um verdadeiro desqualificado"?³⁷ De modo ainda mais provocador, *Lui* alega que teve pouca escolha quanto a ser o que se tornou; tanto sua criação como o que hoje chamaríamos de seu código genético determinaram seu destino. Para defender esse ponto, *Lui* diagnostica duas anomalias anatômicas que o levaram a seguir o caminho da depravação. A primeira, na sua visão, é uma "fibra moral" defeituosa ou ausente, o que o torna cego para os supostos encantos da virtude. A segunda é a notória "molécula paterna embotada" da família Rameau, uma deficiência inata que torna os homens insensíveis e amorais.³⁸ Esse defeito genético, de acordo com Rameau, está claramente presente também em seu próprio filho: "Ele já é ganancioso, dissimulado, gatuno, preguiçoso e mentiroso. Acho que [a molécula] corre na família".³⁹

O corpo da própria família Rameau parece se eriçar diante da possibilidade de valores humanos universais. Como um connoisseur de sua própria depravação natural, *Lui* não apenas aceita essas deficiências; ele faz uso delas em seu proveito na vida em sociedade. Sua estratégia, que ele discute detalhadamente, é uma versão da "economia do gotejamento",*

---

* "Economia do gotejamento" ou "teoria do gotejamento" (em inglês, *trickle-down economics*) é o nome dado pelos críticos às políticas liberais que preconizam, grosso modo, que o enriquecimento dos de cima acaba por favorecer os de baixo, como se a sua riqueza transbordante gotejasse sobre os mais pobres. [N. T.]

ainda que explicada da perspectiva dos oprimidos. Assumindo seu papel de penetra e bajulador, *Lui* se gaba do modo como parasita os abastados — alimentando seus egos, instruindo (em geral precariamente) seus filhos, tomando seu dinheiro e comendo à sua mesa. Muitas das observações mais surpreendentes de *Lui* sobre o tema desse mundo cão ao mesmo tempo remetem a Thomas Hobbes e prenunciam Karl Marx e a teoria do social-darwinismo. Dessa perspectiva, a vida em Paris é pouco mais que um enorme conflito entre diferentes camadas sociais, uma espécie de guerra que lembra a guerra que joga os animais do mundo uns contra os outros. Na natureza, nas palavras de *Lui*, "todas as espécies predam umas às outras; na sociedade pessoas de todas as posições predam umas às outras também".[40]

Quando *O sobrinho de Rameau* termina, *Lui* deixou em frangalhos grande parte do humanismo benevolente de *Moi* — e do que mais tarde será chamado de o projeto de filosofia do Iluminismo. *Lui* reduz a virtude, a amizade, o país, a educação dos filhos e a busca por um lugar significativo na sociedade a nada mais que a nossa vaidade, o nosso desejo corrupto e narcisista de nos tornar mais atraentes a nosso entourage. Não importa quem sejamos, sugere ele, somos todos corrompidos, encenando várias pantomimas para obter o que queremos e para tirar proveito dos que estão à nossa volta. A única diferença entre *Lui* e nós é que Rameau é honesto quanto a seu papel e nós não.

Até onde se sabe, Diderot nunca mostrou o inédito *O sobrinho de Rameau* a outra pessoa que não o seu amigo Grimm. Além do fato de que o diálogo é repleto do mais inquietante cinismo até então aparecido na língua francesa, Diderot havia endereçado aos músicos, políticos e homens de finanças do país uma litania de insultos que presumivelmente teria mandado o autor direto para a Bastilha. Ele descreve Palissot, por exemplo, como um homem que "levou a depravação a novas profundezas, um homem que seria capaz de fazer seu amigo renunciar à religião por puro prazer, que roubaria as posses de seus sócios, que carece de toda fé, de princípios e sentimentos, que só está atrás do dinheiro e fará o que for necessário *per fas et nefas* [por bem ou por mal], que mede sua vida pelas más ações".[41]

Mas essa é apenas a razão mais óbvia pela qual o escritor nunca deixou *O sobrinho de Rameau* circular. Ainda mais perturbador é o fato de que esse texto repudiava seu próprio papel como *le philosophe*, para não falar no poder e na autoridade da razão e da própria filosofia.

A bomba-relógio

Apesar de sua relutância em compartilhar *O sobrinho de Rameau* com seus contemporâneos, Diderot mesmo assim passou uma versão manuscrita do diálogo a seu copista para duplicação nos anos 1780. Uma das cópias resultantes foi para sua filha, outra para Grimm e a terceira foi despachada para Catarina, a Grande, em São Petersburgo, junto com outros manuscritos de Diderot. Foi esta última cópia que primeiro veio à luz quando um bibliófilo e caçador de manuscritos alemão chamado Maximilian Klinger estava farejando preciosidades na Biblioteca Hermitage em algum momento de 1800 ou 1801; sabendo que tinha encontrado algo importante, Klinger rapidamente providenciou para que lhe fizessem uma cópia clandestina da sátira perdida de Diderot. Vários meses depois, esse manuscrito acabou chegando à Alemanha, onde foi adquirido pelo poeta, filósofo e dramaturgo Friedrich Schiller.

Schiller, que havia lido e até traduzido para o alemão algumas obras inéditas de Diderot alguns anos antes, encontrou grande prazer naquela espirituosa série de diálogos. Pouco depois de ler o manuscrito, passou-o para seu colega e amigo de longa data Johann Wolfgang von Goethe, que ficou assombrado com o texto desconhecido, afirmando que nunca havia encontrado nada "mais insolente e mais contido, mais talentoso e mais audacioso, mais imoralmente moral".[42] No fim daquele mesmo ano (1804), ele se dispôs a traduzir o manuscrito para o alemão.[43] A experiência, conforme explicou a Schiller, arrebatou-o por completo: "De início, a gente põe o pé na água e imagina que poderá vadeá-la sem problemas, mas, à medida que ela fica cada vez mais funda, nos vemos obrigados a nadar".[44] Uma vez terminada sua tradução, Goethe descreveu o envolvente tributo de Diderot até mesmo às mais grotescas expressões de liberdade e pensamento como uma "bomba" pronta para explodir "bem no meio da literatura francesa".[45]

Em matéria de explosivos, *O sobrinho de Rameau* mostrou ter um rastilho comprido. Para começar, a única versão manuscrita francesa da qual se tivera notícia — aquela na qual Goethe baseou sua tradução de 1805 — desapareceu pouco depois que o escritor alemão terminou seu trabalho. Uns quinze anos mais tarde, porém, empresários inescrupulosos da indústria editorial de Paris tiveram uma ideia digna do próprio Jean-François Rameau. Trabalhando com um exemplar de *Rameaus Neffe*, de Goethe, eles empreenderam uma retradução do alemão para o francês e publicaram em seguida o que alegavam ser o manuscrito francês havia tanto tempo perdido. Essa publicação de 1821 não demorou a ser denunciada como uma fraude, notadamente por Madame de Vandeul, que tinha sentado sobre sua própria versão não publicada do manuscrito por quase quarenta anos. O orgulho familiar logo sobrepujou sua relutância em publicar uma obra tão infame, porém, e em 1823 ela permitiu que uma versão castrada e atenuada de *O sobrinho de Rameau* aparecesse impressa. Embora esse texto fosse mais acurado que a tradução da tradução alemã, uma grande dose de incerteza pairou sobre essa versão de *O sobrinho de Rameau* por mais sete décadas. Continuou sendo esse o caso até que um bibliotecário chamado Georges Monval topou com uma cópia de *O sobrinho de Rameau* (intitulado *Satire seconde*) na denunciadora caligrafia de Diderot enquanto perscrutava os *bouquinistes* na margem do Sena em 1890. Esse precioso manuscrito hoje repousa num cofre na Pierpont Morgan Library, na cidade de Nova York.

O sobrinho de Rameau veio a existir porque seu autor estava desejoso de submeter suas próprias convicções ao mesmo método brutal de interrogação que ele usara ao inquirir a religião. Encaixar esse experimento amoral no seio do variado corpus (e na vida) de Diderot não é tarefa fácil. Que espécie de autor, afinal de contas, cria lacrimosos dramas burgueses — peças moralmente edificantes concebidas para esclarecer e elevar seus concidadãos — ao mesmo tempo que dá à luz, como o dr. Frankenstein, um monstro que esmaga completamente as ideias mais caras a seu criador?

O engenho desse livro repousa precisamente nessa contradição. Talvez em grande parte graças à sua visão quase pós-moderna de moralidade e verdade, *O sobrinho de Rameau* hoje soa como um hino moderno ao direito do indivíduo de rejeitar qualquer visão de mundo inflexível — religiosa ou secular — que colida com o direito de viver livremente. Muito consciente do tipo de texto que havia produzido, Diderot destinou esse manuscrito a um cofre cheio de outros textos seus não publicados. No entanto, essa vívida apresentação da conversa de *Moi* com *Lui* é a chave para compreender a segunda metade da carreira de escritor de Diderot. Bem diante dos nossos olhos, Diderot está transcendendo seu papel como filósofo, enciclopedista e autor de dramas teatrais sentimentais. Enquanto continuava a abraçar o papel de filósofo — o líder do grupo de intelectuais públicos responsáveis por racionalizar a existência e o conhecimento humanos —, ele também aprendeu a transmitir a complexidade de sua própria mente em conflito, dando espaço, no processo, às mais desmedidas opiniões e ideias.

Diderot logo aplicou esse método também a outras áreas do seu pensamento, em particular ao se transformar durante os anos 1760 no crítico de arte mais presciente do século. Pois aqui, assim como foi o caso em *O sobrinho de Rameau*, ele acabou por perceber que a melhor maneira de escrever sobre arte não era simplesmente descrever ou avaliar a pintura à sua frente, mas aproveitar a ocasião para ter uma conversa consigo mesmo.

7.
Sobre arte: Diderot no Louvre

Como único proprietário da *Correspondance Littéraire*, Melchior Grimm obteve uma renda considerável despachando seu boletim secreto, manuscrito, a vários príncipes e princesas, dois reis, uma rainha, uma imperatriz russa e ao regente do Sacro Império Romano. A taxa anual por seu jornal bimestral variava de mil a 2 mil libras, dependendo da distância a que Grimm precisava enviar o boletim. Todos os nobres distantes pagavam de bom grado. Receber a *Correspondance* dava aos assinantes acesso aos mexericos e escândalos da capital, bem como a resenhas detalhadas da cena teatral e operística. Mas havia também algo bem mais instigante no tabloide de Grimm: um fluxo ininterrupto de ensaios, experimentos literários e reflexões filosóficas produzidos por Denis Diderot e não publicados em nenhum outro meio.[1] Ao longo dos 25 anos em que o filósofo de Paris forneceu material a Grimm (e ao sucessor de Grimm, Meister), os leitores da *Correspondance* receberam primeiras versões de *A religiosa*, *O sonho de D'Alembert*, *Suplemento à viagem de Bougainville*, *Sobre as mulheres*, *Jacques, o Fatalista*, bem como uma porção de outros ensaios, contos e resenhas.

Diderot claramente tinha prazer em se comunicar com os governantes mais esclarecidos da Europa. Uma vez na vida, sua escrita contava com uma plateia compreensiva. Entretanto, ser o principal colaborador (e às vezes, editor) da assim chamada *boutique* de Grimm parecia muitas vezes uma tarefa ingrata. Isso era particularmente verdadeiro a cada dois anos, durante o "Salão da estação" no Louvre, quando os membros do Salão de Pintura e Escultura da Academia Real expunham o que eles julgavam ser os melhores exemplos de sua pintura, desenho e escultura. Foi Grimm quem primeiro começou a fornecer resenhas ligeiras dessas exposições em meados dos anos 1750. No final da mesma década, porém, ele delegara proveitosamente essa tarefa a Diderot, seu amigo e pau para toda obra. De 1759 a 1781, o enciclopedista, filósofo e polímata assumiu o papel de crítico de arte para a *Correspondance* suprindo resenhas de nove salões, duas delas tão extensas e originais quanto qualquer outra coisa que ele escreveu em toda a sua carreira.[2]

O Louvre e arredores no mapa de Paris de Turgot, 1734-9.

O salão

A abertura do Salão de Pintura e Escultura da Academia Real era invariavelmente em 25 de agosto, dia da festa do rei. Embora Diderot geralmente preferisse passar os dias tórridos do verão na propriedade de D'Holbach em Grandval, durante os "anos do salão", ele fazia um esforço para retornar à capital no início ou em meados de setembro, quando então entrava na rotina de crítico de arte. Isso envolvia fazer uma viagem de vinte minutos da Rue Taranne ao Louvre numa frequência quase diária.

O lado oeste do Louvre, pintura de Philibert-Louis Debucourt.

O Louvre que Diderot conheceu deixara havia muito tempo de ser a principal sede da monarquia francesa. Pouco depois de Luís XIV se mudar com a família para Versalhes, em 1682, boa parte do palácio tinha sido transformada no centro nevrálgico cultural e intelectual do reino.[3] Além de abrigar a Académie Française, a Academia Real de Ciências, a Academia de Inscrições e Belas-Artes, a Academia de Arquitetura e a Gráfica Real, muitos dos antigos aposentos reais foram convertidos em apartamentos de "graça e favor" e espaços de ateliê destinados aos membros da Academia Real de Pintura e Escultura.

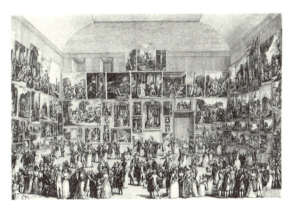

O salão do Louvre de 1787, gravura.

Mesmo fora da temporada do salão, Diderot passava mais tempo dentro ou nas proximidades do Louvre que a maioria dos filósofos. Às vezes ele simplesmente ia assistir a um de seus amigos pintores trazer uma tela à vida; em outras ocasiões, fazia a viagem para jantar com o amigo Louis-Michel van Loo e sua esposa. Mas quando o salão estava aberto, Diderot não se dirigia à grande ala leste do château, onde os artistas tinham seus apartamentos e ateliês; em vez disso, ia ao Salon Carré [Salão Quadrado], o espaço de exibição do qual todos os outros salões de arte acabaram derivando seu nome.

Como a maioria das pessoas, Diderot achava os salões bienais tão extenuantes quanto estimulantes. Num dia médio, mais de mil pessoas se espremiam no relativamente pequeno espaço de 370 metros quadrados. Para piorar, o único acesso ao salão era por uma escadaria estreita e congestionada. Um contemporâneo de Diderot, o crítico de arte Pidansat de Mairobert, declarou que navegar por aquela passagem era como passar por um corredor polonês para mergulhar num "abismo de calor" onde o ar era tão "pestilento e impregnado das exalações de tantas pessoas doentes" que a gente podia esperar ou que caísse um "raio" ou que irrompesse uma "praga".[4]

Diderot costumava chegar o mais cedo possível para evitar tanto o calor quanto a aglomeração. No meio da manhã, enxames de pessoas perambulavam em volta das cabeças esculpidas, dos afrescos e das ilustrações em formato pequeno exibidas nas longas mesas no centro do recinto. Uma multidão ainda maior se aglomerava diante dos quadros pendurados nas quatro paredes do salão. O anel externo de espectadores espiava os retratos, as pinturas de gênero e as naturezas-mortas expostas à altura do olho. Outros se posicionavam atrás desse primeiro grupo, analisando as pinturas narrativas de tamanho médio, as paisagens e os retratos de formato grande. O último grupo de pessoas ficava no centro da sala, estendendo o pescoço e forçando a vista para contemplar as telas enormes que pendiam dos frisos do salão, a dez metros de altura.

Apesar dos desafios da exposição, seria difícil exagerar a empolgação de ver aquele vibrante mosaico de pinturas a óleo, algumas das quais ainda estavam úmidas. No nível mais óbvio, a pintura era o único meio que proporcionava uma apresentação realmente sugestiva e ricamente colorida da mitologia grega, da história romana ou mesmo do próprio rei. Grandes telas de paisagens também permitiam ao público, boa parte do qual nunca tinha visto uma cadeia de montanhas ou o oceano, imaginar as maravilhas naturais do mundo. Mas a excitação do salão bienal vinha não apenas das qualidades visuais ou miméticas das obras expostas; também se devia ao status da pintura como a mais alta expressão da modernidade artística, bem como ao fato de que aquelas obras-primas estavam destinadas a desaparecer para sempre depois da exposição, despachadas para *hôtels particuliers* ricamente mobiliados, castelos de província ou palácios.[5]

O objetivo óbvio de organizar tais salões, pelo menos do ponto de vista da Academia, era apresentar (e em última análise vender) os quadros e esculturas de seus membros para a elite do país. Contudo, o legado dessas exposições é na verdade bem diferente. Em total contraste com o que acontecia em outros espaços da alta cultura do século XVIII — a Ópera de Paris e a Comédie-Française, por exemplo —, os salões do Louvre não limitavam nem controlavam seu público por meio de ingressos caros ou lugares hierárquicos. Na verdade, a Academia (e o convite do rei) abria as portas do

Louvre para qualquer pessoa interessada em contemplar a arte. Gratuito e aberto ao público, o salão atraía tanto a plateia esperada de diplomatas estrangeiros, aristocratas, financistas, coletores de impostos, comerciantes ricos e artistas nascentes, como também uma gama dos chamados homens do povo, incluindo operários e serviçais. Essas comunidades de trabalhadores se juntavam ao burburinho, comentando, interpretando e avaliando a arte que eles provavelmente nunca voltariam a ver. Ainda que os quadros e esculturas expostos no Louvre só pudessem ser possuídos pelos muito, muito ricos — alguns quadros custavam cem vezes mais que o salário anual de um operário típico —, o salão de todo modo plantava sementes para a democratização da cultura artística.[6]

Nem todo mundo considerava isso uma coisa boa. Muitos membros da Academia Real de Pintura e Escultura ressentiam-se de qualquer intromissão em seu monopólio sobre o gosto, sancionado pela realeza. Na visão da Academia, para ser um connoisseur de pintura e escultura, a pessoa tinha que ser necessariamente uma praticante; simples amadores ou autoproclamados amantes das belas-artes nunca poderiam rivalizar com o que os próprios artistas compreendiam a respeito de suas criações.[7] Para muitos escultores e pintores, a única coisa pior que multidões desinformadas vociferando suas detestáveis opiniões ignorantes enquanto observavam obtusamente a arte em exposição tinham sido os críticos de arte anônimos dos anos 1740 que ousaram publicar panfletos ilegais criticando os artistas da Academia.[8] Essa situação tinha irritado tanto os membros da corporação que a Academia entrou em greve em 1749, recusando-se a realizar outro salão até que a polícia tivesse dado fim àquelas publicações ilícitas.[9]

Diderot com certeza se identificava com os artistas; também ele tinha sido alvo frequente de críticas cínicas e injuriosas. Contudo, diferentemente de muitos membros da Academia, apreciava a companhia dos não artistas que iam ao salão. De fato, durante as horas que passava se esgueirando entre as multidões no Louvre, ele sentia grande prazer ao ouvir os "vereditos de homens idosos", "pensamentos de crianças", "julgamentos de homens de letras", "opiniões de sofisticados" e "pontos de vista do povo".[10] Essas perspectivas variadas, escreveu, inspiraram seu próprio modo de pensar sobre a arte. Se ele acreditava sem dúvida que um paladar judicioso era algo real e mensurável — uma capacidade de perceber o "bom e verdadeiro, junto com as circunstâncias que o tornavam belo" —, estava também convencido de que qualquer pessoa poderia adquirir uma apreciação da beleza e da arte por meio da "experiência reiterada", investindo tempo para compreender "a natureza ou a arte que a copia".[11] Ele, evidentemente, era a prova viva: o filho de um cuteleiro que se tornou o mais notável crítico de arte do século.

Como pensar e escrever sobre arte

Para escrever sobre os salões do Louvre, Diderot adotou uma voz jornalística informal que estava repleta de sua própria personalidade. Dirigindo-se a Grimm nas observações introdutórias de sua segunda resenha do salão, em 1861, ele informou a seu parceiro e editor (junto com os assinantes da *Correspondance*) que aquela "carta" estaria cheia de seus próprios comentários frequentemente erráticos e confusos: "Aqui, meu amigo, estão as ideias que passaram pela minha cabeça quando vi as pinturas expostas este ano no salão. Estou lançando-as no papel sem me preocupar em colocá-las em ordem ou em desenvolvê-las [plenamente]".[12]

Apesar desse método enganosamente descuidado, Diderot era tudo menos um diletante frívolo. Do mesmo modo que estudara medicina, história natural, música e matemática, ele também se debruçara sobre o *Traité de la peinture* [Tratado sobre a pintura] de Leonardo da Vinci, *La Vraie Science de la portraiture* [A verdadeira ciência do retrato] de Jean Cousin, *Abrégé de la vie des peintres* [Resumo da vida dos pintores] de Roger de Piles, *Parallèle de l'architecture antique et de la moderne* [Paralelos entre a arquitetura antiga e a moderna] de Roland Fréart de Chambray e *Méthode pour apprendre à dessiner les passions* [Método para aprender a desenhar as paixões] de Charles Le Brun.[13] Também se interessara profundamente pela estética já desde 1750, lendo Platão, Santo Agostinho e Wolff para escrever o artigo "Beau" [Belo] para o primeiro volume da *Encyclopédie*.[14]

Mas o mais importante é que Diderot fazia um esforço para ver tanta arte quanto possível. Visitava os acervos de Versalhes, do Palácio de Luxemburgo e do Palais Royal e tomava providências para ver coleções pertencentes a entusiastas particulares. Também absorveu e desenvolveu conscientemente seu vocabulário técnico e sua sensibilidade artística visitando os salões do Louvre em companhia dos próprios pintores e escultores da Academia. Isso produziu um certo paradoxo em sua crítica, uma vez que, em suas palavras, "se às vezes acontece de eu ferir artistas, muitas vezes é com armas que eles próprios afiaram para mim".[15]

Na época em que compareceu a seu terceiro *salon*, em 1763, Diderot começou também a pensar muito seriamente sobre o que deveria ser a crítica de arte. Enquanto contemplava a extensão e variedade dos 127 quadros expostos naquele ano, ele refletiu que a melhor maneira de escrever sobre arte seria entrar em sintonia com o estilo do artista e lançar mão de um número correspondente de estilos de prosa.

> Para descrever um salão do jeito que eu e você gostamos, meu amigo, sabe o que é necessário? Todos os tipos de gostos, um coração sensível a todos os encantos, uma alma suscetível a uma infinidade de diferentes paixões, uma variedade de estilos que responda à variedade dos pincéis; ser majestoso ou voluptuoso com Deshays [o pintor de enormes e vigorosos temas religiosos e mitológicos], simples e verdadeiro com Chardin [o mestre da natureza-morta], delicado com Vien [o precursor de singelas cenas neoclássicas], pungente com Greuze [o gênio das dolorosas cenas de gênero] e evocar todo tipo de ilusão com Vernet [o mestre incomparável das paisagens].[16]

Quatro anos depois, em 1767, Diderot compartilhou um desejo ainda mais abrangente. Com o intuito de escrever sobre arte de modo mais amplo e enciclopédico, ele disse que precisaria viajar e estudar os vastos acervos de obras-primas italianas, flamengas e francesas que estavam a centenas de quilômetros de distância ou sequestradas em residências particulares. Ganhar acesso a essa arte distante ou escondida era apenas seu primeiro objetivo, porém. Para melhor descrever obras de arte que nunca seriam vistas pelos assinantes da *Correspondance*, ele sonhava em encomendar esboços das pinturas e esculturas que estava resenhando. Essa combinação de texto e imagem, prometia ele, iria lhe permitir apresentar "um salão totalmente novo" que iluminaria "o tratamento e a fatura de um artista moderno" comparado a seus predecessores.[17]

O tempo, a logística e a exequibilidade impediram Diderot de dar vida a essa história ilustrada, pan-europeia, da arte. Contudo, o próprio fato de Diderot reconhecer a incongruência de escrever sobre pinturas descontextualizadas (para pessoas que nunca veriam a obra de arte em si) levou-o a compensar essa falta criando um tipo inteiramente diferente de crítica de arte. Na época em que escreveu suas resenhas mais longas e famosas do salão, as de 1765 e 1767, Diderot estava não apenas entrando num diálogo imaginado com os pintores e escultores que haviam produzido a arte; ele muitas vezes imergia pessoalmente nos textos, às vezes como personagem na pintura e às vezes como colega artista. Em suas mãos, a crítica de arte se tornou muito mais do que simples avaliação; tornou-se um espaço de trocas em várias direções entre o artista, a obra de arte e o espectador, uma oportunidade de comentar, e às vezes recriar, a experiência estética do público.

Conversando com artistas

Em seus momentos mais eufóricos, Diderot transborda de louvor fervente e apaixonado à arte que contemplava no salão. Foi esse certamente o caso quando comentou o retrato em forma de escultura do mito de Pigmaleão e Galatea por Étienne Falconet, no salão de 1763. Falconet, que se inspirou na narrativa lendária de Ovídio sobre o escultor que se apaixona por sua própria estátua, colocou Pigmaleão de joelhos diante de Galatea no exato momento em que a deusa Vênus dá vida à estátua com seu sopro. O talento do escultor para capturar a complexidade desse momento emocional leva Diderot a sugerir que seu amigo alcançou algo milagroso: "Falconet! Como é que você foi capaz de colocar surpresa, alegria e amor juntos num pedaço de pedra branca? Imitador dos Deuses, se eles de fato animam estátuas, você duplica esse milagre ao animar esta. Venha, deixe-me abraçá-lo".[18]

Pigmaleão e Galatea, de Falconet.

Aquilatar seu próprio prazer era apenas o começo do modo como Diderot antevia seu papel como crítico. Imerso no vocabulário dos artistas que veio a conhecer ao longo dos anos, ele também avaliava a arte em confronto com uma série de critérios formais. Para que fosse bem-sucedida, da sua perspectiva, uma obra de arte precisava de uma composição unificada cujos elementos formais — que incluíam representação, encenação, clareza conceitual, contraste e execução — atingissem ou mesmo ultrapassassem o potencial de seu meio. Isso valia especialmente para seu gênero favorito, a pintura a óleo.

O que Diderot valorizava acima de tudo numa pintura era a ilusão de naturalidade, de ausência de arte. Era uma exigência difícil, em sua opinião, já que o meio era talvez o mais "enganoso" das belas-artes. Enquanto os bailarinos movem seus próprios corpos para produzir arte, os cantores produzem sons com suas próprias cordas vocais e escultores "libertam" suas esculturas de um bloco de mármore, o pintor tem uma tarefa muito mais tortuosa.[19] O que o artista "mistura em sua paleta", como escreveu poeticamente Diderot sobre o salão de 1763, "não é carne, sangue, lã, luz do sol e ar da atmosfera, mas barro, seiva de planta, ossos calcinados, rochas despedaçadas e cálcio metálico".[20] A "melhor e mais harmoniosa pintura", em suas palavras, é "uma teia de mentiras que encobrem umas às outras".[21]

De todos os membros da Academia, o melhor mentiroso, na avaliação de Diderot, era o mestre da cor, Jean-Baptiste-Siméon Chardin. Chardin, um dos amigos mais próximos do filósofo na Academia, especializou-se naqueles que eram pretensamente os gêneros mais baixos da pintura: cenas domésticas, retratos e, especialmente, naturezas-mortas. No entanto, as discretas composições do pintor, combinadas com seu virtuosismo como colorista, seduziam Diderot completamente. "De longe ou bem de perto, a ilusão é a mesma [num quadro de Chardin], não há confusão alguma, nenhuma artificialidade, nenhum efeito bruxuleante para distrair; o olho está sempre entretido, porque a calma e a serenidade estão em toda parte. A pessoa se detém diante de um Chardin como que por instinto, exatamente como um viajante extenuado pela jornada tende a sentar-se, quase sem notar, num lugar que é verde, quieto, com água, sombra e frescor."[22]

Em sua primeira resenha do salão, em 1759, Diderot estava tão inspirado por duas naturezas-mortas de Chardin que proclamou poder "agarrar pelo gargalo" as garrafas que o artista pintou.[23] Quatro anos mais tarde, enquanto contemplava a notavelmente vívida representação pelo pintor de algumas azeitonas flutuando na água lado a lado com alguns biscuits, o filósofo evoca o amigo pintor e exclama: "Oh Chardin, não é branco, vermelho e preto que você mistura em sua paleta; é a própria substância dos objetos; é no ar e na luz que você mergulha o seu pincel e são eles que você imprime em sua tela".[24]

A arraia, pintura de Jean-Baptiste Siméon Chardin.

Diderot ficou ainda mais assombrado com o pincel de Chardin quando parou diante de *A arraia*, uma perturbadora obra-prima da natureza-morta que mostra o rosto fantasmagórico, quase humano, de uma arraia eviscerada pendurada num gancho em meio a um punhado de ostras espalhadas. Depois de elogiar o artista pelo retrato poderoso e realista da pele e do sangue do animal morto, Diderot conclui que somente Chardin poderia redimir uma imagem tão repugnante com seu supremo "talento".[25] Embora Diderot nunca tenha apresentado uma teoria para explicar a fonte precisa dessa apreciação, sua resenha entusiástica reflete de todo modo uma capacidade de oscilar livremente entre a atração e a repulsa.[26]

Em meados dos anos 1760, Diderot estava impaciente para vivenciar mais esse tipo de arte — arte que podia fazê-lo encolher-se de horror — e, no entanto, deleitá-lo esteticamente. Em sua resenha do salão de 1765, ele proclama que "detesto todas as [ações] desprezíveis, mesquinhas, que indicam meramente uma alma abjeta, mas não detesto grandes crimes, primeiro, porque eles suscitam lindos quadros e excelentes tragédias; e também porque ações grandiosas, sublimes, e grandes crimes têm a mesma energia característica".[27]

Uma parte dessa fascinação de Diderot pela potência estética do sofrimento, do terror ou do mal emana diretamente de *Investigação filosófica sobre a origem de nossas ideias do Sublime e do Belo* (1757), de Edmund Burke, que o filósofo resenhara para a *Correspondance Littéraire*. Assim como o filósofo e político irlandês, Diderot acreditava que existe uma diferença fundamental entre a noção clássica de beleza e o sentimento suscitado por alguma coisa tão imensa moral e fisicamente que desafia nossa capacidade de processar racionalmente o que estamos experimentando. Tais momentos avassaladores de choque estético, em sua opinião, eram um antídoto perfeito ao aborrecimento das pastorais rococós do século XVIII. Uma grande pintura, conforme ele diz em suas *Notas sobre a pintura*, às vezes requeria um tema que era "selvagem, bruto, chocante, enorme".[28]

Quando Diderot escreve assim, há ocasiões em que ele parece estar sussurrando nos ouvidos dos pintores românticos do século XIX, desafiando-os a produzir, em cores vívidas, cenas de excessos orgiásticos, caos e ferocidade que seriam mais bem concretizadas por *A morte de Sardanápalo* (1844), de Eugène Delacroix.[29] Tais apelos por uma nova forma de pintura que se fiasse na crueza, no choque ou na energia primal da vida permaneceram, porém, como pouco mais do que noções passageiras em sua produção crítica. Muito mais proeminente em suas resenhas do salão era a crença (aparentemente contraditória) de que a arte deveria ter uma influência moral salutar sobre seu espectador. As artes visuais, ele sustentava com frequência, tinham o dever de se tornar mais relevantes para a classe média e, como o projeto iluminista como um todo, transmitir valores que levassem a uma sociedade mais justa e honesta. "Tornar atraente a virtude, odioso o vício, evidente o ridículo", proclama ele solenemente em suas *Notas sobre a pintura*, "tal é o projeto de todo homem honesto que empunha a pena, o pincel ou o cinzel."[30]

A tendência de Diderot a prescrever um fundamento moral para as belas-artes continua sendo um dos aspectos mais curiosos de toda a sua carreira. A fonte disso, dizendo bem francamente, está aberta ao debate. Seria simplesmente a extensão lógica do papel do filósofo como zeloso reformador dos costumes da sociedade? Seria uma parte não digerida de sua formação burguesa? Ou poderia esse moralismo se originar do desejo tangível de Diderot de se distanciar de sua própria reputação um tanto indecente de autor de obscenidades? Qualquer que seja o caso, a irrupção ocasional de um moralismo de mão pesada em suas resenhas do salão não apenas o desvia de suas inclinações em tudo mais favoráveis ao livre-pensamento; ela o impede de apreciar o gênio de alguns dos melhores pintores de sua época.[31] É o caso, sem dúvida, de François Boucher. Em meados dos anos 1760, aos sessenta anos, Boucher havia produzido um corpus artístico impressionante e razoavelmente grande que incluía paisagens lindamente iluminadas, sutis pinturas de gênero, grandes telas históricas e mitológicas e apurados retratos (entre eles, vários de sua admiradora e patrocinadora, Madame de Pompadour).[32] Nomeado "pintor oficial do rei" em 1765, Boucher estava entre os mais ricos e bem-sucedidos artistas da época.

A odalisca loura, de Boucher.

Diderot nunca negou a grandeza de Boucher; na verdade, admirava o virtuosismo do pintor, especialmente sua capacidade de dominar o jogo de luz e sombra em suas composições. No entanto, do ponto de vista do filósofo, o artista estava desperdiçando seu talento ao produzir uma corrente interminável de pastorais e paisagens imaginadas, povoadas por pastoras vestidas demais, amantes submissos, animais decorativos e elementos arquitetônicos cobertos de trepadeiras: "Que cores! Que variedade! Que riqueza de assuntos e ideias! Esse homem tem tudo, exceto verdade".[33] Sua principal desvantagem era que suas telas frívolas nunca deixavam o espectador esquecer que estava diante de uma pintura desprovida de sentido, concebida — acima de tudo — para agradar a uma geração de cortesãos desatentos.[34]

As pinturas de Boucher que atraíam uma reação mais censória de Diderot eram seus quadros domésticos licenciosos, dos quais os mais famosos eram sua *Odalisca morena* e sua *Odalisca loura*. Em ambos, o pintor havia combinado a atmosfera erótica do harém turco com o mundo adornado de veludos de um budoar de Versalhes ou de Paris. Os traços reveladores do rococó — do qual Boucher era uma figura de destaque — abundam nessas duas composições. Uma luz sensual ilumina ricos tecidos, joias e cerâmicas, bem como a carne ardente das duas mulheres lânguidas, ambas pressionando fortemente o corpo contra os lençóis. A modelo da *Odalisca loura* era supostamente uma das amantes de Luís XV; a modelo de *Odalisca morena*, ao que parece, não era outra senão a esposa do pintor. Quase duas décadas depois que Boucher havia pintado a *Odalisca morena* (1745), Diderot ainda resmungava contra a pintura em sua resenha do salão de 1763, afirmando que o pintor incitara uma geração de artistas a "pintar nádegas gorduchas e rosadas".[35] Quatro anos depois, ele voltou ao mesmo assunto, sustentando acusatoriamente que Boucher "não enrubesce ao prostituir sua própria esposa" ao escolhê-la como objeto da pintura.[36]

Essa censura e essa lição de moral parecem um tanto dissonantes, vindo de um dos mais inveterados apologistas do prazer daquela época.[37] No entanto, falando tanto filosófica como ideologicamente, Diderot estava convencido de que artistas rococós como Boucher teriam aproveitado melhor seu talento se tivessem voltado as costas para a decadência e a frivolidade e abordado temas e sentimentos mais sérios e heroicos. O que Diderot anelava, conforme expressou uma vez, era um artista que pudesse "pintar da mesma maneira que as pessoas falavam em Esparta", vale dizer, de modo cândido, destemido e sem ornamentação.[38] Isso não era, como talvez possa parecer, uma recomendação para que os pintores imitassem as melhores obras da Antiguidade, como tinha sido sugerido pelo grande historiador de arte alemão Johann Joachim Winckelmann. Era, em vez disso, o desejo de que uma nova geração de pintores combinasse a força de um tema sério e evocativo com a pureza e talvez até mesmo a simplicidade geométrica de modelos clássicos.[39]

Perto do final da vida, Diderot acabou testemunhando o triunfo dessa precisa estética neoclássica no salão de 1781. Mesmo exausto e adoentado ao arrastar os pés pela exposição, ele ficou impressionado com a obra do jovem Jacques-Louis David, *Belisário pedindo esmolas*, aclamada pela crítica.[40] Pintura histórica de grande formato que David apresentou para sua admissão à Academia, *Belisário* descreve o destino de um general bizantino outrora heroico que (de acordo com a lenda) entrou em conflito com o imperador romano Justiniano e foi cegado como parte de sua punição. O quadro de David descreve o velho soldado recostado numa grande coluna enquanto protege uma criança e pede esmola a uma linda jovem. Essa cena tocante é testemunhada por um dos antigos soldados do general, que ergue os braços em expressão de espanto quando vê seu velho comandante. Aqui, finalmente, estava aquilo por que Diderot vinha ansiando: um drama moralizante brilhantemente executado cujo tema ecoava a nobreza inabalável e natural de seus personagens, bem como a de seu artista.

Belisário pedindo esmolas, de David.

Greuze

Bem antes que Diderot visse alguns dos primeiros exemplos do que viria a ser o neoclassicismo francês, sua esperança numa alternativa a *putti* e pastorais se concentrara no mestre do drama doméstico, Jean-Baptiste Greuze. Esse artista autodidata havia triunfado pela primeira vez no salão de 1755 com sua séria pintura de gênero *Um pai lendo a Bíblia para sua família*. Em violento contraste com as outras pinturas do salão, a tela de pequeno formato de Greuze descrevia uma cena doméstica simples e tocante que glorificava a vida moral honesta das classes baixas da França.⁴¹

A apreciação de Greuze por Diderot era um perfeito exemplo de um filósofo encontrando o artista certo. A primeira vez que ele escreveu sobre o pintor foi para sua resenha do salão de 1761, depois de ter aberto caminho em meio à multidão até se postar diante da maior realização do artista, seu *A noiva da aldeia*, ou *O contrato de casamento*, de 1761.⁴² Tristeza e emoção transbordam dessa descrição de um pai circunspecto que acaba de assinar os papéis de casamento que cedem sua filha a outro homem. O patriarca, que é um dos dois focos principais da pintura, ignora tanto o notário, sentado à sua esquerda, como seu futuro genro, que agora segura seu dote. Em vez disso, ele estende os braços para a filha, seja para abraçá-la, seja para se despedir ou para oferecer um último conselho. (Os frequentadores do salão debateram acaloradamente essa questão.) A filha, que parece subjugada, lança os olhos para baixo, enquanto uma irmã mais nova e a mãe inclinam-se sobre ela, abatidas pela emoção. Diderot louvou esse retrato da futura noiva, incluindo a maneira como Greuze expressou seu erotismo honesto, sutil e natural.

O contrato de casamento, de Jean-Baptiste Greuze.

O filósofo foi arrebatado de modo semelhante dois anos mais tarde, em 1763, quando Greuze produziu o que para muitos observadores pareceu ser uma continuação intitulada *Piedade filial*. Essa tela descreve a mesma família ou outra similar num estágio posterior da vida; dessa vez, porém, o pai agora jaz paralisado em seu leito de morte, rodeado por uma família triste e preocupada. Diderot aplaudiu Greuze por produzir mais um exemplo de sua "arte moralista" e lhe implorou que continuasse a "pregar" em suas pinturas.[43]

Menina com um canário morto, pintura de Greuze.

Frequentemente se diz que as pinturas de Greuze (assim como as de Boucher) traziam à tona um dos poucos traços conservadores e temerosos do espírito de Diderot, que de resto era o de um livre-pensador. Entretanto, algumas das telas de Greuze também suscitavam uma reação muito mais ambígua moralmente do filósofo. No salão de 1765, por exemplo, Diderot se sentiu particularmente arrebatado por um pequeno estudo oval de uma jovem de faces coradas chorando pela morte de seu passarinho. Ele começou sua resenha anunciando que aquela "bela elegia" era "deliciosa" e a pintura "mais atraente e talvez mais interessante" do salão.[44]

Espectadores de espírito voltado para a alegoria que se postavam diante da pintura de Greuze compreendiam prontamente que aquela cena estava repleta de conteúdo simbólico. Se gaiolas indicavam alguma forma de prisão ou confinamento, então a gaiola aberta na pintura significava seguramente algum tipo de libertação ou soltura. Diderot captou isso também.

No entanto, em vez de revelar exatamente qual poderia ser esse significado, ele fala diretamente à aflita garota de dezesseis anos na pintura de modo a extrair dela a verdade.

> Venha, pequena, abra para mim o seu coração, diga-me com sinceridade, é de fato a morte desse pássaro que a fez se recolher tão tristemente, tão completamente, dentro de si mesma? [...] Você baixa os olhos, não responde. Suas lágrimas estão prestes a correr. Não sou seu pai, não sou nem indiscreto nem severo. Bem, bem, eu imagino, ele amou você, e por tanto tempo, ele fez um juramento! Ele sofreu tanto! Como é difícil ver um objeto do nosso amor sofrer![45]

Tendo identificado a fonte do sofrimento dela — seu amante —, Diderot rapidamente delineia o que se passou naquela mesma manhã:

> Infelizmente, sua mãe estava ausente; ele veio, você estava sozinha; ele estava tão bonito, suas expressões tão verdadeiras! Ele disse coisas que calaram fundo na sua alma! E enquanto as dizia ele se ajoelhou à sua frente; isso também pode ser facilmente presumido; ele tomou uma das suas mãos, de quando em quando você sentia o calor das lágrimas dele escorrendo pelo seu braço. E sua mãe nunca que voltava; não é culpa sua; a culpa é da sua mãe... Céus, como você está chorando! Mas o que estou lhe dizendo não tem o intuito de fazê-la chorar. Ele lhe prometeu, ele vai honrar todas as promessas que fez. Quando alguém tem a sorte de encontrar uma criança encantadora como você, fica apegado a ela, proporciona-lhe prazer, e é para sempre... Sua mãe, ela voltou quase imediatamente depois da partida dele, encontrou você no estado sonhador em que estava há um momento; a gente fica sempre assim. Sua mãe lhe falava e você não ouvia o que ela dizia; ela lhe dizia uma coisa e você fazia outra.[46]

Justo quando está prestes a contar a seus leitores por que a garota está tão desolada, Diderot é "interrompido" por seu editor Grimm, que zomba dele por conversar com o quadro: "Ora, meu amigo, você ri de mim; está se divertindo com uma pessoa séria que se dedica a consolar uma garota pintada por ter perdido seu pássaro, por ter perdido o que você quiser...".

Mudando completamente de tom, Diderot passa a explicar a Grimm por que ele foi tão arrebatado pelo retrato daquela menina. A composição dessa pintura é tão astuta e "marota" que muitas pessoas que se postam diante dela não compreendem o que o artista estava tentando comunicar, a saber, que aquela mocinha não está lamentando apenas a perda de seu passarinho, mas também de sua virgindade.[47]

Como boa parte de sua crítica de arte, a apreciação de *Menina com um canário morto* por Diderot revela a interessante tendência do escritor a interromper a si mesmo e saltar de um ponto de vista a outro. Quando se dirige inicialmente à menina — a essa alegoria da feminilidade atormentada —, Diderot mostra sua empatia por sua aflição e tenta enxugar suas lágrimas. Ao se voltar para Grimm, ele dispensa esse sentimentalismo e admite que, enquanto contemplava a imagem fascinante dela, ele também se imaginara no papel do sedutor: "Não quero perturbar ninguém", confessa ele, "mas não me desagradaria ter sido a causa do sofrimento dela".[48] Esse é talvez um dos momentos mais significativos de suas resenhas do salão. Passando do sentimentalismo a um erotismo sem rodeios, Diderot demonstra a profundidade e a complexidade de seu próprio relacionamento com a arte. Ironicamente, foi Greuze, o reconhecido mestre do drama familiar sentimental, que ajudou o crítico a transcender o moralismo de mão pesada que o filósofo pregava em outras partes. Se Diderot se mantinha impermeável às exibições frívolas da carne que povoavam as telas de Boucher, a encantadora vinheta de uma menina pranteando a morte de seu passarinho instigava o autor de *As joias indiscretas* a sair de seu esconderijo.

A arte da sugestão

Nas passagens mais espirituosas das resenhas do salão por Diderot, a arte deixa de ser um objeto de estudo; é uma coisa viva. Na abordagem de Diderot de dois retratos que Roland de la Porte (um excelente pintor de naturezas-mortas) submeteu ao salão de 1765, as telas literalmente falam, repreendendo seu criador por tentar um novo gênero: "Monsieur Roland, dê ouvidos a seus dois retratos e o senhor os ouvirá dizer em alto e bom som, apesar de seu aparente abatimento e enfado: 'Volte para os objetos inanimados'".[49]

De modo muito mais memorável, no salão de 1767, Diderot se entrega a um "passeio" ao acaso por uma série de paisagens pintadas por seu amigo Claude-Joseph Vernet. Essa viagem imaginária começa quando Diderot interrompe sua resenha e anuncia de repente a Grimm: "Eu estava prestes a comentar [as obras de Vernet] com você quando parti para um país próximo ao mar que é celebrado pela beleza de seus locais".⁵⁰ "Entrando" nessas pinturas junto com um abade não nomeado que estabelece uma conversa com o crítico de arte, Diderot começa então a perambular pelos sete "locais". Além de se deleitar nas representações de Vernet de picos montanhosos, paisagens marinhas, cachoeiras, castelos e do cenário final de porto que encerra a caminhada, ele ocasionalmente insere nesse guia de viagem digressões teóricas sobre a arte em si.

Cena costeira: O Farol de Gênova e o Templo de Minerva Médica, pintura de Claude-Joseph Vernet.

Um dos tópicos mais importantes que emergem durante sua caminhada e discussão com o abade é o papel do artista em relação à própria natureza. Reagindo à sugestão de seu acompanhante de que um pintor de paisagens deve tentar reproduzir mecanicamente, da melhor maneira possível, a natureza ao seu redor, Diderot sustenta que os melhores artistas produzem um diálogo cuidadosamente elaborado entre o real e o imaginário. É precisamente isso, claro, que Vernet alcança em suas pinturas:

> Se você tivesse passado mais tempo com [Vernet], talvez ele lhe tivesse ensinado a ver na natureza o que você não vê agora. Quantas coisas você encontraria lá que precisavam de alteração! Quantas delas a arte dele omitiria para que não estragassem o efeito geral e não confundissem a impressão, e quantas ele congregaria para duplicar o encantamento! [Se]

Vernet lhe tivesse ensinado a ver melhor a natureza, a própria natureza, por sua vez, ensinar-lhe-ia a ver Vernet melhor.[51]

Um grande artista, esclarece Diderot, não apenas percebe a essência da natureza, mas apreende e reconstitui seu espírito, estimulando nossa imaginação a entrar na pintura ao longo do processo. Era isso também o que Diderot estava demonstrando em sua crítica: ao levar seus leitores para o interior de versões imaginadas de paisagens de Vernet, ele estava criando um mundo que de início parece inteiramente natural, mas por fim se revela como arte inspirada.

Tais momentos — quando Diderot tenta traduzir a plena experiência de contemplar a arte por intermédio da sua escrita — são os pontos altos dos relatos sobre o salão. O exemplo mais espantoso desse tipo de crítica de arte veio em 1765, quando Diderot resenhou a pintura mais popular do salão daquele ano, um quadro de três metros por cinco de Jean-Honoré Fragonard chamado *O sumo sacerdote Coreso sacrificando-se para salvar Calirroé*.

Em forte contraste com as pinturas pelas quais Fragonard seria conhecido mais tarde — cenas domésticas eróticas e figuras de fantasia —, a fonte desse quadro histórico colossal (que Luís XV adquiriu) era uma anedota do século II d.C. presente na *Descrição da Grécia*, de Pausânias. Recém-adaptada para o palco na França, a história em si era bem conhecida do público francês. Durante uma época de peste, os habitantes da antiga cidade grega de Cálidon perguntam ao oráculo de Dodona como eles podem dar fim ao flagelo que se abateu sobre a população. O oráculo responde que eles devem sacrificar uma linda moça chamada Calirroé ou encontrar alguém que morra no lugar dela. No clímax da história, a vítima é levada ao templo onde o sumo sacerdote, um homem chamado Coreso, que sempre amou Calirroé, tem a tarefa de matá-la para salvar a cidade.[52]

Em sua persuasiva resenha da pintura, Diderot não fornece uma reação, explicação ou descrição direta da cena tal como apresentada por Fragonard. Alegando que não pôde se aproximar o bastante para observar a tela em si — as multidões mais uma vez determinando o que se conseguia ver ou não no salão —, o crítico informa a Grimm que decidiu, em vez disso, relatar um sonho nebuloso, alucinatório. Esse estranho e elaborado devaneio culmina na apresentação do próprio Diderot dos eventos retratados em *Coreso e Calirroé*.

O sumo sacerdote Coreso sacrificando-se para salvar Calirroé, de Fragonard.

Depois de uma longa evocação da peste e do pandemônio, bem como do decreto divino que sentencia à morte a linda jovem Calirroé (ou quem a substitua), Diderot corta para uma cena no templo onde o sacrifício está prestes a ocorrer. Narrando esse momento de clímax como se o estivesse testemunhando pessoalmente, ele faz um envolvente relato da decisão de Coreso de se matar no lugar da mulher que ama. É esse, claro, o momento preciso que Fragonard descreve em sua pintura.

> No exato instante em que empunha a faca sacrificial, o sumo sacerdote ergue o braço; penso que ele está prestes a golpear a vítima, mergulhar o punhal no seio daquela que o desprezara e que agora os céus entregavam a ele; nada disso, ele apunhala a si mesmo. Um grito agudo coletivo perfura e rasga o ar. Vejo os sintomas da morte avançarem pelas faces, pela fronte do amoroso e generoso infeliz; seus joelhos cedem, sua cabeça cai para trás, um dos seus braços pende inerte, a mão que empunha a faca ainda a mantém enterrada em seu coração.[53]

Aparentemente ofegante ao descrever o suicídio do sacerdote, Diderot passa então a trafegar pelo restante da pintura, esquadrinhando a galeria de rostos, todos eles paralisados de horror. Depois de se fixar no acólito ao pé do candelabro, em várias mulheres que assistem e nos sacerdotes "cruéis" que estão participando da cerimônia, o olhar de Diderot pousa sobre um velho sinistro no canto inferior esquerdo do quadro.[54] É aqui que termina seu sonho: "Vejo seus olhos, vejo sua boca, vejo-o inclinar-se para a frente, ouço seus gritos, eles me despertam, a tela se afasta...".[55] Escrevendo lado a lado com o pintor como um parceiro e um igual, Diderot também nos permite sentir o que ele próprio sentiu quando viu pela primeira vez aquela tela, de olhos arregalados e boquiaberto.[56]

A abordagem digressiva e delirante de *Coreso e Calirroé* por Diderot figura entre os exemplos mais veementes de sua crítica de arte dinâmica.[57] Além de reproduzir a atmosfera ilusionista da tela de Fragonard, Diderot incita seu leitor a vivenciar os momentos mais intensos do drama da pintura.[58] Contudo, o momento mais notável dessa mesma resenha não é a "tradução" que Diderot faz de Fragonard ou da saga de Coreso: é, antes, a narração da alegoria da caverna de Platão que abria de fato essa longa sequência onírica.[59]

A versão onírica da caverna de Platão inicialmente se parece muito com a que encontramos na *República*. O sonho começa numa caverna escura em cujo interior há "uma multidão de homens, mulheres e crianças", todos eles prisioneiros obrigados a contemplar uma série de imagens projetadas, ecos e silhuetas da realidade nas paredes da caverna.[60] A mensagem mais óbvia por trás tanto da parábola de Platão como da de Diderot não é dessemelhante: a maioria das pessoas é prisioneira de sua própria percepção, atravessando a vida com apenas uma ideia nebulosa ou ilusória da realidade.[61] A diferença, porém, é que Diderot modulou sua versão da alegoria com uma mensagem mordaz sobre a política de sua época. Os personagens no sonho de Diderot, diferentemente daqueles na caverna de Platão, não confundem as sombras da realidade com um reino de formas mais elevado, platônico; eles são, em vez disso, compelidos a assistir a um espetáculo coercitivo (que se parece muito com o cinema moderno) concebido para seduzi-las e intimidá-las a crer numa série de mentiras fabricadas.

> Nossas mãos e nossos pés estavam todos acorrentados e nossa cabeça imobilizada por talas de madeira de tal modo que era impossível virá-la. [Nossas] costas estavam voltadas para a entrada do lugar e não podíamos ver nada além de sua parede interior, onde uma imensa tela tinha sido pendurada.

> Atrás de nós estavam reis, ministros, sacerdotes, médicos, apóstolos, profetas, teólogos, políticos, impostores, charlatães, mestres ilusionistas e todo o bando de mercadores de esperanças e temores. Cada um deles tinha um pequeno conjunto de figuras transparentes coloridas correspondendo à sua posição, todas tão bem-feitas, tão bem pintadas, tão numerosas e diversas que eram capazes de representar todas as cenas cômicas, trágicas e burlescas da vida.
>
> Esses charlatães [...] tinham uma grande lâmpada pendurada atrás deles, diante de cuja luz eles posicionavam suas figurinhas de tal modo que suas sombras eram projetadas por cima das nossas cabeças, crescendo o tempo todo de tamanho, e vinham pousar na tela no fundo da caverna, compondo cenas tão naturais, tão verdadeiras, que as tomávamos por reais, ora rindo ruidosamente delas, ora chorando com olhos ardentes por sua causa, o que parecerá um pouco estranho quando soubermos que atrás da tela havia criados espertos, contratados pelo primeiro grupo, que municiava aquelas sombras com os sotaques, o discurso, as vozes verdadeiras de seus papéis.[62]

Para compreender a audácia de sua resenha é preciso mais uma vez lembrar que Grimm estava enviando aquele periódico a um grupo de membros de famílias reais, entre eles o conde Dalberg, o duque e a duquesa de Saxe-Gotha, o margrave de Ansbach, os príncipes de Hesse-Darmstadt e de Nassau-Sarrebruck, a rainha da Suécia, o rei da Polônia e a patrocinadora imperial de Diderot e de Grimm, Catarina, da Rússia.[63] A mensagem embutida nessa resenha dificilmente passaria em branco pelos assinantes da *Correspondance*: como monarcas, eles, junto com seus ministros, sacerdotes e aproveitadores, eram cúmplices na manutenção de uma colossal fábrica de ilusão cuja função era controlar a mente das pessoas.

Hoje, 250 anos depois que os chamados *salons* de Diderot partiram pela primeira vez de Paris para várias cortes Europa afora, estudiosos continuam a se deleitar com essa excêntrica crítica de arte. Além de prover em primeira mão detalhes sobre a política e as personalidades da Academia de Pintura e Escultura, as resenhas de Diderot nos levam de volta a um tempo em que os críticos eram transgressores, o gosto era uma substância racionada e a produção, a avaliação e a propriedade da arte eram deliberadamente limitadas a uma minúscula porcentagem da população francesa.

Mas, talvez mais importante do que isso, "ouvir" Diderot colocar-se abertamente ao lado dos artistas do salão serve a outro propósito. Enquanto o filósofo zomba das preconcepções de sua época, ele também nos convida a questionar as convenções e expectativas estabelecidas por nossas próprias academias, e a tornar a contemplação da arte tão pessoal e inspirada quanto possível.

8.
Sobre a origem das espécies

Nos parágrafos finais que Diderot escreveu para sua resenha do salão de 1769, o filósofo explicou por que julgava que os melhores dias da bienal tinham passado. Os gostos, acreditava ele, estavam mudando, e não para melhor. Os parisienses mais jovens agora tinham menos apreço pelas belas-artes, pela filosofia, pela poesia e pelas ciências tradicionais; estavam muito mais preocupados com "administração, comércio, agricultura, importações, exportações e finanças". Embora não contestasse o que chamava de "a beleza da ciência da economia", o filósofo também lamentava que essa tendência acabasse por transformar seus compatriotas em "idiotas". O dinheiro, em sua opinião, era inimigo da imaginação humana. Grandes artistas (e aficionados autênticos como ele próprio) compreendiam isso: eles não apenas escarneciam do valor financeiro da arte, mas se tornavam tão obcecados pela busca da tela ou da estátua perfeita que tendiam a ser "indizivelmente negligentes" com sua própria vida pessoal.[1]

Não admira que a apreciação de Diderot do salão de 1769 seja mais breve que as dos salões de 1765 e 1767. Não era só culpa da arte. Além do fato de Diderot agora encontrar muito menos pinturas e esculturas que o inspirassem, ele estava inteiramente ocupado em escrever uma sedutora e impublicável obra de ficção científica narrando a origem sem Deus da espécie humana. Diderot tivera pela primeira vez a ideia para esse texto durante um banquete em agosto de 1769 na chamada Sinagoga, um palacete urbano de quatro andares suntuosamente mobiliado na Rue Royale, pertencente a seu amigo Paul Henri d'Holbach. Se havia um lugar em Paris onde Diderot poderia falar com impunidade sobre tais ideias heréticas, era naquele templo da irreligiosidade, pouco ao norte do Louvre.[2]

D'Holbach, que herdara duas imensas fortunas do pai e do tio, comprou aquele prédio imponente em 1759 e o transformou no maior salão do livre-pensamento do século XVIII. Em praticamente todas as quintas-feiras e nas tardes de domingo, quando não estava em sua propriedade rural em Grandval, o barão (e sua esposa coquete) convidava entre quinze e 25 pessoas a sua casa para uma conversa e um banquete de vários pratos.[3] Além de Diderot, que era um frequentador assíduo, os convidados incluíam Grimm, Buffon, Condillac, Condorcet, D'Alembert, Marmontel, Turgot, La Condamine, Raynal, Helvétius, Galiani, Morellet, Naigeon, Madame d'Épinay, Madame d'Houdetot e Madame de Maux. Muito frequentemente, o barão também recebia estrangeiros ilustres aos domingos, entre eles Adam Smith, David Hume, Laurence Sterne e Benjamin Franklin. Os convidados conheciam bem o ritual. As refeições começavam às duas da tarde em ponto e iam até sete ou oito da noite; pratos requintados e vinhos soberbos estavam sempre no menu; e qualquer pessoa que fosse à Rue Royale era estimulada a entregar-se ao pensamento livre e desimpedido e ao debate. O que era discutido no chamado *hôtel des philosophes* ficava no *hôtel des philosophes*.

Barão d'Holbach, gravura.

Não era só alta cozinha e tagarelice que havia atrás das paredes do palacete de D'Holbach, porém. Assim como organizava seu célebre salão gastronômico, o barão financiava e presidia uma enorme e clandestina fábrica de ateísmo. Sacando inspiração e material da extensa biblioteca de 3 mil volumes que mantinha na casa, D'Holbach escreveu, traduziu e participou de mais de cinquenta livros, uns dez deles com títulos provocativos e anticlericais, como *Cristianismo desvendado* (1761), *O contágio sagrado* (1768), *História crítica de Jesus Cristo* (1770) e *Sistema da natureza* (1770).[4] Embora Diderot sabiamente não deixasse rastro de sua participação nesses projetos, é evidente que ele contribuiu ao menos marginalmente para alguns dos ataques que D'Holbach desferia contra a Igreja. Isso ocorreu particularmente com *Sistema da natureza*, uma das obras de ateísmo mais vendidas em todos os tempos.

Apesar de seu apoio à campanha de terra arrasada do barão contra todas as formas de espiritualidade, Diderot estava muito menos interessado que D'Holbach ou que seu discípulo Jacques-André Naigeon em disseminar um franco ateísmo nos anos 1760 e 1770. Em vez de contradizer as Escrituras ou proclamar a inexistência de Deus — especialmente em texto impresso —, Diderot geralmente preferia pensar nos problemas que permaneciam não esclarecidos *depois* que o ateísmo estava estabelecido como postulado. Essas questões muito mais perturbadoras começavam com "O que é a vida?" e se estendiam a enigmas da história natural, tais como: "Quem somos nós?", "De onde viemos?", "Como estamos nos transformando enquanto espécie, tanto moral como fisicamente?" e "Pode a matéria pensar de verdade?".

Diderot vinha formulando perguntas como essas durante uma tarde na casa de D'Holbach quando, de acordo com sua própria descrição dos fatos, ele e um grupo de irreverentes comensais começaram a fazer piadas sobre os primeiros humanos. É possível imaginar as gargalhadas quando alguém dirigiu a conversa para o conteúdo dos ovários de Eva e dos testículos de Adão. Seriam normais os órgãos dessa primeira geração de humanos? Ou estariam inchados com os germes de todas as futuras gerações, comprimidos em esporos cada vez menores, como bonecas russas? Depois que o jantar terminou e os convidados saíram todos, Diderot ficou. Foi a essa altura que ele e D'Holbach talvez tenham compartilhado uma taça de Málaga — D'Holbach servia frequentemente a seus amigos esse apreciado vinho de sobremesa — enquanto discutiam uma série de temas relacionados e muito mais sérios, entre eles o nascimento de novos tipos de animais, a história natural da espécie humana e a provável destruição e renascimento do mundo.[5] A biologia especulativa discutida naquela noite não se dissipou com o vinho. Ao longo do mês seguinte, Diderot escreveu três diálogos breves, que em seu conjunto constituem o mais fascinante livro protorrevolucionário do século XVIII.

O sonho de D'Alembert

A onda de calor de agosto de 1769 estava entre as mais opressivas de que Diderot podia se lembrar. Toinette e Angélique já haviam fugido do calor do verão em julho, preferindo as margens do Sena em Sèvres ao sufocante Faubourg Saint-Germain. A maioria dos amigos do filósofo também estava evitando a capital: D'Holbach havia se retirado para Grandval; Grimm estava excursionando por várias cortes na Alemanha; e as irmãs Volland haviam se habituado à vida no château da família, perto de Vitry-le-François. Diderot, porém, permaneceu em Paris, mergulhado no trabalho. Todas as manhãs, depois do desjejum, ele subia as escadas do seu apartamento até o escritório no sexto andar, onde escrevia sob as vigas do teto e o telhado de ardósia do prédio. Passar muito tempo naquela atmosfera abafadiça de sótão só tinha uma vantagem: diferentemente dos inquilinos do primeiro e do segundo andares, ele escapava do fedor da rua.

Muito do que Diderot precisava realizar naquele verão envolvia um tremendo volume de trabalho de edição. Além de estar rodeado de ilustrações "dos pés à cabeça" enquanto revisava as provas para o sexto volume de imagens, ele também herdara temporariamente a desagradável incumbência de resenhar uma porção de livros para a *Correspondance Littéraire* enquanto Grimm estava na Alemanha. (Ele descreveu isso como escrever "coisas muito boas sobre coisas muito ruins".)[6] Sua tarefa final era polir um dos tratados econômicos mais modernos da época, os *Dialogues sur le commerce des blés* [Diálogos sobre o comércio do trigo], do abade Galiani. No meio de todo esse trabalho editorial, porém, Diderot conseguiu de alguma maneira escrever *O sonho de D'Alembert*.

Em 31 de agosto, ele anunciou a sua amante Sophie Volland que havia começado a fazer o que queria de verdade: transformar seus pensamentos daquela sua noite tola na casa de D'Holbach numa série de diálogos filosóficos insolentes.[7] Quando pensou pela primeira vez em escolher personagens para essa discussão, considerou a ideia de atribuir os dois papéis principais aos filósofos pré-socráticos Demócrito e seu mentor Leucipo. À primeira vista, esses antigos pensadores gregos haviam parecido excelentes substitutos intelectuais; como Diderot, eles acreditavam que o mundo só podia ser explicado como o resultado de forças físicas, matéria e acaso.

Ao começar a escrever o *Sonho*, porém, Diderot chegou à conclusão de que essa moldura clássica iria tolher a discussão. Tendo passado 35 anos acompanhando avanços e debates contemporâneos nas ciências da vida, acabou decidindo delegar suas ideias a pensadores de seu tempo. Demócrito, Leucipo, Hipócrates (e a Grécia antiga em geral) logo deram lugar a uma série de conversas imaginárias na Rive Gauche entre pessoas que Diderot conhecia na vida real: D'Alembert, Mademoiselle de l'Espinasse (suposta amante de D'Alembert), o eminente médico, clínico geral e filósofo Théophile de Bordeu e, no primeiro diálogo, o próprio Diderot.

Quando a cortina se abre nesse drama materialista em três atos, encontramos o cinquentenário Diderot e o também maduro D'Alembert no meio de um intenso debate. A apresentação de Diderot que vemos aqui difere marcadamente da versão morna do filósofo que ocupava o palco em *O sobrinho de Rameau*. Mais próximo do verdadeiro Diderot, ele é um pensador muito mais assertivo, uma projeção do homem conhecido Paris afora como um dos conversadores mais vigorosos de sua geração. E, como seria previsível, essa versão particular de Diderot está espicaçando seu amigo, D'Alembert, num confronto imaginário entre gênios do Iluminismo.

O objetivo de Diderot nesse diálogo é bastante direto: convencer seu amigo — o prodígio da matemática, membro ilustre da Académie des Sciences, ganhador do prêmio da Academia de Ciência de Berlim, membro da Académie Française e ex-coeditor do projeto da *Encyclopédie* — a aceitar uma compreensão inteiramente materialista do universo. Este é um mundo, declara Diderot, em que tudo o que existe, do movimento das estrelas a uma ideia que passa depressa por nossa consciência, compõe-se ou resulta da atividade da matéria.

O primeiro passo rumo à aceitação dessa doutrina filosófica, do ponto de vista de Diderot, envolve admitir que simplesmente não há razão válida alguma para continuar a acreditar em Deus. Quando se abre o diálogo entre os dois homens, D'Alembert parece inclinado a ceder nesse ponto:

> Admito a você que um Ser que existe em algum lugar, mas que não corresponde a ponto nenhum no espaço, um Ser desprovido de dimensões e ainda assim ocupando espaço, que é completo em si mesmo em todos os pontos desse espaço, que difere em essência da matéria, mas que está fundido a ela, que é movido pela matéria e que move a matéria, mas nunca move a si próprio, que age sobre a matéria e no entanto sofre todas as mudanças desta, um Ser de quem não tenho concepção alguma de qualquer tipo, um Ser assim tão contraditório por natureza, é difícil de aceitar.[8]

Com ou sem divindade, porém, D'Alembert logo aponta o que acredita ser uma falha importante no sistema de Diderot: seu amigo não explicou o fosso aparentemente intransponível entre os mundos imaterial e físico. Ecoando elementos da teoria da existência humana de Descartes, que distingue entre o corpo (como uma extensão não pensante do espaço) e a mente ou alma (que existe num plano imaterial do ser), D'Alembert desafia Diderot a demonstrar de modo conclusivo que de fato existe uma única substância — a matéria.[9] Prove-me, diz ele, que o mundo inteiro é feito do mesmo tecido.

Para convencer seu cético amigo, Diderot não enverada pelo dualismo de Descartes. Em vez disso, decide demonstrar que toda matéria tem uma capacidade latente de se tornar sensível e, sob as circunstâncias certas, perceber e cogitar. Sempre cético, D'Alembert retruca que, se isso é verdade, então "a pedra deve sentir".[10] A resposta de Diderot — "Por que não?" — leva a um dos experimentos mentais mais divertidos do *Sonho*: a conversão de uma estátua de pedra em carne humana consciente.

A estátua que D'Alembert propõe para esse experimento é *Pigmaleão e Galatea*, de Étienne Falconet, a mesma obra-prima que Diderot resenhara no salão de 1763.[11] Que os dois homens se decidam pela estátua de Falconet é uma piada interna. No ano anterior à escrita do *Sonho*, o Diderot real mantivera uma correspondência acalorada com seu amigo Falconet sobre o papel da posteridade na criação da arte.[12] Diderot argumentava que os artistas produzem suas melhores obras com o intuito de falar a futuras gerações, talvez mesmo depois da morte. (Era com isso que ele próprio estava contando.) Falconet rejeitava essa visão idealista do artista. Falando por experiência própria, ele sustentava que, assim que suas esculturas eram retiradas de seu ateliê, ele as esquecia: eram, conforme definiu, "peras caídas das árvores, destinadas a se converter em tortas".[13] Por essa razão, a estátua de Falconet era uma escolha excelente para a pulverização: afinal, "a estátua tinha sido paga, e Falconet pouco se importa com sua reputação atual e menos ainda com sua reputação futura".[14]

Mas havia uma razão ainda mais evidente para D'Alembert e Diderot escolherem *Pigmaleão e Galatea* de Falconet: essa obra de arte descreve a história de uma estátua que ganha vida. Tal cena não apenas proporciona um óbvio vínculo temático com a animação materialista proposta por Diderot, como também chama a atenção para as fronteiras que separam matéria e pensamento, o ser vivo e o inanimado. Só que o modo como a estátua de

Falconet ganha vida no *Sonho* difere marcadamente do mito de Pigmaleão. Em vez de beijos ternos e intervenção divina, Diderot engendra um processo mecânico de vários estágios que envolve quebrar a estátua em pedaços, moê-la num pilão e transformá-la em algo que ele então possa comer e animalizar no interior de si mesmo. Essa ciência especulativa se lê quase como uma receita:

> DIDEROT: Quando o bloco de mármore está reduzido ao mais fino pó, eu o misturo com húmus ou adubo, junto-os bem, rego a mistura, deixo que se decomponha por um ano, dois anos, um século, pois não estou preocupado com o tempo. Quando o todo se transformou numa substância mais ou menos homogênea — em húmus —, sabe o que eu faço?
> D'ALEMBERT: Com certeza você não vai comê-lo.
> DIDEROT: Não, mas há um modo de unir esse húmus comigo mesmo, de me apropriar dele, um *latus*, como os químicos chamariam.
> D'ALEMBERT: E esse *latus* é vida vegetal?
> DIDEROT: Exatamente. Eu semeio ervilhas, feijões, repolhos e outras plantas leguminosas. As plantas se alimentam da terra e eu me alimento das plantas.[15]

Ao propor a assimilação da estátua a seu próprio ser — demonstrando de modo conclusivo a mobilidade atômica dos elementos da estátua —, o filósofo insistia na sua tese. Todas as moléculas têm o potencial latente de alcançar a sensibilidade, de se mover do reino do inanimado para o que os humanos chamam de "vida" e de "reino do pensamento". D'Alembert se diverte com esse experimento mental bem-humorado: "Pode ser verdade ou não", declara, "mas gosto dessa transição do mármore para o húmus, do húmus para matéria vegetal, e da matéria vegetal para a animal, para a carne".[16]

O passo seguinte de Diderot em sua argumentação, que consiste em prover uma interpretação inteiramente materialista da existência do próprio D'Alembert, é muito mais desconcertante. Essa história começa com a muito breve introdução da famosa mãe biológica solteira do matemático, a sedutora romancista e *salonnière* Claudine-Alexandrine-Sophie Guérine de Tencin (1682-1749), uma mulher que começara a vida como freira em Genebra antes de renunciar aos votos e mudar para Paris em 1712.[17] Diderot nos apresenta então o pai biológico de D'Alembert, um libertino e oficial de artilharia chamado Louis-Camus Destouches (a quem Diderot se refere como "La Touche"). O elemento biográfico final alude ao aspecto definidor do início da vida de D'Alembert, o fato de que sua mãe o deixou como um bebê envolto em panos nos degraus de uma igrejinha na Île de la Cité. O restante da crônica de Diderot, no entanto, é pouco mais que uma série de fluidos seminais, processos de gestação e assimilação nutritiva:

> DIDEROT: Antes de dar mais um passo adiante, deixe que eu lhe conte a história de um dos maiores matemáticos da Europa. O que era esse ser magnífico no princípio? Nada.
> D'ALEMBERT: Nada! O que você quer dizer? Nada pode surgir do nada.
> DIDEROT: Você está tomando as palavras muito ao pé da letra. O que quero dizer é que antes que sua mãe, a linda e escandalosa Madame de Tencin, tivesse atingido a puberdade, e antes que o soldado La Touche tivesse chegado à adolescência, as moléculas que iriam formar os primeiros rudimentos de nosso matemático estavam dispersas nos órgãos jovens e subdesenvolvidos de cada um deles, estavam sendo filtradas pela linfa e circulavam no sangue até se assentar finalmente nos recipientes destinados à união entre os dois, nomeadamente as glândulas sexuais de sua mãe e seu pai. Olhe e veja, essa semente rara toma forma; é conduzida, como geralmente se acredita, pelas trompas de falópio até o interior do útero. É ligada a este por um longo pedículo, cresce por etapas e avança ao estado de feto. O momento de sua emergência dessa prisão escura chegou: o menino recém-nascido é abandonado nos degraus da Saint-Jean-le-Rond, que lhe empresta seu nome, levado da Instituição dos Enjeitados e acolhido junto ao seio da boa esposa do vidraceiro, Madame Rousseau; amamentado por ela, ele se desenvolve no corpo e no espírito e se torna escritor, físico e matemático.[18]

O que é instigante no relato de Diderot da vida do amigo não é o fato de que essa criança abandonada cresceu e virou alguém famoso, mas de que o animal chamado D'Alembert — como a estátua de Falconet — não passa de um arranjo temporário de átomos emergindo de (e logo destinado a voltar para) um efervescente universo material.[19] O processo, tal como Diderot o explica, é tão simples quanto inevitável: "A formação de um homem ou animal precisa se referir apenas a fatores materiais, cujos sucessivos estágios seriam um corpo inerte, um ser capaz de sentir, e por fim um ser que pode resolver o problema da precessão de equinócios, um ser sublime, um ser miraculoso, que envelhece, adoece, morre, se decompõe e retorna ao húmus".[20]

De modo muito mais poderoso que a neutra e divertida pulverização da estátua de Falconet, a encenação literária da vida de D'Alembert reescreve a compreensão do matemático (e nossa) do relacionamento da humanidade com o mundo material. No fim dessa conversa um tanto incômoda, o matemático, cheio de dúvidas, informa a Diderot que já teve o bastante daquela argumentação exaustiva e que vai voltar para casa e dormir. Diderot alerta D'Alembert (corretamente, claro) de que ele logo estará sonhando com aquele diálogo. O devaneio que se segue nos introduz não apenas à confusa biologia da mente adormecida, mas também a uma história muito mais completa do humano e do mundo, uma história que é inacessível à mente desperta e cética de D'Alembert. Tendo completado esse segundo e muito mais longo diálogo nos últimos dias de agosto, Diderot deixou de lado a falsa modéstia e vangloriou-se a Sophie de que "é realmente muito inteligente colocar minhas ideias na boca de um homem que está sonhando. Muitas vezes é preciso insuflar um ar de loucura na sensatez".[21]

Enquanto D'Alembert dorme

O segundo ato do *Sonho* começa com Mademoiselle de l'Espinasse junto ao leito do sonhador e aparentemente delirante D'Alembert. Ao longo de horas, De l'Espinasse vem escrevendo cuidadosamente todos os murmúrios enrolados e aparentemente irracionais dele. Embora De l'Espinasse não compreenda ainda a torrente de ideias que está transcrevendo, o corpo sonhador de D'Alembert está comunicando o sentimento de espanto ao contemplar o significado de sua vida (ou a falta dele) no seio de um universo materialista.

O sonho de D'Alembert começa precisamente no ponto em que ele e Diderot deixaram sua conversa anterior, com uma repetição de seu próprio desenvolvimento progressivo da matéria inerte ao ser reagente e consciente: "Um ponto vivo... Não, está errado. Absolutamente nada para começar, e em seguida um ponto vivo. Esse ponto vivo se une a outro, e depois a outro, e dessas sucessivas uniões resulta um ser unificado, pois sou uma unidade, disso tenho certeza".[22]

Mademoiselle de l'Espinasse, aquarela e guache.

Metáforas e analogias fluem livremente à medida que D'Alembert tenta explicar como aquelas diversas partículas, elementos e compostos acabam por se transformar *nele*. Inicialmente, ele propõe que moléculas vivas se fundem "exatamente como um glóbulo de mercúrio se junta a outro glóbulo de mercúrio".[23] Ele então grita a Mademoiselle de l'Espinasse que a criação progressiva de identidade é como um enxame de abelhas, uma massa de indivíduos minúsculos que se juntam e se comunicam por meio de várias formas de pequeninas picadas: "O agrupamento todo vai se agitar, se mover, mudar de posição e de forma, [...] uma pessoa que nunca viu um enxame assim se formar será tentada a tomá-lo por uma única criatura com quinhentas ou seiscentas cabeças e mil ou 1200 asas".[24]

Quando estava conversando inicialmente com Diderot, D'Alembert não havia levado a sério tais visões de identidade. O geômetra sonhador, porém, é muito mais arrojado dormindo do que acordado, não apenas propondo que órgãos poderiam talvez contribuir para sua identidade psicológica, mas também teorizando que um animal determinado poderia ser fragmentado ou dividido em grupos menores de indivíduos de acordo com subdivisões orgânicas. Para explicar como isso talvez pudesse ocorrer, ele mais uma vez evoca a imagem de um enxame de abelhas que está funcionando como um indivíduo. Dessa vez, porém, ele propõe alterar cirurgicamente a massa desmembrando-a nos pontos em que as partes se fundem, o que resultaria na produção de novas identidades. "Agora com cuidado, com muito cuidado, traga sua tesoura para junto das abelhas e as separe, mas atenção para não as cortar no meio de seus corpos, corte exatamente onde suas patas se juntaram. Não tenha medo, você vai machucá-las um pouco, mas não as matará. Muito bem — seu toque é delicado como o de uma fada. Você percebe como elas saem voando em diferentes direções, uma a uma, duas a duas, três a três?"[25]

Théophile de Bordeu, gravura.

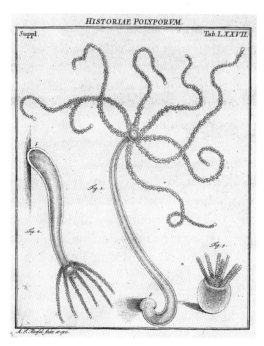

Pólipos de água doce, gravura e aquarela, 1755.

O dr. Bordeu comenta que o enxame de D'Alembert é uma imagem muito útil; esse animal-abelha, salienta ele, se assemelha a uma hidra ou pólipo de água doce que pode ser cortado em indivíduos menores e "que só pode ser destruído por esmagamento".[26] Que Bordeu escolhesse evocar uma hidra ou pólipo de água doce a essa altura do *Sonho* não é surpresa nenhuma. A geração de Diderot tinha sido fascinada por essas pequenas criaturas desde 1744, quando o naturalista suíço Abraham Trembley publicou pela primeira vez suas "observações" sobre esses invertebrados aquáticos multicelulares de meia polegada. Adornada com um número variável de apêndices semelhantes a folhas, a hidra parecia uma planta, no entanto era também bastante predadora, estendendo seus tentáculos para muito além de seu corpo para envolver pequenos crustáceos e larvas de insetos. Ainda mais chocante do que isso, e de particular interesse para os materialistas, eram os poderes regenerativos do pólipo. Corte uma hidra ao meio — exatamente como o enxame de Diderot — e duas hidras inteiramente novas sairão nadando. Num mundo em que a crença sancionada era de que Deus havia formado animais no quinto e no sexto dias da Criação, ali estava a prova aparente de que a vida podia ser gerada (e mesmo se autogerar) no presente.

A reprodução assexuada do pólipo não é nada escandalosa para os cientistas e teólogos de nossa era. No entanto, a espantosa capacidade da hidra para se autoperpetuar impunha um problema aparentemente insolúvel para os intelectuais de orientação teológica que subscreviam o preformismo, que era o entendimento predominante (e compatível com as Escrituras) da "geração" ou reprodução na época. Herdada da ciência antiga pelos naturalistas do século XVIII, a crença de que todos os seres se desenvolviam a partir de versões em miniatura de si mesmos ("germes seminais") ganhara circulação científica durante o século XVII graças ao trabalho dos "microscopistas" Marcello Malpighi e Jan Swammerdam. Estudando espermatozoides, ambos publicaram estudos tremendamente influentes afirmando que esses pequenos "indivíduos" nadadores eram complexos o bastante para dispor de almas. Anatomistas orientados pela teoria dos óvulos, trabalhando com os óvulos humanos, chegaram a conclusões semelhantes, postulando que a localização da alma podia ser encontrada no óvulo humano. Fossem espermistas ou ovulistas, porém, todos os preformistas acreditavam que a reprodução era a extensão de um único ato de Criação que produzira — de uma só vez — gerações e gerações de homúnculos (termo latino para "homens minúsculos") ou óvulos. Essa teoria foi levada a sua conclusão lógica, ainda que absurda, quando o célebre filósofo, sacerdote e teólogo Nicolas Malebranche afirmou, em *De La Recherche de la vérité* [A busca da verdade], de 1674-5, que cada óvulo devia conter em seu interior todas as futuras gerações.

D'Alembert, que expressa aqui a visão do próprio Diderot sobre a "geração", refuta implicitamente essa embriologia maculada pela religião.[27] De fato, seu entendimento da criação baseado no pólipo lhe permite fantasiar que humanos em planetas distantes poderiam "reproduzir-se" por "germinação", exatamente como uma hidra. D'Alembert tem "ataques de riso" ao relatar esse voo da imaginação: "Pólipos humanos em Júpiter ou Saturno! Homens se fragmentando em homens, mulheres se fragmentando em mulheres — que ideia engraçada…".[28] Como é frequente ao longo do sonho, os murmúrios de D'Alembert salientam a notável fertilidade da natureza. Mas também fazem emergir o que era uma ideia impensável na época: o uso da tecnologia para intervir na produção de espécimes humanos. Antecipando uma forma de armazenamento de embriões, D'Alembert sugere pela primeira vez que os cientistas talvez pudessem coletar para uso futuro essas hidras humanas capazes de se dividir. O resultado seriam "miríades de homens do tamanho de átomos que poderiam ser mantidos entre folhas de papel como ovos de insetos, que [...] permanecem algum tempo no estágio de crisálidas, depois rompem seus casulos e emergem como borboletas". Essa proliferação, postula D'Alembert, poderia até produzir "uma sociedade humana já pronta, toda uma província povoada pelos fragmentos de um indivíduo...".[29]

Essa fantasia de uma propagação à maneira dos clones se funde com outra das ideias notavelmente proféticas de Diderot. Ainda visualizando a possibilidade de humanos divisíveis, D'Alembert propõe destilar tipos genéticos específicos a partir de "tendências" situadas no interior de uma parte particular do corpo. Gargalhando de modo incontrolável a essa altura, o matemático imediatamente se aferra à imagem cômica de uma nova raça de humanos cujo caráter e cujos traços seriam derivados exclusivamente do órgão sexual masculino ou do feminino: "A separação de diferentes partes de um homem não produz outros tantos homens diferentes? O cérebro, o coração, o tórax, os pés, mãos, testículos [...]. Oh, como isso simplifica a moralidade! Um homem nascido [de um pênis] [...]. Uma mulher que veio de [uma vagina]...".[30]

Nesse ponto da discussão, a ainda decorosa Mademoiselle de l'Espinasse censura os detalhes específicos do tipo de pessoa que poderia provir do poderoso impulso orgânico dessas *joias indiscretas*. Em vez disso, ela se volta para a tecnologia que talvez pudesse tornar isso possível: uma câmara de armazenamento que ela descreve como "uma sala aquecida, repleta de frascos", cada um deles contendo um germe e trazendo um rótulo vocacional: "Guerreiros, magistrados, filósofos, poetas — frasco para cortesãos, frasco para prostitutas, frasco para reis".[31] Assim é a excentricidade aprazível do entendimento do universo por Diderot: a espantosa imprevisibilidade da natureza só tem equivalente na capacidade da humanidade para controlá-la.

Meditações lucrecianas

Muitas das ideias estimulantes de *O sonho de D'Alembert* têm suas raízes em *De rerum natura*, de Lucrécio.[32] Não era a primeira vez que o filósofo bebia na concepção imprevisível, vibrante e desestabilizadora da natureza do poeta romano. As ideias de Lucrécio inspiraram boa parte dos primeiros escritos de Diderot sobre Deus, mais celebremente na cena do leito de morte que ele inseriu em sua *Carta sobre os cegos*, de 1749. No *Sonho de D'Alembert*, porém, Diderot foi além, combinando a visão de mundo epicurista do romano com o conhecimento e as descobertas científicas de sua época. É esse o caso quando D'Alembert, em sonho, evoca a "realidade" da geração espontânea, considerada por muito tempo uma pedra de toque epicurista. Espiando dentro de um recipiente contendo carne macerada e caldo de sementes trituradas, exatamente como o naturalista irlandês John Needham tinha feito num famoso experimento realizado em 1745, D'Alembert proclama que pode ver matéria inorgânica, em decomposição, brotando para a vida e perecendo diante de seus próprios olhos. Ao descrever as "enguias microscópicas" que vê nadando (eram simplesmente bactérias), ele brada que aquele universo microscópico contém uma lição sobre todas as formas de vida:

> Na gota d'água de Needham tudo começa e termina num piscar de olhos. No mundo real o mesmo fenômeno dura um pouco mais, mas o que é a duração do nosso tempo comparada com a eternidade? [...] Assim como existe uma sucessão infinita de animálculos num grão de matéria em fermentação, há a mesma sucessão infinita de animálculos no grão chamado Terra. Quem sabe quais espécies animais nos precederam? Quem sabe quais sucederão às atuais? Tudo muda e tudo passa, só o todo permanece inalterado.[33]

Needham e Diderot, é claro, estavam inteiramente enganados quanto à geração espontânea. Mas mesmo assim a "realidade" desse universo em turbulência dá ensejo a um dos momentos mais poderosos do *Sonho*. É quando D'Alembert se dá conta de que também a raça humana não é mais que uma ocorrência fugaz no interior dessa interminável invenção e reinvenção da natureza. "Oh, vaidade do pensamento humano! Oh, pobreza de toda a nossa glória e labuta! Ah, como é lamentável, como é limitada a nossa visão! Não há nada real, exceto comer, beber, viver, fazer amor e dormir..."[34]

Diderot não tinha prurido algum quanto a encarar a potencial desolação de sua visão de mundo materialista. Ele havia sublinhado os problemas éticos levantados "pelo diabo da sua filosofia" em *O sobrinho de Rameau*, e certamente concebe o vazio do mundo material no *Sonho*. No entanto, o personagem de D'Alembert, e o *Sonho* como um todo, não se deixam atolar em páthos existencial. De fato, imediatamente depois de o matemático lamentar a inexistência de qualquer coisa de real e durável nesta vida, seu olhar se desloca desse mundo ameaçador de enguias autorreplicantes e se concentra no que é importante para sua própria vida: a sedutora Mademoiselle de l'Espinasse. Sonhando com sua companheira, D'Alembert fica então excitado sexualmente e se masturba diante do objeto de sua fantasia. Esse momento cômico, convém lembrar, é narrado pela própria L'Espinasse, que está inteiramente inconsciente do que se passa à sua frente, enquanto continua diligentemente a tomar notas:

> [D'Alembert disse:] "Mademoiselle de l'Espinasse, onde está você?" "Aqui." Então o rosto dele enrubesceu. Eu queria tomar o seu pulso, mas ele havia escondido a mão em algum lugar. Ele parecia estar sofrendo algum tipo de convulsão. Sua boca estava meio aberta, sua respiração ofegava, ele soltou um suspiro profundo, em seguida um mais leve e outro mais leve ainda, virou a cabeça sobre o travesseiro e caiu no sono. Eu o observava com muita atenção, e fiquei profundamente comovida sem saber por quê; meu coração estava batendo depressa, mas não com medo.[35]

Depois da "convulsão" de D'Alembert, como a descreve Mademoiselle de l'Espinasse, o agitado matemático finalmente desfruta um repouso temporário por várias horas. Quando começa de novo a sonhar, às duas da madrugada, retorna às maiores perguntas do livro: O que significa, afinal, ser humano? De onde vem a nossa espécie? E quem somos nós dentro dos contextos infinitos de espaço e tempo?

A História humana

Diderot estava dolorosamente consciente de que a ciência fizera pouco para iluminar a história da raça humana. Tal assunto simplesmente não se prestava ao tipo de exame empírico desinteressado e penetrante que ele promovia. Já bem avançado o século XVIII, a natureza permanecia carregada de conceitos inflexíveis, de inspiração religiosa. Para começar, havia o entendimento ortodoxo do tempo, que, ao menos oficialmente, sustentava que animais e humanos tinham passado a existir na época da Criação, 5769 anos atrás.[36] A segunda noção, relacionada à primeira, era a de que animais e humanos tinham aparecido em suas formas atuais durante aquele drama bíblico. A ideia sacrossanta final, e talvez menos óbvia, tinha a ver com o lugar supostamente excepcional da humanidade dentro do reino de Deus. De acordo com as escrituras sagradas do cristianismo, o homem era único na terra: era um animal "racional" imbuído de uma natureza espiritual superior — uma alma conferida divinamente — que o separava das outras feras. Modelado a partir do barro da terra, essa criatura caída, mesmo assim, situava-se à parte.

Diderot foi um dos primeiros a questionar numa obra essas doutrinas cristãs. Mas não foi a única pessoa a romper as barreiras supostamente imutáveis entre animais e humanos. No final do século XVII, um número crescente de anatomistas começou a enfatizar as inegáveis correlações fisiológicas entre humanos e o reino animal, em particular os grandes símios.[37] Essa diluição de fronteira alcançou um ponto de inflexão em 1735 quando o naturalista sueco Carlos Lineu designou para a humanidade um lugar no bestiário do mundo, bem ao lado dos bichos-preguiça e dos macacos.[38] Os elementos mais importantes da protoantropologia de Diderot, porém, não provinham do esquema nítido de classificação de Lineu; vinham, em vez disso, do amigo de Diderot, o renomado naturalista Georges Louis Leclerc, conde de Buffon.

A tremenda influência de Buffon sobre Diderot tivera início durante sua prisão, em 1749. Uma vez autorizado a ter livros em Vincennes, Diderot estudou com atenção e anotou os três primeiros volumes da então recém-publicada *História natural* de Buffon. Entre as partes cruciais desse texto desbravador estava um inventário de 150 páginas da espécie humana que, à primeira vista, parece ser um simples catálogo geográfico de fenótipos raciais. Mas por trás desse mapeamento das diferentes "variedades" do mundo, como Buffon as chamava, estava a teoria de que esses grupos dessemelhantes provinham todos de uma raça prototípica que sofria mutações à medida que se deslocava pelo globo, entrando em climas diferentes, comendo outros alimentos e criando costumes novos e diversos para si.

Buffon, que era o responsável pelo jardim do rei e escreveu a *História natural* para o deleite do monarca, teve o extremo cuidado de não questionar e nem mesmo trazer à baila o Gênesis bíblico em sua interpretação. No entanto, sua teoria da degeneração humana, como a chamava, representou a maior reformulação individual da história da espécie humana durante o século XVIII. Os leitores dessa bem vendida interpretação de uma raça humana outrora unificada, mas agora ramificada, passavam a dispor de algo muito superior ao conto bíblico de como os filhos de Noé vagaram pela terra para dar início aos diferentes ramos da família humana. Eles tinham agora uma explicação física, científica, sobre de onde vínhamos que era, de um ponto de vista europeu, uma ideia tremendamente tranquilizadora. Afinal, a espécie prototípica que Buffon estabelecia como hipótese era branca. Os outros grupos — os depreciados e marginalizados povos da África e de outras regiões antípodas — eram então, por definição, acidentes da história.[39]

Conde de Buffon, gravura.

A versão da história da degeneração humana que Diderot evocava no *Sonho* é ainda mais vigorosa. Em vez de narrar a tranquilizadora história de Buffon da diferença emergindo de um arquétipo, Diderot (via sonho de D'Alembert) concentra-se no que os naturalistas do século XVIII julgavam ser a variedade mais degenerada de humanos no planeta: os lapões. Da perspectiva do sonho de D'Alembert, esse ramo supostamente inferior de pequeninos humanos habitantes da neve não era apenas deformado, mas estava à beira da extinção, talvez como a própria raça humana: "Quem sabe se esse bípede informe de apenas 1,20 metro de altura, que ainda é chamado de homem em regiões polares, mas que logo perderia esse nome se ficasse só um pouquinho mais deformado, não é um exemplo de uma espécie em vias de desaparecimento? Quem sabe se não é esse o caso com todas as espécies animais?".[40]

Longe de ser algo preordenado, planejado ou eterno, do ponto de vista de D'Alembert o nascimento e o fim da espécie humana não são mais significativos do que o parto de um bizarro porco de duas cabeças.

O personagem de D'Alembert é a mais desesperada das quatro vozes que Diderot criou para o seu *Sonho*. À medida que aceita progressivamente as implicações do materialismo, o mago da matemática vai abandonando os conceitos tranquilizadores (mas espúrios) que dão sentido à identidade humana: individualidade, espécie e até a separação entre o que é normal e o que é monstruoso. No final de seu sonho, D'Alembert terá chegado à conclusão de que os humanos vêm a este mundo como lances do acaso, levam suas vidas sem saber quem de fato são e voltam para um desconcertante mundo de matéria sem chegar a saber por quê.

Bordeu e De l'Espinasse reagem de modo muito mais criativo e jovial a essas ideias desestabilizadoras. No *Sonho*, durante a discussão substancial sobre a monstruosidade, por exemplo, Bordeu não desconstrói sua própria identidade, mas em vez disso propõe um divertido experimento à maneira de Frankenstein em teratogênese, a fabricação de monstros.[41] Assumindo para si um papel semelhante ao de um cientista maluco, o médico se imagina a intervir no processo de gestação manipulando o material genético especulativo de embriões, o que Diderot chama de "fios". Essa cena premonitória não apenas ridiculariza o suposto "milagre" da concepção, como também prefigura o mundo atual, em que cientistas reivindicam o direito de remodelar a biologia humana no nível embrionário.

> BORDEU: [...] Agora faça mentalmente o que a natureza às vezes faz na realidade. Tire outro fio do feixe — aquele destinado a formar o nariz — e a criatura será desprovida de nariz. Tire aquele que deveria formar a orelha e ela não terá orelhas, ou terá uma só, e o anatomista em sua dissecação não encontrará nem o fio olfativo nem o auditivo, ou encontrará só um desses últimos em vez de dois. Continue tirando fios e a criatura sairá sem cabeça, sem pés, sem mãos. Não vai viver muito, mas de todo modo terá vivido.[42]

Como assistente dedicada nesse experimento mental, Mademoiselle de l'Espinasse capta imediatamente as implicações filosóficas mais importantes do que está ocorrendo. Refletindo sobre os humanos deformados que ela e o bom médico estão produzindo juntos, ela se dá conta de que nenhum esforço humano — nem a ciência e certamente nem a religião — podem sequer começar a compreender os limites e as possibilidades da natureza.

Ao final do *Sonho*, Bordeu e De l'Espinasse tornaram-se nossos cúmplices num novo e impetuoso empreendimento para compreender melhor o universo através das fronteiras da procriação. Essa abertura à experimentação chega a um ponto de ebulição durante a última parte do *Sonho*. Nesse tête-à-tête entre o bom médico e De l'Espinasse (D'Alembert finalmente deixou seu quarto na Rue de Bellechasse para ir jantar em outro lugar), os dois novos amigos bebericam vinho doce de Málaga e deixam a imaginação viajar sem freios. Mademoiselle de l'Espinasse, na verdade, assume a posição da livre-pensadora mais agressiva e leva a conversa às últimas consequências. Liberta da presença de D'Alembert, e longe dos ouvidos dos empregados, ela finalmente tem a oportunidade de fazer uma pergunta que a vem atormentando há horas: "O que você pensa do acasalamento entre espécies?".[43] Essa questão leva a uma ideia ainda mais chocante: a bestialidade, a possibilidade de cruzar homens com animais para produzir uma nova raça de seres.[44]

Bordeu está feliz demais em abordar esse e outros temas picantes. Ridicularizando as aflições morais daquelas pessoas que vinham obstando uma "experimentação" mais intensiva, o médico propõe a criação (hipotética) de uma nova forma de vida, um híbrido humano-caprino nascido de uma cópula entre homem e animal. Depois de Bordeu discutir os aspectos técnicos envolvidos em engendrar tal progênie, De l'Espinasse manda o amigo iniciar o processo sem demora: "Depressa, depressa, doutor, ponha mãos à obra e nos faça alguns homens-bodes!".[45] Quando a dupla acaba abortando essa experiência hipotética — Madame de l'Espinasse objeta de repente que esses híbridos humano-caprinos poderiam se revelar demônios sexuais impenitentes —, os dois supostos empiristas já haviam defendido sua tese: ao brincar com a natureza, pode-se provar prontamente que a raça humana é tudo menos imutável. Não apenas as variedades humanas mudam ao longo do tempo — deslocando-se e serpenteando em função do clima e do alimento —, mas a própria espécie pode ser alterada, combinada e talvez até mesmo aperfeiçoada. A última e provocadora parte de *O sonho de D'Alembert* é muito mais do que uma tagarelice libertina; ela zomba do lugar supostamente especial da humanidade no universo, e nos convida no processo a reconsiderar as categorias eternas que supostamente nos definem, sejam elas homem e mulher, animal e humano e mesmo monstruoso e normal.

Nas semanas que se seguiram à conclusão do *Sonho*, no outono de 1769, Diderot leu o manuscrito em voz alta para um grupo de amigos na propriedade de D'Holbach em Grandval.[46] Podemos apenas imaginar como os ouvintes reagiram ruidosamente, sobretudo em reação à última parte. Nessa interessante mistura entre o elevado e o escabroso, Diderot havia expressado uma compreensão puramente materialista da sexualidade humana que explorava questões relacionadas à masturbação, à homossexualidade e mesmo ao bestialismo. Indignada, divertida ou emudecida de susto, o que a plateia de Diderot não podia compreender em 1769 era que, além de tudo, o filósofo era também uma espécie de sexólogo avant la lettre.

9.
O sexólogo

Como filósofo, marido infeliz e adúltero persistente, Diderot passava grande parte do tempo pensando sobre sexo e amor. O modo como as duas coisas se encaixavam (ou não) preocupou-o ao longo de toda a sua vida adulta. Em seus momentos mais frívolos, o filósofo reduzia o ato sexual a uma simples ocorrência biomecânica, nada mais que uma rápida "fricção de intestinos".[1] Mas ele também enxergava muito além dessa concepção inteiramente carnal e utilitária da cópula. Perto do fim da vida, nas notas que redigiu para seu inacabado *Elementos de fisiologia* (1781), ele explica que o ato sexual é ao mesmo tempo semelhante e fundamentalmente diferente da condição de estar com fome. A grande distinção, segundo ele, é que quando se trata da fome, "a fruta não tem o desejo de ser comida", ao passo que nós temos. Essa metáfora apressada não é imediatamente óbvia, mas parece que Diderot está dizendo que nós, como seres sexuais, somos tanto *a pessoa que come* como também *o alimento*.

O sexo, em resumo, era certamente muito mais complicado do que a maioria das pessoas pensava.[2] Isso emerge em vários escritos de Diderot sobre o assunto. No curso dos quarenta anos de sua carreira de escritor, ele descreveu alternadamente o ato sexual como um momento de embriaguez, um momento de total concentração, um momento de intimidade, um momento de erotismo jovial, um momento de ferocidade, um momento de devoção, um momento de submissão, um momento de confusão corporal e um momento em que vivenciamos (ou não) o prazer soberano do orgasmo com alguém que amamos. Fazer amor, embora não seja sinônimo de amor, certamente se beneficia dele.

Diderot também entendia que o mundo complicado do sexo raramente tinha a ver só com procriação. Antecipando-se mais uma vez a Freud, ele estava convencido de que a sexualidade humana não se resumia ao que acontecia dentro do quarto. Independente de como as pessoas levam suas vidas, sublinhava, elas estão invariavelmente seguindo, sublimando ou reagindo contra o mais potente impulso da natureza. Isso valia para monges abstinentes, para libertinos e mesmo para os mais honrados e probos membros da sociedade. Não importa quem você seja, conforme ele admite também com relação a si próprio, há sempre um pouco de "testículo" espreitando até mesmo "nossos sentimentos mais sublimes e afetos mais puros".[3]

Joias humanas

O entendimento do sexo por Diderot era um flagrante abandono do que ele havia aprendido quando criança em Langres. O catecismo ensinara ao menino que os desejos eróticos, longe de ser uma parte natural de nosso ser, só vieram a existir depois que Eva colheu a fruta proibida da árvore do conhecimento, impondo com isso à humanidade uma lastimável avidez por "agitação deliciosa".[4] O clero de Langres, incluindo os professores de Diderot no colégio jesuíta, operava sobre esses alicerces, não apenas condenando o sujo e não mencionável ato sexual em si, mas fustigando divertimentos sociais que poderiam levar ao "intercâmbio criminoso" e a libertinagens de toda espécie.[5] O teatro, em Langres, era retratado como uma escola de escândalo onde plateias mistas se juntavam numa sala escura para se instruir nas mais criminosas das paixões humanas.[6] A dança era pior; seus sinuosos minuetos eram supostamente um vestígio pecaminoso de bacanais romanas.[7]

Alguns desses alertas, em especial os relacionados com a lascívia potencial do corpo, parecem ter pesado bastante sobre Diderot durante sua adolescência. De acordo com Madame de Vandeul, seu pai adotou brevemente um estilo de vida um tanto ascético quando estava com treze anos, não apenas jejuando e dormindo sobre a palha, mas vestindo um espinhento *cilice* [cilício] sob a sotaina de abade.[8] Por que Diderot acabou desistindo desse regime é algo aberto a conjecturas, mas é possível imaginar que ele logo descobriu que se flagelar não era assim tão gratificante. Uns dez anos mais tarde, aos vinte e poucos anos, ele presumivelmente chegou a uma conclusão semelhante quanto ao sacerdócio e toda uma vida ostensivamente desprovida de prazer sexual. Em sua primeira obra, os *Pensamentos filosóficos* (1746), condenou tanto o ascetismo quanto a abstinência (bem como seu irmão austero e sacerdotal, Didier-Pierre), sustentando que os prazeres e as paixões carnais fazem de nós o que somos.[9]

Diderot estava longe de ser a única pessoa a escrever em favor da busca da humanidade por prazer nos anos 1740. Julien Offray de La Mettrie, um médico-filósofo e autodeclarado libertino que foi obrigado a se refugiar na corte de Frederico II da Prússia em 1747, produziu duas obras ousadas de filosofia celebrando e prescrevendo os prazeres do corpo: *La Volupté* [A volúpia], de 1745, e *L'Art de jouir* [A arte de gozar], de 1751. Pornógrafos empreendedores e escritores de ficção libertina também fabricaram versões literárias e dramáticas dessa mesma filosofia do prazer. O próprio Diderot embarcou nessa onda no final de 1747, quando escreveu suas *Joias indiscretas*. Supostamente resultado de uma aposta ou desafio, *As joias indiscretas* era uma imitação consciente do tipo de best-seller licencioso tornado popular por Claude-Prosper Jolyot de Crébillon nos anos 1740. O romance mais famoso de Crébillon nessa linha, *O sofá* (1742), conta a história de um aristocrata indiano que não só é magicamente transformado num divã por Brama, mas condenado a passar a vida de castigo entre almofadas de sofá até que duas virgens consagrem seu amor "sobre" ele. Suas aventuras episódicas na condição de sofá, durante as quais é golpeado de maneiras variadas, fornecem o conteúdo lascivo do romance.

As joias de Diderot bebem simultaneamente em Crébillon e no tipo de orientalismo encantado presente nas famosas *Mille et une nuits* [As mil e uma noites], de 1704-17, na tradução de Antoine Galland. Os eventos da narrativa de Diderot têm lugar na corte do Congo, uma africanizada e tenuemente velada versão de Versalhes. O personagem principal é um sultão congolês chamado Mongogul (Luís XV), que obtém um anel mágico de um gênio chamado Cucufa (derivado de *cocu* ou "cornudo"), que lhe dá o poder de fazer as vaginas das mulheres falarem. Por 21 capítulos, Mongogul usa esse poder recém-conquistado para coagir uma ampla variedade de "joias" a revelar suas iníquas aventuras clandestinas. Depois de trinta entrevistas desse tipo, ele finalmente decide usar o poder do anel em sua amante, sua adorada Mirzoza (uma versão óbvia da amante de Luís XV, Madame de Pompadour). Num evidente gesto de respeito à apoiadora dos filósofos e ao próprio rei, essa joia especial logo revela que Mirzoza/Pompadour é a única mulher que permaneceu fiel. Todas as outras mulheres sobre as quais ouvimos, independentemente de classe ou nacionalidade, puseram chifres em seus iludidos parceiros. Tal é o destino desafortunado do lastimável Sélim, um cortesão que, ao retornar de uma missão no estrangeiro, pede a Mongogul para usar seu anel mágico para determinar se sua amante, Fulvia, permaneceu leal a ele durante sua ausência. Como acontece inevitavelmente em cada um dos curtos capítulos do livro, a efusiva e extenuada vagina de Fulvia tem muito a dizer quando lhe dão a palavra, não apenas proclamando que Fulvia é tudo menos fiel, mas que o pobre órgão está levando a vida de um "escravo das galés. Hoje é um, amanhã é outro...".[10]

Sem surpresa, as joias tagarelas e infiéis que Diderot trouxe pela primeira vez à vida no final de 1747 têm atraído a atenção de estudiosos que trabalham sobre as questões de gênero no mundo acadêmico. Alguns atribuem o enquadramento geral desse romance à misoginia da época (ou mesmo de Diderot); outros se opõem a essa ideia ressaltando que os homens no romance não são mais virtuosos que as mulheres, e que as *Joias* de Diderot dão voz à autoridade e à legitimidade da sexualidade feminina, o que era raro na época.

Quaisquer que fossem suas reais intenções, Diderot posteriormente lamentou ter publicado as escandalosas *Joias*. O livro pode ter parecido engraçado em 1748, mas ficou bem menos divertido em anos subsequentes, quando seus inimigos zombaram do zeloso editor da *Encyclopédie* por ser o autor desse "monte de lixo".[11] O amigo e herdeiro literário de Diderot, Jacques-André Naigeon, relatou que o filósofo afirmava frequentemente que, se pudesse de algum modo desfazer aquele erro terrível amputando um dedo, ele o faria sem hesitar.[12] Essa, porém, talvez tenha sido algo como uma postura pública. Em algum momento no início dos anos 1770, ele redigiu vários novos capítulos que permaneceram só manuscritos — entre eles alguns dos mais pornográficos de todo o livro — presumivelmente para seu próprio divertimento e dos seus amigos mais próximos.

Mulheres, freiras e sexo

As reflexões não publicadas de Diderot sobre a sexualidade humana incluem, entre outras coisas, especulações sobre a genealogia da ética sexual, escritos sobre a anatomia humana e conjecturas referentes à origem da homossexualidade. Essa massa de material escrito não se reduz simplesmente a um livro clínico sobre apetites e reações eróticas da humanidade. Pelo contrário, as observações de amplo alcance de Diderot, espalhadas como estão em diálogos filosóficos, correspondência pessoal, romances e anotações mais sérias sobre psicologia humana, são menos um empreendimento científico do que uma interpretação da natureza que difunde a crença de que o contato sexual é a expressão mais natural e desejável de nossa humanidade.

Diderot mantinha, porém, algumas crenças fixas. Se o homem geralmente iniciava o ato sexual, era sem dúvida a mulher que tinha o papel muito mais complicado. Tendo estudado numerosos livros de história natural e medicina — em particular os oito volumes dos *Elementa physiologiae corporis humani* [Elementos de fisiologia humana], de 1757-66, de Albrecht von Haller —, Diderot estava sob a impressão de que as mulheres tinham sido parcamente servidas pela natureza: além do fato de ser muito mais difícil para elas atingir o orgasmo, eram castigadas com um mal-estar mensal e o risco de gravidez.

Pior ainda, os principais naturalistas da época tinham concluído que a anatomia problemática das mulheres as impedia de ser equivalentes aos homens. O que de fato separava os dois sexos não era o tamanho físico, a força ou a inteligência em geral, mas o fato de que as mulheres tinham um órgão reprodutivo "impetuoso" e "insubordinado" — o útero — que não tinha correlato nos homens. Essa parte despótica do corpo, o próprio Diderot veio a afirmar, agia frequentemente de modo unilateral e egoísta, as vezes "estrangulando" outros órgãos como faria "um animal furioso".[13] Aí, para muitos homens da geração de Diderot, estava a origem da anarquia corpórea geral que não apenas enchia a imaginação feminina com estranhas visões, mas também produzia as tremendas oscilações em estados emocionais que tornavam o sexo "lindo como serafins de Klopstock" ou "terrível como demônios de Milton".[14]

As ideias de Diderot sobre anatomia e psicologia feminina têm sido incluídas entre os poucos aspectos realmente conservadores do seu pensamento. No entanto, esses preconceitos coexistem com uma compreensão mais compassiva da dura condição da mulher em sua época. Durante os momentos em que trocava a anatomia pelo que poderíamos chamar de protossociologia, Diderot proclamava que as mulheres do mundo estavam aprisionadas num sistema implacável que era engendrado por homens para homens, e que produzia infortúnio para metade da população do planeta. Quando uma mulher deixa de ser bonita, ele escreveu em tom pessimista num breve ensaio de 1772 intitulado "Sobre as mulheres", torna-se uma pessoa "negligenciada pelo marido, esquecida pelos filhos, nula na sociedade, e para quem o último e único recurso é a religião".[15] Esse triste estado de coisas se encaixava na infeliz situação geral das mulheres, para as quais "a crueldade do direito civil tem conspirado com a crueldade da natureza. [...] Elas têm sido tratadas como crianças estúpidas".[16]

Diderot nunca chegou perto de propor uma teoria coerente dos papéis sexuais e da sexualidade humana, particularmente num texto condensado e contraditório como "Sobre as mulheres". Suas tentativas mais bem-sucedidas de enfrentar as dificuldades, contradições e questões morais da sexualidade, como se verificou, vieram em sua ficção. Faz sentido que Diderot encarasse um mundo *imaginado* como o melhor lugar para pensar nessas questões. A ficção não apenas o libertava das restrições da verdade científica, mas também lhe permitia obrigar seus personagens a confrontar e ajustar seus próprios desejos à luz de uma variedade de códigos morais, religiosos e sociais.

As abordagens ficcionais do amor e do sexo por Diderot estenderam-se por vários gêneros. Em 1770, ele escreveu às pressas dois contos — "Isto não é um conto" e "Madame de la Carlière" — que encaram os problemas que tendem a acossar casais, sejam eles obra do próprio casal ou consequência das ridículas leis e expectativas da sociedade. De modo mais conhecido, em seu romance (ou antirromance) *Jacques, o Fatalista*, que ele elaborou ao longo de vinte anos a partir da década de 1760, Diderot deixa escapar uma apreciação pessimista do amor e do desejo sexual, a saber, que ambos estão destinados a evaporar diante de nossos olhos, revelando o vazio de quaisquer promessas que tenhamos feito na juventude: "Na primeira vez em que [homem e mulher] juraram um ao outro um amor imortal foi ao pé de um rochedo que desmoronava. Eles deram testemunho de sua constância sob uma abóbada celeste que é constante apenas na sua mutação. Eles próprios estavam mudando no momento mesmo em que falavam e que tudo mudava ao seu redor, e ainda assim acreditavam que seus sentimentos estavam imunes à mudança! Crianças! Eternas crianças!".[17]

A apresentação mais abrangente da sexualidade por Diderot veio em seu único romance realista, *A religiosa*. Narradas do ponto de vista de uma freira que deseja renunciar a seus votos, essas tocantes memórias em primeira pessoa nos aprofundam no sadismo psicossexual e no abuso sexual que ele associava à vida enclausurada. Não admira que *A religiosa* siga sendo a obra mais controversa de Diderot. Há apenas cinquenta anos, quando Jacques Rivette adaptou o livro para o cinema, em 1966, o ministro da Informação do governo Charles de Gaulle censurou o filme por sua combinação de cerimônia religiosa, crueldade e amor lésbico.[18] Ainda hoje, *A religiosa* cutuca um nervo.

Apesar do tom sombrio e desesperado de *A religiosa*, o romance começou como uma travessura. O próprio Diderot contou a seus leitores na *Correspondance Littéraire* as circunstâncias por trás da brincadeira, bem como o subsequente nascimento do romance.[19] Segundo seu relato, ele, Grimm e Madame d'Épinay estavam tristes pelo fato de seu amigo, o afável marquês de Croismare, tê-los deixado para ir morar na sua distante propriedade na Normandia. Um ano depois de sua partida, em 1759, o pequeno grupo de amigos decidiu arquitetar um esquema para atrair o aristocrata de volta à capital. Sabendo muito bem que o marquês interviera em favor de uma freira que havia tentado deixar a irmandade, eles decidiram escrever a Croismare na voz daquela mesma irmã devota, suplicando ao aristocrata de província que viesse a Paris para ajudá-la a sair. Ler as cartas que Diderot enviou a Croismare, bem como as respostas do marquês, tornou-se supostamente a grande atração dos jantares promovidos por D'Épinay em seu château em La Chevrette.[20]

A crer no relato de Diderot, Croismare caiu inteiramente nos apelos da freira inventada. O problema, do ponto de vista dos conspiradores, era que o marquês de bom coração não tinha inclinação alguma a voltar para a capital. Em vez disso, informou à freira que ela deveria tomar uma carruagem até sua propriedade na Normandia, onde ele providenciaria para que ela servisse de governanta para sua filha. Confrontados com a relutância de Croismare em retornar a Paris, e sentindo-se talvez um pouco desconfortáveis pelo fato de o amigo ter feito preparativos especiais, Diderot e seus amigos escreveram um bilhete do senhorio da freira anunciando a morte dela em maio de 1760.[21]

O falecimento de Suzanne não foi o fim da história, porém. Durante os mesmos meses em que os gaiatos estavam escrevendo cartas falsas ao marquês, Diderot começou a esboçar um relato mais detalhado, em primeira pessoa, da vida da freira. Historiar os horrores daquela pobre mulher — que Diderot acabou chamando de Suzanne Simonin — foi, ao que parece, uma experiência de grande impacto. Diderot relata no prefácio do livro que o ator Henri-Louis d'Alainville foi visitá-lo em seu escritório na Rue Taranne quando ele estava redigindo as memórias da freira; ele encontrou o autor "imerso na dor e banhado em lágrimas".[22]

As memórias de Suzanne, a exemplo das cartas que Diderot e seus amigos tinham enviado a Croismare, também estão ostensivamente destinadas ao bondoso marquês. A crônica começa com um resumo do tratamento lesivo que Suzanne recebeu de seus pais e de seus dois irmãos. A primeira entrega de Suzanne à vida no convento, explica ela, veio aos dezesseis anos, depois que informou à mãe que um dos pretendentes à mão de sua irmã estava, na verdade, interessado em cortejar a ela. Quatro dias depois desse episódio, Suzanne se vê atrás dos muros do Convento da Visitação na Rue du Bac, como *pensionnaire* [aluna interna]. Suzanne pensa inicialmente que se trata de uma medida temporária, já que era prática comum na época fazer meninas passarem alguns anos num convento antes de retornar à sociedade para casar. Para sua aflição, porém, ela logo recebe uma visita do conselheiro espiritual de sua mãe, que lhe informa que seus pais supostamente não têm mais dinheiro para um eventual casamento e, portanto, ela não tem outra saída senão vestir o hábito.

Ao final de um período probatório de dois anos, Suzanne permanece firmemente oposta a essa vocação forçada e se recusa a fazer os votos. Tendo constrangido e enfurecido os pais, ela é despachada para casa e trancafiada num quarto por seis meses. Perto do término dessa prisão domiciliar, a mãe de Suzanne revela por que vem tratando a filha de modo tão abominável ao longo dos anos: Suzanne é a filha ilegítima de um affaire ilícito, um lembrete vivo e odioso da infidelidade sexual e da culpa de sua mãe. Apesar do abuso que sofreu por parte de seus pais, Suzanne acaba se solidarizando com a situação difícil da mãe e concorda em voltar ao convento e fazer os votos. Vários meses depois, a outrora relutante Suzanne passa pela cerimônia de tomada de votos num convento diferente, Longchamp, onde ingressa numa comunidade de freiras que dedicam a vida a Deus, mas que continuam sendo mulheres com energia sexual que precisa ser expressada, reprimida ou, às vezes, sublimada em violência e perversão.

Como intérprete da vida monástica, Suzanne é com frequência representante de Diderot, produzindo máximas de tipo filosófico que soam como se tivessem sido redigidas por Voltaire: "uma vida de pobreza é degradante", escreve ela, mas "uma vida apartada da sociedade é depravadora".[23] Por mais que Suzanne seja muito perspicaz em alguns aspectos, é também completamente cega ao desejo homossexual que viceja organicamente em Longchamp, onde ela logo se torna a "favorita" da madre superiora da casa, Madame de Moni.

Líder benevolente e profundamente espiritual, bondosa ao extremo com Suzanne, Moni é conhecida por sua estranha capacidade de evocar o Espírito Santo durante suas orações. Jogando a si mesma e aos circunstantes numa espécie de transe, Moni parece comunicar-se sexualmente com Deus. Suzanne, que descreve a si própria como geralmente impassível, é tudo menos imune às estimulantes sessões de oração de Moni: "As pessoas saíam da sala dela com o coração em chamas, alegria e êxtase irradiando do rosto, e chorando lágrimas tão doces... Penso que também eu poderia atingir tal estado caso me tornasse mais acostumada à experiência".[24] Esse estágio relativamente agradável na vida de Suzanne termina, porém, quando Moni se dá conta de que se apaixonou profundamente por Suzanne, perdendo com isso sua capacidade de se comunicar com Deus.[25] Atormentada pela culpa, Moni se torna melancólica e cada vez mais demente, castigando-se por um pecado não revelado antes de expirar. Suzanne fica perturbada, mas nunca suspeita da verdadeira causa da vergonha de Moni.

A substituta de Moni, Sainte Christine, mostra-se um tipo inteiramente diferente de madre superiora. Empenhada em impor jejuns, vigílias e autoflagelação, a nova diretora do convento instila um regime das piores espécies de superstição. Seu reinado na instituição é sem dúvida a parte mais sombria do livro: um estudo não apenas do modo como a comunidade se volta contra Suzanne, mas também de como o desejo feminino reprimido, do ponto de vista de Diderot, pode assumir a forma de perseguição e violência.

Suzanne entra imediatamente em conflito com essa nova madre superiora impiedosa e austera. Além de ler o Novo Testamento (e pensar por si mesma), Suzanne corajosamente queima seu cilício e joga fora sua disciplina (um açoite de cordas usado para se autoflagelar). Percebida como uma ameaça à autoridade de Sainte Christine, ela logo passa a ser espionada, condenada a passar semanas rezando de joelhos no meio da capela, recebendo apenas pão e água para se alimentar, e trancada em sua cela. Nos meses que se seguem, desenrola-se uma psicose coletiva; atormentar Suzanne se torna "um jogo, uma fonte de diversão para cinquenta pessoas em conluio contra [ela]".[26] Por fim, as freiras do convento rasgam sua roupa, vestem-lhe um manto grosseiro, fazem-na desfilar pelo convento, obrigam-na a passar fome, despojam-na de sua mobília, de seu colchão, de seus sapatos e meias e atiram-na numa cela no porão do prédio. O momento mais emblemático de perseguição vem depois que a madre superiora descobre que

Suzanne registrou um pedido para abandonar Longchamp. Convocando o restante da comunidade para um culto (enquanto Suzanne está confinada em sua cela), Sainte Christine declara que aquela freira insubordinada agora está morta para a irmandade. Suzanne, que consegue escapar de sua cela, narra o que ocorre depois que ela está do lado de fora da capela:

> [Eu] consegui arrombar a fechadura e fui até a porta do coro, que encontrei fechada. [...] Deitei no chão, com a cabeça e as costas apoiadas numa das paredes e os braços cruzados sobre o peito, e com o resto do meu corpo eu me estiquei e bloqueei o corredor quando terminou a cerimônia e as freiras começaram a sair. A primeira parou bruscamente e as outras fizeram o mesmo. A madre superiora presumiu o que havia acontecido e disse: "Passem por cima dela, é só um cadáver".[27]

Suzanne é salva inesperadamente do que parecia ser a morte certa por Monsieur Manouri, o advogado que ela havia contratado para ajudá-la em seu processo. Mediante a intervenção e o apoio financeiro dele, ela logo recebe a notícia de que vai se transferir para seu terceiro e último convento, Sainte-Eutrope, 42 quilômetros ao sul de Paris, em Arpajon. Enquanto sua carruagem se aproxima da imponente construção quadrada, ela se espanta ao ver uma cena altamente contrária às regras: duas ou três freiras encarando-a do alto de cada uma das janelas dos quartos do convento. É, evidentemente, um sinal do que está por vir. Em flagrante contraste com o regime de autonegação e abstinência que ela deixou em Longchamp, em Sainte-Eutrope se rendeu à sedução do desejo.

Pouco depois de chegar, Suzanne conhece a madre superiora de Sainte-Eutrope, que está sentada languidamente na cama e mirando suas pupilas com olhos semicerrados, como um déspota oriental. Suzanne observa enquanto Madame de **** (somos privados do nome verdadeiro da madre superiora) emerge de seu estado sonolento e começa a inspecionar seu harém de freiras:

> Ela não se sentou conosco, mas em vez disso deu a volta na mesa, pousando a mão sobre a cabeça de uma freira, inclinando-a suavemente para trás e beijando-a na testa; erguendo a touca de outra freira, enfiando a mão por baixo dela e inclinando-se contra as costas de sua cadeira; passando por outra freira e, na passagem, deixando uma das mãos roçá-la

ou tocar sua boca; e mordiscando bocados da comida que tinha sido servida e em seguida oferecendo-os para esta ou aquela freira.[28]

Suzanne descreve uma porção de cenas como essa de modo cândido, completamente alheia às implicações sexuais do que está testemunhando ou vivenciando. Apesar do fato de essa narração parecer às vezes meio forçada, a suposta ingenuidade de Suzanne é a ideia mais brilhante do romance. Além de permitir a Diderot delegar a uma cristã sem culpa a denúncia da vida no convento — e não a um ateu como ele próprio —, a ignorância de Suzanne suscita um relato curiosamente distanciado sobre seu próprio despertar sexual. Sem perceber o que acontece enquanto vai conhecendo melhor a madre superiora, a jovem freira só pode descrever as curiosas mudanças fisiológicas que ocorrem em sua nova amiga e em seu próprio corpo. O efeito narrativo, como na "lição de espineta" da madre superiora, produz uma forma peculiar de pornografia, em que o leitor, por intermédio de Suzanne, testemunha o que transcorre do ponto de vista de um objeto sexual desentendido:

> Eu a segui [até sua cela]. Num instante ela havia aberto a espineta, apanhado um livro e puxado uma cadeira, pois se movia velozmente. Eu me sentei. Ela achou que talvez eu estivesse com frio, então tirou uma almofada de uma das cadeiras e a colocou diante de mim, em seguida se curvou, tomou meus pés e pousou-os sobre a almofada; então ela se postou atrás da minha cadeira e debruçou-se nela. De início toquei alguns acordes, depois toquei algumas obras de Couperin, Rameau e Scarlatti. Enquanto eu tocava, ela havia erguido a borda da minha touca, sua mão agora repousava no meu ombro nu e as pontas de seus dedos tocavam meu seio. Ela suspirou, como se se sentisse oprimida, com dificuldade de respirar. A mão que pousara no meu ombro primeiramente me segurara com firmeza, depois, ao contrário, foi como se toda força e toda vida tivessem se esvaído dela, e sua cabeça se recostou na minha. Na verdade, embora enlouquecida, ela era extremamente sensível e tinha o interesse mais profundo em música. Eu nunca conhecera alguém sobre quem a música tivesse um efeito tão extraordinário.[29]

Ao longo dos meses seguintes, Suzanne se torna cada vez mais a fonte do prazer masturbatório da madre superiora. Com o tempo, porém, a madre busca ir além dessa pantomima ao deixar a moça inocente a par do segredo de Sainte-Eutrope. A vida no convento, ela dá a entender a Suzanne, pode ser um lugar de intensa sensualidade, apesar das restrições do ambiente monástico. Só é preciso dar atenção à "linguagem dos sentidos", como define a madre superiora, deixando claro para Suzanne que os corpos têm um modo inato de se expressar e se comunicar uns com os outros.

"Ela toca e canta como um anjo",
gravura de *La Religieuse* de Diderot, 1804.

Suzanne não apenas rechaça esse convite indireto a um relacionamento sexual bem mais explícito, como também acaba falando a seu confessor sobre os estados alterados em que Madame de **** parece entrar quando as duas trocam carícias "inocentes". O medo de que também Suzanne possa logo ceder àquele estilo de vida lésbico está muito presente na sua mente inconsciente; ela descreve o prazer intenso da madre superiora durante os encontros entre as duas como uma "doença", uma enfermidade que ela teme que seja contagiosa. Seu confessor, padre Lemoine, fica igualmente alarmado e instrui Suzanne a evitar a todo custo aquele "demônio".

Tão logo Suzanne começa a evitar a madre superiora, a chefe do convento começa a perceber que cometeu uma transgressão tremenda. A exemplo da Madame de Moni, ela inicia uma lenta descida à loucura: "da melancolia à devoção e da devoção ao delírio".[30] As páginas finais das memórias de Suzanne relatam em detalhes a excruciante histeria da madre superiora. Oscilando violentamente entre seu amor por Suzanne e um sentimento de culpa esmagador, Madame de **** clama por suas antigas amantes, perambula nua pelos corredores, espumeja pela boca, age a esmo, grita obscenidades, açoita o próprio corpo e finalmente sucumbe, convencida de que os espíritos do inferno a estão arrastando para baixo.

Depois que a madre superiora morre, o convento se volta de novo contra Suzanne; ela é imediatamente acusada de ter "enfeitiçado" Madame de ****, de tê-la levado ao pecado mortal e causado sua morte. Confrontada com a perspectiva do mesmo tipo de perseguição que sofrera em Longchamp, ela toma a fatídica decisão de fugir com Don Morel, um confessor solidário que sofreu uma perseguição semelhante sob seus superiores. Sua fuga é mais uma etapa do seu calvário; nas últimas (e bastante desleixadas) páginas do livro, Suzanne descreve uma tentativa de estupro nas mãos do seu pretenso salvador, sua chegada a uma espécie de bordel em Paris, uma temporada numa instituição para mulheres insubordinadas na Rue Saint-Denis e seus últimos dias como lavadeira.

Nos meses depois que *La religieuse* apareceu impressa pela primeira vez, em 1796, tanto os defensores como os detratores do livro estavam de acordo quanto à avaliação de que se tratava da "sátira mais cruel dos conventos jamais escrita".[31] Contudo, por mais contundente e chocante que essa narrativa possa ter parecido aos leitores do século XVIII, Diderot não tinha como alvo nesse livro a fé católica em si; estava, isso sim, condenando a longa tradição de criar uma "seita de virgens" que privava o Estado francês de milhares de cidadãs e de sua potencial descendência. Um desses indivíduos tinha sido, evidentemente, sua irmã mais nova, Angélique, que aos 28 anos perdera o juízo e morrera atrás dos grossos muros de pedra calcária do Convento das Ursulinas em Langres.

Mas, para além dessa conexão aflitiva com a vida de Diderot, seu romance também permitiu ao escritor explorar o que julgava serem os efeitos psicológicos e fisiológicos específicos da clausura sobre a mente e o corpo. A opção de Diderot de limitar sua investigação ao convento de freiras, e não ao mosteiro, não chega a ser uma surpresa. Se, em sua opinião, a reclusão com seres do mesmo sexo levava inevitavelmente à perversão e à degeneração, as mulheres corriam o risco de sofrer um dano muito maior em tais situações por causa do seu útero. *A religiosa* é talvez o primeiro romance "realista" a retratar a presumida influência desse órgão sexual impulsivo, a começar pela própria Suzanne, de resto tão racional, uma mulher que se torna sujeita a desmaios, a surtos temporários de loucura e, por fim, à excitação sexual nas mãos de Madame de ****. A descrição que Diderot faz das outras freiras enclausuradas é ainda mais dramática; quer elas expressem sua energia sexual reprimida em atos sexuais sádicos, quer em atos proibidos, essas mulheres sequestradas parecem marchar em fila para a histeria coletiva. As particularidades da fisiologia feminina, Diderot parecia lamentar, prestavam-se idealmente à loucura do convento.

Sexo no Taiti

Diderot começou a escrever *A religiosa* com 46 anos de idade. Vinte e três anos depois, em 1782, deu os últimos retoques no romance. Muito do tom e uma parte da estrutura dessa narrativa comovente devem ser creditados ao romancista inglês Samuel Richardson, a quem Diderot admirava enormemente, chegando a compor para ele um tributo fúnebre no *Journal Éranger* no final de 1761. Richardson, na opinião de Diderot, tinha aberto as portas para o potencial moral e psicológico da ficção de longo formato, anunciando a era do romance tal como o conhecemos. Os romances do inglês, em vívido contraste com a maioria dos livros pertencente a esse gênero outrora desacreditado, não transportavam seus leitores a lugares distantes habitados por personagens superficiais que levavam vidas improváveis; em vez disso, livros como seu *Pamela, ou A virtude recompensada* (1740) e *Clarissa, ou A história de uma jovem dama* (1747-8) evocavam minúsculos detalhes reconhecíveis da existência humana e pessoas verossímeis cujas histórias expressavam a complexidade e a crueldade da sua existência. Ao escrever *A religiosa*, Diderot não apenas se apoderou do potencial sensacionalista de tal ficção realista; ele acrescentou a ela sua própria inovação: encenar a sexualidade humana da perspectiva de uma narradora em primeira pessoa que era, por incrível que parecesse, frequentemente ignorante dos desejos, perversões e excitações que ela própria estava experimentando.

O sofrimento de Suzanne — que Diderot nos obriga a sentir da perspectiva dela em primeira pessoa — é concebido para inspirar uma aversão às vocações religiosas compulsórias, levando-nos às lágrimas. A segunda abordagem mais famosa do sexo por Diderot, seu *Suplemento à viagem de Bougainville*, não poderia ser mais diferente. Em violento contraste com a perversão sexual e os desejos enterrados do convento, o *Suplemento* nos leva a uma ilha de abertura sexual e sensual — o Taiti —, tentando no processo nos fazer sorrir e gargalhar.

Como muitas das obras mais importantes de Diderot, a série descontraída de diálogos filosóficos que formam o *Suplemento* tem origens modestas. Muitos de seus temas — incluindo suas longas meditações sobre a infidelidade e sobre a inanidade do casamento — brotam de sua experiência pessoal. Mas a verdadeira gênese do *Suplemento* saiu das notas que Diderot tomou enquanto lia o best-seller *Voyage autour du monde* [Viagem ao redor do mundo], de 1771, escrito por Louis-Antoine de Bougainville, presumivelmente para resenhá-lo para a *Correspondance Littéraire*.[32]

O almirante Bougainville, no início dos anos 1770, era um nome familiar. A exemplo do capitão James Cook, esse marinheiro, navegador e matemático não apenas percorreu todo o globo, como escreveu um envolvente relato de suas aventuras enquanto as realizava. Fazendo-se à vela no *La Boudeuse* [A carrancuda] e no *L'Étoile* [A estrela], o almirante e sua tripulação de trezentos homens contornaram a África e seguiram para a Île de France (Maurício), as ilhas do Pacífico Sul, o estreito de Magalhães, na extremidade da América do Sul, e ao longo da costa do Brasil antes de chegar de volta à França. O livro de bordo de três anos (1766-9) é cheio de histórias cativantes de tormentas, escorbuto, terras desconhecidas, mastros tombados e o grupo ocasional de nativos beligerantes.[33] Seus leitores, entre eles Diderot, ficaram mais encantados, porém, com a descrição da chegada de Bougainville ao Taiti.

As tripulações de Bougainville avistaram pela primeira vez as florestas luxuriantes e o terreno montanhoso da ilha em abril de 1768. A terra parecia uma utopia. Quando finalmente montaram acampamento, os homens dormiram pacífica e confortavelmente perto de uma praia cálida e livre de insetos onde o suprimento abundante de comida, rico em vitamina C, rapidamente curou os marinheiros do escorbuto.[34] Mais ainda: os amáveis ilhéus estavam entre os mais amistosos e de boa aparência que eles haviam encontrado em suas viagens. Os homens eram altos, fortes e perfeitamente proporcionados. Na verdade, pareciam muito mais saudáveis que os europeus, vivendo até "uma velhice feliz", nunca perdendo os dentes e raramente ficando doentes.[35] Mas Bougainville ficou mais fascinado pelas notáveis mulheres da ilha, com seus seios e traseiros tatuados, suas grinaldas de flores e sua sexualidade aparentemente desavergonhada.[36] Ele chamou a ilha de Nova Citera, em homenagem à ilha fabulosa onde nasceu Vênus — a deusa do sexo, do desejo, da fertilidade e do amor.[37]

Louis-Antoine de Bougainville, gravura.

O relato de Bougainville é farto em anedotas que faziam rodopiar as mentes europeias do século XVIII (principalmente as masculinas). Quando eram convidados a entrar em vários lares taitianos, seus marinheiros supostamente recebiam como oferenda refeições leves e, com muita frequência, uma garota, que recebia a recomendação de cumprir outros "deveres" junto aos homens.[38] De fato, ao final de seu relato, o próprio Bougainville parecia sugerir que se entregara ao clima do amor enquanto estava na ilha. Como poderia resistir? "O ar que respiramos [aqui], os cantos, as danças que são quase sempre acompanhadas por posturas lascivas, tudo remete imediatamente à doçura do amor, tudo clama para que capitulemos a ele."[39]

Diderot também caiu sob o encanto da vida no Taiti. Ao começar a escrever seu "suplemento" ao livro de Bougainville, ele imaginou as possibilidades de um mundo onde convenções religiosas espúrias não interferissem no chamado mais elevado da natureza. Para dar forma e sabor a suas ideias, encenou uma discussão entre dois homens espirituosos e inquisitivos ("A" e "B") que leram o livro de Bougainville. Sua conversa inicial evolui rapidamente: os homens debatem como pessoas vieram a habitar as ilhas isoladas que Bougainville e sua tripulação encontraram no Pacífico Sul, como surgiu a moralidade naquelas terras remotas e como a configuração física dos continentes indica que devem ter se descolado e flutuado ao sabor das águas. Então eles voltam a atenção para um manuscrito supostamente não publicado que descobriram entre as páginas do livro de viagem de Bougainville e que está cheio de "conversas" registradas sobre os temas da natureza, do colonialismo e das relações entre a moral e a sexualidade humana. Ao debruçar-se juntos sobre esse documento, os dois homens frequentemente interrompem a narrativa para discutir as implicações do que estão lendo.

A primeira parte do manuscrito perdido traz um discurso feito por um velho taitiano que invectiva contra o que prevê como as consequências nefastas inevitáveis do colonialismo e da exploração — um discurso presciente, se já houve algum. Conclamando seus conterrâneos ilhéus a se rebelarem, ele antevê uma era de novas doenças, escravidão e talvez até a aniquilação dos taitianos: "Chorem, taitianos infelizes, chorem — mas pela chegada desses homens perversos e vorazes, não pela sua partida! Chegará o dia em que vocês saberão quem eles de fato são. Um dia eles vão retornar, trazendo numa das mãos um pedaço de madeira [uma cruz] que vocês veem pendurada no cinto deste aqui, e na outra o pedaço de ferro [uma espada] que pende ao lado de seu companheiro".[40]

Depois dessa diatribe antieuropeia — um dos primeiros momentos verdadeiramente pós-coloniais na literatura francesa —, chegamos à fascinante questão da sexualidade taitiana. O foco da discussão a essa altura não são os taitianos em si, mas um capelão francês de 35 anos que navegou até a ilha com a tripulação do navio. A exemplo do que ocorre com os outros marujos, ficamos sabendo que o religioso é designado para viver com uma família da ilha, em seu caso na casa do respeitado patriarca Orou. Previsivelmente, os votos de abstinência sexual do capelão serão postos à prova naquele lar acolhedor até demais:

> A família de Orou consistia em sua esposa e três filhas, chamadas Asto, Palli e Thia. As mulheres despiram seu hóspede, lavaram seu rosto, suas mãos e pés e colocaram diante dele uma refeição revigorante, ainda que

frugal. Quando ele estava prestes a ir para a cama, Orou, que se retirara com sua família, reapareceu e presenteou-o com sua esposa e suas meninas — todas nuas como Eva —, dizendo-lhe: "Você é jovem e saudável e acabou de ter uma boa refeição. Quem dorme sozinho dorme mal; à noite um homem precisa de uma mulher a seu lado. Aqui está minha mulher e aqui estão minhas filhas. Escolha a que lhe agrada mais, mas, se quiser me fazer um favor, dará preferência a minha menina mais nova, que ainda não teve filhos" [...]. O capelão respondeu que sua religião, suas ordens sagradas, seus padrões morais e seu senso de decência impediam-no de aceitar o convite de Orou.[41]

A isso, Orou retruca "inocentemente":

> Não sei o que é isso que você chama de "religião", mas só posso ter uma opinião negativa a respeito, pois ela proíbe você de tomar parte de um prazer inocente ao qual a Natureza, a senhora soberana de tudo, convida todo mundo. [Essa religião] parece impedi-lo de trazer uma de suas criaturas semelhantes ao mundo. [...] Veja a mágoa que você fez aparecer no rosto destas quatro mulheres — elas temem que você tenha notado algum defeito nelas que suscitou a sua aversão.

Esperando não ofender seus amáveis anfitriões, o capelão gagueja uma resposta que os taitianos não compreendem — ele fez um voto de celibato a seu Deus e a sua religião: "Não é isso: todas as quatro são igualmente lindas: mas minha religião! Minhas ordens sagradas!".

Pouco depois, claro, a tentação acaba vencendo o pobre sacerdote e ele se rende ao inevitável:

> A Providência jamais expusera [o capelão] a uma tentação tão forte. Ele era jovem, estava excitado, estava em tormento. Desviou os olhos das quatro adoráveis suplicantes, depois deixou o olhar voltar para elas. Ergueu as mãos e o semblante em direção ao Céu. Thia, a mais jovem das três moças, abraçou-o pelos joelhos e lhe disse: "Forasteiro, não decepcione meu pai e minha mãe. Não me decepcione!" [...]. O pobre capelão registra que ela apertou suas mãos, fitou-o nos olhos com o olhar mais expressivo e comovente, que ela chorou, que o pai, a mãe e as irmãs saíram, deixando-o sozinho com ela, e que, apesar de repetir "Mas minha

religião, minhas ordens sagradas", ele despertou na manhã seguinte e encontrou a garota deitada ao seu lado. Ela o afogou em mais carícias.[42]

No dia seguinte, Orou e sua esposa estão encantados com a "generosidade" do capelão. Orou, mesmo assim, pede que seu hóspede lhe explique por que seu Deus faria objeção a algo tão maravilhoso e natural. Ainda que essa pergunta pareça inicialmente bastante ingênua, no fim de sua discussão com o capelão o taitiano o está instruindo, tal como faria um filósofo do Iluminismo. Que tipo de divindade, Orou pergunta argutamente, criaria decretos morais (como a castidade e o casamento indissolúvel) que são a um só tempo despropositados, contraproducentes e impossíveis de serem cumpridos? "Acho que esses preceitos são contrários à natureza e contrários à razão. Penso que são calculados admiravelmente para aumentar o número de crimes e para dar um aborrecimento sem fim a [Deus]. [...] Acredite no que estou dizendo, vocês reduziram seres humanos a uma condição pior que a dos animais. Não sei o que seu grande artífice é, mas estou muito feliz por ele nunca ter falado a nossos antepassados, e espero que nunca venha a falar a nossos filhos..."[43]

Depois de depreciar o estado absurdo e triste da sociedade europeia e seu ilogicamente "grande artífice", Orou descreve os costumes sexuais superiores do Taiti, baseados na natureza. De acordo com Orou, não há vergonha, crime ou culpa associados ao ato sexual. As mulheres, em particular, não podem perder sua "honra" por fazer sexo, porque não há honra alguma na castidade. Quanto ao casamento, também ele é baseado nas inclinações naturais da espécie. Longe do fardo perpétuo que o casamento significa na Europa, esposas e maridos são livres para mudar de parceiros depois de um mês.

Todas essas convenções fora do comum estão ligadas à preocupação primordial do Taiti: produzir filhos. A Vênus do Taiti é uma "Vênus fértil", como Orou a define, não a Vênus coquete da Europa. Os efeitos dessa ética orientada para fazer filhos moldam cada aspecto da vida na ilha. O infanticídio, um fato amplamente difundido na Europa do século XVIII, é impensável na ilha porque cada criança é vista como um tesouro nacional. A importância da fertilidade determinava até os padrões estéticos do Taiti. Para enfatizar esse ponto, Orou conta a história de uma taitiana feia que encontra uma amiga de boa aparência: "Você é linda o bastante", a primeira mulher diz para a amiga de aparência melhor, "mas os filhos que você dá à luz são feios; eu sou feia, mas meus filhos são lindos, por isso os homens me preferem".[44]

Essa obsessão pela fertilidade se estende para muito além do terreno estético. Uma vez que os taitianos acreditam universalmente que todo contato sexual deve ser produtivo, suas regras excluem os inférteis da economia sexual: meninas impúberes usam véus brancos para sinalizar sua indisponibilidade; mulheres que estão menstruando devem usar um véu cinza; e mulheres estéreis ou que passaram da idade da fertilidade devem se adornar com um véu preto para afastar potenciais pretendentes. Restrições semelhantes se estendem a rapazes também; até que a comunidade adulta determine que o fluido seminal de um rapaz atingiu uma certa qualidade, ele deve vestir uma túnica e uma corrente, e não cortar a unha do dedo médio da mão direita.[45]

O fato de a fertilidade ser a consideração fundamental em matéria de ética também explica as concepções taitianas sobre incesto e adultério. Essa discussão é, de longe, o momento mais audacioso do livro:

O CAPELÃO: Pode um pai dormir com sua filha, uma mãe com seu filho, um irmão com a irmã, um marido com a esposa de outro?

OROU: Por que não?

CAPELÃO: Ora! Sem falar da fornicação, o que dizer do incesto, do adultério?

OROU: O que você quer dizer com essas palavras, *fornicação*, *incesto* e *adultério*?

CAPELÃO: São crimes, crimes horríveis pelos quais as pessoas são queimadas na fogueira em meu país.

OROU: Bem, se eles queimam ou não no seu país não me diz nada. Mas você não pode condenar os costumes da Europa por não serem os do Taiti, nem nossos costumes por não serem os da Europa. É preciso um critério de julgamento mais confiável do que esse. E qual seria ele? Você conhece algum que seja melhor que o bem-estar geral e o proveito individual? Bem, então agora me diga de que maneira o seu crime do *incesto* é contrário a esses dois propósitos da nossa conduta; se você julga que tudo está determinado de uma vez por todas porque uma lei foi promulgada, porque uma palavra infamante foi inventada e uma punição estabelecida — por que não me diz o que quer dizer com incesto?[46]

Previsivelmente, os comentários despreocupados de Diderot sobre incesto escandalizaram um certo segmento da população quando apareceram impressos em 1796. Seus críticos mais severos o acusaram maldosamente de legitimar a prática com o intuito de justificar seu amor pela própria filha, Angélique.[47] Leitores mais sutis compreenderam que Diderot simplesmente criara uma ilha-laboratório, um experimento mental tropical destinado a nos fazer rir e pensar.

Somos todos hermafroditas

A viagem imaginária de Diderot ao Taiti lhe permitiu sondar alguns dos duradouros tabus sexuais de seu tempo. Uma exceção notável, porém, era o assunto da homossexualidade. Lidar com a questão do desejo pelo mesmo sexo simplesmente não fazia sentido no contexto daquela ilha voltada para a procriação. Se os taitianos fictícios de Diderot fossem confrontados com a prática em sua ilha, certamente a teriam descartado como uma forma improdutiva de libertinagem — um desperdício de tempo, energia e precioso fluido seminal.

O sexo homossexual levantava questões mais sérias na própria França. Classificados lado a lado com o bestialismo, encontros entre o mesmo sexo eram considerados um crime "contra a natureza", um vício repugnante, um pecado contra a lei de Deus. O código penal francês de fato determinava que os sodomitas (isso incluía mulheres) fossem queimados na fogueira, quer seus crimes fossem cometidos *cum bestia*, *inter masculos* ou *inter foeminas*.[48] A última execução de homossexuais na França teve lugar em julho de 1750, quando um sapateiro chamado Bruno le Noir e um empregado chamado Jean Diot foram mortos por estrangulamento antes de ser reduzidos a cinzas na Place de Grève.[49]

Filósofos travaram guerra contra várias formas de intolerância durante a época, mas a perseguição a homossexuais não estava entre elas. Na verdade, em sua função de editor da *Encyclopédie*, Diderot seguiu a longeva tradução de rotular os atos homossexuais como imorais e aberrantes. Tal é o caso no artigo anônimo "*Tribade*" ("Lésbica"), que provavelmente o próprio Diderot escreveu. Além de definir uma lésbica como uma "mulher que tem paixão por outra mulher", esse verbete especifica cuidadosamente que tais atos constituem "um tipo estranho de depravação tão inexplicável quanto a que faz um homem se excitar por outro".[50]

Um artigo como *"Tribade"* está em franco contraste com escritos mais substanciais de Diderot sobre a questão da homossexualidade, todos eles mantidos em forma manuscrita durante sua vida. Diderot encenou sua meditação mais radical sobre os desejos pelo mesmo sexo durante a última cena de *O sonho de D'Alembert*. Ali, enquanto tomam um digestivo pós-jantar, Mademoiselle de l'Espinasse e o dr. Bordeu flertam com uma teoria do prazer sexual inteiramente livre de restrições religiosas, morais e reprodutivas.

Bordeu — como clínico geral — começa essa conversa sublinhando a utilidade da masturbação tanto para homens como para mulheres. Conforme ele explica, ambos os sexos podem sofrer com a repressão e os excedentes potencialmente deletérios de energia sexual. Depois de dizer alegremente que às vezes a pessoa precisa simplesmente "dar uma mão à natureza", ele passa para a questão de outros atos sexuais não procriativos, incluindo aqueles entre membros do mesmo sexo.[51] A objeção de Mademoiselle de l'Espinasse de que tal cópula é "contra a natureza" enseja uma resposta peremptória de Bordeu que está entre as afirmações mais ousadas de todo o corpus de Diderot: "Nada do que existe pode ser contrário à natureza ou exterior a ela...".[52] A atração sexual e o amor pelo mesmo sexo são inteiramente naturais, de acordo com esse princípio, por força do simples fato de existirem.

A discussão intelectualmente livre entre Bordeu e De l'Espinasse prefigura mudanças no entendimento da sexualidade humana que só viriam a circular no século XX. Embora Bordeu se dissocie cuidadosamente da prática real da homossexualidade, e até atribua a atração pelo mesmo sexo a uma série de condições patológicas (por exemplo, "anormalidade do sistema nervoso em pessoas jovens, enfraquecimento do cérebro nas idosas", "uma escassez de mulheres" ou "o medo da sífilis"), ele com efeito lhe concede um lugar no mundo natural. Isso é particularmente verdadeiro quando se considera uma das outras explicações do médico para atos homossexuais: às vezes eles acontecem simplesmente por causa do "poder sedutor da beleza".[53]

O próprio Diderot aparentemente considerou esta última possibilidade ao longo da sua vida. No final dos anos 1750 e início dos 1760, ele passou meses saboreando e ao mesmo tempo temendo o relacionamento que supunha existir entre Sophie Volland e sua tentadora irmã mais nova, Marie-Charlotte (uma história à qual retornaremos). Mas Diderot também admitira cautelosamente em 1762 que ele se sentira atraído por outro homem. Essa confissão um tanto camuflada veio à tona durante uma discussão mais ampla sobre o efeito que uma honestidade total teria sobre as cartas que estava enviando a Sophie, sua então amante e confidente:

> Minhas cartas são uma história razoavelmente precisa da minha vida. [...] Seria necessário um bocado de coragem para nada esconder. A pessoa talvez admita mais prontamente o planejamento de um grande crime do que um obscuro sentimento pequeno, depravado e ininteligível. Talvez custe menos escrever no diário: "Desejei o trono à custa daquele que hoje está sentado nele" do que escrever: "Um dia, quando estava no banho público em meio a um grande número de rapazes, notei um homem de surpreendente beleza, e não pude me impedir de abordá-lo".[54]

Seria um exagero afirmar que Diderot era, ele próprio, um homossexual, ou que essa cena é uma "confissão velada" de bissexualidade "silenciada pela vergonha e pelo medo".[55] No entanto, é decerto verdade que Diderot reconhecia a possível atração de corpos masculinos, particularmente nas resenhas do salão. Sua exploração mais famosa (e blasfema) do desejo pelo mesmo sexo se encontra nas *Notas sobre a pintura*, em que ele reimagina a cena do casamento em Canaã, na Galileia, em que Jesus celebremente transformou a água em vinho. Evocando um Cristo embriagado, o filósofo passa a descrever o dilema bissexual da Divindade, que acaricia ao mesmo tempo os seios de uma das damas de honra e as nádegas de São João, "indeciso sobre se permaneceria fiel ao apóstolo do queixo sombrio".[56]

Quaisquer que fossem as inclinações reais de Diderot, sua orientação filosófica o levou a reconsiderar tanto as normas sexuais como a imutabilidade das categorias de gênero. Um pouco dessa postura liberal talvez provenha diretamente de sua compreensão da anatomia sexual. No fim dos anos 1760, Diderot estava não apenas convencido de que os dois sexos compartilhavam estruturas anatômicas comuns ainda dentro do útero, mas de que as próprias categorias de gênero também haviam emergido de um passado biologicamente fluido em que, como ele expressou em *O sonho de D'Alembert*, "talvez o homem fosse apenas uma forma extravagante de mulher, ou talvez a mulher fosse uma forma extravagante de homem".[57]

A crença de Diderot de que as categorias de homem e mulher não eram tão nítidas quanto a maioria das pessoas acreditava era levada para seus próprios relacionamentos. Ele com frequência chamava Sophie de hermafrodita por reconhecer sua capacidade supostamente masculina de argumentar. Mas ele também usava a mesma palavra num sentido aparentemente mais literal para descrever seu estimado camarada Melchior Grimm. Em duas cartas que enviou a Falconet, Diderot explicou como Grimm ganhou esse apelido. Na primeira, Diderot disse que Grimm "combinava a graça e a elegância de um sexo com a força do outro".[58] Na segunda, especificou que "a pessoa que amo, aquela que tem a suavidade de contornos de uma mulher e, quando quer, os músculos de um homem; essa rara mistura da Vênus de Médici e do Gladiador; meu hermafrodita [...] é Grimm".[59]

Grimm e Diderot, desenho.

Como, exatamente, esse relacionamento efusivo e aparentemente erótico se desenvolvia no dia a dia aparece numa carta que Diderot enviou a Sophie quase oito anos antes. Na época, Grimm estivera ausente de Paris por oito meses.

Que prazer ver Grimm e tê-lo de volta. Com que entusiasmo abraçamos um ao outro. Eu não conseguia falar, ele também não. Beijamo-nos sem dizer palavra, e eu estava chorando. Tínhamos desistido de esperá-lo para jantar. Estávamos todos na sobremesa quando ele foi anunciado: "É Monsieur Grimm, é Monsieur Grimm!", repeti com um grito agudo ao me levantar. Corri para ele, enlacei seu pescoço com meus braços. Ele se sentou, e não comeu muito, acho. Quanto a mim, não conseguia abrir a boca, nem para comer, nem para beber, nem para falar. Ele estava junto a mim. Eu segurava sua mão e olhava para ele. [...] [Os outros] tratavam-nos como um amante e sua amante pelos quais se devia ter respeito.[60]

O dramaturgo e arquiteto Louis de Carmontelle capturou esse momento ou outro semelhante num desenho de cerca de 1760 que fez para os dois amigos. É difícil deixar de notar a corrente erótica subterrânea da conexão entre os dois.

Entre os muitos encantos de ler Diderot enquanto ele navega pelas águas turvas da sexualidade do século XVIII (incluindo a dele próprio) está o fato de que ele teve a coragem de se distanciar das normas e crenças aceitas em sua época. Como seria de esperar, quando o *Suplemento*, o *Sonho* e *A religiosa* se tornaram conhecidos no curso do século XIX, críticos conservadores atacaram o escritor pelo que consideravam sua orientação filosófica desprezível quanto ao sexo, uma orientação em que o bestialismo, a homossexualidade e a fornicação não tinham diferença conceitual alguma das relações sexuais sancionadas pela Igreja. Entretanto, apesar de as ideias provocadoras de Diderot sobre sexo buscarem questionar a força repressora que a moral cristã exerce sobre a humanidade, sua meta raramente era espicaçar ou derrubar os costumes estabelecidos; era, antes, incitar-nos a levar em consideração um entendimento mais completo de nossa natureza enquanto seres sexuais. Isso, como ficaria claro, era muito mais fácil e agradável para Diderot do que lidar com sua própria vida amorosa.

10.
Sobre o amor

Como muitas pessoas que chegam à meia-idade, Diderot às vezes olhava retrospectivamente com nostalgia para suas escapadas sexuais mais memoráveis. Talvez a mais preciosa e excitante delas tenha sido um caso com uma vizinha, com quem ele se envolveu antes de se casar com Toinette. Ao narrar esse episódio a uma amiga anos depois, quando já não era mais que uma lembrança distante, Diderot enfatizou a liberdade física e o esplendor da juventude:

> Aonde foram parar os dias em que eu tinha longos cabelos esvoaçando ao vento? Pela manhã, eu abria o colarinho da camisa e tirava minha touca de dormir, e meu cabelo caía solto em grandes cachos desarrumados sobre meus ombros pálidos e macios. Minha vizinha, que levantava cedo e saía do lado do marido, abria então as cortinas e se refestelava com a vista, algo de que eu estava bem consciente. Era assim que eu a seduzia de um lado a outro da rua.[1]

O decoro ditava que Diderot se abstivesse dos detalhes subsequentes da relação: ele não faz menção às conversas insinuantes, ao primeiro beijo, à inevitável relação sexual, nem ao pobre marido traído. Em vez disso, desperta a si mesmo desse devaneio para lamentar o quanto sua vida mudou desde aqueles dias despreocupados: "Tudo isso acabou", suspira ele palpavelmente, "meus cabelos louros, a candura, a inocência".[2] A lição é de *carpe diem*, ou talvez de a juventude ser desperdiçada com os jovens, mas há outro conto moral embutido aí: por mais triste que seja observar um corpo viçoso se curvar e murchar, a decepção mais devastadora é deixar de sentir a excitação de ser desejado por outra pessoa. Essa triste situação se tornara o caso para Diderot, ao menos no seu apartamento da Rue Taranne.

Repetidas vezes Diderot expressou dois grandes arrependimentos em sua vida. O primeiro foi ter desperdiçado seus melhores anos labutando na *Encyclopédie* e seus 74 mil artigos. O segundo foi ter se casado com uma mulher perpetuamente rabugenta; dos dois erros, ele talvez lamentasse mais o segundo. Embora pensasse e escrevesse um bocado a respeito de sexo — sem falar do fato de que nossa responsabilidade primordial na vida é ser feliz —, o Diderot de carne e osso frequentemente sentia que seu casamento era uma incumbência brutal.

Tanto Voltaire como Rousseau tinham evitado o fardo do casamento, cada um a seu modo. Voltaire optou por se contentar com uma série de amantes duradouras, mais notavelmente a brilhante intelectual Émilie du Châtelet e, mais tarde, sua própria sobrinha, Marie Louise Mignot. Rousseau tinha sido ainda mais inflexível em sua rejeição do jugo do casamento. Embora tenha passado grande parte da vida com Thérèse Levasseur, e tenha por fim se rendido a um casamento informal e inválido com a ex-lavadeira aos 56 anos de idade, ele não só rejeitava qualquer relacionamento formalizado entre homem e mulher, como chegou a obrigar a companheira a abandonar seus cinco filhos. Cerca de um século mais tarde, Friedrich Nietzsche colocou em palavras o modo como Rousseau e Voltaire tinham vivido suas vidas. Em sua visão, um filósofo eficiente e bem-sucedido deveria evitar a todo custo todas as alianças convencionais e embaraçadoras dos movimentos.[3] Um "filósofo casado", dizia ele, "pertence à comédia".[4] Esse, evidentemente, foi o destino de Diderot; ao se casar com Toinette Champion em 1743, ele se moldou como uma versão melancólica de seu próprio *O pai de família*.[5]

Amor juvenil

Quando se apaixonou por Toinette, aos 28 anos, Diderot a adorava com todo o seu ser. No entanto, já então era flagrantemente óbvio que eles tinham quase nada em comum. Enquanto ela era pouco instruída, de cabeça fechada e devota, ele era erudito, de espírito aberto, impenitente e hedonista. Desde cedo no namoro, Toinette aparentemente compreendeu essas diferenças melhor do que seu futuro marido. Embora suas cartas a Diderot a respeito do assunto tenham se perdido, as respostas que ele enviou a Toinette refletem a intensa angústia dela quanto ao relacionamento dos dois. Em fevereiro de 1742, um ano antes do casamento, ele roga a ela que acredite em seu amor: "Você será a mais injusta das mulheres se continuar a suspeitar da sinceridade das minhas promessas".[6] Em outra carta que escreveu presumivelmente pouco tempo depois, ele não apenas declara eterno o amor entre os dois, mas também explica que não é mais o homem sexualmente desenfreado que saía seduzindo vizinhas: "Posso ter merecido a qualificação de jovem libertino, mas o fogo que queima em tais pessoas é feito de palha, arde fugazmente pela esposa de um vizinho e em seguida se extingue para sempre. Mas o fogo [que incendeia o coração] de um homem honesto — um nome que agora mereço porque você me tornou bom — nunca se extinguirá".[7]

A devoção de Diderot a Toinette se extinguiu, porém. Uns três anos mais tarde, ele se apaixonou por Madame de Puisieux, a autora feminista e colega livre-pensadora. Sabemos pouco sobre esse relacionamento, presumivelmente porque Diderot destruiu sua correspondência com Madeleine por medo que caísse nas mãos de Toinette. Entretanto, podemos supor facilmente o que ele sentia em relação a essa *femme de lettres* a partir de uma descrição tênue e velada dela que ele inseriu furtivamente em seu *O passeio do cético*, de 1747:[8] "Ela era loura [...] e tinha uma cintura fina e leve que vinha junto com um bocado de opulência. Nunca vi cores mais vibrantes, pele mais vivaz, uma carnadura mais bela. Penteada com simplicidade, e usando um chapéu de palha riscado de cor-de-rosa, seus olhos cintilantes irradiavam apenas desejo. Sua fala revelava uma mente exuberante; ela adorava raciocinar".[9]

O tempo que Diderot passou com Madeleine durante esses primeiros anos teve compreensivelmente um custo para o seu casamento. Ausências frequentes, desculpas e sua infidelidade óbvia alimentaram as inseguranças de Toinette e, cada vez mais, sua fúria. De acordo com numerosos relatos, Toinette possuía (ou logo adquiriu) uma tendência desafortunada aos surtos de ira, e não apenas com o marido. Numa ocasião documentada, em abril de 1750, ela teve uma briga violenta com uma empregada no apartamento deles na Rue de la Vieille Estrapade. De acordo com um relatório policial da época, "Madame Diderot" acusou a doméstica, uma certa Marguerite Barré, de ser "insolente". (Somos tentados a imaginar, evidentemente sem prova alguma, que o ciúme pode ter sido o motivo do episódio.) Depois de uma discussão feroz, Toinette, segundo consta, perseguiu a criada rua afora, esmurrou-a, chutou-a e puxou-a pelos cabelos antes de bater sua cabeça contra um muro de pedra, causando um talho profundo.[10] A queixa formal, que Barré prestou ao comissário da prisão de Châtelet, registrava que a vítima perdera grande quantidade de sangue. Acrescentava que ela precisou dos cuidados de um médico que, segundo o procedimento padrão, fez uma incisão em seu braço e a sangrou um pouco mais.

Esse não foi o único exemplo de uma violência atribuída a Toinette. Em algum momento de 1751, a esposa de Diderot supostamente teve uma altercação com Madame de Puisieux. Ainda que esse relato específico possa ter sido romanceado (ou inteiramente fabricado), consta que a ex-amante de Diderot estacionou sua carruagem diante do apartamento do filósofo na Rue de la Vieille Estrapade com a intenção de repreender Toinette por obrigar o marido a dar um fim no seu affaire. Interpelando Madame Diderot, que estava então na janela do segundo andar, Madeleine teria indicado os seus dois próprios filhos (que não eram filhos de Diderot) e gritado: "Olhe aqui, Madame Macaca, dê uma olhada nessas duas crianças; elas pertencem ao seu marido, que nunca lhe concedeu a honra de fazer o mesmo para a senhora".[11]

De acordo com o relato desse episódio num jornal holandês chamado *La Bigarrure*, Toinette desceu correndo as escadas e se lançou contra a antiga amante de Diderot, dando início à "mais vigorosa e burlesca luta já ocorrida entre duas mulheres". Depois de vários minutos, a briga aparentemente ficou tão brutal que membros da multidão decidiram interrompê-la — e fizeram isso despejando vários baldes de água sobre as mulheres. O jornalista que relatou esse episódio perturbador da vida de Diderot deleitou-se claramente ao informar a seus leitores que o famoso filósofo permaneceu enfurnado em seu escritório durante toda a escaramuça, preferindo "escrever alguns pensamentos filosóficos e morais sobre os prazeres do casamento e o caráter das mulheres" a entrar na refrega.[12]

Seja verdadeiro ou não esse episódio específico, o temperamento violento e a irritabilidade de Toinette oprimiam Diderot pesadamente. Incapaz de remediar por conta própria a situação, ele parece ter delegado a tarefa a outros. Em 1752, quando Toinette viajou sozinha a Langres para visitar os sogros, Diderot escreveu em segredo a Madame Caroillon La Salette, sua amiga de infância da cidade, e lhe pediu que levasse a Toinette um conselho amigável: ser mais benevolente e cortês com seu marido.[13] Em outra ocasião, em 1750, depois de atravessar uma brutal "luta doméstica que ainda estava soltando faíscas", Diderot tomou a iniciativa altamente inabitual de procurar o antigo conselheiro espiritual de Toinette, insistindo para que ele informasse a sua esposa que, se a atmosfera na casa não melhorasse, ela iria parar no olho da rua.[14] É digno de nota que Diderot não tenha ousado transmitir pessoalmente essa mensagem.

Apesar do infortúnio de sua vida doméstica, Diderot jamais desistiu de todo de seu casamento. Isso ficava particularmente evidente em épocas de desespero. Em 1762, quando Toinette caiu gravemente enferma, tossindo sangue, ele cuidou de todas as suas necessidades durante seis semanas. Em outra ocasião, quando ela estava sofrendo uma terrível crise de ciática que a mantinha presa à cama, ele passava horas aplicando-lhe massagens. De modo talvez ainda mais revelador, Diderot saía em sua defesa quando as pessoas zombavam dela. Certa ocasião, quando o abade Morellet, amigo de Diderot, imitou o modo de falar inculto de Toinette durante um jantar na casa de D'Holbach, Diderot informou ao engraçadinho que, se ele não parasse imediatamente, poderia ser atirado janela afora.[15]

Boa parte da energia emocional que Diderot dedicava a sua família, de todo modo, ia para sua filha, Angélique. Desde a mais tenra idade da filha, ele tinha a esperança de poder impedir Toinette de encher sua cabeça com as tolices e vacuidades religiosas que a *Encyclopédie* estava atacando.[16] No interesse da (relativa) paz doméstica, porém, Diderot se contentava com pequenas vitórias: manter Angélique fora do convento para o qual Toinette e seu próprio irmão Didier-Pierre tinham conspirado enviá-la; levar a filha para fazer longas caminhadas em que conversavam sobre ética e filosofia; e certificar-se de que ela tivesse uma educação relativamente progressista. Além de providenciar aulas de música para ela — de acordo com um musicólogo inglês de passagem por Paris, a moça se tornara uma das melhores espinetistas da cidade quando tinha dezoito anos —, Diderot lhe preparou uma educação sexual notável e muito inusual. Pouco antes de Angélique se casar com Abel François Nicolas Caroillon de Vandeul na igreja de Saint-Sulpice, ele decidiu prepará-la psicologicamente para "o leito nupcial" e para uma vida saudável e feliz como mulher casada. Para isso, Diderot pediu à famosa anatomista Mademoiselle Marie-Catherine Biheron, sua amiga, que instruísse Angélique nas sutilezas da sexualidade feminina, mostrando-lhe alguns dos modelos de cera que Biheron criara para seu pequeno museu de anatomia. Expor a uma jovem o funcionamento de seus próprios órgãos sexuais era, na época, uma ideia nada convencional, para dizer o mínimo.

Diderot considerava tais deveres paternos inteiramente distintos daqueles que ele assumira como marido, e com certeza muito mais vitais. Por pelo menos trinta dos quarenta anos em que esteve casado com Toinette, ele não apenas negligenciou o compromisso que havia assumido com ela, mas lamentou não ter outro tipo de esposa, uma esposa que tolerasse uma sequência de infidelidades sem nunca cometer, ela própria, o mesmo pecado. Fiel à sua época, Diderot nunca admitiu esse duplo padrão sexual em sua vida. Tampouco reconheceu que seu próprio comportamento deva ter contribuído para a rabugice de Toinette. Mas se condenava severamente por não ter sido capaz de compartilhar sua vida com a única mulher que ele parece ter amado de verdade, Sophie Volland.

Histórias de amor

Como conciliar o inegável desejo carnal de sexo e amor com as restrições do casamento foi algo que preocupou Diderot ao longo de toda a sua carreira. Quando levantava a questão como filósofo, com frequência sugeria que os impulsos sexuais da humanidade não podiam se harmonizar com a ordem e o bem-estar da sociedade civil tal como ela existia na Europa.[17] Antecipando muito do que Freud diria em *O mal-estar na civilização*, ele lamenta o fato de que nos defrontamos constantemente com escolhas sexuais e morais que nos dilaceram e nos separam de nossa verdadeira natureza.

Em sua vida pessoal, Diderot tentava se esquivar desse conflito. Ainda que certamente lamentasse algumas das escolhas que fez em sua vida amorosa, nunca manifestou culpa quanto a seu desejo por mulheres fora do casamento. Mesmo a versão santarrona e pudica de si mesmo que encontramos em *O sobrinho de Rameau* sente a atração e a gratificação de ceder ao desejo sexual. Se *Moi* declara gravemente que o ato sexual empalidece em comparação com as verdadeiras gratificações da vida — ajudar os desventurados, escrever uma página de "boa prosa" ou sussurrar verdades ternas à mulher que se ama —, esse mesmo Diderot-personagem proclama que "também tenho coração e olhos, e amo ver uma mulher bonita, gosto de sentir nas mãos a carne firme e arredondada de seus seios, pressionar meus lábios nos seus, sentir-me excitado quando olho no fundo de seus olhos e desfalecer de prazer em seus braços".[18]

A única história de amor verdadeira de Diderot começou três ou quatro anos depois que ele e sua primeira amante, Madame de Puisieux, tinham se separado. A bem da verdade, Jean-Jacques Rousseau foi em parte responsável por essa aventura. Em algum momento da primavera de 1755, Rousseau apresentou Diderot, então com 42 anos, a uma dupla de irmãos abastados, Nicolas Vallet de La Touche e Pierre Vallet de Salignac, este último ocupante do importante posto de *receveur de finances* [ministro das Finanças] para o duque d'Orléans. Pouco tempo depois, Vallet de Salignac convidou Diderot a visitar o apartamento de sua sogra na elegante Rue des Vieux-Augustins, perto do Palais Royal. Foi lá que Diderot veio a conhecer a duas vezes viúva Élisabeth Françoise Brunel de La Carlière e suas três filhas.

As filhas de Madame de La Carlière haviam nascido todas durante seu primeiro casamento, com Jean-Robert Volland, o rico diretor do impopular imposto sobre o sal.[19] Na época em que Diderot conheceu a família, a filha mais velha, Marie-Jeanne Volland, já estava casada com o mencionado Pierre Vallet. Marie-Charlotte, a caçula da família, havia casado com um proeminente arquiteto chamado Jean-Gabriel Le Gendre. Mas a filha do meio era uma solteirona de 38 anos, frágil, de óculos, inteligente ao extremo e quase sempre melancólica. Era Louise-Henriette Volland, a mulher que se tornaria possivelmente a pessoa mais importante na vida de Diderot.

Hoje conhecemos Louise-Henriette pelo cognome de inspiração grega que Diderot lhe deu: Sophie, que evocava sua *sabedoria*. Ao longo de trinta anos, Diderot enviou a Sophie Volland 553 cartas, das quais 187 sobrevivem. Essas mensagens íntimas e frequentemente muito cândidas são sem dúvida a maior janela para a vida privada de Diderot. Além de conter uma tremenda quantidade de mexericos da era iluminista relacionados a seus amigos e parceiros — seus altos e baixos com Rousseau, Grimm, D'Holbach e o projeto da *Encyclopédie* —, as cartas a ela também revelam suas aspirações, projetos não realizados e tormentos emocionais complicados.

Grande parte do que deve ter sido uma correspondencia de mil cartas foi destruída. Em algum momento tardio em sua vida, Sophie incinerou os primeiros quatro anos da correspondência que Diderot lhe enviara, certamente porque historiavam a porção mais íntima do relacionamento entre os dois. Em seguida ela ampliou essa mutilação expurgando seletivamente dezenas de outras cartas. Por fim, perto do final da vida, também solicitou que Diderot devolvesse todas as cartas que ela lhe enviara, as quais provavelmente Sophie queimou na lareira pouco tempo depois. A perda dessas cartas (e da voz dela) é incomensurável. A prosa e a personalidade de Sophie devem ter sido cativantes, especialmente se levarmos em conta que Diderot só poderia ter gastado tanto tempo escrevendo alguns dos seus textos mais memoráveis para uma mulher se esta pudesse retribuir o obséquio à altura. Infelizmente, Louise-Henriette Volland é hoje um fantasma para nós.

Diderot e Sophie não teriam escrito tanto quanto escreveram se ambos morassem em Paris o ano todo. Ocorre que, como é quase sempre o caso em qualquer troca epistolar digna de nota, os dois amantes passavam longos períodos distantes um do outro. Nos primeiros anos do relacionamento, era na verdade a mãe de Sophie, Madame de La Carlière, que providenciava para que eles ficassem separados. Por não gostar nem um pouco de ver a filha perto de um homem casado, ela com frequência obrigava Sophie a acompanhá-la durante seis meses por ano ao château da família em Isle, na Champagne, uns duzentos quilômetros a leste de Paris. As coisas não eram muito mais fáceis quando os dois amantes tinham a sorte de estar na capital ao mesmo tempo. Para ganhar acesso aos aposentos de Sophie durante os primeiros anos de seu relacionamento, Diderot de início teve que agir como um adolescente maroto, alcançando furtivamente o quarto da amante pela escada dos criados para evitar o olhar vigilante de Madame de La Carlière.

Até mesmo enviar e receber cartas era um desafio. Principalmente porque Diderot não podia receber correspondência alguma na Rue Taranne por receio de despertar a ira de Toinette. Em consequência, Sophie às vezes enviava suas cartas a Diderot para a casa de Grimm, na Rue Neuve-Luxembourg, pouco ao norte das Tuileries. No mais das vezes, porém, tanto ela como Diderot enviavam suas cartas para ou a partir do escritório de Étienne Noël Damilaville, no Quai des Miramiones.[20] Damilaville, um ardoroso materialista, bom amigo de Diderot e Voltaire, além de presença constante nos jantares de D'Holbach, era um cúmplice ideal para os amantes. Como arrecadador do *vingtième* — o imposto real francês —, ele podia despachar cartas para todo o reino sem custo. Diderot fazia bom proveito de seu carteiro pessoal, sobretudo quando Sophie estava na Champagne.

As cartas mais antigas de Diderot a Sophie que sobreviveram foram escritas na primavera e no verão de 1759, cinco anos depois do primeiro encontro do casal. A nota mais deliciosa dessa época de resto exasperante na vida de Diderot — a *Encyclopédie* tinha sido interrompida e ele corria o grave risco de ser preso — foi redigida numa noite de verão enquanto ele esperava no escuro diante do apartamento de Volland:

> Estou escrevendo sem conseguir ler. Eu vim. Queria beijar sua mão e voltar depressa para casa em seguida. Vou voltar sem essa dádiva... São nove horas. Estou escrevendo que a amo; pelo menos quero escrever isso a você, mas não sei se a pena está se dobrando à minha vontade. Você não pode descer para que eu possa lhe dizer isso e depois fugir?
> *Adieu*, minha Sophie, boa noite. Sua mãe não deve estar lhe dizendo que estou aqui. É a primeira vez que escrevo no escuro. Essa situação deveria despertar pensamentos amorosos em mim. Estou sentindo apenas um: que sou incapaz de partir. A esperança de vê-la por um momento está me retendo e continuo a lhe falar, sem saber se estou de fato formando letras. Onde você não enxergar coisa alguma [neste papel], leia que eu amo você.[21]

As cartas de Diderot a Sophie estão repletas de declarações de amor como essa. No entanto, Mademoiselle Volland era muito mais que um simples objeto de afeição para o filósofo. Ele apreciava o fato de poder tratá-la como trataria talvez outro filósofo (homem): ela era honesta e inteligente, e abençoada com o que um colega de Diderot na *Encyclopédie* definiu como a "sagacidade veloz de um demônio".[22] Em vívido contraste com as mulheres que consideravam a conversa dele opressiva, afrontosa ou desagradável, Sophie transcendera os supostos melindres e fraquezas de seu sexo. Foi isso que lhe valeu o título de "hermafrodita".[23]

As afirmações de Diderot de que Sophie encarnava atributos tanto masculinos como femininos também podem estar relacionadas com suas visões acerca da sexualidade dela. Em algum momento de 1759 ou 1760, a mãe dela, Madame de La Carlière, parece ter informado a Diderot que a irmã caçula de Sophie, Marie-Charlotte, não apenas tinha tendências lésbicas como também amava Sophie um bocado, talvez romanticamente.[24] O próprio Diderot notava a tensão erótica que supostamente existia entre Sophie e a irmã, tendo a certa altura mencionado a Sophie o modo como Marie-Charlotte "se apoia em você, com os dedos singularmente pressionados entre os seus".[25] A mãe de Sophie atiçou mais ainda as suspeitas de Diderot a respeito de Marie-Charlotte quando o fez saber que sua filha caçula tinha uma "predileção" por certa freira quando era adolescente.[26] O fato de esses pensamentos estarem circulando pela cabeça de Diderot na mesma época em que ele compunha *A religiosa* certamente não é uma coincidência.

É certo que não podemos concluir muita coisa sobre as inclinações eróticas há muito tempo extintas das irmãs Volland uma pela outra, se é que de fato existiram.[27] Basta dizer que a perspectiva de algum tipo de relacionamento lésbico entre Sophie (a mulher que "ele mais amava no mundo") e Marie-Charlotte Le Gendre estava sempre na cabeça de Diderot. No final dos anos 1750 e início dos 1760, cada vez que a separação entre Diderot e Sophie a deixava na proximidade de Marie-Charlotte, ele não conseguia se impedir de imaginar os lábios de uma pressionando os da outra: "Vamos nos unir, minha amada, vamos nos unir; e estes meus lábios vão apertar os lábios que eu amo. Enquanto esperamos, só sua irmã tem acesso permitido aos seus lábios. Isso não me incomoda; posso mesmo admitir que gosto de vir depois dela. Desse modo me parece que estou espremendo a alma dela entre a sua e a minha, como um floco de neve que se dissolverá entre dois carvões incandescentes".[28]

A ideia de que Diderot entrara num curioso relacionamento triangular com Marie-Charlotte e Sophie veio à tona em inúmeras ocasiões. Às vezes, ele parecia genuinamente excitado pela perspectiva dessa paixão entre irmãs. Sob outras circunstâncias, ele ficava tão enciumado que não suportava ouvir Sophie falar sobre os encantos incontestáveis de Marie-Charlotte. Numa carta datada de 7 de setembro de 1760, que Diderot enviou da casa de Madame d'Épinay em la Chevrette, o filósofo se revela arrasado emocionalmente, rogando a Sophie que pare de "cantar louvores" a sua irmã em suas cartas.[29] Na semana seguinte, ainda escrevendo da mesma propriedade em Montmorency, ele parece ainda mais angustiado e pergunta diretamente: "Você está me esquecendo no tumulto das festas e nos braços de sua irmã?". Essa pergunta aflita é seguida por um conselho velhaco: "Madame, cuide da sua saúde, e lembre-se de que o prazer pode causar fadiga".[30]

Além de expressar preocupação quanto à possibilidade de um relacionamento lésbico, Diderot às vezes se queixava a Sophie do tipo de gratificação sexual que eles alcançavam juntos. Embora as cartas de Diderot revelem uma intimidade que era tudo menos assexuada, há também amplas evidências de que Sophie restringia cuidadosamente a parte física do relacionamento deles. Numa carta reveladora escrita em maio de 1765 — dez anos depois do primeiro encontro entre os dois —, o filósofo repreende Sophie por negar a si mesma o êxtase que ela presumivelmente viu e apreciou no rosto dele muitas vezes:

Já que o rosto de um homem arrebatado pelo amor é tão belo de se ver, e já que você não pode controlar quando quer ter essa imagem terna e gratificante à sua frente, por que nega a si própria o mesmo prazer? Que insensatez! Você se enleva quando um homem apaixonado por você [ele se refere a si mesmo] a contempla com olhos plenos de ternura e paixão. A expressão deles penetra sua alma, e sua alma treme. Se os lábios ardentes dele tocam no seu rosto, o calor que eles produzem a excita; se os lábios dele beijam os seus, você sente sua alma se elevar e se unir à dele; se, nesse momento, as mãos dele se entrelaçam às suas, um estremecimento delicioso toma conta de todo o seu corpo; tudo isso anuncia um momento infinitamente maior de felicidade; tudo a encaminha para lá. E, no entanto, você não quer morrer de êxtase; e fazer outra pessoa morrer de prazer a seu lado! Você recusa a si mesma um instante no tempo que tem seu próprio desvario. [...] Se você deixar este mundo sem ter conhecido esse prazer, poderá considerar que algum dia foi feliz ou que fez feliz outra pessoa?"[31]

Bem antes de escrever essa carta um tanto provocadora, Diderot já aceitara o fato de que a parte física de seu relacionamento com Sophie nunca estaria à altura da sua terna devoção um ao outro. Embora certamente continuasse sendo um ardente defensor do prazer sexual — inclusive em suas cartas a Sophie —, ele também mencionava com frequência essa versão intensamente espiritual do amor. Em 1759, Diderot chegou a admitir que o desejo carnal empalidecia em comparação com essa variedade mais transcendente de afeição. Conforme se expressou então, "o que são as carícias de dois amantes quando não podem fazer justiça ao amor infinito que duas pessoas sentem uma pela outra?".[32]

Durante a maior parte de quinze anos, Diderot considerou seu amor por Sophie o componente mais vital de sua vida. Em 1767, quando seu amigo Falconet estava tentando atraí-lo para a corte de Catarina, a Grande, em São Petersburgo, ele resistiu, explicando que sua devoção a Sophie o impedia de deixar Paris.

O que posso dizer? Que tenho uma amiga; que estou ligado pela emoção mais forte e mais doce a uma mulher a quem eu sacrificaria uma centena de vidas, se as tivesse. Ouça, Falconet. Eu poderia ver minha casa virar cinzas sem me importar. Poderia ver minha liberdade em perigo, minha vida comprometida, e toda sorte de infortúnios desabar sobre mim sem me queixar, contanto que ela permanecesse comigo. Se ela dissesse: dê-me seu sangue, quero beber um pouco dele, eu me esvairia para satisfazê-la.[33]

Apesar de tais declarações hiperbólicas, as coisas começaram a mudar entre Diderot e Sophie depois de 1756. Para começar, ele não a chamava mais por seu famoso apelido carinhoso; ela voltara a ser *ma bonne amie* ou "Madame Volland". De modo ainda mais significativo, Diderot substituiu suas mensagens ardentes, pessoais e secretas a ela por cartas que escrevia para toda a sua família. Talvez isso fosse inevitável. Ao longo dos anos, depois de cortejar Sophie, corresponder-se e sentir desejo por ela (e talvez também por Marie-Charlotte às vezes), ele provara ser muito mais que uma figura transitória para as três irmãs Volland e para a mãe delas. De fato, em muitas ocasiões ele assumia o papel de membro suplementar da família. Entre outras coisas, em outubro de 1762 ele interveio em favor da outrora desconfiada e cética Madame de La Carlière junto às autoridades fiscais para ajudá-la a escapar de uma penalidade pelo não pagamento do *vingtième*. Em outra ocasião, quando Marie-Charlotte caiu gravemente enferma, com uma febre terrível e talvez pneumonia, ele ficou junto ao seu leito, cuidando dela, conversando com o médico e mandando boletins atualizados para o resto da família, que estava então em Isle.[34] Diderot também adquiriu um interesse ativo nos assuntos da irmã mais velha de Sophie, Marie-Jeanne de Salignac, que sofrera tremendamente depois que o marido, que era um escroque, foi à falência e fugiu de Paris em 1760. Tendo no passado rondado furtivamente o apartamento das Volland, o generoso e encantador Diderot se tornara parte integrante do tecido social da família e de sua identidade. Em algum momento da década de 1760, Madame de La Carlière chegou ao ponto de comprar e exibir orgulhosamente em seu salão um busto do filósofo famoso.

À medida que o relacionamento com Sophie se tornava mais amigável e menos carnal, ele foi se abrindo a outras possibilidades, entre elas um breve affaire com Jeanne-Catherine de Maux, a atraente esposa de um advogado de Paris. Diderot provavelmente ouvira falar de Jeanne-Catherine anos antes, da boca do pai dela, Quinault-Dufresne, um ator famoso que Diderot conhecia bem. Mas o filósofo só começou a ver Jeanne-Catherine regularmente em meados dos anos 1760, primeiro em companhia da amiga em comum, Madame d'Épinay, e depois, pelo menos em uma ocasião, no palacete de D'Holbach na Rue Royale.[35] Com toda probabilidade, porém, Diderot se apaixonou por ela ao longo de vários meses em 1768, quando ele e Jeanne-Catherine ajudaram a cuidar de Étienne Noël Damilaville junto a seu leito de morte.

Quando Damilaville sucumbiu por fim a um doloroso câncer de garganta, em dezembro, Diderot perdeu um amigo querido e Madame de Maux perdeu seu amante. O consolo dela, entretanto, foi duplo: Damilaville não apenas lhe deixara um busto de argila de Diderot esculpido por Marie-Anne Collet, como lhe deixara também o próprio Diderot.

Madame de Maux, sua filha Mademoiselle de Maux
e Monsieur de Saint-Quentin, aquarela (detalhe).

Jeanne-Catherine era encantadora, sofisticada e muito inteligente. Como filha (ilegítima) de dois atores, era também uma artista talentosa, frequentemente cantando árias da *opéra-comique* da época para deleite dos amigos.[36] Charles Collé, um contemporâneo de Diderot, resumiu como "divinos" seus muitos talentos,[37] e Diderot certamente concordava. No breve tempo em que entrou em consonância com o espírito brilhante e inquisitivo dela, ele lhe escreveu empolgadamente sobre pintura, embriologia, filosofia materialista, colonialismo, pensadores libertinos do século XVII, astronomia e amor.

Jeanne-Catherine tinha certamente muito do mesmo apelo de Sophie. Mas essa nova amante possuía também algo de que Sophie carecia: era muito mais atraída pelo lado físico do amor.[38] Isso, na verdade, ocasionou problemas com Diderot quando, durante o verão de 1770, ela arranjou outro amante. Essa história dolorosa (para Diderot) começou no início de agosto daquele ano, quando ele e Grimm partiram para Langres com a intenção de encontrar Jeanne-Catherine e sua filha, Madame de Prunevaux, na cidade vizinha de Bourbonne. Diderot, cujo pai viajara à cidade para desfrutar de suas fontes termais, presumivelmente recomendou a estância a sua amada quando ela lhe contou que a filha estava sofrendo de uma "obstrução num dos ovários depois de um parto difícil".[39] Encontrar-se com Jeanne-Catherine em Bourbonne tinha vantagens que iam muito além das estritamente terapêuticas, claro. Bem afastado de Paris e de Toinette, Diderot poderia passar dias a fio ali com Madame de Maux sem preocupação alguma. E foi o que ele fez, durante duas viagens de oito dias cada.

O verão de 1770, que começou de modo tão maravilhoso, logo se tornou um dos períodos emocionalmente mais complicados da vida de Diderot. No caminho de volta de Langres (e Bourbonne) a Paris, ele foi convidado a parar no château das Volland em Isle em meados de setembro, e aceitou a oferta. Depois de passar uma semana com Sophie e sua família, ele excursionou então a Châlons-sur-Marne (também na Champagne) para passar alguns dias na casa de seu amigo Duclos, sabendo muito bem que Jeanne-Catherine também chegaria na mesma época. Como planejado, sua amante apareceu com a filha, mas, para grande espanto de Diderot, elas tinham vindo com um acompanhante não convidado: o Chevalier de Foissy, um belo aristocrata de trinta anos que era escudeiro do duque de Chartres.

Diderot inicialmente escreveu sobre Foissy com uma grande dose de admiração; para um jovem, concluiu, aquele escudeiro tinha a sensibilidade e a inteligência de alguém com o dobro da sua idade. Ao retornar a Paris, porém, Diderot veio a compreender que Madame de Maux e Foissy eram amantes. Em meados de outubro, Diderot relatou a Grimm que tivera uma conversa com o jovem Foissy. O pobre homem ficou, na aparência, terrivelmente perturbado, ao menos de início. Repreendido por aquele filósofo famoso, dono de uma conversa infernal, Foissy confessou seus pecados, pediu perdão, chorou e sugeriu a princípio que sairia discretamente do terreno e deixaria Madame de Maux livre para fazer o que quisesse. Madame de Maux tinha outras ideias. Muito menos submissa que seu amante mais jovem, ela explicou a Diderot que o pobre rapaz "tinha desejos" que precisavam ser satisfeitos.[40] Mais tarde, no mesmo mês, ela propôs a Diderot a solução mais simples: por que vocês dois não podem ambos ser meus amantes? Diderot, que não via problema em dividir a si próprio com Toinette, Sophie e agora Madame de Maux, rechaçou a ideia e lançou um ultimato que selaria o fim da porção amorosa do relacionamento entre eles.

Semanas depois que a poeira assentou, Diderot ainda sentia a dor do golpe. Numa carta a Grimm, que realmente tentara remendar as coisas entre Diderot e sua amante de espírito independente, o filósofo se queixou amargamente de que a traição de Jeanne-Catherine deixara seu coração "duro como uma rocha".[41] Talvez fosse hora, sugeria ele, de dar um fim àquelas aventuras juvenis. A "estação das *necessidades*", como ele disse sem rodeios, estava terminada.[42]

Nos meses e anos que se seguiram, Diderot se acomodou a um relacionamento menos tumultuoso com as mulheres em sua vida. Isso na verdade começou em casa. Depois de décadas de aspereza, Diderot finalmente admitiu, já sexagenário, que se casara com "uma mulher honesta que eu amo e pela qual sou estimado porque", conforme brincou, "em quem ela vai dar bronca depois que eu não estiver mais aqui?".[43] Uma parte dessa melhora no relacionamento veio como resultado do então recém-descoberto interesse de Toinette pela leitura. Tendo notado que o temperamento dela melhorou marcadamente depois que ela começou a ler *Gil Blas*, de Lesage — uma história picaresca de um pajem esperto que se dá bem a despeito de uma série de patrões desonestos —, ele logo se ofereceu para ser seu leitor. Três vezes por dia, relatou, ele ministrava uma "dose" do romance. Numa carta jocosa que mandou à filha acerca desse novo hábito, ele escreveu uma falsa receita para uma Toinette muito melhor: "Oito a dez páginas de *Dom Quixote*, um parágrafo bem escolhido do *Roman comique*, quatro capítulos de Rabelais. [Em seguida] coloque tudo isso em infusão com uma quantidade razoável de *Jacques le fataliste* ou *Manon Lescaut*".[44]

Durante os mesmos anos em que sua vida doméstica se aquietou, Diderot também se acomodou a um relacionamento mais platônico com Sophie. Isso parece ter sido perfeitamente aceitável a ambas as partes. Depois de um turbulento par de meses no final dos anos 1760, quando Sophie subitamente suspeitou que alguma coisa estava em curso com Madame de Maux, tanto ela quanto Diderot reconheceram que tinham ingressado num novo estágio em suas vidas, em que os dois estavam se aprofundando no declínio da velhice.

Sophie, de todo modo, revelou o quanto Diderot continuava sendo importante para ela em seu testamento, o único documento escrito por ela de próprio punho que chegou até nós. Depois de encomendar sua alma a Deus, e de deixar seu dinheiro, suas propriedades, camas, travesseiros, roupas, livros, chinelos e móveis para seus empregados e membros de sua família, Sophie destaca seu antigo amante como seu herdeiro mais importante, deixando para ele dois objetos preciosos e simbólicos. O primeiro deles era uma edição em oito volumes dos *Ensaios* de Montaigne, encadernados em couro vermelho, que Sophie havia consultado diariamente durante anos, segundo Diderot. Os ensaios de Montaigne corporificavam o que Diderot mais amava em Sophie: sua honestidade inquebrantável, sua abertura a novas ideias e seu espírito inquisitivo. O segundo bem que ela legou ao filósofo era ainda mais pessoal: um anel icônico que ela chamava de "sua Pauline".[45]

Treze anos antes de a idosa Mademoiselle Volland sentar-se para escrever seu testamento, Diderot deu-se ao trabalho de pensar sobre as mortes e a separação inevitável dos dois. Na época, sua paixão era tão forte que ele não pôde deixar de tecer fantasias sobre como ele e Sophie poderiam de algum modo continuar a amar um ao outro muito tempo depois de ambos terem morrido. Sua solução, ser sepultado ao lado de sua "Sophie", dá ensejo a uma fascinante fantasia materialista:

> Essas pessoas que são enterradas uma junto à outra talvez não sejam tão loucas como se poderia pensar. Suas cinzas talvez se juntem, se misturem, se unam. Que sei eu? Pode ser que elas não tenham perdido todo o sentimento ou todas as lembranças de seu primeiro estado. Talvez haja uma centelha de calor que ambas vivenciam à sua maneira no fundo da urna fria que as contém. Oh, minha Sophie, [se nossas cinzas fossem reunidas num recipiente assim] eu poderia tocá-la, senti-la, amá-la, buscá-la, unir-me a você, fundir-me a você quando não estivermos mais vivos. [...] Permita-me esta fantasia. Ela é doce e me asseguraria uma eternidade em você e com você.[46]

O delírio materialista de Diderot ecoa obviamente sua crença de que a morte não é de fato um fim, mas uma simples mudança de formas. Mas essa fantasia também contém uma poderosa mensagem erótica. À medida que os corpos de Diderot e Sophie se decompõem ao longo dos séculos, ele imagina que seus próprios restos reduzidos a pó talvez comecem a se agitar e, mediante atração molecular, passem a buscar os vestígios de sua amante. O amor verdadeiro, nessa carta, funciona num nível anatômico. Como limalha de ferro sendo atraída a um ímã, as moléculas de Diderot saem em busca da alegria carnal e intelectual que ele sentira numa vida anterior. Essa busca culmina no mais elevado tributo que alguém poderia prestar a um amante ou uma amante: fundir-se para criar "um todo" ou "um ser comum".[47] Assim era o amor que o filósofo materialista sentia pela encantadora Mademoiselle Volland.

II.
Uma viagem à Rússia:
Política, filosofia e Catarina, a Grande

Depois de Mademoiselle Volland, a segunda Sophie mais importante na vida de Diderot foi uma princesa prussiana de nome Sophia Augusta Fredericka. Assim como Diderot, nós a conhecemos por um nome diferente: Екатерина Алексеевна ou Catarina, a Grande, imperatriz de todas as Rússias.

Sophia nasceu em 1729, dezesseis anos depois de Diderot. Crescendo na cidade portuária de Stettin, no Báltico (hoje parte da Polônia), ela foi criada na grande tradição da nobreza prussiana, com uma série de preceptores que a instruíram em música, dança e variadas formas de etiqueta.[1] Além de ser exposta aos protocolos e passatempos associados à vida na corte, a princesa também recebeu uma educação ministrada por um dogmático capelão do Exército que a obrigava a memorizar o que ele julgava serem os principais pontos da história, da geografia e da religião luterana.[2] A instrução mais frutífera de Sophia, porém, veio de sua governanta huguenote, Elisabeth (Babet) Cardel. Além de apresentar à princesa as fábulas de La Fontaine e as peças de Molière, Corneille e Racine, a tutora ensinou a sua pupila as alegrias de pensar e escrever na língua franca do continente.[3]

Sophia levou consigo seu amor pela cultura e pela literatura francesas quando se mudou para São Petersburgo em 1744, aos dezesseis anos, para se casar com o herdeiro do Império Russo. (Foi nessa altura da vida que ela adotou o nome de Catarina.) Sozinha na prática num país estrangeiro, e agora casada com o abusivo e alcoólatra grão-duque Pedro, a grã-duquesa encontrou refúgio na literatura e na filosofia da época. Em meados dos anos 1750, ela suportou seu casamento horrível e sua depressão pós-parto lendo Voltaire sobre a história do mundo, Montesquieu sobre os vários sistemas políticos encontrados em torno do globo, e a compilação de escritos de viagem do abade Prévost, da Ásia ao Novo Mundo.[4] Durante aqueles anos infelizes, Catarina também teve ocasião de se debruçar sobre os sete primeiros volumes da assombrosa *Encyclopédie*, ainda que, junto com os outros assinantes do livro, tenha ficado frustrada quando o dicionário foi proibido depois da letra *G*.

Suas relações com o distante mundo das ideias, da cultura e da literatura da França mudaram abruptamente depois que ela desfechou o bem-sucedido *coup d'état* contra seu marido, o imperador Pedro III, em junho de 1762. Uma das primeiras coisas que a nova imperatriz fez depois de assumir o poder foi procurar os luminares franceses que ela tanto admirava. Essa "ofensiva cultural" começou com Diderot.[5] Contatando o escritor francês por intermédio de um de seus camareiros em Paris, ela fez uma notável oferta ao enciclopedista: deixar para trás a França e sua atmosfera intelectual repressiva, ir para Riga e publicar os volumes restantes da *Encyclopédie* sem restrições.[6] Contatou também o antigo parceiro de Diderot, D'Alembert, e lhe pediu que servisse de preceptor de seu filho, o grão-duque Paulo, pelo colossal salário anual de 100 mil rublos.

Ambos os homens recusaram educadamente. Diderot explicou que se sentia honrado, mas, para o bem ou para o mal, era incapaz de deixar Paris. D'Alembert respondeu com uma carta afável em que alegava não estar qualificado para instruir um príncipe sobre assuntos de governo. Os dois filósofos também tinham outras razões para não se transferir ao que julgavam ser um país violento e politicamente instável. D'Alembert gracejou que teria feito a viagem a São Petersburgo, mas era muito "propenso às hemorroidas, e elas são perigosas demais naquele país".[7] Era, evidentemente, uma piada maldosa com Catarina: o governo russo havia anunciado ao mundo que seu falecido marido tinha morrido de complicações relacionadas com hemorroidas, embora praticamente todos soubessem que ele na verdade tinha sido assassinado pouco depois do golpe pelo irmão do amante de Catarina.

Piadas sobre a crueldade da imperatriz à parte, a notícia de que aquela déspota esclarecida estava disposta a patrocinar o controverso projeto da *Encyclopédie* solidificou sua reputação entre os filósofos; também abriu o que seria uma linha de comunicação entre Diderot e a soberana.[8] Embora a intimidade e a frequência da correspondência dos dois empalideçam em comparação com a troca entre Voltaire e Catarina, a imperatriz acabou tendo um efeito muito maior na vida do enciclopedista do que na de Voltaire. O gesto mais dramático dela com relação a Diderot veio em 1765, apenas meses antes da aparição dos dez volumes finais da *Encyclopédie*. Na época, o filósofo estava ao mesmo tempo encantado por concluir aquela tarefa ingrata e apreensivo por perder a remuneração relativamente estável que vinha recebendo havia anos.

Diderot estava longe de ser um gastador extravagante; suas despesas básicas — alimentação, aluguel e os salários que pagava aos empregados e vários preceptores da família — eram, na verdade, perfeitamente comedidas. Mas uma carga financeira pesada assomava no horizonte: o dote que estava preparando para o futuro marido de Angélique Diderot, que estava então com onze anos e logo teria idade suficiente para casar. Confrontado com a perspectiva desse dispêndio substancial justamente no momento em que sua renda estava prestes a cair, Diderot cogitou a ideia de vender sua única posse de real valor: sua biblioteca pessoal de 3 mil livros, muitos dos quais tinham sido custeados pelos editores da *Encyclopédie* como parte do seu salário.

No início de 1765, Diderot começou a insinuar em vários círculos que estava pensando em vender seus livros para um bibliófilo francês. Grimm teve uma ideia melhor: por que não informar a um dos admiradores estrangeiros do filósofo que ele passava por tempos difíceis e estava disposto a se separar de seu legendário acervo? Em 10 de fevereiro de 1765, Grimm enviou um bilhete ao camareiro e ministro não oficial da cultura de Catarina, general Ivan Ivanovich Betskoy, não apenas propondo a venda dos livros de Diderot, como também sugerindo que o preço pedido era de 15 mil libras. Quando a imperatriz recebeu a notícia dessa proposta, concordou imediatamente com seus termos e enviou de volta a ordem de que o acordo fosse fechado com duas condições, ambas em benefício de Diderot. Primeira: ela insistia que Diderot mantivesse a posse de seus livros durante seu tempo de vida. A segunda condição era igualmente amável: ela indicou Diderot como curador de sua biblioteca pessoal, com um estipêndio anual de mil libras.

Catarina foi além desse gesto de boa vontade no ano seguinte, depois que seu ministro plenipotenciário na França, o príncipe Dmitry Alekseevich Golitsyn, descobriu que Diderot não tinha recebido seus honorários anuais como curador. De acordo com o relato de Naigeon do que ocorreu em seguida, Diderot supostamente disse a Golitsyn que nem tinha pensado naquele dinheiro porque estava perfeitamente satisfeito com a soma que obtivera com a venda de sua biblioteca.[9] O embaixador ignorou a modéstia de Diderot e enfatizou que não eram esses os termos do acordo. Pouco depois, mandou um bilhete a Betskoy informando-o sobre o descuido administrativo do tesouro russo.

A comunicação entre Paris e São Petersburgo obviamente demorou um tempo. Mas vários meses depois Betskoy informou a "Monsieur Diderot" que a imperatriz não tinha interesse nenhum em deixar que algum subordinado atrasasse ou negligenciasse a remuneração de seu bibliotecário no futuro; sendo assim, ela decidira pagar adiantado por cinquenta anos de seus serviços. No devido tempo, segundo lhe informaram, ele receberia a incrível soma de 50 mil libras. A imperatriz acrescentou um divertido adendo estipulando que, ao final daquele meio século (no aniversário de 102 anos de Diderot), as duas partes renegociariam os termos do contrato. Diderot ficou "estupefato". Escrevendo à imperatriz via Betskoy, a gratidão transbordava de sua pena: "Eu me prostro a seus pés. Estendo meus braços em sua direção, gostaria de falar, mas uma paralisia toma conta da minha alma, minha mente está nublada, minhas ideias, confusas, e eu me enterneço como uma criança, enquanto as verdadeiras expressões do que sinto por dentro expiram à beira dos meus lábios".[10] A fascinação de Diderot pela déspota esclarecida da Rússia — e pela política internacional em geral — tinha entrado numa nova era.

Coleção de arte, agitação e um casamento doloroso

A grande soma de que Diderot tomou posse — o equivalente aproximado de uns 700 mil dólares — não tinha uma contrapartida real à altura. Mesmo assim, Diderot deixou claro aos emissários russos de Catarina que pretendia corresponder àquele ato de generosidade servindo como adido cultural dela em várias frentes. Para começar, ajudou o príncipe Golitsyn a convencer uma porção de artistas, professores e até mesmo o ocasional filósofo fisiocrata a se radicar em São Petersburgo.[11] O recrutamento mais bem-sucedido de Diderot foi o do grande escultor Étienne-Maurice Falconet, a quem Catherine contratou para produzir a estátua de bronze de seis metros de altura de Pedro, o Grande, que hoje se encontra na praça do Senado de São Petersburgo. Aludindo a esse e outros exemplos de recrutamento bem-sucedido, Diderot se vangloriava de que ele e Golitsyn formavam uma dupla excelente: o príncipe, explicava ele, amolecia a determinação de seus alvos com sua "generosidade, bondade, afabilidade [e] honestidade", enquanto o trabalho de Diderot era "acabar de liquidá-los".[12]

Ao longo dos anos seguintes, Diderot também se tornou um dos mais importantes compradores de arte de Catarina, gastando alegremente o dinheiro dela (em entendimento com Golitsyn) naquilo que ele julgava ser as melhores telas e esculturas disponíveis. Seu impacto mais significativo como agente cultural começou em 1768, depois que Golitsyn deixou Paris para ser embaixador na Holanda. Colaborando bem mais intimamente a essa altura com Grimm e François Tronchin — um entusiasta genebrino de arte que mais tarde venderia todo seu acervo a Catarina —, Diderot transformou por completo o florescente patrimônio da imperatriz.

A contribuição fundamental do filósofo à coleção de arte de Catarina, que a imperatriz iniciara apenas dois anos depois do *coup d'état*, foi negociar a aquisição de quinhentas pinturas superlativas que haviam pertencido a Louis-Antoine Crozat, o barão de Thiers, que morrera em dezembro de 1770.[13] O acervo de Crozat era em geral considerado o segundo mais importante da França na época, contendo não apenas a extraordinária pintura em pequeno armário *São Jorge e o dragão* (c. 1504), de Rafael, mas também inúmeros Rembrandt e Van Dyck, bem como obras selecionadas de Rubens, Veronese, Correggio, Dürer, Ticiano, Poussin, Watteau e Chardin.[14] Quando esse sortimento de telas chegou finalmente a São Petersburgo, em 1772, tornou-se o cerne do Museu Hermitage.

Que uma coleção francesa dessa magnitude e valor — Catarina a comprou por 460 mil libras — pudesse deixar o país e se transferir para São Petersburgo causou uma agitação e tanto em Versalhes e na capital. O marquês de Marigny, que estava então servindo como diretor dos "lares" do rei da França (incluindo o Louvre e Versalhes), lamentou que o lastimável estado financeiro do reino impedisse a coroa de competir por aquelas pinturas.[15] Diderot não se comoveu com esse debate. Na verdade, parecia sentir alguma satisfação com a impotência do outrora grandioso Estado francês. Se os colecionadores, os artistas e os ricos em geral estavam todos indignados, sugeriu ele, era porque estavam ao mesmo tempo com vergonha e inveja: vergonha porque "nós [franceses] somos obrigados a vender nossos quadros em tempos de paz" e inveja porque "Catarina pode adquiri--los enquanto trava uma guerra [contra os turcos]".[16]

Em parte, essa indiferença cosmopolita em face do êxodo das melhores pinturas da França provinha da gratidão de Diderot a Catarina. Mas o filósofo também ficara amargamente decepcionado com o estado de coisas na França. A vida na capital, lamentava, tinha mudado um bocado na década que se seguiu à dispendiosa e humilhante Guerra dos Sete Anos, que terminara em 1763. Além do fato de que esse conflito internacional despojara a França de boa parte da América do Norte — faixas de terra inimaginavelmente grandes que se estendiam da Louisiana ao litoral da Nova Escócia —, as despesas e as dívidas crescentes contraídas durante o conflito tinham deixado a coroa à beira da bancarrota.[17] O clima ruim em aparentemente todos os anos finais da década de 1760 piorou as coisas. Crises de escassez de grãos não apenas elevaram o preço do pão a patamares proibitivos, como também suscitaram rumores de que a coroa organizara astutamente um "pacto de fome" com o intuito de auferir mais lucros.[18] Em 1770, distúrbios tinham espocado em boa parte do país e milhares de negócios começaram a falir, ocasionando uma queda ainda maior na receita com impostos.[19] Diderot resumiu aqueles dias com tremor: "Metade da nação vai dormir arruinada financeiramente, e a outra metade está com medo de ouvir ao acordar sua própria ruína ser anunciada na rua".[20]

Contribuindo para as dificuldades do país, do ponto de vista de Diderot, estava o que ele julgava ser a queda da França no despotismo. Em 1771, ele e muitos de seus colegas filósofos ficaram indignados quando o chanceler da França, René Nicolas Charles Augustin de Maupeou, usou os mosqueteiros do rei para dissolver o Parlamento de Paris e os tribunais soberanos do país.[21] Embora o Parlamento estivesse longe de ser amigo dos filósofos, Diderot mesmo assim acreditava firmemente na manutenção desse importante freio ao poder monárquico. Lamentando o fato de que o papa agora poderia difundir suas bulas na França sem a mediação ou a aprovação do Parlamento, ele dizia com tristeza que o país estava regressando à era medieval.[22]

A deprimente situação política na França levou Diderot a pensar mais seriamente em aceitar um convite direto para viajar a São Petersburgo e se encontrar com sua benfeitora. Embora o filósofo estivesse bem ciente de que Catarina era uma autocrata de marca maior, também a considerava uma *souveraine civilisatrice*, uma monarca que se declarara interessada em promover um império tolerante, esclarecido. De fato, nos mesmos anos em que o idoso Luís XV começara uma guinada rumo ao despotismo, Catarina havia convocado uma comissão de representantes eleitos de uma parte ampla da sociedade russa, encarregando-os da tarefa de ajudá-la a reformar o *Ulozhenie* — o código arcaico e feudal de leis decretado em 1649. De modo ainda mais significativo, Catarina escreveu uma série de diretrizes para essa comissão, que ela publicou em francês e em inglês em 1767 sob o título de *Nakaz* ou *Instrução*. Bebendo fartamente no *Espírito das leis* de Montesquieu e em *Dos delitos e das penas*, do jurista italiano Cesare Beccaria, Catarina mostrava-se aberta a algumas das reformas mais liberais promovidas até então por um monarca em exercício, incluindo reformas penais e judiciais progressistas que tornavam a tortura ilegal.[23]

Catarina nunca implementou as mudanças mais importantes que ela discutia na *Nakaz*. No entanto, seu livro best-seller, assim como seus gestos magnânimos para com Diderot, funcionaram como uma propaganda eficaz fora de seu império. Ao defender publicamente uma reestruturação significativa de seu império baseada nas ideias de alguns dos maiores pensadores da França, ela diferenciava conscientemente seus próprios valores filosóficos daqueles das monarquias mais conservadoras a oeste. Essa mensagem não passou despercebida a Diderot. Diferentemente de Luís XV, que paralisara a *Encyclopédie* em duas ocasiões, assinara a *lettre de cachet* que o mandou para a prisão e até intercedera pessoalmente para negar a admissão do filósofo na Académie Française, Catarina parecia estar apoiando efetivamente as ideias liberais propostas pelos filósofos franceses. Embora Diderot não tivesse ilusões quanto à sociedade feudal de que dependia a nobreza russa — milhões de servos que eram pouco mais que escravos —, o clima político na Rússia parecia utópico comparado com o da França. A monarca russa não apenas se dispusera a financiar a *Encyclopédie*; providenciara para que Diderot fosse nomeado membro da Academia Imperial de Artes em São Petersburgo em 1767. Em 1772, Diderot chegara à conclusão de que havia um realinhamento cultural e intelectual relevante ocorrendo na Europa, em que "a ciência, a arte, o gosto e o saber estão viajando em direção ao norte", enquanto "a barbárie, com tudo o que ela traz em seu rastro, está vindo para o sul".[24]

Além da regressão política na França, havia uma porção de razões pessoais que empurravam Diderot em direção a São Petersburgo. Em 1772, apareceu finalmente o último volume de ilustrações da *Encyclopédie*, o que o livrou de qualquer responsabilidade diante daqueles que tinham sido seus empregadores por 25 anos. De consequência ainda maior, porém, era o fato de que sua outrora intensa vida amorosa na capital parecia ter chegado ao fim. Não apenas seu relacionamento apaixonado com Sophie Volland tinha murchado no final dos anos 1760, mas também sua ruptura com Madame de Maux continuava a atormentá-lo em 1772; era, conforme ele definiu, "uma dor no flanco".[25] Em maio do mesmo ano ele confessou a Grimm que se sentia gasto e sem atrativos, como uma daquelas "velhas peças de mobília que a gente não deve mover muito" porque "suas partes estão bambas e soltas e não dá para encaixá-las muito bem".[26]

A mudança mais dolorosa na vida de Diderot, contudo, ocorreu mais tarde naquele outono, quando sua filha Angélique se casou com Abel-François-Nicolas Caroillon de Vandeul, filho de uma família ilustre de industriais de Langres que Diderot conhecia havia quarenta anos.[27] Apesar de sua própria história de amor com Toinette (ou talvez por isso mesmo), Diderot assumira como seu o direito de decidir com quem sua filha deveria se casar. Mas ele também insistira em reunir Angélique e Abel para ver se eles aprovavam essa decisão. Em março de 1770, Diderot convidou Abel, então com 24 anos, à Rue Taranne. Embora todos os envolvidos se mostrassem favoráveis àquela união — Angélique, Diderot, Toinette e Abel —, o filósofo e patriarca teve êxito em adiar por três anos o dia em que sua filha abandonaria o lar, argumentando que ambas aquelas crianças eram "jovens demais" para se casar de imediato.[28] Abel concordou prontamente com aquele noivado prolongado, mas logo se revelou muito mais inflexível no tocante a questões de dinheiro. No último ano e meio antes do casamento, Abel e seu futuro sogro entraram em demoradas e muitas vezes penosas negociações relativas ao importantíssimo contrato de casamento. Quando por fim reconheceram o documento em cartório na noite anterior ao casamento, o rapaz tinha negociado um prodigioso dote de 30 mil libras. O processo como um todo não tornara Abel benquisto por Diderot: este o julgou ganancioso e voltado unicamente para o dinheiro.

A cerimônia propriamente dita ocorreu em 9 de setembro de 1772, na paróquia de Saint-Sulpice. Acabou sendo menor e muito menos festiva do que Diderot havia esperado. Toinette se recusara a deixar Diderot convidar seus amigos ímpios ao casamento: com certeza nem D'Holbach, nem Grimm, nem Madame d'Épinay seriam bem-vindos. Os presentes incluíam uns poucos membros da família Caroillon e a irmã do próprio Diderot, Denise. Seu irmão, Didier-Pierre, não apenas se recusara a ir a Paris como fizera o possível para arruinar o casamento.

Um mês antes da cerimônia, Angélique tentara consertar a enorme cisão na família Diderot escrevendo a seu "querido tio" em Langres. Ela não apenas rogou ao padre que se reconciliasse com seu pai, mas que celebrasse, ele próprio, o casamento. A resposta de Didier-Pierre certamente figura entre as cartas mais cáusticas que ele escreveu na vida. Informando a Angélique que considerava Caroillon um descrente indigno como o pai dela — o que estava distante da verdade —, ele em seguida passou à ameaça de não mais considerá-la sua sobrinha se ela insistisse no casamento. As únicas pessoas que ele reconhecia como familiares, segundo lhe disse cruamente, eram os verdadeiros "devotos".[29]

Angélique só viu essa carta muito mais tarde na vida. Algumas semanas depois do casamento, Diderot, que aparentemente interceptou a carta, respondeu, furioso, em nome da filha. Acusando Didier-Pierre de desonrar seus votos, ele pede ao padre que se imagine no leito de morte e repense suas ações passadas, e em seguida vaticina: "Você verá que é um mau padre, um mau cidadão, um mau filho, um mau irmão, um mau tio e um homem malévolo".[30]

Nas semanas que se seguiram ao casamento de Angélique, Diderot caiu num estado um tanto depressivo. Indisposto com seu único irmão, casado com a mal-humorada Toinette, enjeitado por Madame de Maux e agora abandonado pela filha, Diderot se queixava de estar se sentindo terrivelmente só. Num bilhete revelador que enviou à mãe de Abel, que tinha sido amiga de infância de Diderot em Langres, ele lamentou que a vida sem sua filha teria sido mais fácil se ele tivesse casado com uma mulher que o ajudasse a "esquecer [sua] perda".[31] Infelizmente, não era esse o caso.[32] Vários dias depois do casamento, Diderot sintetizou seu estado psicológico para a filha casada, a quem agora se dirigia como Madame Caroillon:

Estou deixando você partir com uma dor que você nunca será capaz de compreender. De bom grado eu a perdoo por não sentir a mesma aflição. Agora estou sozinho, e você se foi com um homem a quem deve adorar. [...] *Adieu*, minha filha, *adieu*, minha menina querida. Venha se apertar uma última vez no meu peito. Se você às vezes me considerou mais severo do que eu deveria ter sido, por favor, me perdoe. Fique certa, entretanto, de que os pais são punidos cruelmente pelas lágrimas que causaram em seus filhos, sejam elas justificadas ou não. Você saberá disso um dia, e me perdoará. [...] Não entendo outros pais. Vejo todas as preocupações deles evaporarem no momento em que se separam dos filhos; a mim, parece que as minhas estão começando. Eu estava tão feliz com você sob a minha asa! Se Deus quiser, espero que o novo amigo que você escolheu seja tão bom, tão terno e tão leal como eu.

Seu pai,
Diderot.[33]

O ânimo do filósofo melhorou nos meses seguintes, e em algum momento de novembro ou dezembro de 1772 ele anunciou a Falconet, artista que estava morando na capital russa desde 1766, que iria a São Petersburgo para fazer uma visita de cortesia a Catarina. Diderot tinha também dois outros objetivos tenuemente escondidos. O primeiro era atuar como uma espécie de conselheiro político da imperatriz, para incentivá-la a iniciar programas de reformas que, embora compatíveis com o poder monárquico, fizessem mesmo assim a Rússia avançar rumo a um governo mais representativo. O segundo era convencer a imperatriz russa a patrocinar uma versão nova e não censurada da *Encyclopédie* que serviria como um "monumento literário a ela".[34]

São Petersburgo

Diderot inicialmente pretendia partir para a Rússia por volta de 1º de junho de 1773. Mas, como acontecia com frequência, acabou hesitando por mais de uma semana. Essa indecisão chegou ao ápice em 9 de junho, a véspera da data afinal agendada para a partida. Ao meio-dia, ele, Toinette e a então grávida Angélique estavam sentados para o que todos no recinto acreditavam ser sua última refeição juntos. Nenhum deles comeu; ninguém falou; todos os três choravam aos soluços. Foi, tal como Diderot descreveu o momento, a "cena mais cruel" que ele, como "pai e marido", sofreu na vida até então.

Mais tarde, na mesma noite, ele anunciou a seu amigo Jean Devaines, quando ele passou ali para se despedir, que iria cancelar aquela viagem perigosa: "Vou ficar, já decidi; não vou abandonar minha esposa e minha filha".[35] De acordo com Devaines, que registrou esses eventos, essa conversa foi interrompida por Madame Diderot, que invadiu abruptamente o escritório, como se respondesse a uma deixa. Parada no vão da porta com as mãos na cintura, com um gorro delicado atado de modo incongruente sob o queixo, ela teria gritado para Diderot: "Muito bem, Monsieur Diderot, o que está fazendo? [...] Fica perdendo tempo falando bobagens e se esquecendo de fazer as malas. Precisa partir bem cedo amanhã. [...] Oh, que homem! Que homem!".[36] Essa descompostura talvez tenha ajudado Diderot a mudar de opinião outra vez. Na manhã seguinte, deu início à viagem de meses até São Petersburgo.

Cinco dias e quinhentos quilômetros depois, Diderot chegou a Haia, a primeira parada de verdade na jornada. Tinha ido àquela cidade holandesa por várias razões. A primeira era avistar-se com o camareiro da imperatriz, Aleksei Vasilyevich Naryshkin, com quem combinara continuar a viagem até São Petersburgo.[37] Pretendia também passar algum tempo com seu bom amigo, o príncipe Golitsyn, a quem não via fazia quatro anos.

Diderot desfrutou uma estada de dois meses naquela pequena cidade estrangeira de 38 mil habitantes. Nunca tendo antes viajado de fato para fora do corredor um tanto insípido entre Langres e a região de Paris, ele agora tinha o privilégio de se tornar um turista pela primeira vez na vida. A primeira coisa que fez ao chegar foi empreender a curta viagem da casa de Golitsyn, na Kneuterdijk 22, até o litoral, para ver o mar pela primeira vez.[38] Além de contemplar "Netuno e seu vasto império", segundo suas palavras, Diderot logo reviveu seus tempos de aficionado de arte ao excursionar com Golitsyn a Leyden para ver as pinturas e gravuras holandesas da cidade.[39] Durante sua estada, ele também visitou Amsterdam, Haarlem, Zaandam e Utrecht.

Estar longe de Paris trazia muitas vantagens. Peixes recém-pescados no oceano não cessavam de impressionar Diderot. "Quanto mais eu conheço este país", escreveu a Sophie e sua irmã em julho, "mais me acostumo a ele. O linguado, o arenque, o rodovalho, a perca e tudo aquilo que chamam de *peixe de água salgada* são o povo mais admirável do mundo."[40] Além de saborear a comida e escapar de sua vida nem um pouco perfeita na Rue Taranne, ele pôde se concentrar em sua própria escrita. Entre outras coisas, completou um esboço de seu *Paradoxe sur le comédien* [Paradoxo sobre o ator], um diálogo filosófico em que um dos falantes sustenta, contra a opinião predominante, que os maiores atores são aqueles que se controlam totalmente, que imitam estados emocionais sem, contudo, sentir paixão ou sentimento algum. Stanislavsky diria mais tarde que o *Paradoxo*, publicado postumamente em 1830, estava entre as obras teóricas mais importantes escritas em todos os tempos sobre a atuação.[41]

Dois meses depois de chegar a Haia, em 20 de agosto de 1773, Diderot finalmente partiu para São Petersburgo com seu companheiro de viagem. Depois de apenas 230 quilômetros, o filósofo de sessenta anos teve que interromper a jornada em Duisberg (Alemanha) para buscar socorro médico por causa de uma séria infecção gastroenterológica. A segunda grande parada ao longo do caminho foi em Leipzig, onde Diderot aparentemente deu um verdadeiro espetáculo pregando o ateísmo diante de uma multidão de intelectuais e comerciantes, entre eles o irmão mais novo do escritor alemão Gotthold Ephraim Lessing.[42]

Durante a viagem, Diderot passava boa parte do tempo se preparando para seus encontros que teria com a imperatriz. O primeiro documento que ele redigiu a caminho foi um extenso exame da política francesa intitulado *Ensaio histórico sobre a polícia na França*,* que ia de Clóvis (rei dos francos) à derrubada do Parlamento por Maupeou. A mensagem contida nesse ensaio relativamente grande era inequívoca: com exceção de vários pontos brilhantes — incluindo a eficiente força policial dirigida por seu amigo Sartine —, a França não era um país a ser imitado.[43]

Semana após semana na monótona viagem também deram a Diderot tempo para escrever uma porção de poemas curtos, alguns dos quais verdadeiramente obscenos. Um mês depois de partir de Haia, Diderot e Naryshkin pararam por uma noite numa taverna na cidade portuária de Riga, onde ao que parece tiveram os olhos atraídos para uma linda serviçal em cuja homenagem o filósofo compôs um poema intitulado "A serviçal da Estalagem do Casco Fendido":**

Ela é bonita, muito bonita.
De toda Riga é a loucura,
Oh, a serviçal do Casco Fendido.
Por um óbolo, um dia, levantei seu xale.
Por um teston *duplo… por um* teston *duplo,*
Opa! O que você fez? Peguei sua teta.

O restante do poema — que vai ficando cada vez mais grosseiro — culmina com a serviçal proporcionando cada um dos seus favores, bem como um caso de sífilis.[44] Diderot, que expressou muitas vezes sua aversão a tais casas de má reputação, presumivelmente desempenhou aqui o papel do poeta só para efeito dramático.

---

* A palavra "polícia" aqui, assim como no francês (e no inglês) *police*, abarca o sentido geral de conjunto de leis e instituições que tem o objetivo de garantir a ordem pública, e não apenas a corporação policial. [N. T.]   ** O título original do poema, em francês, é *La Servante de l'Auberge du Pied fourchu*. Em francês, *pied fourchu* (casco fendido) pode ser uma referência figurada ao diabo. [N. T.]

Várias semanas depois de Diderot produzir esses versos indecentes, ele e Naryshkin entraram finalmente em São Petersburgo. Depois de 2400 trepidantes quilômetros através do que hoje são a Polônia, a Lituânia e a Letônia, os dois já não estavam rindo. Naryshkin fora derrubado por uma terrível infecção respiratória e uma latejante dor de dente. O sistema digestivo cronicamente fraco de Diderot também se rebelara contra micróbios estrangeiros e água contaminada. Sofrendo mais do que nunca de febre, câimbras e intestinos terrivelmente inflamados — uma provável disenteria —, ele se obrigou a seguir firme pelos últimos 150 quilômetros, chegando "mais morto do que vivo" àquele que julgava ser seu destino final, o apartamento de Falconet na rua Millionnaia.[45]

Falconet tinha sido sempre um amigo querido, e mesmo assim um enigma para Diderot. Algum tempo antes de partir para São Petersburgo, ele descrevera o escultor como "duro e afável, sofisticado e briguento, ávido por elogios e desdenhoso com a posteridade; invejoso do tipo de talento de que carecia, e dando pouco valor ao que possuía; amando apaixonadamente, e tiranizando cruelmente aqueles a quem amava; rico em talento e cem vezes, mil vezes mais em autoestima [...]; feito de todos os tipos de contradição".[46]

Falconet ampliou essa lista de incoerências no dia em que Diderot chegou à sua porta. Nos meses que antecederam a viagem, o escultor prometera a seu amigo escritor uma acolhida calorosa e hospedagem no apartamento que ele dividia com sua amante e colega escultora Marie-Anne Collot. Diderot aceitara e chegara a imaginar uma cena tocante em que os três amigos cairiam nos braços uns dos outros depois de anos de separação. "Que grande momento vai ser para nós [três]", ele escreveu a Falconet, "quando eu bater à sua porta."[47]

A recepção acabou sendo bem diferente do que Diderot havia imaginado. Cumprimentando Diderot de modo bastante frio, o escultor rescindiu seu convite, explicando que tinha cedido o quarto de hóspedes ao filho, que chegara inesperadamente dois meses antes. Embora Diderot tenha aceitado cortesmente a explicação do amigo, Madame de Vandeul escreveu mais tarde que seu pai ficou "magoado para sempre" por aquela dispensa humilhante.[48] Adoentado e sem rumo, o viajante exausto rapidamente retomou contato com Aleksei Naryshkin, com quem acabara de passar dois meses. O jovem camareiro imediatamente providenciou para que Diderot se hospedasse com ele e seu irmão, Semën Vasilyevich Naryshkin, no majestoso palacete de três andares deles no coração da cidade. O chamado Palácio Naryshkin, construído doze anos antes, foi, em última instância, muito mais conveniente para Diderot. Além de ser comparativamente mais luxuoso, o edifício ficava a uma distância curta, a pé ou de carruagem, dos aposentos de Catarina no Palácio de Inverno.

Catarina

Obrigado a permanecer perto de um penico em seus primeiros dias na Rússia, Diderot teve finalmente a oportunidade de conhecer a imperatriz num baile de máscaras (no Hermitage) cerca de uma semana depois. Fiel a suas preferências de vestuário, Diderot trajava o uniforme discreto e característico do filósofo, isto é, calças, colete e casaca pretos. Num mundo palaciano em que cada um era avaliado tanto pela elegância como por todo o resto, não chega a ser uma surpresa o fato de embaixadores, dignitários e nobres de São Petersburgo terem zombado daquele francês que se tomava por um Diógenes moderno. O escárnio deles se converteu em inveja, entretanto, quando ficou claro que Catarina concedia ao famoso filósofo uma acolhida que poucos deles, se é que algum, iriam desfrutar um dia.[49]

Catarina II, pintura.

Diderot, na verdade, aparecera na capital num momento oportuno. Durante sua estada de cinco meses na cidade, Catarina, então com 44 anos, estava, na prática, "entre um amante e outro", algo que era excepcional para ela.[50] A turbulência em sua vida amorosa começara dezesseis meses antes, quando ela substituiu o conde Grigory Orlov — o pai de pelo menos um de seus filhos — por um jovem membro da Guarda Montada chamado Alexander Vassilchikov. Na época em que Diderot chegou à capital, em outubro de 1773, a imperatriz já estava tão aborrecida com aquele homem atraente, mas banal, que Diderot enfrentou muito menos concorrência pelo tempo dela do que poderia ter acontecido em outras circunstâncias. Entre outras coisas, o filósofo excursionou com a imperatriz para visitar o Convento Smolny, uma escola para meninas aristocratas para a qual Diderot recrutara vários professores, e da qual havia sido nomeado consultor oficial. No início de dezembro, Catarina também o convidou para ser seu hóspede em Tsarskoe Selo, no chamado Palácio Catarina — em homenagem a Catarina I —, que fica a uns vinte quilômetros de São Petersburgo.

Mas a grande maioria dos encontros que Diderot teve com Catarina ocorrera no Pequeno Hermitage, o palacete e galeria de arte de três andares, em estilo neoclássico, que a imperatriz construíra como um anexo aos 65 mil m² do Palácio de Inverno.[51] Segundo o relato do próprio Diderot, ele era introduzido no estúdio de Catarina em três ou quatro tardes por semana. Afora esses encontros, Diderot passava boa parte do seu tempo preparando febrilmente uma série de ensaios para ela — hoje conhecidos coletivamente como as *Memórias para Catarina II* —, que serviam como ponto de partida para as conversas entre os dois.

Nas tardes em que chegava na hora — pois com frequência se atrasava —, Diderot entrava no estúdio de Catarina às três da tarde. A imperatriz tendia a ficar sentada num sofá, às vezes se ocupando com um bordado, enquanto Diderot geralmente tomava assento diante dela numa poltrona.[52] A intensidade (e a falta de cerimônia) que Diderot levava a suas conversas no Pequeno Hermitage é hoje legendária. Durante discussões às vezes acaloradas, o filósofo persuadia, contradizia e chegava a estender a mão e dar tapinhas na perna dela como fazia quando conversava com D'Holbach ou Grimm. Numa carta que a imperatriz enviou a Voltaire em janeiro de 1774, ela admitia ter ficado impressionada com a imaginação sem limites do homem "mais extraordinário" que já conhecera.[53] Também Diderot sentia uma empolgação semelhante, conforme explicou a Toinette:

"Sabia que tenho minhas entrevistas todos os dias às três da tarde na casa de sua majestade imperial? Você deve saber que isso é uma honra notável, e que não consigo nem avaliar o quanto vale. Juro a você que a imperatriz, essa mulher extraordinária, faz tudo o que está a seu alcance para se rebaixar ao meu nível, mas é nesse preciso movimento que a vejo com cem cúbitos de altura".[54]

Nas primeiras semanas em que se encontrou com Catarina, Diderot acreditava que a imperatriz talvez fosse a mais rara das aves, uma monarca que não apenas era membro da república das letras (ela, afinal de contas, produziu duas dúzias de peças teatrais, uma história da Rússia e contos de fadas para seus netos, além de suas memórias), mas também estava disposta a deixar Diderot ajudá-la a libertar a Rússia de suas tradições irracionais e instituições medievais. Que coisa maravilhosa, ele pensava claramente, colocar os valores do Iluminismo em prática na Rússia, sobretudo levando em conta que eles não pareciam estar criando raízes na França.

Política no Pequeno Hermitage

Bem antes de Diderot chegar a São Petersburgo, Catarina já dispunha de uma boa compreensão das inclinações políticas e intelectuais do filósofo. Como a força motriz por trás do projeto da *Encyclopédie*, Diderot ficara famoso por travar uma prolongada batalha contra a superstição e o fanatismo religioso. Mas ele havia levantado também questões mais explicitamente políticas em seu dicionário, entre elas a maior de todas, a saber: o que dava a um punhado de reis e rainhas europeus (e a uma imperatriz russa) o direito de dominar 160 milhões de seres humanos?

Nos poucos casos em que o próprio Diderot escreveu sobre esse tópico sensível — seus verbetes em geral são mais corajosos que inovadores —, ele rejeita categoricamente a duradoura crença de que o próprio Deus concedeu aos monarcas a autoridade de mandar em seus súditos.[55] O direito de comandar, como ele deixa claro no artigo "Autoridade política", emana diretamente do consentimento do povo e dos códigos natural e civil que definem seu relacionamento.[56] Embora Diderot acreditasse que os príncipes tinham o direito legalizado de governar suas nações, eles ainda assim tinham a obrigação de refletir ou encarnar o que ele chamava de "vontade geral" da nação. Em troca, explicava ele, o povo estava destinado a respeitar e preservar o poder e o direito de governar do soberano.

A filosofia política de Diderot como um todo durante seus anos de *Encyclopédie* era um reflexo do que poderia ser caracterizado como humanismo moderado. Longe de ser um demagogo ou um revolucionário, ele era primordialmente um reformista nos anos 1760: um dos filósofos interessados em persuadir os monarcas da época a reestruturar suas instituições de modo que os indivíduos, sob o escudo da lei, ficassem protegidos dos abusos do Estado e da Igreja.

Catarina não tivera receio algum de convidar à sua corte alguém que sustentava tais opiniões. Além de ter servido como seu adido cultural durante anos, Diderot era um pensador generoso e criativo, para não falar de suas qualidades legendárias de comunicador. Mais que isso, tanto ela como Diderot extraíam sua teoria política da mesma fonte, da teoria básica do contrato de Grotius, Pufendorf e Montesquieu. No papel, eles pareciam uma dupla afinada: um reformista de mente aberta e uma autocrata russa esclarecida que era, conforme escreveu para seu próprio epitáfio, "afável, descontraída, tolerante, liberal [...] com um espírito republicano e um coração bom".

No que se refere aos pensadores liberais, Diderot era certamente mais palatável e muito menos ameaçador para Catarina do que alguém como Rousseau. A carreira política de Rousseau, assim como em boa parte a de Diderot, começara nas páginas da *Encyclopédie*. Depois de meados dos anos 1750, porém, o assim chamado cidadão de Genebra também começara a publicar uma série de obras políticas cada vez mais influentes que combinava uma poderosa interpretação do potencial da humanidade com uma crítica, movida a axiomas citáveis, ao "sistema social" da Europa. (O mais famoso desses axiomas é, sem dúvida: "O homem nasce livre, mas por toda parte encontra-se acorrentado".) Preconizando muito mais que mudanças superficiais nas instituições políticas da época, Rousseau buscava revolucionar não apenas o modo como as pessoas pensavam sobre si mesmas, mas também seus direitos políticos inatos. Mais do que qualquer outro pensador até então, ele situava os povos subjugados da Europa no lado certo da história.

O livro de teoria política mais influente de Diderot, *Du contrat social* [Do contrato social], apareceu no mesmo ano em que Catarina chegou ao poder, em 1762. Com base em muitas críticas que ele movera contra o "sistema social" em geral, Rousseau afirmava provocadoramente que as monarquias eram necessariamente inferiores a formas mais democráticas de governo, uma vez que elas só podiam funcionar graças ao autointeresse, à corrupção política, ao privilégio e à venalidade. Seu remédio para o que julgava ser uma desenfreada desigualdade era nada menos que uma transformação geral da sociedade: a criação de um novo pacto político de coesão que substituísse o individualismo e o narcisismo da sociedade vigente por uma forma de democracia absoluta e coletivismo garantida pela vontade geral da população. A mensagem dialética proposta por Rousseau era a de que as pessoas supostamente deveriam sacrificar sua liberdade de modo a ser livres de verdade. Aqueles que violassem essa obrigação, ele argumenta no *Contrato social*, deviam ser condenados à morte.

Diderot não forneceu a Catarina longos tratados políticos abstratos do tipo em que seu antigo amigo sobressaía. Embora tivesse escrito verbetes sobre questões políticas para a *Encyclopédie* — incluindo os artigos "Cidade", "Cidadão" e "Autoridade política" —, ele se limitou durante sua temporada russa às questões práticas mais específicas associadas ao regime político da imperatriz, tais como: como pode ser aprimorada a relação entre o governo e o indivíduo na Rússia? E como o Estado pode usar seu poder de maneira que consiga fazer o povo aceitar suas diretrizes?

É preciso dizer, em favor de Catarina, que ela parecia estar mais do que disposta a discutir essas ideias com Diderot. Os memorandos abrangentes que ele deixou examinam uma porção de assuntos, incluindo as relações da religião com o trono, a importância de uma meritocracia na Rússia, a situação dos judeus do país, a origem das revoluções, a definição de tirania, a importância das escolas públicas, a aplicação da justiça, o papel do luxo, o divórcio, as universidades e as academias científicas. Diderot invariavelmente embutia sugestões em todos esses ensaios. Ele incentivou Catarina a decretar que suas escolas ensinassem as meninas sobre sua sexualidade com modelos anatômicos de cera, assim como ele havia feito com Angélique. De modo mais atrevido, citou uma lista enorme de razões pelas quais a imperatriz devia transferir sua corte de volta a Moscou. Ter uma "capital nos confins de um império", escreve ele com certo humor, simplesmente não fazia sentido; era como ter "um animal cujo coração estivesse na ponta de seus dedos, ou o estômago na ponta do dedão do pé".[57]

Talvez o ensaio mais revelador e radical de Diderot tenha sido sua meditação sobre o "Luxo". Investindo contra um mundo em que, como ele já sugerira em *O sobrinho de Rameau*, o ouro era o único "Deus" verdadeiro, Diderot provocadoramente coroa a si mesmo como "Rei Diderot" para consertar os defeitos de um país que se parece muito com a França.

Para começar, esse monarca filósofo decreta que deve secularizar as ordens religiosas e nacionalizar as propriedades do clero, antecipando em essência o que o governo revolucionário francês efetuaria quinze anos depois. Em outra tentativa de levantar capital e pagar as dívidas do Estado, ele propõe vender boa parte das terras e propriedades do reino, reduzindo significativamente o número de estábulos, áreas de caça, pensões, viagens inúteis, embaixadores e escritórios no exterior.[58] (Vale lembrar que Diderot teria lido essa incriminação do luxo e da pompa real à mulher mais poderosa do mundo, com ambos confortavelmente sentados no Pequeno Hermitage, rodeados por alguns dos maiores tesouros então existentes.)

Em dezembro, Diderot já havia compartilhado com a imperatriz dezenas de memorandos com ideias avançadas como essas. Entretanto, ele também começou a perceber que ela não estava levando suas ideias totalmente a sério. De acordo com um relato que circulou nos anos 1780, Diderot interrompeu a discussão entre eles um dia para perguntar à imperatriz, sempre muito atenta durante as conversas, por que nenhuma de suas sugestões havia sido implementada. A resposta que ela deu detalhou de modo muito claro onde começava e onde terminava a jurisdição de Diderot.

> Monsieur Diderot, tenho escutado com o maior prazer todas as ideias inspiradas que emanam de sua mente brilhante. Mas todos os seus formidáveis filósofos, que eu compreendo muito bem, vão maravilhosamente bem nos livros e muito mal na prática. Em seus planos de reforma, o senhor esquece a diferença entre nossos dois papéis: o senhor trabalha sobre o papel, que aceita tudo; ele é macio e flexível e não oferece obstáculos nem à sua imaginação nem à sua pena, enquanto eu, pobre imperatriz, trabalho sobre a pele humana, que é mais irritadiça e sensível.[59]

Antes desse momento decisivo, Diderot tivera pelo menos outra indicação de que era pouco provável que Catarina mudasse de rumo tão facilmente. Em novembro, o embaixador da França em São Petersburgo o coagira a usar sua suposta influência junto à tsarina para aventar a ideia de assinar um tratado de paz com a Turquia, país com o qual a Rússia estava em guerra havia cinco anos. Catarina ficou imediatamente irritada por Diderot ter ido além de sua "esfera" normal — a do filósofo — e deixou isso claro jogando no fogo os termos do acordo preparados pela embaixada.[60]

Embora Diderot tenha continuado a preparar ensaios para Catarina durante os dois primeiros meses de 1774, ele também começou a entrar num estado um tanto letárgico e murcho. Em fevereiro, o volume de sua correspondência, quase sempre um indicador de seu estado de ânimo, caiu para quase zero. Uma parte desse desencanto certamente vinha de uma percepção de que sua esperança de transformar a Rússia num farol do Iluminismo estava destinada ao fracasso. Mas ele tinha uma preocupação adicional. Como se quisesse obrigá-lo a deixar a capital russa, outro monarca supostamente ilustrado do continente, Frederico da Prússia, tomara para si a tarefa de tornar miserável a vida de Diderot durante suas últimas semanas em São Petersburgo.

Frederico e a volta para casa

Muito antes de Catarina tornar-se a queridinha do círculo dos filósofos, Frederico se estabelecera como o maior monarca ilustrado da época. Como amante ardoroso da filosofia de seu tempo, músico talentoso e crente convicto na liberdade de imprensa e na tolerância religiosa, esse consumado autoritário e senhor da guerra também se via como intelectual público, tendo escrito e publicado, entre outras coisas, um influente relato histórico da era moderna em 1746. Mas a parte mais sedutora de sua reputação junto aos filósofos franceses não vinha de seus livros; emanava do fato de que ele frequentemente oferecia abrigo a membros perseguidos da corte francesa. Quando Voltaire, o abade de Prades, La Mettrie e Helvétius, entre outros, foram exilados da França, o monarca alemão imediatamente os acolheu em Berlim.[61]

Apesar da generosidade de Frederico, Diderot sempre se mantivera muito mais precavido e cético quanto ao governante prussiano do que a maioria de seus amigos. Com efeito, em 1770 Diderot ficou aborrecido para sempre com o déspota pretensamente esclarecido quando Frederico publicou um ataque cáustico ao *Essai sur les préjugés* [Ensaio sobre os preconceitos] de D'Holbach.[62] O livro de D'Holbach, para o qual Diderot havia presumivelmente contribuído com algumas das ideias durante uma estada em Grandval em 1769, clamava por mais igualdade social, mais tolerância religiosa e mais liberdade de pensamento.[63] De modo igualmente importante, o *Ensaio* não defendia reformas políticas falando aos monarcas esclarecidos do continente; dirigia-se diretamente ao povo. Foi isso, mais do que qualquer outra coisa, que incitou a réplica sarcástica e desdenhosa de setenta páginas. Pouco depois que o chamado *Exame do Ensaio sobre os preconceitos* do monarca prussiano apareceu, Diderot escreveu uma resposta (não publicada) em que ele soa mais como Danton do que como Diderot: "Não vou mais suportar pacientemente um patife nobre de nascimento que me insulta porque ele é o último de sua raça — e eu sou talvez o primeiro da minha".[64]

Três dias depois, Diderot sentiu grande prazer em rejeitar o convite de Frederico para passar alguns dias em Berlim em seu caminho para a Rússia. O monarca prussiano, que tivera plena expectativa de que o filósofo lhe prestaria suas homenagens, ficou aborrecido e logo empatou o placar escrevendo uma resenha rude da carreira literária de Diderot para a edição de dezembro de 1773 das *Nouvelles Littéraires* [Notícias literárias].[65] Tão logo esse texto jornalístico malévolo foi publicado, Frederico despachou múltiplas cópias para São Petersburgo, onde Diderot vinha se reunindo com Catarina havia vários meses. O artigo, sem surpresa, encontrou uma plateia entusiástica entre os cortesãos russos, virtualmente todos eles ressentidos com o ateísmo do filósofo, com sua simplicidade sem afetação e, acima de tudo, com suas relações privilegiadas com a imperatriz.[66]

Quando a capital russa foi ficando mais inóspita, Diderot planejou sua volta para casa. Apesar de sua crescente desilusão e das saudades de casa, ele ainda assim sentia certo pesar em deixar Catarina — uma governante que ele descreveu em numerosas ocasiões como tendo a alma de "César com todos os encantos de Cleópatra".[67] Catarina também se apegara ao idoso filósofo e havia até mesmo "proibido *les adieux*", presumivelmente para evitar uma despedida lacrimosa.

Num de seus últimos encontros com Catarina, Diderot mesmo assim pediu três favores à imperatriz: passagem livre e segura na volta à França, um companheiro de viagem para ir com ele até Haia e uma lembrança ou "bobagenzinha" que a imperatriz tivesse "usado" de fato. Catarina satisfez esses desejos e fez mais. Além de prover o necessário para a viagem, deu ao filósofo a soma considerável de 3 mil rublos para suas despesas durante a jornada.[68] Também fez preparar especialmente para ele uma nova carruagem inglesa (uma *dormeuse*) equipada de cama de armar e colchão para que o filósofo pudesse deitar e dormir durante a viagem. O último e mais simbólico gesto dela teve lugar na corte numa sexta-feira, 4 de março, um dia antes de Diderot partir para casa. Erguendo-se para falar diante de um grupo de aristocratas, Catarina tirou ostensivamente um anel do dedo e pediu a seu camareiro que se aproximasse. Entregou então cuidadosamente o anel ao funcionário da corte enquanto fazia um anúncio a todos os presentes: Monsieur Diderot "queria uma lembrança, e aqui está ela. Ele queria algo que eu tivesse usado, e os senhores dirão a ele que eu usava este anel".[69] Mais tarde no mesmo dia, o camareiro entregou o anel de camafeu ao filósofo que estava de partida. Ao segurar o anel entre dois dedos, Diderot se deu conta de que estava contemplando um retrato da própria imperatriz. De acordo com Madame de Vandeul, seu pai tratou esse presente como um tesouro pelo resto de sua vida. Mais que um simples regalo, o anel simbolizava o relacionamento poderoso e indubitavelmente complexo entre a autocrata e o filósofo.

12.
Últimas palavras:
Falando a déspotas e a insurgentes americanos

No sábado, 5 de março de 1774, a bem equipada carruagem inglesa de Diderot partiu da capital russa rumo a Haia. A viagem de volta, de modo geral, mostrou-se mais fácil do que havia sido a jornada para o Leste. Seus intestinos frágeis, agora acostumados a bactérias estrangeiras, tinham cessado de se rebelar. O clima também cooperou. Em Riga, ele e seu companheiro de viagem — um amável aristocrata grego chamado Athanasius Balla — ficaram admirados com as temperaturas, que pareciam mais de verão que de primavera. A jornada não foi inteiramente desprovida de incidentes, porém. A apenas 570 quilômetros de São Petersburgo, o cocheiro de Diderot tentou fazer a carruagem e as duas juntas de cavalos atravessarem o rio Duína congelado. Foi uma decisão infeliz. Logo que a carruagem começou a rodar sobre o leito congelado do rio, o gelo começou a ceder sob a carga pesada. De acordo com o relato apressado do próprio Diderot sobre aquele potencial desastre, o condutor tentou rapidamente achar um caminho e rodar sobre uma "ponte de cristal" que estava afundando e reemergindo enquanto os passageiros olhavam com horror.[1] Embora Diderot não tenha jamais explicado com precisão como os três homens conseguiram escapar das águas que subiam — ao que parece, ele trepou penosamente num bote enquanto trinta homens tentavam arrastar a carruagem para a margem —, a morte por afogamento pareceu uma possibilidade muito real.[2]

O restante da viagem de volta da Rússia foi relativamente sem transtornos. O único desvio de rota aconteceu na Alemanha, onde Diderot ordenou de novo ao condutor que passasse ao largo da capital e de seu despeitado monarca, Frederico, o Grande. Apesar de Grimm ter pedido a Diderot que visitasse aquele patrono das artes, tocador de flauta, o filósofo não tinha intenção alguma de adular um déspota repugnante a quem ele agora descrevia como "malicioso como um macaco".[3]

Uma semana depois de rechaçar Frederico, em 5 de abril de 1774, Diderot chegou a Haia. Como havia acontecido no ano anterior, o filósofo contou com seu amigo, o príncipe Dmitri Golitsyn, e sua esposa para se hospedar. Nas primeiras cartas que enviou a amigos e à família depois de chegar ali, exaltou o bom tempo e sua saúde igualmente boa. Na verdade, porém, o filósofo estava exausto por ter viajado mais de 2400 quilômetros quase sem paradas, por esburacadas e irritantes estradas de terra que tinham causado a destruição de três carruagens.[4] Retornando depressa à cama confortável que deixara para trás quase nove meses antes, ele aparentemente passou a maior parte da semana dormindo.

Logo depois de se revigorar sob o cuidado dos Golitsyn, Diderot entrou em mais um período de trabalho febril. Sua tarefa primordial em Haia era uma incumbência imperial: supervisionar uma edição em francês de decretos e planos relacionados às reformas educacionais e às obras de caridade de Catarina.[5] Além desse compromisso, que Diderot cumpriu assiduamente durante os cinco primeiros meses de sua estada na Holanda, ele começou a reelaborar alguns de seus manuscritos não publicados, com a intenção de produzir finalmente uma reunião decente de suas obras completas. No entanto, o projeto que mais o entusiasmou durante sua segunda temporada em Haia foi um que ele nunca levaria a cabo: editar uma nova versão da *Encyclopédie*, patrocinada pelos russos. Escrevendo a Toinette logo depois de chegar à cidade, Diderot afirmou que só faltava assinar o contrato para esse novo projeto editorial. Depois de revelar que o acordo valeria inimagináveis 200 mil libras — mais que o dobro do que conseguiu no projeto de seu primeiro dicionário —, ele instruiu a esposa a começar a procurar um apartamento melhor: "Dessa vez", proclamou, "a *Encyclopédie* valerá alguma coisa para mim e não me causará problema nenhum".[6]

Dois meses mais tarde, apesar de novas asseverações de que logo receberia um adiantamento, Diderot ainda não recebera nenhuma notícia concreta de São Petersburgo. Na verdade, a imperatriz decidira que tinha muito pouco a ganhar de fato ao associar seu nome à nova *Encyclopédie*, um livro que Diderot afirmara repetidas vezes que seria muito mais ousado que o primeiro. Em vez de ela mesma informá-lo dessa decisão, porém, Catarina pediu ao homem que fizera o primeiro contato com Diderot, o general Ivan Ivanovich Betskoy, para enrolar o filósofo até que o projeto morresse por conta própria. No outono, Diderot finalmente compreenderia que o silêncio vindo de São Petersburgo significava que não haveria uma *Encyclopédie russe*. Essa decisão teve um inesperado efeito emancipatório sobre a última década de sua vida; sem o peso da tarefa colossal de outro dicionário, Diderot tinha agora muito mais tempo para pensar e escrever criticamente sobre os monarcas europeus que ele viera a conhecer tarde na vida.

A política de Diderot

Antes de deixar a Rússia, Diderot prometera a Catarina que nunca trairia sua confiança falando mal dela ou de seu regime, ao menos em público. Homem de palavra, ele cumpriu zelosamente a promessa. Antes de deixar São Petersburgo, incinerou as anotações que reunira sobre sua experiência na capital russa. Ao retornar a Haia e, por fim, a Paris, ele também tendeu a enfatizar os aspectos positivos de sua viagem, sobretudo a inteligência de Catarina, suas boas intenções, sua retidão e sua capacidade de se relacionar com um filósofo "de homem para homem".[7]

No entanto, na época que voltou à Holanda, Diderot se deu conta de que sua visão das monarquias do mundo mudara dramaticamente. O interessante é que a primeira pessoa a quem ele deu a entender essa mudança de perspectiva foi a própria Catarina. Em setembro de 1774, ele divulgou que vinha se divertindo a reler Tácito — não apenas o mais venerado historiador do Império Romano, mas um defensor da liberdade de expressão e crítico feroz da corrupção do poder político do império. Mais significativamente, contou à imperatriz que escrevera um panfleto político chamado *Principes de politique des souverains* [Princípios políticos dos soberanos]. Catarina não pediu para ver esse documento e Diderot não o enviou a ela, com bons motivos. Esses ditos *Princípios* eram, na verdade, uma série de máximas políticas maquiavélicas escritas da perspectiva de um déspota malevolente para o proveito de seus colegas governantes. Repleto de conselhos diabólicos — entre eles, o de que se devia "formar apenas alianças destinadas a semear o ódio"[8] e nunca, jamais, "erguer a mão sem golpear"[9] —, esse manual de falsidade, autointeresse e militarismo brutal do autocrata foi concebido para satirizar o governo cada vez mais autocrático do inimigo número um de Diderot, Frederico II. Entretanto, o esquema abrangente desse manual para tiranos obviamente se aplicava também ao reinado de Catarina.

Os *Princípios políticos dos soberanos* não foram o único escrito político a que Diderot aludiu em suas cartas a Catarina. Certamente mais preocupante para a imperatriz foi o fato de seu outrora filósofo-residente admitir ter tido a audácia de debruçar-se "com a pena na mão" sobre o *Nakaz* dela — seu best-seller de filosofia legal e política.[10] O anfitrião de Diderot em Haia, príncipe Golitsyn, também estava bem ciente desse novo e impertinente documento. Perto do final da temporada de Diderot em Haia, com efeito, o diplomata russo, talvez seguindo ordens de Catarina, viu-se compelido a arrombar o baú trancado em que o escritor mantinha seus manuscritos e roubou (e presumivelmente queimou) as chamadas *Observações sobre o Nakaz*. Diderot, que com frequência dizia que a confiança e a honestidade entre amigos eram uma das virtudes mais importantes da humanidade, ficou ao mesmo tempo decepcionado e furioso. O restante de sua estada com os Golitsyn, como se pode imaginar, foi gélido.

Por sorte, porém, Diderot tinha outra cópia ou versão rascunhada daquele documento que ele acabou retrabalhando ao voltar a Paris. À primeira vista, a versão final das *Observações* parece ser pouco mais que miniensaios sobre os vários artigos que Catarina desenvolveu em seu *Nakaz*. Na verdade, esse pequeno livro é a primeira vez que Diderot se pôs a falar de modo inteiramente aberto (e como um igual) à imperatriz. Se, no passado, ele concedera a contragosto que o poder supremo do Império Russo cabia a seu ou sua monarca, ele agora estipulava muito claramente que o direito de governar só pode ser delegado pelo povo, e jamais tomado deste: "Não há outro soberano senão a nação; não pode haver legislador verdadeiro que não seja o povo".[11] De modo mais radical, ele passa a explicar que o contrato entre o soberano e a nação dá ao povo o direito de desafiar, depor e, em casos extremos, condenar um governante tirânico à morte, caso esse mesmo monarca afronte a lei.[12] No que se refere a demonstrações de soberania popular, Diderot não poderia ter sido mais claro.

Catarina não recebeu nem leu as *Observações* antes de 1785, ano posterior à morte do filósofo. Apesar de a referência ao regicídio justificado ter sido eliminada, talvez por Madame de Vandeul ou por seu marido, havia uma fartura de outras coisas nas *Observações* que a deixaram transtornada. No penetrante "debate" que Diderot encenara com ela, ele não apenas acusa a imperatriz de deixar de implementar o tipo de governo muito mais representativo que ela prometera em *Nakaz*, como também prevê que, sem um novo código legal, é provável que os próximos governantes da Rússia não sejam tão benevolentes ou de pensamento livre como ela. Diderot não media as palavras nas *Observações*: embora louvasse a imperatriz por ser uma pessoa esplêndida, ele declarava de modo bastante brutal que ela era uma déspota disfarçada de monarca esclarecida.[13]

Não obstante os crescentes receios que Diderot passara a ter em relação ao reinado de Catarina, ele continuava mais do que disposto a passar longas horas trabalhando no interesse dela, particularmente quando julgava poder exercer de verdade um efeito positivo sobre sua política. A melhor chance de efetuar uma mudança veio em março de 1775, quando a imperatriz requisitou que ele apresentasse um plano para um novo sistema educacional destinado a conduzir os estudantes russos desde o abecê até a universidade.[14] No outono, ele concluiu a tarefa e despachou um substancioso manuscrito de 170 páginas à imperatriz, com o título *Plan d'une université pour le gouvernement de Russie* [Plano de uma universidade para o governo da Rússia].

O tempo da bajulação e da sutileza tinha terminado. Diderot começava o *Plano* com várias máximas poderosas que refletiam sua visão de que a função da educação não era produzir uma aristocracia mais ilustrada; era uma arma a ser mobilizada contra a superstição, a intolerância religiosa, o preconceito e a injustiça. "Instruir uma nação", escreve Diderot na primeira linha do *Plano*, "é civilizá-la."[15] A educação, prossegue ele, não apenas "dá dignidade ao homem"; ela tem um efeito necessariamente emancipatório ou transformador tanto sobre os escravizados como sobre os ignorantes: "o escravo [que é instruído] logo aprende que não nasceu para a servidão", enquanto o "selvagem perde a ferocidade da floresta".[16]

A convicção de Diderot de que a educação podia ser o motor do progresso social e moral requeria uma reconsideração radical do que deveria ser uma universidade. Em forte contraste com a realidade das instituições de ensino superior que ele próprio havia experimentado na França — faculdades seletivas dominadas por eruditos de instrução religiosa cuja meta mais elevada era repetir a si mesmos e a suas crenças —, ele conclamava a nova *universitet* russa a substituir o ensino da teologia pelo da tolerância. Acreditava também que as várias faculdades deveriam ser providas de funcionários bem pagos que acolhessem "todos os filhos de uma nação" em suas salas de aula. Talvez o aspecto mais radical de seu plano estivesse num nível curricular geral: antecipando o nascimento das grandes universidades de pesquisa do futuro, ele derrubava o grego e o latim de seu pedestal privilegiado e preconizava um curso de estudo muito mais prático e concreto que desse lugar de honra ao ensino de matemática e de ciência experimental, esta última num ambiente de laboratório. Esse novo tipo de pedagogia, insistia ele, iria finalmente permitir que a experimentação tivesse precedência sobre as ideias recebidas.

Do ponto de vista de Diderot, uma educação livre, secular e de orientação empírica para os filhos da nação não era apenas uma questão de benevolência e justiça; era algo do maior interesse para a própria nação.[17] Além de "civilizar" o país em geral, Diderot argumentava que educar a maior faixa possível da população fazia mais sentido, em termos matemáticos. Se, conforme ele raciocinava, havia apenas uma chance em dez de que o próximo Newton nascesse num palácio e não em meio à população em geral, era uma aposta tola investir todos os recursos educacionais apenas nos homens de berço mais nobre. Quanto mais gente o estado instruísse, em resumo, maiores as chances que teria de cultivar homens de virtude e talento, para não falar do prodígio ocasional.[18]

Catarina parece ter consultado pela primeira vez o *Plano* do filósofo na primavera de 1777. Como foi o caso com muitas das propostas dele, ela julgou que suas concepções sobre educação ou eram radicais demais ou não eram apropriadas para implementação na Rússia imperial. Logo depois de lidas, elas se juntaram às outras reflexões do filósofo nos arquivos, sem nunca ser adotadas. No entanto, se as ideias políticas de Diderot caíram em ouvidos moucos em São Petersburgo, sua voz não estava nem um pouco silenciada durante os anos 1770. Na verdade, durante a segunda metade da década, ele possivelmente se tornou a voz progressista (e muitas vezes radical) mais influente nos anos que culminaram com a Revolução Francesa.

Velhice

A França à qual Diderot retornou em 21 de outubro de 1774 havia mudado de modo significativo. Essa mudança começou na primavera anterior, quando Luís XV, que reinara por 51 anos, morreu em decorrência de um doloroso caso de varíola. Dado o fato de que seus dois filhos haviam morrido antes dele, o trono passou para seu neto de dezenove anos, Louis-Auguste, que fazia questão de se distinguir da postura conservadora do avô perante a vida. Entre os primeiros atos do novo rei estava a tomada da decisão muito pública e política de fazer inocular a si mesmo e ao restante da família com uma pequena quantidade do vírus (vivo) da varíola, algo que seu avô obviamente escolhera não fazer.

Luís XVI, gravura.

Muito mais importante do que isso, do ponto de vista de Diderot, Luís XVI começou seu reinado endossando uma série de políticas progressistas. Vários meses antes de subir ao poder, o novo rei deu o passo sem precedentes de estabelecer um controle de sua própria autoridade ao reinstalar os parlamentos que seu avô havia dissolvido. De modo igualmente significativo, ele se cercou de um entourage de conselheiros e ministros reformistas, muitos deles amigos ou colegas de Diderot. Anne-Robert-Jacques Turgot, o eminente enciclopedista e fisiocrata, tornou-se secretário de Estado da Marinha, antes de ocupar o destacado papel de controlador-geral ou ministro das Finanças. Antoine de Sartine, o tenente-general de polícia que fizera o possível para proteger Diderot da facção eclesiástica durante os últimos anos da *Encyclopédie*, sucedeu Turgot como secretário de Estado da Marinha. Malesherbes, o amigo de Diderot, também passou a fazer parte do governo. Quatro anos depois que Luís XV baniu de Versalhes o diretor do ramo editorial por ele ter se oposto ao golpe contra os parlamentos, Malesherbes assumiu o papel de secretário de Estado das Residências do rei. Entre as muitas tarefas que desempenhou nos primeiros meses do reinado de Luís XVI, o aristocrata liberal foi encarregado de fornecer recomendações referentes ao status político dos protestantes e judeus do país. A proposta que ele afinal apresentou — recomendando que ambos os grupos tivessem permissão à cidadania plena — foi rejeitada pelo rei. Algumas coisas simplesmente ainda eram radicais demais para o novo monarca.[19]

Não obstante o conservadorismo residual do ancien régime, Diderot acreditava que alguns dos homens mais inteligentes da França estavam tentando descortinar uma nova era. O problema mais desafiador que o novo governo enfrentou em seu primeiro ano foi a reforma do ineficiente mercado de grãos. Essa tarefa foi incumbida a Turgot, um firme defensor das vantagens do liberalismo econômico. Em setembro de 1774, o controlador-geral do país havia convencido Luís XVI a assinar leis que permitiam pela primeira vez na história francesa o livre fluxo de grãos em todo o território do reino. A esperança era de que, ao relaxar o conjunto bizantino de leis, impostos e protocolos comerciais do país, a França destravasse o pleno potencial da terra mais fértil da Europa Ocidental, beneficiando simultaneamente proprietários de terras, arrendatários e os milhões de camponeses para os quais o pão fazia parte da dieta básica.

Infelizmente para Turgot e para o restante do país, essas reformas foram empreendidas durante um período de colheitas ruins. Isso levou não apenas a uma elevação dramática nos preços dos cereais e do pão, mas a insurreições que prenunciavam a Revolução da década seguinte. Em 1775, distúrbios, saques e rebeliões violentas tinham chegado a tal ponto que a coroa foi obrigada a posicionar soldados diante das *boulangeries* e dos depósitos de grãos do país. Embora Luís XVI tenha continuado a apoiar Turgot durante essa época de turbulências, foi o início do fim de sua agenda de reformas. Na primavera de 1776, um revigorado coro de críticos — que incluía os parlamentos reinstaurados, os interesses financeiros envolvidos no comércio de grãos e a própria Maria Antonieta — havia na prática levado o rei a se voltar contra as propostas e diretrizes de Turgot.[20] O controlador e ministro das Finanças selou seu próprio destino, porém, quando se declarou relutante em apoiar a luta norte-americana pela independência contra a Grã-Bretanha, por receio de endividar ainda mais o Estado. Em maio, o rei pediu a Turgot que deixasse o cargo; Malesherbes saiu pouco tempo depois. Quase dois anos após ter escrito pela primeira vez que a França entrara numa era nova e promissora, um taciturno Diderot via seus amigos saírem ou serem demitidos do governo.

Diderot escreveu muito pouco sobre a breve atuação político-institucional de Turgot e Malesherbes. Em parte, isso tinha presumivelmente a ver com o fato de que o filósofo na verdade discordava da liberalização do mercado de grãos, mas não queria se manifestar publicamente contra Turgot. Em parte, devia-se decerto também ao declínio de sua saúde.

Além de sofrer várias crises digestivas, ele lamentava que seus dentes agora estavam "bambos", que seus olhos não ajudavam depois que escurecia e que suas pernas tinham ficado "muito preguiçosas, aumentando sem cessar a necessidade de bengalas".[21] Era seu coração, porém, que havia se tornado seu problema mais sério. No ano anterior, durante julho e agosto de 1775, tinha sido derrubado por uma dolorosa angina, que ele descrevia como uma "afecção" do peito.[22] Numa carta que enviou a Grimm em agosto de 1776, ele chegou a sugerir que o amigo abreviasse sua viagem a São Petersburgo se quisesse vê-lo vivo quando voltasse. Tinha chegado a um ponto na vida, segundo suas palavras, em que "a gente conta os anos, o que está muito perto da idade em que se passa a contar os meses, o que está perto da idade em que se vive um dia depois do outro".[23]

Boa parte dessa existência de eremita durante seus últimos anos foi passada ou "sob a sarjeta" na Rue de Taranne ou em Sèvres, na casa de hóspedes de seu amigo Étienne-Benjamin Belle, com vista para o Sena e para a velha ponte de pedra de Sèvres. Entre os muitos projetos em que trabalhou nesses últimos anos, ele escreveu uma peça de teatro que afinal intitularia *Est-il bon? Est-il méchant?* [Ele é bom? Ele é mau?].[24] Em vívido contraste com seus dramas burgueses muito mais sérios e moralizantes, essa comédia breve narra um dia na vida de Hardouin, um homem de letras parisiense que, a exemplo do próprio Diderot, joga com a ideia de que trabalhar em prol de um bem maior muitas vezes significa transigência moral, quando não uma franca desonestidade.[25] Agindo como uma espécie de manipulador de marionetes, Hardouin busca resolver três situações problemáticas por meio de várias formas de enganação: ele ajuda a trazer uma resolução para um processo judicial aparentemente interminável; ajuda uma viúva a obter uma pensão para o filho alegando que ele, Hardouin, é o pai da criança, arruinando a reputação da viúva no processo; e por fim convence sua ex--amante a permitir que a filha dela se case ao informá-la, mentirosamente, de que a moça está grávida. Essa pequena peça, concebida mais para um entretenimento pós-jantar do que para o grande palco, está mais próxima, em sua sensibilidade, de *O sobrinho de Rameau* do que de *O pai de família*. Como um crítico apontou corretamente, é a única peça realmente divertida escrita por Diderot.[26]

Em 1776, Diderot também concordou em fornecer um curto posfácio biográfico para uma nova tradução, em seis volumes, das obras de Lucius Annaeus Sêneca (4 a.C.-65 d.C.) que D'Holbach e especialmente Naigeon tinham ajudado a traduzir.²⁷ Resumir a vida e a obra de um dos filósofos mais importantes do período imperial romano, ele bem sabia, não seria uma tarefa simples. No lado positivo de seu legado, Sêneca expusera os filósofos da geração de Diderot (para não mencionar a de Erasmo e a de Montaigne) às ideias fundamentais da filosofia estoica. Numa série de célebres ensaios e diálogos filosóficos com títulos como *Sobre a providência*, *Sobre a firmeza da pessoa sensata* e *Sobre a paz de espírito*, Sêneca havia asseverado que a verdadeira felicidade não vem nem de nossa saúde nem de nossa riqueza, mas de fazer o bem e levar uma vida virtuosa.²⁸ O desafio de escrever sobre Sêneca não era sua filosofia; tinha a ver com o fato de que o homem supostamente não vivera de acordo com seus próprios valores. Para começar, Sêneca condenara celebremente a sedução do dinheiro, mas mesmo assim acumulara uma das maiores fortunas de Roma. Seu maior pecado, porém, era o de supostamente haver servido de preceptor a Nero, segundo consta conspirando com o sanguinário imperador para o assassinato de Agripina, a mãe do próprio governante. Para a vasta maioria dos pensadores do século XVIII, aquele estoico imensamente importante era culpado de hipocrisia.

Quando jovem, Diderot estivera entre os que censuravam Sêneca por suas supostas incoerências, a certa altura acusando o famoso estoico de validar vários desejos de Nero enquanto "cidadãos destemidos eram punidos com a morte".²⁹ Três décadas depois, naquilo que acabou sendo um relato de quinhentas páginas da vida, da filosofia e da ética de Sêneca, ele agora tentava reabilitar o filósofo romano depois de "dezoito séculos de calúnia".³⁰

O *Essai sur la vie de Sénèque* [Ensaio sobre a vida de Sêneca] de Diderot, que apareceu impresso no fim de 1778, é uma biografia intelectual argumentativa e com frequência digressiva que, em sua maior parte, carece da verve e da sagacidade dos diálogos celebremente espirituosos de Diderot. No entanto, esse *Ensaio* é mesmo assim uma obra intrigante. Para começar, sua defesa resoluta do relacionamento de Sêneca com Nero serve sem dúvida para justificar o próprio papel de Diderot em face de Catarina, imperatriz de todas as Rússias.³¹ Mais que isso: além de lhe permitir lidar com o fato de, a exemplo de Sêneca, ter se aproximado de uma déspota, o *Ensaio* se tornou um foro para a primeira avaliação pública de Diderot de sua desgastada relação com Jean-Jacques Rousseau.

Num mundo ideal, Diderot iria com certeza preferir esquecer sua dolorosa ruptura com Rousseau, particularmente a alegação de seu antigo amigo de que Diderot não apenas o traíra como engendrara uma conspiração malévola contra ele. No final dos anos 1770, porém, tirar Rousseau da sua cabeça se tornara impossível. Diderot, como muitos outros no círculo de D'Holbach, estava temendo a iminente publicação das *Confissões* de Rousseau, uma autobiografia indiscreta que ele acreditava estar repleta de meias verdades paranoicas voltadas contra ele e os outros filósofos. Diderot já sofrera, claro, uma boa cota de difamação no passado, mas aquilo era outra coisa. Diferente dos outros escritores que haviam usado a pena para fustigá-lo, Rousseau não era um dramaturgo de terceira categoria nem tampouco um jornalista sem imaginação; era possivelmente o escritor mais influente de seu tempo. E o que é pior: Rousseau sabia muito mais sobre a vida de Diderot que seus outros inimigos. O que estava em risco, para Diderot, era nada menos que sua amada posteridade e sua reputação como uma alma íntegra, generosa e honesta que servia lealmente a seus amigos.

A solução de Diderot para essa ameaça foi atacar Rousseau. Usando o *Ensaio* para golpear antes que as *Confissões* aparecessem impressas, ele comparou Rousseau aos detratores de Sêneca e inseriu em seu texto uma série de notas de pé que acusavam seu ex-amigo de ser copiador, obscurecedor e hipócrita, um ladrão intelectual cujas melhores ideias eram roubadas de Sêneca, Plutarco, Montaigne e Locke.[32] Não havia, claro, menção alguma ao papel do próprio Diderot na exacerbação da paranoia de Rousseau ao se manter à distância, ao negligenciá-lo e ao zombar de seus temores como algo injustificado.

Por ironia do destino, as invectivas de Diderot contra Rousseau surgiram impressas no final de 1778, apenas meses depois da morte do escritor genebrino. Foi um timing infeliz. Para quase todos os que tiveram contato com o livro, os insultos de Diderot soaram mesquinhos e abertamente vingativos, logo suscitando uma avalanche de críticas negativas. A resposta de Diderot a essas resenhas foi passar mais dois anos reescrevendo e expandindo o *Ensaio*, recompondo e rebatizando o livro como *Ensaio sobre os reinados de Cláudio e Nero*. Além de fortalecer sua defesa da carreira de Sêneca e de responder a seus críticos, ele acrescentou uma seção inteiramente nova e muito mais brutal dedicada aos pecados de Rousseau. Depois de sustentar que tinha sido a perspectiva perversa e irracional do genebrino diante da vida que lhe custara "vinte amigos respeitáveis", Diderot passava a formular uma importante pergunta: como é que aquele outrora filósofo acabou se tornando o mais ardente antifilósofo de sua época? As respostas eram lancinantes:

Do mesmo modo que virou católico entre protestantes, protestante entre católicos, e professou ser um deísta e um socinianista entre católicos e protestantes...

Do mesmo modo que escreveu contra o teatro, depois de escrever comédias...

Do mesmo modo que vergastou a literatura, depois de cultivá-la durante toda a vida...

Do mesmo modo que, enquanto pregava contra os costumes frouxos, compôs um romance licencioso.

A incoerência mais dolorosa nessa lista de falsidades e hipocrisias dizia respeito ao próprio Diderot: "Do mesmo modo que ele vilipendiou o homem que mais o admirava...".[33]

A violenta diatribe de Diderot contra a falsidade de Rousseau apareceu em 1782, o mesmo ano em que saíram também os primeiros volumes das *Confissões* de Rousseau. Se ambos haviam desejado reivindicar para si o padrão moral elevado em seu último confronto público, os relatos escritos daquela disputa de 25 anos pouco ou nada fizeram para definir quem estava errado. Na verdade, mais do que qualquer outra coisa, a combinação de despeito e pesar que goteja das penas de ambos é um atestado pungente daquilo que eles continuavam a ter em comum: o temor da difamação mútua e a dor dilacerante do companheirismo perdido.[34]

Destrinchando o mundo

O último livro publicado por Diderot foi possivelmente o de menor êxito. Antes mesmo de a segunda versão (1782) do *Ensaio* aparecer, uma porção de amigos de Diderot, incluindo Naigeon, havia apelado ao idoso filósofo para que fizesse substanciais revisões ou cortes no manuscrito antes de publicá-lo. O autor se opôs. Quando o livro finalmente surgiu impresso, até mesmo os mais firmes apoiadores do filósofo se escandalizaram. Numa resenha emblemática que apareceu nas *Nouvelles de la République des Lettres*, Pahin de la Blancherie não apenas zombava de Diderot por sua adulação servil a Sêneca, mas também por ter "enfiado a faca ainda mais fundo" nas costas de Rousseau.[35]

Há, porém, uma grande ironia referente a essa época da carreira de Diderot. Durante os mesmos anos em que os literatos estavam torcendo o nariz para a apologia unilateral de Sêneca pelo escritor, o filósofo havia investido de modo muito mais eficiente em seu legado ao redigir centenas de páginas cruciais para um dos livros mais vendidos do último quarto do século XVIII, a *História filosófica e política das duas Índias*, do abade Guillaume Thomas Raynal. Não é exagero dizer que aquelas contribuições anônimas ao projeto de Raynal não apenas mudaram o livro, mas também a própria história.³⁶

Frontispício para a *Histoire des Deux Indes* (1780)
de Guillaume Thomas Raynal.

Diderot conhecia Raynal havia trinta anos quando se envolveu na *História das duas Índias*. Assim como o próprio Diderot, Raynal viera inicialmente a Paris com a intenção de seguir uma carreira eclesiástica. Baixo, de rosto solene e olhar penetrante — sempre de traje preto e uma touca de pano azulada que parecia um turbante —, Raynal estabeleceu primeiro sua reputação escrevendo livros sobre a Holanda e o parlamento inglês, bem como editando dois jornais: o *Nouvelles Littéraires*, precursor da *Correspondance Littéraire*; e o *Mercure de France*, um dos principais jornais da época. O rumo da carreira de Raynal mudou significativamente no início dos anos 1760, porém, quando Étienne François de Choiseul, o ministro do Exterior encarregado tanto da Marinha quanto das colônias ultramarinas da França, pediu ao escritor que produzisse um manual da guerra moderna, que acabou sendo publicado em 1762.³⁷ Pouco tempo depois, Choiseul encomendou um projeto muito mais amplo, o exame, em vários volumes, da colonização europeia da Índia à América do Norte. Esse livro se tornaria, no fim das contas, o testamento de Raynal.

Assim como ocorreu com a *Encyclopédie*, não se supunha de início que a *História* fosse uma *machine de guerre*. Na medida em que Choiseul incentivou Raynal a adotar um ponto de vista "filosófico" ou crítico, ele provavelmente pediu ao autor que instigasse o governo a implementar uma política externa mais avançada, que ajudasse a estimular a economia francesa, tão castigada pela Guerra dos Sete Anos.[38]

A amplitude de um projeto assim era intimidadora. Com o intuito de produzir uma investigação tão ampla dos empreendimentos europeus em outros continentes, Raynal consultou milhares de documentos do ministério do Exterior, ao mesmo tempo que se correspondia com uma extensa variedade de administradores coloniais, diplomatas e colonizadores espalhados pelo mundo.[39] O antigo editor também era astuto o bastante para compreender que processar esse material estava além de sua capacidade, e por isso engajou uma porção de ghost-writers que, mesmo desejosos de contribuir para um exame crítico da colonização europeia, prefeririam fazer isso anonimamente. O mais importante desses "filósofos políticos" sem nome era Diderot, que começou secretamente a colaborar com Raynal em algum momento no fim dos anos 1760.[40]

A primeira edição da *História* (datada de 1770) acabou sendo impressa em Haia em 1772. O público leitor francês jamais se deparara até então com algo parecido. Além de um levantamento histórico abrangente das atividades comerciais europeias, o livro substituíra a *Encyclopédie* como palco das posições mais liberais da época tanto sobre a política global quanto sobre a doméstica. Apesar de os pontos de vista díspares da *História* entrarem frequentemente em contradição — a armadilha inevitável da multiplicidade de autores —, as partes mais vigorosas do livro expressavam inequivocamente uma visão da história segundo a qual tiranos, magistrados e sacerdotes haviam não apenas instituído várias formas de despotismo na Europa, mas as exportaram para as colônias mundo afora. Os censores franceses não tinham ilusões quanto às implicações da *História*. Pouco depois que o livro se tornou amplamente acessível na França, foi proibido por um *arrêt du Conseil* em dezembro de 1772.

As contribuições de Diderot para a primeira versão da *História* empalidecem em comparação com o que ele forneceria depois para as duas edições subsequentes. No entanto, Raynal compreendeu imediatamente o poder da pena do filósofo. Bem antes que a primeira edição da *História* tivesse sequer aparecido impressa, ele já estava perguntando a Diderot se ele iria fornecer material para uma edição revista. Embora relutasse quanto a essa nova tarefa, o filósofo acabou concordando e dobrou suas colaborações anônimas para a versão seguinte do livro, que surgiu em 1774. Pouco depois que Diderot voltou da Rússia naquele mesmo outono, Raynal apelou novamente a ele, solicitando ainda mais textos para o terceiro e último volume. Embora estivesse cada vez mais adoentado — e ocupado com seus ensaios sobre Sêneca e outros projetos —, Diderot mesmo assim logo se viu trabalhando mais intensamente do que fizera para as duas primeiras edições. Na época em que entregou seu manuscrito final para Raynal, no fim da década, ele se tornara responsável por não menos que 20% de todo o livro de dez volumes.

As contribuições de Diderot para a *História*, que variam de umas poucas frases a intervenções de capítulo inteiro, funcionaram como coroamento de seus diversos escritos políticos. Embora Raynal tenha teoricamente limitado a abrangência da *História* às Índias Orientais e Ocidentais, Diderot estava entre os colaboradores que voltaram vigorosamente o foco crítico do livro para a própria Europa. Uma das contribuições mais interessantes que ele forneceu à terceira edição da *História* é uma nota insolente endereçada ao próprio Luís XVI. Tendo adotado o hábito de se dirigir a monarcas num tom familiar, Diderot fala ao jovem rei usando o informal e atrevido pronome *tu*. Ele adverte o desventurado Luís XVI de que o país como um tolo virou um barril de pólvora: "Dá uma olhada na capital do teu império e encontrarás duas classes de cidadãos. Uns, refestelando-se na riqueza, ostentam um luxo que provoca indignação naqueles não corrompidos por ela".[41] Um parágrafo depois, o idoso filósofo prediz que impérios como o dele "não podem durar sem moral e virtude", em seguida pergunta ao rei por que ele continua a fazer vista grossa à "ganância insaciável" de seus cortesãos, permitindo que todos os "homens protegidos" de seu reino se esquivem do fardo dos impostos enquanto o povo "geme" sob o peso de seus tributos.[42] Perto do final dessa diatribe, Diderot dá a seu rei uma escolha: aceitar a desonra de ser o tirano que nada faz ou transformar o país e alcançar a verdadeira glória. Diderot embutiu muitas outras mensagens assim na *História*, mesmo quando não estava falando diretamente ao rei. Sobre o tema da liberdade de imprensa, por exemplo, o filósofo foi categórico: "Onde quer que o soberano não permita que as pessoas se expressem livremente sobre assuntos econômicos e políticos, ele proporciona a evidência mais convincente de sua inclinação para a tirania".[43]

Por mais influentes que as opiniões de Diderot sobre a monarquia francesa tenham se tornado nos anos que levaram à Revolução e durante esta, seus escritos sobre as colônias eram pelo menos igualmente significativos. Além de sublinhar a injustiça fundamental de boa parte do empreendimento como um todo — condenando repetidas vezes os conquistadores de sua época por se apropriar de terras que não lhes pertenciam —, Diderot atacava vigorosamente o que julgava ser o mal mais clamoroso de seu tempo: o negócio ininterrupto da escravidão.

Na época em que Diderot se envolveu na *História das duas Índias*, os traficantes franceses de escravos estavam entregando anualmente no Caribe 30 mil africanos escravizados, que vinham se juntar ao meio milhão de escravizados que já labutavam nas três principais ilhas francesas de Guadalupe, Martinica e São Domingos (Haiti). Ao todo, navios franceses tinham transportado mais de 1 milhão de almas para as ilhas desde que o tráfico começara para valer, 120 anos antes.[44]

Os vários escritores, geralmente anônimos, que forneceram material para a *História* reagiram de diferentes maneiras às agruras dos africanos. Um dos colaboradores resumiu de modo acrítico a ciência racial espúria da época, fornecendo um longo tratado acerca de como o chamado *nègre* tinha sérias deficiências anatômicas e cognitivas que aparentemente destinavam a "espécie" à escravidão. Outros escritores com inclinações mais liberais preconizavam uma "forma esclarecida de escravidão" que incentivasse senhores de terras a tratar seus escravos com mais respeito e bondade. Raynal também incluiu vozes mais "progressistas". Uma das partes da *História* defendia a emancipação futura das populações africanas, assim que elas tivessem compreendido as leis e os costumes ocidentais. De modo mais célebre, porém, Raynal também incluiu irrupções antiescravistas violentas manifestadas por pensadores como Jean de Pechméja, autor de uma das frases mais memoráveis do livro: "Quem quer que justifique [a escravidão] merece um silêncio de desprezo da parte do filósofo e um golpe de punhal da parte do negro".[45]

Diderot fez acréscimos e reescreveu muito do que Raynal e seus outros ghost-writers tinham elaborado sobre o tema da escravidão. Além de rejeitar a ciência racial ilegítima da época, ele atribuía à ganância europeia a existência do comércio, que sempre fora imputada aos próprios africanos. Também informava aos leitores da *História* que a responsabilidade pela escravização forçada e o assassinato de milhões de africanos não cabia apenas a mercadores de escravos e donos de terras, mas também aos europeus comuns: "A sede insaciável de ouro deu à luz o mais infame e atroz de todos os comércios, o de escravos. As pessoas falam de crimes contra a natureza e não citam a escravidão como o mais horrendo deles. A maioria dos europeus está maculada por ele, e um egoísmo vil sufocou nos corações humanos todos os sentimentos que devemos a nossos semelhantes".[46]

As passagens mais proféticas e retoricamente impactantes de Diderot sobre a escravidão vêm, entretanto, quando ele prevê a ascensão de um Spartacus negro que empunhará a bandeira da liberdade e comandará um exército de ex-escravos contra seus senhores, deixando o solo manchado com o sangue de seus antigos opressores. Foi precisamente isso, claro, o que ocorreu em São Domingos uma década depois, quando um brilhante estrategista e soldado revolucionário chamado Toussaint Louverture — que segundo alguns historiadores teria lido a *História das duas Índias* — iniciou a luta que acabaria levando à libertação do Haiti.[47]

América

Como muitos dos colaboradores da *História*, Diderot estava convencido de que a realidade brutal da escravidão era o traço definidor do Novo Mundo. No entanto, nos mesmos anos em que censurava os horrores do sistema colonial, ele também estava aplaudindo o nascimento de um novo tipo de país na América "Setentrional" ou do Norte: uma federação de estados independentes que combinava a liberdade da democracia com o vigor político de uma monarquia.[48] Se essa nova república pelo menos fosse capaz de se livrar da servidão humana, acreditava ele, talvez pudesse se tornar de fato a terra prometida.[49]

Diderot havia sido um *américaniste* — como eram chamados os apoiadores da luta dos colonos contra os britânicos — bem antes de a Declaração de Independência ser assinada, em 1776. Já em 1769 ele havia sido destinatário de uma carta de recomendação enviada por Benjamin Franklin, pedindo-lhe que se encontrasse com um jovem e honrado médico chamado Benjamin Rush. Diderot recebeu de bom grado o futuro signatário da Declaração de Independência em seu escritório na Rue Taranne, onde consta que os dois homens discutiram a melhor maneira de resistir à tirania britânica.[50] Diderot pode ter se encontrado com o próprio Franklin em 1767, quando o norte-americano passou seis semanas em Paris, ou em algum momento de

1776 ou 1777, quando ele voltou à França para buscar apoio financeiro e militar para a rebelião em curso nas colônias norte-americanas.[51] Embora haja escassa prova concreta desse encontro, é certamente perdoável imaginar um contato entre os dois polímatas efervescentes e desprovidos de pompa, em que ambos devem ter se esforçado para apartear um ao outro, Diderot em seu inglês capenga e Franklin em seu francês macarrônico.

O relacionamento entre Franklin e Diderot, qualquer que tenha sido sua natureza, foi sem dúvida bastante limitado. De todo modo, Diderot estava muito conectado a Franklin e à causa americana por intermédio de Raynal. O abade se encontrara com Franklin em 1767 e permanecera em contato com ele desde então. Ao longo dos anos 1770, com efeito, Raynal recorreu repetidas vezes a Franklin em busca de informações (para seus colaboradores) sobre assuntos como "população, estado do comércio, marinha mercante, agricultura [e] manufatura relacionados com a América do Norte".[52] Pedidos semelhantes prosseguiram até a última edição da *História*. De fato, pouco antes de o terceiro volume aparecer, Raynal enviou um último apelo ao estadista e cientista norte-americano por dados mais detalhados acerca das colônias, incluindo a estratificação demográfica de negros e brancos em cada um dos estados.[53] Esta última consulta poderia muito bem ter partido de Diderot, que estava então reescrevendo toda a parte relativa à escravidão norte-americana.

Franklin estava bem ciente de que a avaliação globalmente positiva de Raynal acerca das colônias norte-americanas estava tendo um impacto maior na opinião pública francesa do que qualquer outra obra publicada na época.[54] Em 1775, o eminente cientista decidiu reconhecer as contribuições do escritor francês ao fazê-lo ingressar na American Philosophical Society, da qual Franklin era fundador e presidente. O que Franklin e seus colegas da Filadélfia não perceberam, porém, era que o mais importante filósofo francês que defendia os insurgentes norte-americanos não era de modo algum Raynal; era, na verdade, Diderot.

Na edição de 1774 da *História*, Raynal abordara de modo um tanto cauteloso a possibilidade de independência completa em relação à Inglaterra, sugerindo que, justificada ou não, a separação da pátria-mãe poderia trazer problemas religiosos e culturais no futuro.[55] Quando Diderot reescreveu essa parte para a edição de 1780, deu a ela um impulso inteiramente diferente. Além de asseverar que as colônias americanas tinham o direito moral e político absoluto de se libertar de seu opressivo país originário, ele forneceu um resumo entusiástico dos alicerces políticos e da ideologia da nova nação, não apenas traduzindo trechos do *Senso comum* (1776) de Thomas Paine e listando os principais pontos da Declaração de Independência, mas também analisando os Artigos da Confederação do novo país.[56] Não é exagero dizer que Diderot foi o mais importante intérprete francês individual do notável experimento político que tinha lugar do outro lado do Atlântico.

Diderot confessou que lamentava ser velho demais para viajar àquela "terra de tolerância, moralidade, leis, virtude e liberdade".[57] No entanto, ele não deixou que esse obstáculo o impedisse de dar conselhos aos "insurgentes americanos", como os chamava. Além de repetidamente instar os revolucionários do Novo Mundo a sacrificar a própria vida antes de abrir mão da menor parte da sua liberdade, ele alertava os mesmos homens para que evitassem os erros que assolaram o continente europeu durante séculos.

> Povo da América do Norte: que o exemplo de todas aquelas nações que precederam vocês, e especialmente de sua pátria-mãe, seja seu guia. Cuidado com a abundância de ouro que traz consigo a corrupção dos costumes e o desprezo à lei; cuidado com uma distribuição desequilibrada de riqueza que produz um pequeno número de cidadãos opulentos e uma horda de cidadãos na pobreza...[58]

A verdadeira ameaça à democracia norte-americana, tal como Diderot havia sugerido também em seu *Ensaio sobre Sêneca*, vinha menos das potências estrangeiras do que das consequências não intencionais do sucesso futuro: bens de luxo, a ascensão das tensões de classe, corrupção política, venalidade e, no pior cenário, talvez até mesmo um ditador.

As reflexões de Diderot na *História das duas Índias* frequentemente dão uma pista do que o filósofo julgava que poderia ser uma série de revoluções vindouras. Além de prever o fim violento da escravidão em São Domingos, ele deixou muito claro que era provável que todas as formas de repressão — seja a imposta pelos brutais monopólios comerciais sobre as várias colônias, seja a das monarquias despóticas na Europa — mais cedo ou mais tarde seriam desafiadas e, em muitos casos, derrotadas. A certa altura da *História*, dirigindo-se diretamente aos tiranizados e oprimidos, Diderot pergunta: "[Vocês] cujo bramido tem feito tantas vezes seus senhores tremerem, o que estão esperando? Para que momento estão reservando suas tochas e as pedras que pavimentam suas estradas? Façam uso delas".[59] Publicar tais passagens, Diderot sabia muito bem, era tão audacioso quanto perigoso. Numa anedota reveladora, ele conta que perguntou a Raynal quem ousaria imprimir as passagens ousadas que ele estava produzindo. O editor do livro supostamente respondeu: "Eu, eu mesmo, estou lhe dizendo, pode continuar".[60]

Quando publicou as edições de 1770 e 1774 da *História*, Raynal sabiamente o fez de modo anônimo. Associar seu nome à terceira e crescentemente militante versão do livro era muito mais perigoso. No entanto, ao preparar para publicação a versão final de 1780 da *História*, ele não só colocou seu nome na página de rosto como acrescentou um retrato seu para o novo frontispício. Enfatiotado com seu robe de escritor e sua característica touca semelhante a um turbante, Raynal nos encara intensamente acima de uma legenda que diz: "Guillaume Thomas Raynal, defensor da humanidade, da verdade e da liberdade".[61]

O conteúdo muito mais audacioso da edição de 1780 da *História* provocou rapidamente a ira do rei, do Parlamento e da Igreja, e o livro foi queimado na Place de Grève em maio de 1781. Raynal, cuja prisão tinha sido ordenada, fugiu depressa para a Prússia, onde passou os sete anos seguintes. Não obstante a perseguição e as interdições, as livrarias não conseguiam suprir a demanda pelo livro; no fim do século, a *História das duas Índias* chegaria a vinte edições francesas e cerca de quarenta edições estrangeiras piratas. Ao lado de outros livros e documentos cruciais — *O espírito das leis* de Montesquieu, *O contrato social* de Rousseau e a Declaração de Independência Americana —, a *História das duas Índias* de Raynal também desempenharia um papel de destaque ao inspirar uma porção de figuras da Revolução Francesa, incluindo Danton, Desmoulins, Robespierre e até mesmo Charlotte Corday, a jovem normanda simpatizante dos girondinos que enterrou um punhal no coração de Marat quando ele estava sentado em sua banheira.

Diderot não viveu para testemunhar a influência que suas contribuições anônimas a Raynal teriam sobre a geração seguinte. No entanto, ele estava bem consciente do caráter controverso do livro, mesmo entre seus próprios amigos. Pouco depois que a terceira edição da *História* apareceu, na primavera de 1781, Raynal e o homem que havia sido o amigo mais querido de Diderot por quase trinta anos, Grimm, tiveram uma briga acalorada em torno do livro. Grimm não só difamou a *História* como algo mal planejado e irresponsável, como atacou Raynal pessoalmente ao presenteá-lo com um dilema ao que aparece insolúvel: "Ou você acredita que os [monarcas] que ataca não podem revidar, e neste caso você é um covarde; ou acredita que eles podem revidar, e provavelmente farão isso, e neste caso é uma insensatez expor-se à ira deles".[62]

Dois dias depois, Diderot se encontrou com Grimm no apartamento de Vandeul. Sem saber que Diderot tinha sido o colaborador mais importante da *História das duas Índias* de Raynal, Grimm narrou animadamente ao filósofo o modo como havia tratado Raynal como um tolo por publicar um livro tão equivocado. Diderot ficou enfurecido, sentindo-se pessoalmente atacado por aquele bajulador empoado que desistira de uma carreira literária para cortejar monarcas da Europa. Embora tenha optado por não entrar em conflito direto com Grimm na frente de sua filha, ao retornar à Rue Taranne ele rabiscou rapidamente seus pensamentos sobre o incidente num bilhete (não enviado).[63] Deixando claro que preferia morrer a deixar de "amar" Grimm, mesmo assim Diderot chamou o amigo de "gangrenoso" e acusou-o de deixar sua alma "enlanguescer" nas "antecâmaras dos poderosos".[64] Mas foi no pós-escrito que Diderot foi mais mordaz, declarando enfaticamente que "uma pessoa não é capaz de ações heroicas se as condena; e uma pessoa as condena só porque não é capaz delas".[65]

A carta não enviada de Diderot permitiu ao filósofo expressar sua fúria sem romper inteiramente sua amizade com Grimm. Talvez tão importante quanto isso, ela também lhe deu a oportunidade de esclarecer o que ele julgava ser a responsabilidade moral do filósofo: ser honesto, resoluto e audacioso na busca da verdade, quer a pessoa proclame seu nome, como tinha feito Raynal, quer escreva nas sombras, como ele próprio frequentemente optava por fazer.

Um ano antes desse desentendimento com Grimm, Diderot resumira sua curiosa carreira de modo bem mais completo no último parágrafo da edição de 1780 da *História* de Raynal. Reconhecendo que não havia publicado uma obra-prima em seu tempo de vida, ele expressava então a esperança de que as ideias que inserira no livro de Raynal — e em outros lugares — iriam mudar a sociedade para melhor. Esse pensamento aprazível, admitia ele, iria consolá-lo enquanto ele se aproximava cada vez mais do túmulo:

Não me vanglorio pensando que, quando vier a grande revolução, meu nome ainda sobreviverá. [...] Esta frágil obra [a *História das duas Índias*], cujo único mérito será o de ter inspirado livros melhores, será sem dúvida esquecida. Mas pelo menos eu poderei dizer a mim mesmo que contribuí tanto quanto possível para a felicidade de meus semelhantes, e preparei, talvez à distância, o melhoramento de seu quinhão. Esse doce pensamento ocupará, para mim, o lugar da glória. Será o encanto da minha velhice e o consolo do meu momento derradeiro.[66]

Epílogo
Caminhando entre duas eternidades

Em meados de dezembro de 1776, Voltaire, então com 83 anos, apanhou uma folha de papel e escreveu às pressas um bilhete para Diderot. Tendo estado exilado de Paris por mais de 25 anos, o agora ressequido e virtualmente desdentado filósofo lamentava o fato de que os dois homens nunca tivessem se avistado: "Tenho o coração partido por morrer sem ter encontrado você pessoalmente. [...] Eu iria de bom grado passar meus últimos quinze minutos em Paris para ter o consolo de ouvir sua voz".[1]

Quinze meses depois, Voltaire entrou na capital em sua carruagem azul, coberta de estrelas. Muito doente de câncer de próstata, o famoso humanitário, ensaísta e dramaturgo organizou mesmo assim uma agenda febril para si mesmo. Além de terminar a escrita de uma tragédia em cinco atos — viveria o bastante para comparecer à estreia —, Voltaire passava a maior parte de seus dias em convívio social no *hôtel particulier* de um amigo, na esquina da Rue de Beaune com o Quai des Théatins. Ali, durante horas a fio, Voltaire recebia visitas de uma longa lista de amigos devotos e dignitários, entre eles Benjamin Franklin e seu filho. Em algum momento durante a estada de três meses de Voltaire, Diderot também foi prestar sua homenagem. Jornalistas que escreveram sobre o encontro insinuaram que alguns relacionamentos se desenvolvem melhor quando se restringem à correspondência.

Diderot e Voltaire trocaram cartas pela primeira vez em 1749, quando o "príncipe dos filósofos" convidou o então promissor Diderot para jantar. Além de desejar conhecer o engenhoso autor da *Carta sobre os cegos*, Voltaire presumivelmente tivera a esperança de ajudar o recém-nomeado editor da *Encyclopédie* a repensar seu ateísmo. Diderot decidiu se esquivar tanto do convite quanto do sermão. É o caso de se perguntar que tipo de jovem escritor recusa um almoço com o mais famoso intelectual público que já vivera até então. A resposta, em 1749, era bem clara: um incréu orgulhoso e impenitente que não tinha interesse algum em ter sua filosofia questionada por um deísta irredutível.

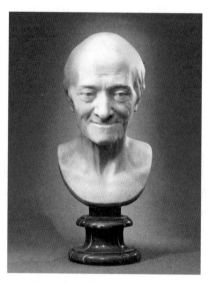

Busto de Voltaire por Houdon.

Não obstante isso, os dois filósofos permaneceram em contato (à distância) ao longo dos 28 anos seguintes. Voltaire escreveu quinze outras cartas. Diderot respondeu nove vezes. O relacionamento, que de fato se aprofundou com o passar do tempo, foi consolidado por amigos comuns, interesses comuns e um profundo respeito pela inteligência um do outro. No entanto, já bem entrada a década de 1760, permanecia um sentimento de cautela de ambas as partes. Além das visões divergentes quanto à religião — Voltaire continuava sendo um deísta newtoniano, enquanto Diderot já se declarara havia muito tempo um descrente —, os dois homens tinham evidentemente sentimentos ambivalentes em face da carreira literária um do outro. Ambos tinham investido pesadamente no teatro, e cada um deles achava que o outro estava no caminho errado. Voltaire, do ponto de vista de Diderot, continuava a produzir uma interminável fieira de obsoletos dramas e comédias clássicos; quanto a Voltaire, ele secretamente considerava os dramas burgueses de Diderot um triste testamento para os rumos do teatro.

De que falaram esses dois velhos quando finalmente se sentaram frente a frente em 1778? Das batalhas que haviam travado, vencido, perdido? Dos dias sombrios da *Encyclopédie*, quando Voltaire tentou repetidas vezes convencer Diderot e D'Alembert a abandonar o projeto? Dos amigos que tinham morrido no curso dos anos, em especial o amado Damilaville? Da tentativa fracassada de Voltaire de eleger Diderot para a Académie Française? De sua amiga em comum Catarina, a Grande? Do curioso livro de Diderot sobre Sêneca? De suas colaborações secretas com Raynal? Ou da profunda admiração de Diderot pela defesa de Voltaire da família do protestante Jean Calas, que havia sido acusado falsamente de matar o próprio filho depois que este se converteu ao catolicismo?

Os únicos relatos verdadeiros de que dispomos, infelizmente, concentram-se numa discussão entre os dois acerca dos méritos de Shakespeare. Convencido da superioridade não apenas do teatro francês, mas também de sua própria arte, Voltaire supostamente perguntou a Diderot como era possível "preferir aquele monstro insípido a Racine ou Virgílio".[2] No debate que se seguiu, Diderot admitiu que o dramaturgo carecia do refinamento de alguns dos maiores poetas, mas que mesmo assim o inglês possuía uma energia sublime que transcendia os aspectos "góticos" de sua escrita. Passou então a comparar Shakespeare à enorme estátua de São Cristóvão que se erguia junto às portas de entrada da catedral de Notre-Dame. Embora talvez cru e rústico, aquele colosso era como Shakespeare, de acordo com Diderot, porque "os maiores homens ainda caminham por entre suas pernas sem que o alto da cabeça sequer lhe roce os testículos".[3] A insinuação era clara. Voltaire, que com justiça se considerava o maior poeta e dramaturgo francês de sua geração, também não estava à altura. De acordo com o relato da conversa por um jornalista, Voltaire não ficou "muito contente com Monsieur Diderot" depois desse comentário.[4]

A língua sem freios de Diderot, segundo consta, ao mesmo tempo aborrecera e cativara Voltaire. Depois de anos trocando cartas — com Diderot, o método epistolar tinha a clara vantagem de permitir que a outra pessoa respondesse sem ser interrompida —, Voltaire finalmente testemunhara a legendária habilidade do enciclopedista de saltar de uma ideia a outra sem parar para tomar fôlego. Depois que Diderot deixou o Quai des Théatins, Voltaire, segundo consta, comentou com alguns amigos que seu visitante fazia jus à reputação de ter uma tremenda sagacidade, mas a natureza lhe negara "um talento essencial, o da conversação verdadeira".[5] Diderot também recapitulou seu encontro com o brilhante e combalido Voltaire. Relatou que o homem era como um antigo "castelo encantado cujas várias partes estão desmoronando", mas cujos corredores eram "ainda habitados por um velho feiticeiro".[6]

A visita de Diderot a Voltaire foi a primeira e última vez em que essas duas figuras de proa da era iluminista se encontraram pessoalmente. Não muito depois desse encontro, em 30 de maio, o velho feiticeiro sucumbiu a seu câncer. Acabou sendo a primeira de duas mortes significativas em 1778. Pouco mais de um mês depois, em 2 de julho, morreria também Jean-Jacques Rousseau. A história que circulou por Paris dizia que Rousseau se sentiu mal depois de uma caminhada matinal pelos jardins do Castelo d'Ermenonville, 25 quilômetros ao norte de Paris. Depois de voltar ao chalé onde estava hospedado, ele informou nervosamente a sua companheira de longa data, Thérèse Levasseur, que sentia uma dor penetrante no peito, uma sensação estranha de formigamento na sola dos pés e uma dor de cabeça ferozmente latejante. Pouco depois, o Cidadão de Genebra desfaleceu e morreu.[7]

As mortes de Rousseau e Voltaire assinalaram o início de uma época em que muitos outros amigos próximos, colegas e inimigos de Diderot também morreram. Em 1783, todos os principais parceiros com quem ele trabalhara na *Encyclopédie* — incluindo D'Alembert, Jaucourt e os quatro impressores do projeto, entre eles André-François Le Breton — não estavam mais vivos. Esse necrológio sempre em expansão também veio a incluir Madame d'Épinay e vários pintores amigos de Diderot, entre eles Jean-Baptiste Chardin e Louis-Michel van Loo. A geração de Diderot estava desaparecendo.

Acolhendo o fim

Lutos repetidos certamente contribuíram para a decisão de Diderot de viver uma vida bem mais simples durante seus últimos anos. Embora continuasse a trabalhar numa multiplicidade de projetos, o filósofo se afastou conscientemente do alvoroço da sociedade parisiense. Além de se refugiar com Toinette na calma da casa de seu amigo Étienne Belle em Sèvres, Diderot também passava muito tempo no apartamento da filha, não apenas para ver seus dois netos, mas para jantar e cear com a família. O cunhado de Madame de Vandeul, que estava frequentemente na casa, fornece-nos algumas pistas sobre a existência cada vez mais doméstica de Diderot no final de 1778: "Monsieur Diderot vem todos os dias à casa e ceia conosco.

Madame Diderot permanece [na Rue Taranne] e geralmente está intratável. Nestes dias ela anda bastante desolada pela morte de seu cãozinho, que passou três meses cego. Madame Billard [irmã mais velha de Toinette] sentou-se em cima dele sem querer e quebrou sua espinha. Desde então, Madame Diderot tem ralhado com ela o tempo todo".[8]

Diderot, que seguramente contou a história da pequena tragédia de Toinette à filha e ao genro, estava de fato dando mais atenção à família. Seu único prazer fora da Rue Taranne e do apartamento de Angélique, conforme confessou de modo um tanto misantrópico alguns meses depois, era tomar a cada tarde uma carruagem até o Palais Royal, onde tomava uma taça de sorvete no Petit Caveau. Sabores do dia incluíam frutas frescas, nata, leite de amêndoa e kirsch.[9]

A correspondência muito limitada de Diderot nesse período é salpicada de alusões tanto ao tédio como à morte iminente. O fim da vida não parecia preocupá-lo nem um pouco, porém. Para começar, como discípulo de Montaigne e de Sêneca, ele sabia que a única coisa que se conseguia ao temer o inevitável era arruinar o presente. Entretanto, mais do que simplesmente aceitar o princípio de Montaigne de que "filosofar é aprender a morrer", Diderot cultivava um consciencioso entendimento ateu da vida e da morte. Na cartilha materialista em que trabalhava já entrado nos anos 1780 — os *Elementos de fisiologia* —, ele resumiu o que julgava serem as coisas importantes na vida: "Só há uma virtude, a justiça; um dever, tornar-se feliz; e um corolário, não exagerar a importância da própria vida e não temer a morte".[10]

Diderot frequentemente encontrava conforto em seu materialismo. No final dos anos 1750, ele uma vez disse a Sophie que tivera a fantasia de ser enterrado com ela de modo que os átomos dos dois pudessem buscar uns aos outros depois da morte e formar um novo ser. Sua ficção, contudo, reflete a alegria intelectual que ele desfrutava ao pensar num mundo sem Deus. Em *O sonho de D'Alembert*, seu próprio personagem — "Diderot" — inculca jubilantemente as ideias centrais do materialismo numa representação ficcional de D'Alembert, que mais tarde confronta o fato (enquanto sonha) de que ele, e a raça humana em geral, não passa de um acidente cósmico. De modo ainda mais corajoso, em *O sobrinho de Rameau*, Diderot deu vida a um personagem que abraça alegremente a ideia de que os humanos parecem, às vezes, ser pouco mais que máquinas de carne em busca do prazer.[11]

Em contraste com outros escritores materialistas, porém, Diderot nunca esqueceu os aspectos compensatórios e quase sempre cômicos da condição humana. Embora perfeitamente consciente da ameaça que o materialismo representava para *la morale*, ele preferia deixar os elementos mais desoladores dessa filosofia dançar alegremente diante de nós, assim como dançavam dentro de sua própria cabeça. É também o caso em seu último experimento em forma de diálogo na ficção, *Jacques, o Fatalista*, que ele estava finalizando nos mesmos meses em que Voltaire e Rousseau morreram.[12] Foi nesse livro que Diderot abordou conscientemente o problema da existência num mundo materialista.

Diferente do que ocorre em *O sonho de D'Alembert* e *O sobrinho de Rameau*, nessa narrativa embutida e digressiva Diderot não aparece como personagem nomeado. Em vez disso, a personalidade do escritor impregna todo o livro, em especial o "personagem" do narrador, que tenta, talvez sem sucesso, concatenar uma miscelânea de anedotas relacionadas a um criado chamado Jacques e seu senhor. Ler pela primeira vez as palavras iniciais de *Jacques, o Fatalista* é espantar-se com a surpreendente modernidade desse descarado contador de histórias:

> Como eles se encontraram? Por acaso, como todo mundo. Como se chamavam? O que você tem a ver com isso? De onde vêm? Do lugar mais próximo. Para onde vão? E por acaso alguém sabe de verdade para onde está indo? O que estavam dizendo? O amo não estava dizendo nada, e Jacques estava dizendo que seu capitão costumava dizer que tudo que nos acontece aqui embaixo, para o bem ou para o mal, estava escrito lá no alto.[13]

Jacques é o mais alegre, descontraído, e no entanto talvez o mais profundo dos livros de Diderot. Nas mãos do narrador ignóbil de Diderot, as contingências da vida e nosso destino, tudo parece matéria-prima para uma boa risada. Entretanto, apesar do teor divertido que define esse romance, o livro levanta algumas das questões mais espinhosas que o escritor enfrentou no interior de sua filosofia: num mundo desprovido de um criador divino, no qual todos os seres obedecem necessariamente às mesmas regras mecânicas que explicam o mundo material, o que é propriamente a realidade humana? E será que podemos de fato nos considerar livres se o que fazemos e pensamos é necessariamente predeterminado por nossa psicologia e nosso meio?

É o criado Jacques que fornece a resposta doutrinária a essas perguntas, uma resposta que ele aprendeu com "seu capitão" durante sua carreira como soldado. Humanos, de acordo com essa visão de mundo de origem espinosiana, vivem suas vidas sem livre-arbítrio algum. Cada coisa que fazemos é determinada em última instância pelo efeito de outras causas precedentes: não podemos ser nem pensar coisa alguma que não seja o que está ocorrendo diante de nós no presente. Libertar-nos dessa inescapável cadeia de eventos seria impossível; fazer isso significaria que somos na verdade *outra pessoa*.[14]

Diderot nunca hesitou quanto aos princípios centrais dessa visão determinista da existência humana.[15] Entretanto, as aventuras fortuitas e a narração excêntrica que caracterizam *Jacques* aparentemente jogam contra o dito fatalismo que está no cerne do livro e, talvez, de nossas vidas. Enquanto viajam pela França sem nenhuma destinação real em mente, o senhor e seu criado nunca são acabrunhados pela filosofia potencialmente sombria e sem saída de Jacques. Em vez disso, eles se deleitam em sua curiosa amizade, divertem-se com as longas e frequentemente interrompidas histórias dos amores de Jacques, e ficam fascinados ou exasperados pelas pessoas desconcertantes que encontram pelo caminho. Mais que isso: Jacques nunca se curva diante da inevitabilidade de seu destino; seu modus operandi é agir e reagir. Em suas viagens, ele enfrenta bandidos perigosos numa taverna, sai à procura do relógio de seu senhor, briga com um estalajadeiro tagarela e providencia para seu senhor cair do cavalo. É, para dizer o mínimo, uma ideia zombeteira de fatalismo.

Há muitas mensagens que se podem extrair dessa história jocosa e ziguezagueante. Talvez a mais crítica é a de que, como espécie, somos muito mais que meros autômatos; como seres autoconscientes, podemos manipular as causas que determinam quem somos e também nos deleitar com a complexidade da experiência humana ao fazer isso. O determinismo, ao que parecia, deixaria espaço para a ação, se não para a liberdade psicológica total. Um dos prodígios desse livro é que Diderot não nos diz isso diretamente; absorvemos a mensagem por meio do ato de ler e rir, o que faz parte da experiência filosófica.[16]

Da *Encyclopédie* a *Jacques, o Fatalista*, Diderot nos insta a tirar o maior proveito do que Jacques chama de grande carretel da vida. Essa visão da nossa existência certamente inclui também o modo como devemos acolher a morte. A exemplo de muitos filósofos, Diderot acreditava que nossos momentos finais na terra definem ou estabelecem, de uma vez por todas, a essência de nosso caráter. A morte mais linda, de um ponto de vista filosófico, era com certeza o suicídio de Sócrates: o momento em que o filósofo grego triunfou sobre seus captores e sobre a morte ao saudar amavelmente seus acusadores, beber a cicuta e morrer de modo simples, verdadeiro e sereno.[17]

Diderot era tão fascinado por esse momento poderoso do *Fédon* de Platão que chegou a pensar em adaptá-lo para o palco. Embora nunca tenha escrito de fato essa peça, ele acabou retornando à *belle mort* de Sócrates uma última vez em *Jacques, o Fatalista*. Num longo discurso que parece sair do nada, o patrão anuncia de repente que Jacques está certamente destinado, como Sócrates, a morrer a morte de um filósofo. "Se é permitido ler os eventos do futuro a partir daqueles do presente e se o que está escrito lá no alto é sempre revelado aos homens muito antes de acontecer, prevejo que... você vai enfiar a cabeça no laço com a mesma boa vontade de Sócrates."[18] Era essa também a esperança de Diderot no final dos anos 1770 e início dos 1780: morrer com a mesma placidez do grande filósofo grego.

1784

Em algum momento em meados de 1784, Diderot presumivelmente compôs a última carta que escreveria. Rabiscada numa caligrafia oscilante, espasmódica, esse bilhete de um parágrafo era destinado a Roland Girbal, o copista que o ajudara a compilar manuscritos durante anos. O tom é rabugento: Diderot está claramente um tanto aborrecido porque Girbal ainda não lhe devolveu uma de suas peças: "E a minha comédia, Monsieur Girbal? Você me prometeu que a devolveria logo. Cumpra sua palavra porque é o único dos meus manuscritos que está faltando".[19]

Cerca de uma semana depois, Diderot finalmente abandonou a tarefa de deixar seus manuscritos organizados para a posteridade; era hora de se concentrar na incumbência desagradável de morrer. Estar muito doente não era novidade, claro. Como tinha sido o caso durante anos, seus intestinos continuavam a fazê-lo arrastar os pés até a latrina. Muito mais problemático que isso, seu coração enfraquecido, carente de oxigênio, não apenas provocava dores frequentes e desconfortáveis no peito, mas enchia de líquido seus pulmões e suas pernas. Essa dolorosa hidropisia, como era chamado o edema na época, tornava difícil respirar, que dirá galgar cinco lances de escada na Rue Taranne.

A primeira escaramuça real de Diderot com a morte veio em 19 de fevereiro, quando um pequeno vaso sanguíneo se rompeu nos seus pulmões. Seguiu-se um derrame alguns dias depois. De acordo com Madame de Vandeul, que por acaso estava presente durante o segundo episódio vascular, o próprio Diderot rapidamente diagnosticou seu mal. Depois de balbuciar uma frase e perceber que não conseguia mover a mão, ele foi até um espelho e colocou calmamente um dedo numa parte da sua boca que ficara frouxa. "Apoplexia", murmurou. Chamou então Toinette e Angélique para junto de si. Depois de lhes lembrar de devolver alguns livros que ele pegara emprestado, beijou-as em despedida, cambaleou até sua cama e logo caiu num estado de inconsciência.

Como se poderia imaginar, o impacto desse derrame não afetou o que era talvez o atributo mais característico de Diderot: sua espantosa capacidade de *falar*. Nos três dias e três noites que se seguiram ao ataque, Madame de Vandeul relatou que seu pai entrou num "delírio muito sóbrio e racional".[20] De modo muito semelhante à cena que o próprio Diderot concebera em *O sonho de D'Alembert*, em que uma representação ficcional de Mademoiselle de l'Espinasse se senta à beira da cama de D'Alembert enquanto ele alucina, a filha de Diderot agora fazia vigília junto ao pai divagante enquanto toda uma vida de erudição transbordava de seu cérebro: "Ele discursava sobre epitáfios gregos e latinos e os traduzia para mim, comentava tragédias, rememorava lindos versos de Horácio e Virgílio e os recitava. Falava durante a noite toda; perguntava as horas, decidia que era hora de dormir, deitava vestido e levantava cinco minutos depois. No quarto dia seu delírio cessou, e com ele toda a memória do que havia acontecido".[21]

Em 22 de fevereiro, quando ele ainda estava se recuperando de seu derrame, o maior amor e a amiga mais íntima que Diderot tivera na vida, Sophie Volland, deu seu último suspiro. Diderot já não a via com a mesma frequência do passado, mas mesmo assim verteu algumas lágrimas, consolando-se "com o fato de que não sobreviveria a ela por muito tempo".[22]

A notícia da saúde declinante de Diderot se espalhou rapidamente. Quando começaram a chegar a várias partes da Europa cartas descrevendo o agravamento de seu estado, teve início uma vigília. Nos Países Baixos, o filósofo François Hemsterhuis avisou aos amigos e colegas holandeses de Diderot que o filósofo francês caíra em sua "segunda infância".[23] Meister, em seu cargo de novo editor da *Correspondance Littéraire*, anunciou a uma dúzia de cortes europeias que Diderot estava às portas da morte. Grimm, que se tornara agente de Catarina, a Grande, em Paris, não apenas informou a imperatriz sobre a saúde periclitante de Diderot, como também pediu permissão para proporcionar um alojamento melhor para o filósofo enfermo, que continuava morando em seu apartamento de quinto andar na Rue Taranne.

Catarina recebeu a carta de Grimm seis semanas depois do derrame de Diderot. Angustiada por descobrir que o filósofo estava vivendo em residência tão inadequada, ela repreendeu Grimm por não ter agido por iniciativa própria e instruiu-o a encontrar um apartamento melhor para o filósofo. Cinco semanas depois, a 2500 quilômetros de distância, Grimm recebeu o bilhete da imperatriz e começou a procurar para seu amigo um apartamento bem situado, ao nível do chão e com jardim.[24]

Enquanto Catarina e Grimm trocavam correspondência sobre os novos aposentos para Diderot, o próprio filósofo estava sofrendo tratamentos médicos torturantes e invasivos. Em tempos mais felizes, Diderot comentara que "o melhor médico é aquele que você corre atrás, mas não consegue encontrar".[25] Agora que ele deixara para trás a fase da vida em que evitar os médicos era a melhor atitude a tomar, a profissão médica começava uma série de tratamentos que Diderot descrevia como "as coisas muito desagradáveis" que o mantinham vivo. Preocupados com sua retenção de água, médicos lhe davam eméticos para fazê-lo vomitar e sangravam-no repetidamente (três vezes num só dia, numa ocasião).[26] Um certo dr. Malouet lhe dava ervas e cauterizava seu braço com um espeto quente, um tratamento destinado a secar o líquido contido no corpo. Quando suas pernas também começaram a inchar, Diderot pediu ao famoso médico alsaciano Georges--Fréderic Bacher que viesse a sua casa. Bacher coordenou uma série de tratamentos diferentes, incluindo suas próprias pílulas especiais e a aplicação de "vesicatórios" nas costas e na parte posterior das coxas de Diderot. Esses emplastros dolorosos, causadores de queimaduras, eram feitos com besouros, e de fato propiciavam certo grau de alívio a Diderot. Numa ocasião, segundo relatou Madame de Vandeul, as feridas abertas produzidas por esse tratamento chegaram a verter um "balde" de líquido de suas pernas.[27]

No curso dos meses que se seguiram, a filha e a esposa de Diderot se afligiram ao vê-lo declinar, sabendo muito bem que sua presença vibrante logo seria apenas uma lembrança. Uma das preocupações delas era quanto ao que seria feito do corpo daquele ateu declarado quando ele morresse. Numa época em que a Igreja tinha na prática o monopólio de um funeral apropriado, as famílias Vandeul e Diderot estavam muito conscientes de que a maior parte do clero de Paris se regozijaria ao ver os restos mortais do filósofo despachados para a *voirie*, o depósito de lixo, junto com as prostitutas e os atores mal-afamados da cidade. O modo como o clero reagira depois da morte de Voltaire seis anos antes estava muito claro na mente de todo mundo.

Voltaire tivera o infortúnio de morrer na mesma paróquia reacionária em que Diderot agora padecia — Saint-Sulpice. Embora o famoso dramaturgo tivesse até assinado uma espécie de "abjuração" de seu comportamento irreligioso logo depois de chegar a Paris, o arcebispo da cidade queria uma prova mais concreta de que Voltaire tinha aceitado a divindade de Jesus Cristo. No final de maio, quando chegou à paróquia a notícia de que o escritor estava em seu leito de morte, o arcebispo despachou um pároco doutrinário de Saint-Sulpice, Jean-Joseph Faydit de Terssac, para tentar extrair uma retratação mais completa do filósofo impenitente. Apesar de múltiplas solicitações, Voltaire, ao que parece, manteve-se firme; suas últimas palavras ao padre foram, segundo consta, "deixe-me morrer em paz".[28] Esse repúdio levou a Igreja a recusar ao escritor um enterro adequado em um dos cemitérios de Paris; alguns eclesiásticos chegaram a pedir para jogar seus restos mortais numa vala comum.

No fim das contas, a reputação excepcional de Voltaire provavelmente o salvou dessa humilhação. Luís XVI, que acompanhara atentamente a apoteose do velho escritor durante seu retorno a Paris, estava com certeza tão temeroso de seu cadáver quanto estivera do filósofo vivo. Para evitar a conversão em mártir que viria de uma destinação desrespeitosa do cadáver, arranjou-se por fim uma covarde solução de compromisso, a saber: permitir que o corpo deixasse Paris como se ainda estivesse vivo. De Terssac providenciou uma carta atestando que a Igreja renunciara a qualquer "direito paroquial" sobre o assunto. Os homens responsáveis pelos restos mortais de Voltaire também receberam uma documentação garantindo passagem livre para fora da capital. Em 31 de maio de 1778, sob a proteção da noite, o corpo de Voltaire foi escorado em sua carruagem como se ele ainda estivesse vivo e levado para fora de Paris. Acabou recebendo um enterro cristão completo, dois dias depois, em Romilly-sur-Seine.[29]

O corpo de Diderot, prestes a ficar sem vida, estava provavelmente numa situação bem mais precária. Esse já era um tema de especulação oito meses antes de sua morte. Em novembro de 1783, um jornalista, escrevendo para as *Mémoires secrets*, relatou que o clero já estava afiando suas facas na expectativa da morte do ateu infame. Uma vez que, conforme explicava o jornal, "esse ateu... não pertence a academia alguma, não está ligado a nenhuma grande família, não tem pessoalmente qualquer status público imponente e não tem aliados e amigos importantes, o clero planeja vingar-se dele e fazer seu cadáver sofrer todos os insultos religiosos a menos que ele satisfaça as aparências [reconhecendo a divindade de Jesus Cristo e o Deus cristão]".[30]

A devota Toinette estava aflita quanto ao que fazer a respeito disso. Embora "fosse capaz de dar a vida para que [Diderot] se tornasse um crente", ela também queria evitar que seu marido fosse coagido a aceitar Cristo de modo a garantir para si um enterro decente. Não obstante, a certa altura ela admitiu que dar a ele a oportunidade de retornar à Igreja valia a tentativa. Com esse intuito, ela ou talvez os Vandeul providenciaram para que o mesmo vigário de Saint-Sulpice que visitara Voltaire, Jean-Joseph Faydit de Terssac, fosse à Rue Taranne.

Tendo fracassado no caso de Voltaire, De Terssac estava ávido para converter o mais conhecido ateu de sua geração. De acordo com o genro de Diderot, que estava presente durante alguns dos encontros, o abade se saiu muitíssimo bem com o afável filósofo. (Diderot era muito mais tolerante com o clero que Voltaire.) Madame de Vandeul até relatou em suas memórias que Diderot e De Terssac chegaram a um acordo no tocante a um conjunto compartilhado de princípios morais.[31]

Notícias desses encontros promissores logo chegaram a Langres, onde geraram uma certa dose de esperança de que o filósofo incréu pudesse enfim se retratar. No final de abril, porém, De Terssac tinha ido longe demais, propondo que Diderot publicasse um breve conjunto de *pensées* morais que contivesse um repúdio a suas obras anteriores. De acordo com Madame de Vandeul, Diderot rejeitou categoricamente essa ideia uma vez que, conforme informou ao pároco, escrever tal retratação "seria uma mentira descarada".[32]

Pouco tempo depois dessa discussão, e talvez para escapar de mais importunações metafísicas de De Terssac (ou quem sabe de seu próprio irmão, que aparentemente estava ameaçando ir a Paris), Diderot sugeriu que trocassem Paris pela casa de Belle em Sèvres. Diderot e Toinette acabaram passando dois meses no interior, durante os quais a saúde do escritor melhorou um pouco. Em meados de julho, porém, eles decidiram que era hora de retornar à espaçosa nova residência que Grimm (e a tsarina) alugara para eles na Rue de Richelieu.

O último apartamento de Diderot ocupava todo o segundo andar de um majestoso palacete de pedra calcária que em outros tempos era conhecida como Hôtel de Bezons. Madame de Vandeul relatou que seu pai ficou encantado com o bairro e com o apartamento. Além do fato de ele precisar subir apenas um lance de escadas, o apartamento contava com quatro janelões do chão ao teto que deixavam a luz banhar uma grande sala de recepção. Diderot estava fascinado. Nas palavras de Madame de Vandeul, ele sempre se hospedara em choupanas, mas agora "via-se num palácio".[33]

A maior vantagem daquele apartamento na Rive Droite não era sua luz ou sua decoração, porém; era o fato de estar situado a poucas quadras da igreja de Saint-Roch, uma paróquia com uma longa tradição de propiciar um enterro adequado para escritores e mesmo para filósofos: Fontenelle, Malpertuis e até Helvétius tinham conseguido ser enterrados ali. Logo depois de chegar à Rue de Richelieu, em meados de julho, Diderot sentiu que ele também logo estaria fazendo sua viagem a Saint-Roch.

Em 30 de julho, ele estava sentado no apartamento quando dois operários chegaram com uma cama mais confortável que tinha sido encomendada para o filósofo. Um dos operários tinha montado a estrutura da cama, e perguntou a seu futuro ocupante onde deveria colocá-la. Diderot, cujo mórbido senso de humor aparentemente permanecia intacto, respondeu, segundo consta: "Meus amigos, vocês estão tendo uma trabalheira por uma peça de mobília que será usada por apenas quatro dias".[34] Na mesma noite, Madame de Vandeul foi ao apartamento, como de hábito, para passar um tempo com o pai, e observou com satisfação que ele entretinha um grupo de amigos. Pouco antes de sair, ela o ouviu parafrasear um trecho famoso dos *Pensamentos filosóficos* que sintetizava toda a sua carreira: "O primeiro passo rumo à filosofia", teria dito ele, "é a incredulidade". Foram as últimas palavras que ela o ouviu pronunciar.

Na manhã seguinte, Diderot se sentiu melhor do que vinha se sentindo havia meses. Depois de passar a manhã recebendo visitas de seu médico, do genro e de D'Holbach, o filósofo se sentou com Toinette para sua primeira refeição decente em semanas: sopa, cordeiro cozido e um pouco de chicória. Tendo comido bem, Diderot virou-se para Toinette e pediu que lhe passasse um abricó.[35] Temendo que ele já tivesse comido demais, ela tentou dissuadi-lo de continuar a refeição. Diderot teria respondido com melancolia: "Que tipo de estrago isso poderia me causar agora?".[36] Enfiando pedaços da fruta proibida na boca, ele então pousou a cabeça na mão, esticou o braço para pegar mais algumas cerejas em compota e morreu. Se não teve uma morte heroica à la Sócrates, Diderot de todo modo expirou de uma maneira perfeitamente compatível com sua filosofia: sem um padre, com humor e tentando prolongar um último prazer na vida.

Gravura de Diderot a partir de Garand (detalhe).

Retrato de Diderot morto, desenho de Jean-Baptiste Greuze.

As 36 horas que se seguiram à morte de Diderot foram preenchidas com preparativos, orações e visitas oficiais. Ao receber a notícia de que o adoentado escritor não estava mais entre os vivos, o padre da paróquia de Saint-Roch mandou um vigário para rezar junto ao defunto no apartamento. O velho e irascível artista amigo Jean-Baptiste Greuze também compareceu para desenhar um *memento mori* do filósofo falecido, que agora jazia em câmara-ardente. O retrato de Diderot morto feito por Greuze mostra seu rosto torcido e semelhante a um corvo, o nariz ainda mais protuberante na morte do que era em vida.

A certa altura, depois que o pintor tinha saído, foi feita também uma autópsia no cadáver de Diderot, providência em que o paciente insistira antes de morrer. Essa dissecação, de acordo com Madame de Vandeul, gerou um relatório horrendo, arrolando as várias anomalias corporais que tinham afligido seu pai: embora seu cérebro tivesse permanecido supostamente "tão perfeito e bem conservado como o de um homem de vinte anos [...], um de seus pulmões estava cheio de líquido, seu coração estava terrivelmente dilatado e sua vesícula biliar inteiramente seca, sem bile alguma apesar de conter 21 pedras, a menor delas do tamanho de uma avelã".[37]

O enterro de Diderot aconteceu no domingo, 1º de agosto. Pouco antes das sete da noite, Toinette, Madame de Vandeul, Abel-François-Nicolas Caroillon de Vandeul e vários outros membros da família Caroillon desceram a escada do apartamento lado a lado com o corpo de Denis Diderot. Dali, o cortejo fúnebre, que incluía cinquenta padres que os agora prósperos Vandeul tinham contratado, seguiu para o sul pela Rue de Richelieu em direção à Rue Saint-Honoré e à igreja de Saint-Roch. Depois da missa de corpo presente, o caixão de chumbo de Denis Diderot foi baixado à cripta sob a Capela da Virgem da igreja. Foi nesse momento que a longa história de sua vida após a morte começou de fato.

A vida após a morte

Nos meses que precederam sua morte, Diderot tinha se preparado para o que esperava que fosse uma revalorização póstuma. Escrever para gerações futuras, como ele havia revelado no artigo "Imortalidade" da *Encyclopédie*, era o maior fator de motivação em sua carreira altamente policiada e autocensurada: "Ouvimos em nós mesmos o tributo que [a posteridade] irá um dia oferecer em nossa honra, e nos sacrificamos. Sacrificamos nossa vida, cessamos de fato de existir de modo a viver na memória dos que virão".[38]

Diderot estava longe de ser o único escritor a perseguir a fama que vem depois da morte. Ele é, contudo, talvez o único que fala desde a cova, rogando para que prestemos atenção em sua obra: "Oh, sagrada Posteridade! Aliada dos infelizes e oprimidos; você que é justa, você que é idônea, você que vinga o homem honesto, que desmascara o hipócrita e pune o tirano: que o seu consolo e a sua firmeza nunca me abandonem!".[39]

Como se verificaria, a posteridade não descartou Diderot nos anos que se seguiram à sua morte. Sua peça naturalista e sentimental *O pai de família* continuou a gozar de um forte renascimento nos palcos pela França afora até bem entrados os anos 1790. Edições novas e piratas da *Encyclopédie* também continuaram a circular pela Europa ao mesmo tempo que os editores da nova *Encyclopédie méthodique* lhe davam cordialmente os créditos por tê-los inspirado a empreender seu próprio inventário volumoso do conhecimento humano. No entanto, algo dramático iria também acontecer com o legado de Diderot depois que a Revolução eclodiu em 1789; cinco anos após a morte daquele paladino dos direitos humanos e da liberdade, ele estava sendo cada vez mais atacado como inimigo do povo.

Retrato de um homem com um busto de Denis Diderot, pintura de Jean-Simon Berthélemy.

Por que razão os revolucionários considerariam que o pensador mais progressista do Iluminismo estava em desacordo com os valores liberais deles pode não nos parecer óbvio de imediato.[40] Entretanto, os líderes politicamente astutos da Revolução se deram conta de que não havia um meio melhor de condenar seu movimento do que deixá-lo ser contaminado pelo ateísmo que Diderot representava. Fazer isso privaria os cidadãos franceses não apenas de um Deus, mas da perspectiva consoladora de alguma forma de vida após a morte. Com isso em mente, a maioria dos líderes da era revolucionária, independente de suas próprias crenças, afastou-se do ateísmo, ao mesmo tempo barrando a entrada de Diderot em seu panteão de heróis intelectuais. Maximilien Robespierre, que era deísta e discípulo de Rousseau, enunciou de modo muito mais sucinto os pecados de Diderot. Uma vez que, do seu ponto de vista, a Revolução requeria um Ser Supremo para garantir a transcendência a seus cidadãos e para justificar o terror necessário à purificação do corpo político, Diderot e os enciclopedistas eram necessariamente contrarrevolucionários de fato: eram corruptos, imorais e maculados tanto por suas ideias quanto por sua proximidade com a aristocracia.[41]

A reputação de Diderot não ficou muito melhor depois que a Revolução se voltou contra Robespierre em 1794. Um ano depois que o político jacobino foi guilhotinado na Place de la Révolution, um antigo filósofo e conhecido de Diderot chamado Jean-François La Harpe publicou um livro bem recebido que acusava o falecido escritor de responsável pelos piores crimes do Terror. Isso era, claro, terrivelmente irônico. Tendo sido fustigado por suas tendências supostamente monarquistas e aristocráticas por Robespierre apenas meses antes, Diderot agora era associado à execução de 17 mil cidadãos franceses, incluindo centenas de padres e freiras. Que Diderot tivesse de algum modo ajudado a precipitar aqueles atos abomináveis pareceu se confirmar dois anos mais tarde quando seu poema "Les Éleuthéromanes" [Os maníacos da liberdade] apareceu impresso pela primeira vez. No interior dessa cerimoniosa ode pindárica havia um verso que logo se tornou sinônimo da orientação supostamente assassina do escritor: "E suas mãos arrancariam as entranhas do padre na falta de uma corda para estrangular os reis".

Diderot compusera "Les Éleuthéromanes" como entretenimento irreverente para uma plateia pequena, e nunca pusera em circulação o poema antes da Revolução.[42] Entretanto, seu aparecimento em dois grandes jornais em 1796 — o mesmo ano em que foram publicados *A religiosa* e *Jacques, o Fatalista* — consolidou sua reputação como o mais irreligioso e extremista dos filósofos.[43] Isso acabou se revelando um feito um tanto dúbio: Diderot não apenas tinha sido coroado "príncipe dos ateus", mas agora passava a ser visto como um ideólogo sanguinário firmemente empenhado na destruição de "todas as virtudes e princípios".[44]

Ao longo dos 130 anos seguintes, a vanguarda e os tradicionalistas da França brigaram em torno da reputação de Diderot. Pelas primeiras oito décadas depois de sua morte, escritores conservadores, monarquistas e membros do clero levaram a melhor nessa disputa. Durante as décadas em que a França oscilou do Diretório ao império napoleônico, de volta à monarquia constitucional, à república, a outro império e a mais uma república, os tradicionalistas efetivamente retrataram Diderot como um ateu radical, um demônio do sexo, um mercador de obscenidades e uma das causas do secularismo desenfreado, do individualismo e do declínio moral característicos do século XIX.

Diderot e suas treze amantes, frontispício de uma diatribe publicada contra Diderot, 1884.

A reabilitação de Diderot junto à população em geral começou a sério no último quarto do século XIX, quando os radicais, os maçons, positivistas e cientistas da Terceira República começaram a corrigir publicamente o que chamavam de concepções errôneas relativas à carreira do escritor. Foi um esforço audacioso. Em vez de se esquivar do ateísmo e do materialismo do escritor, pensadores de mentalidade liberal agora louvavam Diderot como uma espécie de Galileu perseguido, que tivera a coragem de atacar a "Bastilha intelectual" que sustentava a Igreja e o ancien régime. Em forte contraste com a imagem insípida do escritor que a direita vinha descrevendo, seus apologistas agora o moldavam como um precursor do positivismo: um arauto que tivera a coragem de empurrar seu país para longe do ancoradouro da religião e de "reorganizar o mundo sem Deus e sem um rei".[45]

Em julho de 1884, exatamente um século depois de Diderot ter estendido a mão em busca de seu último pedaço de fruta em compota na Rue de Richelieu, a posteridade parecia ter compreendido o escritor. Celebrações em sua homenagem tiveram lugar em várias cidades pela França afora, incluindo Langres, Moulins e Nîmes. Paris, a cidade que ele adotou e que já havia batizado de "Boulevard Diderot" uma das novas avenidas de Haussmann em 1879, organizou também vários eventos.[46]

A Salle des Fêtes no Palácio do Trocadéro, Paris,
onde ocorreram cerimônias em homenagem a Diderot, 1884.

Em 27 de julho de 1884, mais de 3 mil pessoas se espremeram dentro da Salle des Fêtes do palácio do Trocadéro para ouvir o filósofo e positivista Pierre Laffitte descrever Diderot como um dos "gênios de maior alcance que já viveram".[47] Mais tarde no mesmo dia, mil maçons e suas famílias também se reuniram na parte leste da capital para um banquete e baile em homenagem ao filósofo sem Deus. Essas cerimônias foram um prelúdio a um tributo mais concreto a Diderot na quarta-feira seguinte: a inauguração de uma estátua no cruzamento entre o relativamente novo Boulevard Saint-Germain e a Rue de Rennes, a alguns passos de onde o filósofo havia passado trinta anos de sua vida, na Rue Taranne.[48]

Estátua de Diderot por Gautherin no
Boulevard Saint-Germain, em Paris.

O criador da obra, Jean Gautherin, retratou o escritor como um homem vigoroso, combativo, de membros longos, e cujos músculos ressaltam sob o colete e as meias. Diderot se inclina para a frente, *plume* na mão, cabeça inclinada de modo inquisitivo para a esquerda, uma visão do livre-pensador e escritor que ousou desafiar os censores, Versalhes e a Igreja.[49] Nos dias que se seguiram à inauguração dessa estátua, um jornalista liberal refletiu:

De todos os filósofos do século XVIII, o mais em voga agora é Diderot, sem dúvida. Rousseau está em baixa, porque é sentimental e deísta. Até mesmo Voltaire decaiu porque, apesar de sua guerra contra *l'infâme*, ele por vezes cometeu o erro de acreditar em Deus. [...] Voltaire foi um homem que ousou arrancar as tripas do último padre, mas não as teria usado para estrangular o último rei. Somente Diderot, depois de uma pequena hesitação, e de umas poucas distrações sem consequência, mostrou que era um democrata tanto quanto era um ateu.[50]

Jornalistas católicos tampouco deixaram passar o significado daquela obra de arte pública com motivação política. Era difícil não perceber que aquele último exemplo da mania estatuária republicana tinha sido posicionado de tal modo que Diderot parecia estar olhando com desconfiança para o pináculo da vizinha igreja de Saint-Germain-des-Prés, como uma "sentinela secular".[51]

Nem os detratores de Diderot nem seus discípulos estavam errados ao enfatizar a duradoura campanha do autor contra Deus. E hoje, no entanto, a incredulidade está longe de ser o aspecto mais sedutor de seus escritos. O que o distingue de fato de seus pares é o que ele realizou *depois* de liquidar a divindade. Embora seja sem dúvida o organizador da era da *Encyclopédie*, Diderot é também, paradoxalmente, o único grande pensador de sua geração que questionou a perspectiva racional que está no cerne do projeto iluminista.

Escrevendo numa época de sistemas poderosos e de sistematização, o pensamento privado de Diderot abriu a filosofia para o irracional, o marginal, o monstruoso, o sexualmente desviante e outros pontos de vista não conformistas.[52] Seu legado mais importante é possivelmente essa cacofonia de vozes e ideias individuais.[53] Como filósofo, Diderot não é nenhum Sócrates, nenhum Descartes, e nunca disse que o era.[54] No entanto, sua jovial e obstinada busca da verdade faz dele o mais instigante defensor setecentista da arte de pensar livremente.

Agradecimentos

Escrever um livro sobre um gênio — quando não se é um — é um processo amedrontador. Com o intuito de fazer justiça a uma mente como a de Diderot, apelei desavergonhadamente à expertise de inúmeros amigos e colegas. Entre os que se envolveram mais profundamente no projeto, eu gostaria de agradecer primeiro a Patrick Graille, que colaborou comigo de modo frutífero por vinte anos em praticamente tudo o que escrevi. Outros amigos generosos que dedicaram um bom tempo me ajudando a pensar no livro incluem Sophie Audidière, Catherine Chiabaut, John Eigenauer, Marie Leca-Tsiomis, Alex Lee, David Mayo, Anne e Walter Mayo, Kelsey Rubin--Detlev e Caroline Warman. Quero agradecer também a atenciosa equipe da Other Press que se ocupou do manuscrito, em particular Yvonne Cárdenas, Julie Fry, Alexandra Poreda e Walter Havighurst. Por fim, quero agradecer minha editora, amiga e mentora na Other Press, Judith Gurewich, a primeira a propor que eu escrevesse este livro — que não seria o mesmo sem ela.

Estou em dívida também com todo um grupo de outros amigos e colegas. Alguns leram partes dos originais ou conversaram comigo a respeito do que esperavam do gênero da biografia; outros sugeriram de que maneira eu poderia estruturar uma vida tão curiosa e plena. Tendo em mente essas numerosas e variadas contribuições, eu gostaria de identificar Nadja Aksamija, Steve Angle, Marco Aresu, Amy Bloom, Emmanuel Boussuge, Jeffrey Burson, Andrew Clark, Lisa Cohen, Nicholas Cronk, Carolyn Curran, Claire Curran, Clayton Curran, Michel Delon, Jane Dieckmann, Colas Duflo, Anne Duthoit, Dan Edelstein, Deren Ertas, Pierre Franz, Alden Gordon, Violette Graille, Arthur Halliday, Paul Halliday, Thierry Hoquet, Joyce Jacobsen, Katherine Kuenzli, Stéphane Lojkine, Christine Lalande, Michael Maglaras, John C. O'Neal, Murielle Perrier, Michael Roth, J. B. Shank,

Courtney Weiss Smith, Victoria Smolkin, Joanna Stalnaker, Gerhardt Stenger, Suzy Taraba, Terry Templeton, Sawyer Tennant, Helen Thomson, Cassie e Jean-Baptiste Toulouse, Kari Weil e Stephanie Weiner. Muitos outros colegas meus no Departamento de Línguas e Literaturas Românicas também foram interlocutores maravilhosos durante esse processo.

Ao longo dos quatro anos em que escrevi este livro, também me encontrei (e conversei por telefone) com dezenas de arquivistas, bibliotecários e curadores gentis e pacientes. Embora haja gente demais a agradecer individualmente aqui, eu de todo modo gostaria de expressar minha gratidão a colegas dos Musées d'Art et d'Histoire de Genebra, da Bibliothèque de l'Assemblée Nationale, da Bibliothèque Nationale de France, das Brown University Libraries, do Musée Carnavalet, do Musée Condé, do Musée Girodet, do Metropolitan Museum of Art, da McCain Library and Archives da University of Southern Mississippi, das Princeton University Libraries, do Musée Jean-Jacques Rousseau em Montmorency, das Wesleyan University Special Collections and Archives, do Walters Art Museum em Baltimore, da Wellcome Library, das Williams College Libraries e das Yale University Libraries (particularmente da Beinecke Rare Book and Manuscripts Library).

Preciso agradecer também ao povo de Langres. Um dos aspectos mais gratificantes da escrita deste livro foi conhecer a cidade natal de Diderot, junto com as pessoas que, entre seus muitos outros afazeres, estão incumbidas de preservar o legado do escritor. Eu gostaria, primeiro, de expressar minha gratidão a David Covelli (o *responsable du Sevice Patrimoine* de Langres) por sua generosidade intelectual, por seu apoio logístico, pelas excursões privadas e especialmente por me ajudar a localizar imagens-chave para o livro. Quero também agradecer ao grande historiador de Langres, Georges Viard, por reservar um tempo para se reunir comigo. Finalmente, tenho uma dívida com Olivier Caumont, diretor do Museu do Iluminismo de Langres, por me fornecer numerosas ilustrações (e ótimas conversas relacionadas a Diderot). Outros langrois gentis incluem Jean-François Feurtriez, do Bureau de Turismo, e Yves Chevalier, o generoso proprietário do Hôtel du Cheval Blanc e do excelente Restaurant Diderot.

Projetos como este, que requerem muitas viagens, não são possíveis sem apoio de instituições ou fundações. Tive a sorte de contar com ele. A pesquisa inicial foi possibilitada por uma subvenção de um semestre do National Endowment for the Humanities Public Scholars. Estágios posteriores do livro foram viabilizados pela Wesleyan University, que não apenas me proporcionou um ano sabático, mas também fundos de viagem de verão.

Por último, quero agradecer a minha, esposa Jennifer, por sua paciência, seu extraordinário senso de humor e pela perspicácia brilhante que ela trouxe a este projeto.

Cronologia

1677 Nasce Angélique Vigneron (m. 1748), mãe de Denis Diderot.
1685 Nasce Didier Diderot (m. 1759), mestre cuteleiro e pai de Denis Diderot.
1694 Voltaire (m. 1778) nasce em Paris.
1710 Anne-Antoinette Champion (m. 1796), futura esposa de Denis Diderot, nasce em La Ferté-Bernard.
1712 Jean-Jacques Rousseau (m. 1778) nasce em Genebra.
1713 Denis Diderot nasce em Langres, na Place Chambeau. No mesmo ano, sua família se muda do n. 6 para o n. 9 da Place Chambeau.
1715 Nasce Denise Diderot (m. 1797). Ela é mais parecida com o irmão mais velho do que com os dois mais novos, mas mesmo assim é bastante devota.
1715 Jean le Rond d'Alembert (m. 1783) nasce e é abandonado na escadaria de uma pequena igreja na Île de la Cité. É adotado e criado por uma mulher chamada Madame Rousseau. Sua educação, não obstante, é paga presumivelmente por seu pai biológico.
1716 Nasce Louise-Henriette Volland, conhecida como Sophie. Ela morre em 22 de fevereiro de 1784, cinco meses antes de seu ex-amante Denis Diderot.
1720 Angélique Diderot nasce e é batizada com o mesmo nome da mãe. Muito religiosa, ela ingressa no Convento das Ursulinas, onde morre por volta de 1748, meses depois da morte da mãe.
1722 Nasce Didier-Pierre Diderot (m. 1787). Ele abraçará o sacerdócio e se tornará arquidiácono da catedral de Saint-Mammès.
1723 Futuro cortesão e editor da *Correspondance Littéraire*, Friedrich Melchior Grimm (m. 1807) nasce em Regensburg. No início dos anos 1750, Grimm substitui Rousseau como amigo mais íntimo de Diderot.
1723-8 Depois de aprender a ler e escrever em latim e em francês, Diderot é admitido e frequenta o Collège Jésuite de Langres.
1726 A futura esposa de Diderot, Anne-Antoinette Champion, então com dezesseis anos, deixa o Convento de Miramiones e vai morar com a mãe. Ela trabalha como lavadeira e costureira.
Em março, nasce Louise Florence Pétronille Tardieu d'Esclavelles Épinay, ou Madame d'Épinay (m. 1783).
1728-32 Depois de chegar a Paris aos quinze anos de idade, Diderot frequenta o Collège D'Harcourt.
1732-5 Diderot frequenta a Sorbonne, a Faculdade de Teologia da universidade. Em 1735, completa dois anos de filosofia e três de teologia, muito mais que a maioria dos filósofos. Deixa a Sorbonne em 1735.

1735-40 Os chamados anos diletantes de Diderot, durante os quais ele trabalha em variados empregos ocasionais, e aprende italiano e inglês, idioma que o capacita a tornar-se tradutor.
1737 Nasce o futuro militante ateu Jacques-André Naigeon (m. 1810). Ele se tornará o testamenteiro literário de Diderot.
1740 Diderot começa uma carreira muito modesta de editor.
1741 Diderot conhece Anne-Antoinette Champion na Rue de la Boutebrie. Ela tem 31 anos de idade.
1741-2 Diderot trabalha no escritório de um procurador.
1742 Diderot traduz *The Grecian History*, de Temple Stanyon. Em algum momento do outono, conhece Jean-Jacques Rousseau.
1742-3 Diderot viaja a Langres para pedir permissão para se casar com "Toinette". Seus pais rejeitam a ideia e acabam trancafiando o filho rebelde no mosteiro carmelita.
1743 Diderot e Anne-Antoinette Champion se casam na igreja de Saint-Pierre-aux-Boeufs na Île de la Cité.
1745 Diderot traduz *An Inquiry Concerning Virtue and Merit* (*Essai sur le mérite et la vertu*), de Shaftesbury.
1746 Aparece a primeira obra de livre-pensamento de Diderot, *Pensamentos filosóficos*.
c. 1746 Diderot escreve *O passeio do cético*, publicado em 1830.
1747 Diderot e D'Alembert são nomeados coeditores da *Encyclopédie*. Diderot também escreve sobre matemática.
1748 Morre Angélique Diderot, a mãe do escritor.
O romance lascivo de Diderot *As joias indiscretas* é publicado. Embora depois tenha acrescentado alguns capítulos um tanto pornográficos em 1770, ele alegou durante toda a vida que lamentava ter publicado o livro. No mesmo ano, aparece sua tradução do *Medicinal Dictionary* de James.
1749 Aparece a *Carta sobre os cegos*. Em julho, Diderot é detido e levado à prisão de Vincennes, onde fica até novembro.
1750 É publicado o "Prospecto" da *Encyclopédie*.
1751 É publicado o volume 1 da *Encyclopédie*, contendo o "Discurso preliminar" e uma nova versão do "Sistema do conhecimento humano".
1752 Publicado o volume 2 da *Encyclopédie*.
Primeira interdição da *Encyclopédie* em fevereiro. Um acordo acertado em Versalhes permite que o projeto seja retomado em maio.
1753 Publicado o volume 3 da *Encyclopédie*.
Nasce Marie-Angélique Diderot, a futura Madame de Vandeul (m. 1824). Durante o mesmo ano, Grimm começa a distribuir seu boletim cultural, a *Correspondance Littéraire*.
1754 Os volumes 1, 2 e 3 da *Encyclopédie* são reimpressos para um conjunto maior de assinantes. O volume 4 aparece em outubro.
É publicado *De l'Interprétation de la nature* (*Pensées sur l'interprétation de la nature/Da interpretação da natureza*).
c. 1755 Publicado o volume 5 da *Encyclopédie*.
Diderot conhece Louise-Henriette Volland — Sophie —, a mulher que se tornaria possivelmente a pessoa mais importante na sua vida.
1756 Publicado o volume 6 da *Encyclopédie*.
Diderot publica *Le Fils naturel* [O filho natural]. A peça teatral é acompanhada de uma meditação teórica sobre o gênero, as *Entretiens sur le fils naturel* [Conversas sobre o filho natural].

1757   Publicado o volume 7 da *Encyclopédie*.
Robert-François Damiens tenta matar ou talvez ferir Luís XV em Versalhes ao golpeá-lo com uma faca.

1758   *Do espírito*, de Helvétius, cria problemas adicionais para a *Encyclopédie*. A peça de Diderot *O pai de família* também aparece, junto com *Sur La Poésie dramatique* [Sobre a poesia dramática].
Diderot e Rousseau se tornam inimigos mortais.

1759   Em março, a *Encyclopédie* perde sua autorização pela segunda vez. Em junho, morre Didier Diderot. Em setembro, uma nova autorização é emitida para os volumes de ilustrações, o que dá cobertura para Diderot e um grupo muito menor de colaboradores. No final desse ano, Diderot também escreve sua primeira resenha do salão para a *Correspondance Littéraire* de Grimm. Ele passará a produzir resenhas para mais oito salões, o último deles em 1781.

c. 1760   Diderot começa *A religiosa*. Vai concluir o livro já na velhice. É uma das primeiras de suas obras "perdidas" a aparecer impressa, em 1796. Em maio, a peça satírica de Charles Palissot *Les Philosophes* é encenada na Comédie-Française.

c. 1761   Diderot começa a escrever *O sobrinho de Rameau*, presumivelmente para ridicularizar os patifes que o estão satirizando, entre eles Palissot. No curso das duas décadas seguintes, esse diálogo se torna sua obra-prima. A versão final, completa, do texto só foi publicada 130 anos depois.

1761   Escreve *Éloge de Richardson* [Elogio de Richardson] e sua segunda resenha do salão.

1762   Publicado o volume 1 de ilustrações da *Encyclopédie*.

1763   Publicados os volumes 2 e 3 de ilustrações (referidos como segundo lote).
Escreve a terceira resenha do salão.

1764   Descobre que Le Breton censurou artigos da *Encyclopédie*.

1765   Publicados os volumes 8-17 da *Encyclopédie*. Durante a interdição, os volumes restantes são impressos provavelmente em Trévoux.
Publicado o volume 4 de ilustrações.
Diderot dá início a uma de suas resenhas mais famosas do salão, a do salão de 1765, bem como a suas *Notas sobre a pintura*. Na primavera do mesmo ano, Diderot vende sua biblioteca a Catarina II por 15 mil libras, mais um estipêndio anual de mil libras. Um ano mais tarde, depois de alguém ter esquecido de pagar seu estipêndio, Catarina lhe paga cinquenta anos adiantados.

1766   No início do ano, os últimos dez volumes da *Encyclopédie* são distribuídos.

1767   Publicado o volume 5 de ilustrações da *Encyclopédie*.
Escreve sua resenha do salão de 1767.

1768   Publicado o volume 6 de ilustrações.

1769   Publicado o volume 7 de ilustrações.
Diderot começa o texto em três partes que mais tarde será conhecido como *O sonho de D'Alembert*. Será publicado finalmente em 1830. Ele escreve também a resenha do salão de 1769 e um ensaio curto, "Regrets sur ma vieille robe de chambre" [Lamentações sobre meu velho robe de chambre].

c. 1770   Diderot começa a escrever *Jacques, o Fatalista*. Trabalhará nele ao longo da década de 1770. O texto aparece na *Correspondance Littéraire* em 1778. Começa um caso com Jeanne-Catherine de Maux, a atraente esposa de um advogado de Paris. Viagem a Langres e a Bourbonne.

1771   Publicados os volumes 8 e 9 de ilustrações da *Encyclopédie*.

Em nome de Catarina II, Diderot ajuda a negociar a aquisição de uma enorme coleção de arte pertencente ao falecido Louis-Antoine Crozat, o barão de Thiers, que morrera em dezembro de 1770. Essa coleção se tornará um dos alicerces do Museu Hermitage. Escreve resenha do salão de 1771.

1772 Publicados os volumes 10 e 11 de ilustrações da *Encyclopédie*. Como parte de uma trinca de textos curtos, Diderot escreve seu *Suplemento à viagem de Bougainville*. Em março, redige seu "Les éleuthéromanes" [Os fanáticos da liberdade], uma ode pindárica. Em agosto, aparece o último volume de ilustrações. Em setembro, Angélique Diderot se casa com Abel-François-Nicolas Caroillon de Vandeul na Saint-Sulpice. Ao longo desse mesmo ano, Diderot serve de ghost-writer de partes consideráveis da segunda edição da *História filosófica e política das duas Índias*.

1773 Diderot parte para São Petersburgo em junho, mas no caminho passa dois meses em Haia. Chegando à capital russa em outubro, ele lê para a imperatriz suas chamadas *Mémoires pour Catherine II*, ensaios curtos sobre assuntos variados.

1774 Em sua viagem de volta da Rússia, Diderot escreve às pressas seus *Princípios políticos dos soberanos*, um manual satírico para autocratas. Em maio, o jovem Luís XVI, neto de Luís XV, torna-se rei da França. A certa altura do mesmo ano, Diderot também conclui suas *Observations sur le "Nakaz"*, uma crítica penetrante do best-seller de filosofia legal e política de Catarina II.

1775 Ele escreve *Plan d'une université pour le gouvernement de Russie* [Plano de uma universidade para o governo da Rússia].

c. 1775 Diderot escreve *Est-il bon? Est-il méchant?* [Ele é bom? Ele é mau?]. Escreve sua resenha do salão de 1775.

1777 Cogita a edição completa de suas obras.

1778 Diderot publica seu *Ensaio sobre Sêneca*. Durante a primavera, faz uma visita a Voltaire não muito tempo antes de o idoso filósofo morrer. Rousseau morre em julho. Ao longo desse período, Diderot continua a trabalhar na terceira edição da *História das duas Índias* de Raynal.

1780 Terceira e última versão da *História das duas Índias*. *O pai de família*, de Diderot, continua a ser encenada pela Europa afora e na Comédie-Française. É a obra literária individual de Diderot de maior sucesso durante sua vida.

1781 Diderot escreve sua última resenha do salão.

1782 Diderot publica seu *Essai sur les règnes de Claude et de Néron* [Ensaio sobre os reinados de Cláudio e Nero], uma edição revista e ampliada de seu *Essai sur Sénèque*.

c. 1782 Diderot termina o trabalho de seu fragmentário *Elementos de fisiologia*, uma cartilha de materialismo. Completa também as versões finais de *Ele é bom? Ele é mau?*, *Jacques, o Fatalista*, *O sobrinho de Rameau* e *O sonho de D'Alembert*.

1783-4 A saúde de Diderot declina. Em fevereiro de 1784, ele tem algum tipo de derrame. Sophie Volland morre mais ou menos na mesma época.

1784 Diderot morre em 31 de julho de 1784, no número 39 da Rue de Richelieu, num apartamento que Catarina II alugara para ele.

Nota: Esta cronologia serviu-se significativamente de *Diderot jour après jour: Chronologie*, de Raymond Trousson (Paris: Honoré Champion, 2006).

Lista de personagens

Voltaire
(1694-1778)

Jean-Jacques Rousseau
(1712-1778)

Jean le Rond d'Alembert
(1715-1783)

Friedrich Melchior Grimm
(1723-1807)

Didier Diderot
(1685-1759)

Louis de Jaucourt
(1704-1779)

Madame d'Épinay
(1726-1783)

Catarina, a Grande
(1729-1796)

Guillaume Thomas (Abade) Raynal
(1713-1796)

Paul-Henri Thiry, barão D'Holbach
(1723-1789)

Luís XV
(1715-1774)

Luís XVI
(1754-1793)

Jeanne Antoinette Poisson,
marquesa de Pompadour
(1721-1764)

Marie-Angélique Caroillon de
Vandeul
(1753-1824)

Nicolas-René Berryer,
tenente-general de polícia
(1703-1762)

Guillaume-Chrétien de Lamoignon
de Malesherbes
(1721-1794)

Não retratados

Anne-Antoinette Champion
(1710-1796)

Louis-Henriette (Sophie) Volland
(1716-1784)

Didier-Pierre Diderot
(1722-1787)

Notas

Nas notas, obras citadas frequentemente foram identificadas pelas seguintes abreviações:

Corr. Denis Diderot, *Correspondance*. Org. de Georges Roth e Jean Varloot. Paris: Minuit, 1955-70.
DPV Denis Diderot, *Œuvres complètes*. Paris: Herman, 1975-. As iniciais se referem aos três organizadores originais: Herman Dieckmann, Jacques Proust e Jean Varloot.
Enc. *Encyclopédie, ou dictionnaire raisonné des sciences, des arts et des métiers*. Editado por Diderot e D'Alembert. Paris, 1751-72.
HDI Guillaume Thomas Raynal, *Histoire philosophique et politique des établissements et du commerce des Européens dans les deux Indes*. Comumente abreviado como *Histoire des deux Indes*. 4 v., Amsterdam, 1770. 8 v., Haia, 1774. 10 v., Genebra, 1780.
RDE *Recherches sur Diderot et sur l'Encyclopédie*. Múltiplos organizadores.

Tendo em mente que este livro foi escrito para um público anglófono, citei com frequência edições em inglês de obras de Diderot. A não ser quando houver alguma observação em contrário, todas as traduções das edições francesas são minhas. Também modernizei o francês e o inglês, tanto no texto como nas notas, embora os títulos tenham sido grafados em sua forma original.

Prólogo: Desenterrando Diderot [pp. 9-19]

1. Dominique Lecourt, *Diderot: Passions, sexe, raison*. Paris: Presses Universitaires de France, 2013, p. 96.
2. Denis Diderot, *Rameau's Nephew. Le Neveu de Rameau: A Multi-Media Bilingual Edition*. Org. de Marian Robson. Trad. de Kate E. Tunstall e Caroline Warman. Cambridge, Reino Unido: Open Book, 2016, p. 32.
3. *Corr.*, v. 6, p. 67.
4. A ideia é projetada em seu próprio personagem em *O sobrinho de Rameau*. Ver DPV, v. 4, p. 74.
5. "Mort de M. Diderot", *Année Littéraire*, n. 6, p. 282, 1784.
6. Jacques-Henri Meister, "Aux Mânes de Diderot". In: Diderot, *Œuvres complètes de Diderot*. Org. de Jules Assézat e Maurice Tourneaux. Paris: Garnier Frères, 1875, pp. xii-xix.
7. Essa citação precisa aparece sem prova alguma de sua autenticidade em Hippolyte Taine, *Les Origines de la France contemporaine* (Paris: Hachette, 1887), p. 348.
8. Ver Martin Turnell, *The Rise of the French Novel* (Nova York: New Directions, 1978), pp. 20-1.

9. Karl Marx, *The Portable Karl Marx*. Trad. de Eugene Kamenka. Nova York: Penguin, 1983, p. 53.
10. Christopher Cordess, "Criminality and Psychoanalysis". In: *The Freud Encyclopedia: Theory, Therapy, and Culture*. Org. de Edward Erwin. Londres: Routledge, 2002, p. 113.
11. Uma observação perspicaz feita a mim por Catherine Chiabaut.
12. *DPV*, v. 10, p. 422. Diderot está aqui falando sobre si mesmo na terceira pessoa.
13. *Enc.*, v. 5, p. 270.
14. Madame (Anne-Louise-Germaine) de Staël, *De l'Allemagne*. Paris: Firmin, 1845, p. 128.
15. Jean-Jacques Rousseau, *Œuvres complètes*. Paris: Gallimard, 1959, v. 1, p. 115.
16. Friedrich Melchior Grimm, Denis Diderot, Jacques-Henri Meister, Maurice Tourneux e abade Raynal, *Correspondance littéraire, philosophique et critique par Grimm, Diderot, Raynal, Meister, etc.* Paris: Garnier Frères, 1878, v. 5, p. 395.
17. Meister, "Aux Mânes de Diderot", pp. 18-9.
18. Ver Maurice Tourneaux, *Diderot et Catherine II* (Paris: Calmann Lévy, 1899), p. 76, para a origem dessa história apócrifa.
19. Diderot, *Essais sur la peinture: Salons de 1759, 1761, 1763*. Paris: Hermann, 1984, p. 194.
20. Jeanette Geffriaud Rosso, *Diderot et le portrait*. Pisa: Editrice Libreria Goliardica, 1998, p. 14.
21. Ibid., 20.
22. Ver Kate Tunstall, "Paradoxe sur le portrait: Autoportrait de Diderot en Montaigne" (*Diderot Studies*, v. 30, pp. 195-207, 2007), para um levantamento completo das meditações de Diderot sobre seus retratos.
23. Diderot, *Diderot on Art II: The Salon of 1767*. Org. de John Goodman. New Haven: Yale University Press, 1995, v. 2, p. 20.
24. *Corr.*, v. 2, p. 207.
25. A biografia standard de Diderot em inglês continua sendo a exaustiva crônica da vida do filósofo empreendida por Arthur McCandless Wilson, seu *Diderot* (Nova York: Oxford University Press, 1957). P. N. Furbank, que é bem mais crítico quanto à vida e às ações de Diderot, produziu uma segunda biografia nos anos 1990: *Diderot* (Nova York: Knopf, 1992). Há numerosas biografias francesas também, muitas das quais celebram o precursor ateu radical e defensor do Estado secular francês. A mais recente é de Gerhardt Stenger, *Diderot: Le combattant de la liberté* (Lonrai, França: Perrin, 2013).

1. O abade de Langres [pp. 23-44]

1. Georges Viard, *Langres au XVIIIe siècle: Tradition et Lumières au pays de Diderot*. Langres: Dominique Guéniot, 1985, p. 53.
2. "Célébration du centenaire de Diderot". *La Revue Occidentale Philosophique, Sociale et Politique*, n. 4, p. 263, 1884.
3. "Faits Divers". *Courrier de l'Art*, n. 32, p. 383, 1884.
4. Francisco Lafarga, *Diderot* (Barcelona: University of Barcelona Publications, 1987), p. 66. A câmara municipal chegou a receber dinheiro do tsar Nicolau II da Rússia, em memória de Catarina II, para financiar o evento.
5. Viard, *Langres au XVIIIe siècle*, pp. 12-3.
6. Madame de Vandeul, *Diderot, mon père*. Estrasburgo: Circe, 1992, p. 7.
7. Ibid., p. 11.
8. Antoine-Augustin Bruzen de la Martinière, *Le Grand Dictionnaire géographique et critique*. Veneza: Jean-Baptiste Pasquali, 1737, v. 6, p. 44.

9. De acordo com estimativas contemporâneas, as terras, arrendamentos e várias empresas da catedral de Saint-Mammès geravam proventos anuais de aproximadamente 100 mil libras em 1728. Dessa soma, o duque-bispo de Langres, Pierre de Pardaillan de Gondrin, recebia o salário colossal de aproximadamente 22 mil libras. Essa renda chegou a 58 mil libras na época da Revolução. Outros eclesiásticos bem recompensados incluíam o tesoureiro da catedral, que recebia 10 mil libras por ano. Ver Robert de Hesseln, *Dictionnaire universel de la France* (Paris: Chez Desaint, 1771), v. 3, p. 515.
10. John McManners, *Church and Society in Eighteenth-Century France: The Religion of the People and the Politics of Religion*. Londres: Oxford University Press, 1999, v. 2, p. 8.
11. Ibid., v. 2, p. 246.
12. Em sua primeira "declaração de missão", emitida em meados do século XVI, os jesuítas declaravam que o objetivo primordial de uma educação jesuítica era o "progresso de almas na vida e doutrina cristãs, e a propagação da fé". John O'Malley, "Introdução". *The Jesuits II: Cultures, Sciences and the Arts, 1540-1773*. Buffalo: University of Toronto Press, 2006, p. xxiv.
13. Bernard Picart, *Cérémonies et coutumes religieuses de tous les peuples du monde...* Amsterdam: Chez J. F. Bernard, 1723, v. 2, pp. 125; 127.
14. Abbé Charles Roussel, *Le Diocèse de Langres: Histoire et statistique*. Langres: Librairie de Lules Dallet, 1879, v. 4, p. 114.
15. Albert Collignon, *Diderot: Sa vie, ses œuvres, sa correspondance*. Paris: Felix Alcan, 1895, p. 8.
16. Vandeul, *Diderot, mon père*, p. 8.
17. Será que o jovem abade e seu pai escolheram essa escola de tendência jansenista por causa de uma afinidade? Ver Blake T. Hanna, "Denis Diderot: Formation traditionnelle et moderne", *RDE*, v. 5, n. 1, pp. 3-18, 1988.
18. Ibid., p. 382.
19. Henri Louis Alfred Bouquet, *L'Ancien Collège d'Harcourt et le Lycée Saint-Louis*. Paris: Delalain Frères, 1891, p. 370.
20. *Enc.*, v. 8, p. 516.
21. A. M. Wilson, *Diderot*. Nova York: Oxford University Press, 1957, pp. 26-7. Wilson também postula que Diderot talvez tenha alternado entre o colégio jansenista D'Harcourt e o jesuíta Louis-le-Grand, outro collège; isso poderia explicar certas relações pessoais feitas durante sua vida, bem como seu conhecimento tanto da educação jansenista como da jesuíta. Porém, a maioria das fontes parece ignorar a possibilidade de uma alternância. Ver também Gerhardt Stenger, *Diderot: Le combattant de la liberté* (Lonrai, França: Perrin, 2013), pp. 43-6.
22. Blake T. Hanna, "Diderot théologien". *Revue d'Histoire Littéraire de la France*, n. 1, p. 24, 1978.
23. Extraído do poema épico de Voltaire *La Henriade*. Ver *Œuvres complètes de Voltaire* (Oxford: Voltaire Foundation, 1968), v. 2, p. 613.
24. Noël Chomel, *Supplément au Dictionnaire œconomique*. Paris: Chez la Veuve Éstienne, 1740, v. 1, p. 1227.
25. Ver Stenger, *Diderot*, pp. 26-7.
26. Vandeul, *Diderot, mon père*, pp. 11-2.
27. Ibi, pp. 11-2.
28. Ibid., p. 15.
29. Wilson, *Diderot*, pp. 30-2.

30. Ibid., p. 15.
31. Ibid., p. 16.
32. Ibid., p. 18.
33. Ibid., p. 36.
34. Jean-Jacques Rousseau, *The Confessions*. Trad. de J. M. Cohen. Londres: Penguin, 1953, p. 19.
35. Vandeul, *Diderot, mon père*, p. 20.
36. Ver Samuel Huntington, *The Soldier and the State* (Cambridge, MA: Harvard University Press, 1985), p. 22. Seu nome de família era Maleville.
37. Ver Stenger, *Diderot*, p. 37.
38. Vandeul, *Diderot, mon père*, p. 22.
39. Wilson, *Diderot*, p. 39.
40. Ibid., p. 18.
41. P. N. Furbank, *Diderot*. Nova York: Knopf, 1992, p. 19.
42. *Corr.*, v. 1, p. 42.
43. Ibid., v. 1, p. 43.
44. Ibid., v. 1, p. 44.
45. Ibid.
46. Diderot, *Diderot on Art II: The Salon of 1767*, p. 229.

2. Abandonando Deus [pp. 45-64]

1. *Corr.*, v. 1, p. 94.
2. A sátira da vida nos conventos e mosteiros, e da vida religiosa em geral, fizera parte da literatura europeia por quinhentos anos, bem antes que Diderot empunhasse a pena. Petrarca fustigou o abuso clerical do poder terreno em seus sonetos. Erasmo atacou as incoerências e a falta de sentido da vida monástica. E François Rabelais produziu um elenco memorável de personagens anticlericais que passaram a fazer parte da cultura popular francesa.
3. Ver William Doyle, *Jansenism: Catholic Resistance to Authority from de Reformation to the French Revolution* (Nova York: Saint Martin's, 2000), para um bom resumo desse conflito.
4. *DPV*, v. 2, p. 51.
5. Ibid., v. 1, p. 290.
6. Pensadores como Diderot também se familiarizaram com a filosofia epicurista lendo *Vidas e doutrinas dos filósofos ilustres*, de Diógenes Laércio. Ver Lynn S. Joy, "Interpreting Nature: Gassendi Versus Diderot on the Unity of Knowledge". In: Donald R. Kelley e Richard H. Popkin (Orgs.), *The Shapes of Knowledge from the Renaissance to the Enlightenment* (Dordrecht: Kluwer, 1991), pp. 123-34.
7. Isso também foi traduzido para o inglês de modo mais poético por A. E. Stallings: "*So potent was Religion in persuading to do wrong*" [Tão potente era a religião para persuadir a fazer o mal]. Ver *The Nature of Things*. Trad. de A. E. Stallings (Londres: Penguin Classics, 2007), p. 6.
8. Para uma história abrangente da redescoberta do texto e seu consequente efeito na progressão do pensamento humano, ver Stephen Greenblat. *The Swerve: How the World Became Modern* (Nova York: Norton, 2011).
9. Nas décadas que se seguiram à primeira publicação do *Tractatus*, o termo "espinosista", que era aplicado meio a esmo, tornou-se sinônimo de descrente ou ateu. A *Ética* de Espinosa exerceu grande influência em Diderot. Para uma análise de três dos últimos textos de

Diderot em relação à filosofia da ética de Espinosa, ver Louise Crowther, "Diderot, Spinoza, and the Question of Virtue". *MHRA Working Papers in the Humanities*, Cambridge, Reino Unido, Modern Humanities Research Association, n. 2, pp. 11-8, 2007.
10. Jonathan I. Israel, *Radical Enlightenment: Philosophy and the Making of Modernity 1650-1750*. Oxford: Oxford University Press, 2001, p. 213.
11. Johann Franz Buddeus, *Traité de l'athéisme et de la superstition*. Trad. de Louis Philon. Amsterdam: Chez Schreuder e Mortier, 1756, p. 78.
12. O *Testamento* só foi traduzido recentemente para o inglês; ver Jean Meslier, *Testament: Memoir of the Thoughts and Sentiments of Jean Meslier* (Trad. de Michael Shreve. Amherst, NY: Prometheus Books, 2009).
13. Bacon, explica Voltaire, propôs pela primeira vez esse tipo de filosofia experimental. Newton se tornaria seu paladino. Ver J. B. Shank, *The Newton Wars and the Beginning of the French Enlightenment* (Chicago: University of Chicago Press, 2008), p. 309.
14. Nicholas Cronk, *Voltaire: A Very Short Introduction*. Oxford: Oxford University Press, 2017, p. 4.
15. Stenger, *Diderot*, p. 52.
16. Em grande medida, as *Lettres* de Voltaire buscavam estimular mudanças que já estavam em curso na França, uma das principais delas o colapso da filosofia cartesiana. Ver *The Philosophical Writings of Descartes* (Trad. de John Cottingham, Robert Stoothoff e Dugald Murdoch. Cambridge, Reino Unido: Cambridge University Press, 1984), v. 2, p. 45.
17. Ele também fez anotações na tradução de Silhouette do *Essay on Man* [Ensaio sobre o homem] de Alexander Pope em algum momento depois de 1736. Ver a introdução de Jean Varloot em *DPV*, v. 1, pp. 167-89.
18. Isaac Newton, *Principia, The Motion of Bodies*. Trad. de Andrew Motte e Florian Cajori. Berkeley: University of California Press, 1934, v. 1, p. xviii.
19. Ibid.
20. Ver *The Cambridge History of Eighteenth-Century Philosophy*. Org. de Knud Haakonsenn (Cambridge, Reino Unido: Cambridge University Press, 2006), v. 2, p. 647.
21. De modo semelhante, Locke não excluía Deus das operações da natureza — longe disso. Embora o método filosófico de Locke certamente levasse pensadores de mentalidade cética a questionar o que podiam saber de fato sobre a divindade, Locke continuou a conferir às Escrituras Sagradas um status que aparentemente escapava a suas próprias restrições rígidas. Os humanos, segundo ele, "foram colocados no mundo por ordem [de Deus]" e continuam a ser "sua propriedade". Ver seu *Second Treatise of Government*. Org. de C. B. Macpherson (Indianapolis: Hackett, 1980), v. 2, p. 9.
22. Isaac Newton, *Newton: Philosophical Writings*. Org. de Andrew Janiak. Cambridge, Reino Unido: Cambridge University Press, 2004, p. 111.
23. Isso está expresso em Romanos 1,20.
24. Houve pensadores anteriores nessa linha também, por exemplo Edward, Lord Herbert de Cherbury (1583-1648), cujo *De veritate* é o primeiro livro do início da Era Moderna a apresentar uma compreensão deísta da religião. Ver *Deism: An Anthology*. Org. de Peter Gay (Princeton: Van Nostrand, 1969), p. 30.
25. Ibid., p. 52.
26. Matthew Tindal, *Christianity as Old as the Creation*. Stuttgart-Bad Cannstatt: Frommann-Holzboog, 1967, v. 1, p. 68.
27. Ver *The Portable Atheist: Essential Readings for the Nonbeliever*. Org. de Christopher Hitchens (Filadélfia: Da Capo, 2007), p. xxiii.

28. Isso é uma paráfrase do conhecido slogan da World Union of Deists [União Mundial dos Deístas].
29. Para se proteger, Diderot distinguia deísmo de teísmo. Em sua visão, o deísmo era um entendimento levemente indiferente de Deus, enquanto o teísmo admite a existência da revelação. Ele tratou Shaftesbury como um teísta. *DPV*, v. 1, p. 297.
30. Ver, por exemplo, a carta enviada por Didier-Pierre a seu irmão mais velho em janeiro de 1763, na qual ele fala sobre os muitos defeitos de Diderot. *Corr.*, v. 4, pp. 241-5.
31. *Corr.*, v. 1, p. 52.
32. Ver Roland Mortier, "Didier Diderot lecteur de Denis: Ses *Réflexions sur l'Essai sur le mérite et la vertu*". In: *RDE*, v. 10, n. 1, pp. 21-39, 1991.
33. *DPV*, v. 1, p. 306. Leibniz abordou o problema do mal com otimismo semelhante em seu livro *Teodiceia*. Ver Gottfried Wilhelm Freiherr von Leibniz, *Theodicy*. Org. de Austin Farrer. Trad. de E. M. Huggard (New Haven: Yale University Press, 1952).
34. Ver Mortier, "Didier Diderot lecteur de Denis", p. 30.
35. Pierre Bayle, o famoso autor do *Dictionnaire historique et critique* (*Dicionário histórico e crítico*, 1697) refutara celebremente essa ideia em seus *Pensées diverses sur la comète* (*Vários pensamentos por ocasião de um cometa*, 1682). Ver Pierre Bayle, *Pensées diverses sur la comète*. Org. de Joyce e Hubert Bost (Paris: Garnier-Flammarion, 2007).
36. Na ausência de correspondência e de manuscritos reveladores, os estudiosos continuam a hesitar quanto à autoria do conto orientalista "Oiseau blanc". Ver Nadine Berenguier para uma discussão excelente da recepção da carreira de Puisieux, *Conduct Books for Girls in Enlightenment France* (Nova York: Routledge, 2016).
37. Pascal era, na verdade, um dos autores favoritos de pensadores como o próprio Voltaire, não apenas por seu tom irônico, mas por seu trucidamento da hipocrisia da Igreja e dos jesuítas. Ver Robert Niklaus, "Les *Pensées philosophiques* de Diderot et les *Pensées* de Pascal". *Diderot Studies*, n. 20, pp. 201-17, 1981.
38. Nessa apologia do cristianismo de Santo Agostinho, Pascal contempla o vácuo em forma de Deus no coração do indivíduo, o espaço que "só pode ser preenchido por um objeto infinito e imutável, vale dizer, só pelo próprio Deus". Blaise Pascal, *Pensées*. Nova York: Dutton, 1958, p. 113.
39. Ibid., p. 107.
40. Baron Anne-Robert-Jacques Turgot, *Œuvres de Turgot et documents le concernant, avec biographie et notes*. Paris: F. Alcan, 1913-23, v. 1, p. 87.
41. *DPV*, v. 2, p. 19.
42. Paul Valet, *Le Diacre Paris et les convulsionnaires de St-Médard: Le jansénisme et Port-Royal. Le masque de Pascal*. Paris: Champion, 1900, p. 22.
43. Brian E. Strayer, *Suffering Saints: Jansenists and Convulsionnaires in France, 1640-1799*. Brighton, Reino Unido: Sussex Academic Press, 2008, p. 243.
44. Louis-Basile Carré de Montgeron, *La Vérité des miracles opérés à l'intercession de M. de Paris*, 1737.
45. Strayer, *Suffering Saints*, p. 251.
46. Ibid., p. 243.
47. Ibid., p. 256.
48. Ibid., p. 257.
49. De acordo com um dos críticos de Diderot, Jean Henri Samuel Formey, *Pensamentos religiosos* fornece um relato altamente exagerado dos *convulsionnaires* e de outras seitas religiosas. *Pensées raisonnables opposées aux pensées philosophiques*. (Berlim: Chrét. Fréd. Voss., 1749), p. 24.

50. *DPV*, v. 2, pp. 19-20.
51. Ibid., v. 2, p. 20.
52. *Matérialistes français du XVIIIème siècle: La Mettrie, Helvétius, D'Holbach*. Org. de Sophie Audidière, Fondements de la Politique. Paris: PUF, 2006, p. vii.
53. *DPV*, v. 2, p. 49.
54. Ibid., v. 2, p. 31.
55. Ibid., v. 2, p. 51.
56. Ibid., v. 2, p. 35.
57. Ibid.
58. Ibid., v. 2, p. 34.
59. Ibid., v. 2, pp. 9-12.

3. Um filósofo na prisão [pp. 65-84]

1. Guillotte servia como *exempt* (oficial de polícia) para o preboste da Île de France, tecnicamente sob a autoridade do homem que mais tarde prenderia Diderot, o tenente-general de polícia, Berryer.
2. Wilson, *Diderot*, p. 61.
3. Charles Manneville, *Une Vieille Église de Paris: Saint-Médard*. Paris: H. Champignon, 1906, p. 48.
4. Essa função foi estabelecida em 1667, de acordo com a *Encyclopédie*, v. 9, p. 509.
5. Isso também incluía detenção de jansenistas, que frequentemente iam para a cadeia por períodos maiores que os de outros "criminosos".
6. *Corr.*, v. 1, p. 54.
7. Paul Bonnefon, "Diderot prisonnier à Vincennes". *Revue d'Histoire Littéraire de la France*, v. 6, p. 203, 1899.
8. Berryer recebeu também duas cartas em 1748 de Jean-Louis Bonin, um impressor, que identificou Diderot como autor de *Les Bijoux indiscrets* e Durand como seu impressor. Ver Wilson, *Diderot*, p. 86.
9. Anne Elisabeth Sejten, *Diderot ou Le défi esthétique: Les écrits de jeunesse, 1746-1751*. Paris: Vrin, 1999, p. 79 (Col. Essais d'Art et de Philosophie.).
10. Diderot escreveu também outra obra não publicada, *De La Suffisance de la religion naturelle* [Da suficiência da religião natural], que apareceu por fim em 1770. Esse texto curto exortava a humanidade a se libertar da intolerância e do fanatismo criados pela religião revelada. Ver Jonathan I. Israel, *Enlightenment Contested: Philosophy, Modernity, and the Emancipation of Man, 1670-1752* (Oxford: Oxford University Press, 2006), p. 789.
11. Ele despachou também dois outros exemplares. O primeiro foi enviado ao marquês D'Argens, que tinha menosprezado sua tradução de Shaftesbury, bem como seus *Pensamentos filosóficos*. O segundo foi para o famoso matemático e filósofo Pierre Louis Moreau de Maupertuis, que era então presidente da Academia de Ciências de Berlim (da qual Diderot logo seria membro). Ver Anne-Marie Chouillet, "Trois lettres inédites de Diderot", *RDE*, v. 11, n. 1, pp. 8-18, 1991.
12. *Corr.*, v. 1, p. 74.
13. Ibid.
14. De acordo com relatos verídicos, Saunderson ficou delirante antes de receber (ou se permitir receber) os últimos sacramentos. A Royal Society da Inglaterra, da qual Saunderson era membro, nunca perdoou Diderot por seu relato. O enciclopedista teve sua filiação

à sociedade recusada por causa dessa narrativa inventada. Ver Anthony Strugnell, "La Candidature de Diderot à la Société Royale de Londres", *RDE*, v. 4, n. 1, pp. 37-41, 1988.
15. Kate E. Tunstall alertou os críticos de Diderot para que não confundam Saunderson com o próprio autor e não concluam que o discurso do cego indica o materialismo de Diderot em 1749. Ver seu *Blindness and Enlightenment: An Essay* (Nova York: Continuum, 2011), pp. 18-9. Para evitar confusão, citarei esse livro como Diderot, *Letter on the Blind*, trad. Tunstall, quando me referir à tradução de Tunstall.
16. Ibid., pp. 199-200.
17. Ibid., p. 200.
18. Ibid., p. 203.
19. Diderot foi profundamente afetado pelo radicalmente materialista *A história natural da alma*, de Julien Offray de La Mettrie, o primeiro de uma série de livros a ridicularizar o cristianismo.
20. Ver Edward G. Andrew, *Patrons of Enlightenment* (Toronto: University of Toronto Press, 2006), p. 137.
21. O tratado de paz de Aix-la-Chapelle foi assinado em 1748 e pôs fim à guerra de sucessão que dividira a Áustria.
22. Os eventos de 1749 são narrados admiravelmente por Robert Darnton em *Poetry and the Police* (Cambridge, MA: Harvard University Press, 2010).
23. Ibid., p. 50.
24. Bonnefon, "Diderot prisonnier à Vincennes", p. 204.
25. Ver François Moureau, *La Plume et le plomb: Espaces de l'imprimé et du manuscrit au siècle des Lumières* (Paris: PUPS, 2006), pp. 610-11.
26. Ver Darnton, *Poetry and the Police*, pp. 7-14.
27. Ibid., p. 14.
28. Em parte, esse tratamento era também motivado pelo fato de ele ter fugido três vezes. Ver suas *Mémoires de Henri Masers de Latude* (Gand: Dullé, 1841).
29. Ronchères era na verdade Fleurs de Rouvroy. Ele passou 32 anos na prisão. Boyer chegou em 1739 e já estava ali havia dez anos quando Diderot chegou. Ver François de Fossa, *Le Château historique de Vincennes à travers les âges* (Paris: H. Daragon, 1909), v. 2, p. 116.
30. Que Diderot figurava entre os considerados dignos de um tratamento decente fica claro também numa carta que o governador do château, marquês du Châtelet, enviou a Berryer; é digno de nota que o administrador tenha se dado ao trabalho de indicar que alguém viria deixar roupas de cama e uma touca de dormir para a estada do escritor. Ver Bonnefon, "Diderot prisonnier à Vincennes", p. 203.
31. Fossa, *Le Château*, v. 2, p. 50.
32. Diderot, *Œuvres complètes, Correspondance. Appendices*. Org. de Jules Assézat e Maurice Tourneux. Paris: Garnier Frères, 1877, v. 20, pp. 122-4.
33. Madame de Vandeul, *Diderot, mon père*, pp. 30-1.
34. *Enc.*, v. 1, np. A ironia dessa inscrição — homenageando o homem que rubricara a *lettre de cachet* que encarcerara Diderot — não passaria despercebida pelo filósofo. Décadas depois, Diderot fantasiou a criação de uma *Encyclopédie* nova e melhor, que, diferentemente da primeira, homenagearia a grande monarca da Rússia, Catarina II, e não um "ministro de segunda categoria que me privou da liberdade para arrancar de mim um tributo ao qual ele não podia reivindicar merecimento". Wilson, *Diderot*, p. 116.
35. Refletido no "compromisso" de Diderot. Ver *Corr.*, v. 1, p. 96.

36. Essas duas cartas se perderam. Podemos inferir sua existência pelas cartas que seu pai lhe mandou em resposta a elas.
37. *Corr.*, v. 1, p. 92.
38. O padre era presumivelmente o *trésorier*, o guardião do tesouro e das relíquias da Sainte--Chapelle da prisão, a capela medieval vizinha.
39. Jean-Jacques Rousseau, *The Confessions*. Trad. de J. M. Cohen. Londres: Penguin, 1953, p. 327.
40. *Mercure de France, dédié au Roi*. Paris: Cailleau, 1749, pp. 154-5.
41. Rousseau, *Confessions*, pp. 327-8.
42. Para uma tradução contemporânea, ver Rousseau, *Discourse on the Origin of Inequality*. Trad. de Donald A. Cress (Indianapolis: Hackett, 1992).
43. Diderot, *Œuvres complètes de Diderot*. Paris: Garnier Frères, 1875, v. 2, p. 285. Jean-François Marmontel e a filha de Diderot devem ter ouvido uma história diferente: de acordo com suas narrativas, foi o próprio Diderot que incitou Rousseau a redefinir a humanidade como uma espécie depravada, infeliz e artificial que deixou seus melhores dias para trás, no estado de natureza. Madame de Vandeul relata que "meu pai deu a Rousseau a ideia para o seu *Discurso sobre as ciências e as artes*, [uma obra] que [meu pai] talvez tenha relido e quem sabe corrigido". *Diderot, mon père*, p. 56.
44. *Correspondance littéraire, philosophique et critique par Grimm, Diderot, Raynal, Meister, etc.*, v. 5, p. 134.

4. A bíblia do Iluminismo [pp. 85-109]

1. René Louis de Voyer de Paulmy d'Argenson, *Mémoires et jornal inédit du Marquis d'Argenson*. Paris: P. Jannet, 1857, v. 3, p. 282.
2. De acordo com o contrato, todo o projeto deveria estar completo três anos depois, em 1748.
3. Jacques Proust, *Diderot et l'Encyclopédie*. Paris: Armand Colin, 1962, p. 47.
4. *Mémoires pour l'histoire des sciences et des beaux-arts*, 1745, v. 177, p. 937.
5. Wilson, *Diderot*, p. 76.
6. Essa escaramuça inconveniente e muito pública levou um dos homens mais poderosos da França, Henri-François d'Aguesseau — que detinha os cargos de secretário e inspetor do ramo dos livros — a atacar severamente ambas as partes. D'Arguesseau censurou Le Breton por driblar vários regulamentos editoriais, e cassou o direito do impressor de publicar a *Encyclopédie*. Mas o verdadeiro derrotado nessa decisão foi Mills. Ao declarar nulo o contrato, D'Arguesseau na prática absolveu Le Breton de qualquer obrigação financeira ou contratual com seu sócio inglês.
7. O contrato de Gua estipulava que ele deveria receber 18 mil libras. Dessa soma significativa, ele se comprometeu a pagar a Diderot e D'Alembert 1200 libras a cada um por seu trabalho. Ver Wilson, *Diderot*, p. 79.
8. Ver ibid., pp. 78-9; e Frank A. Kafker, "Gua de Malves and the *Encyclopédie*", *Diderot Studies*, v. 19, p. 94, 1978.
9. Durante esse período contratual, o geômetra estabeleceu as bases para uma obra de referência que era muito mais ambiciosa que aquela que Sellius e Mills tinham previsto.
10. Kafker, "Gua de Malves and the *Encyclopédie*", pp. 94-6.
11. Laurent Durand, um dos quatro sócios, publicara a não autorizada tradução de Shaftesbury feita por Diderot, e financiara a publicação de seus *Pensamentos filosóficos*. Ver Frank

A. Kafker e Jeff Loveland, "Diderot et Laurent Durand, son éditeur principal", *RDE*, v. 39, pp. 29-40, 2005.
12. Le Breton era um *imprimeur ordinaire du roi*, o que significava que ele não imprimia tipos específicos de livros, por exemplo sobre música ou grego. Ele imprimia documentos variados.
13. Bem antes de Le Breton abraçar o famigerado projeto da *Encyclopédie*, o *Almanach* tinha sido, de longe, a produção mais conhecida da casa editorial (e sua maior tiragem chegou a 7 mil exemplares). Louis-Sébastien Mercier, *Tableau de Paris* (Amsterdam, 1782), v. 4, pp. 5-8.
14. Ver Richard Yeo, *Encyclopaedic Visions: Scientific Dictionaries and Enlightenment Culture* (Cambridge, Reino Unido: Cambridge University Press, 2001), p. 14.
15. Ibid., p. 14. O estudo definitivo sobre essa questão é *Écrire l'Encyclopédie: Diderot: De l'usage des dictionnaires à la grammaire philosophique*, de Marie Leca-Tsiomis (Oxford: Voltaire Foundation, 1999).
16. John Millard e Philip Playstowe, *The Gentleman's Guide in His Tour through France*. Londres: G. Kearsly, 1770, p. 226.
17. Rousseau, *The Confessions*, p. 324.
18. Diderot ficou tão encantado com essa lúcida adaptação e revisão da teoria da cognição de Locke que recomendou o manuscrito a seu editor, Laurent Durand, que publicou o ensaio naquele mesmo ano.
19. Lorne Falkenstein e Giovanni Grandi, "Étienne Bonnot de Condillac", *The Stanford Encyclopedia of Philosophy*. Org. de Edward N. Zalta. Stanford: Metaphysics Research Lab; Stanford University, 2017.
20. Condillac, contudo, estava longe de ser ateu ou materialista. Ele também ampliou o entendimento da mente por Locke afirmando que a linguagem em si é a via intermediária entre a sensação e o pensamento. Ver John Coffee O'Neal, *Changing Minds: The Shifting Perception of Culture in Eighteenth-Century France* (Newark: University of Delaware Press, 2002), p. 16; e Pierre Morère, "Signes et langage chez Locke et Condillac". *Société d'Études Anglo-Américaines des 17e et 18e siècles*, v. 23, p. 16, 1986.
21. *Enc.*, "Prospectus", p. 1.
22. Ibid., p. 2.
23. Proust, *Diderot et l'Encyclopédie*, pp. 30-2.
24. Em comparação, as contribuições de D'Alembert se limitavam a apenas duzentos artigos sobre temas que tinham geralmente a ver com matemática e física.
25. A ordem verdadeira é da Memória à Imaginação à Razão, e está desenvolvida na Parte II do "Discurso".
26. *Enc.*, "Prospectus", p. 4.
27. Chambers tinha proposto um esquema semelhante, mas não contaminara a religião com várias outras ideias supersticiosas. O diagrama preliminar de Chambers seguia a tradição de muitas outras obras "triviais" que tentavam orientar e simplificar a experiência do leitor. Ver Richard Yeo, "A Solution to the Multitude of Books: Ephraim Chambers's *Cyclopaedia* (1728) as 'the Best Book in the Universe'", *Journal of the History of Ideas*, v. 64, n. 1, pp. 66-8, jan. 20038.
28. No "Discurso preliminar", D'Alembert mencionava que ele e seu parceiro tinham cogitado brevemente abandonar esse método de organização em favor de uma estrutura mais temática. Foi isso, precisamente, que os editores dos (mais de duzentos) volumes da *Encyclopédie méthodique* optaram por fazer mais adiante naquele século (1782-1832).

Para uma história do uso da ordem alfabética em obras de referência, ver Annie Becq, "L'*Encyclopédie*: Le choix de l'ordre alphabétique", *RDE*, v. 18, n. 1, pp. 133-7, 1995. Escolher a ordem alfabética para um dicionário estava longe de ser uma inovação, claro. Todos os predecessores da *Encyclopédie* haviam feito a mesma opção: Antoine Furetière, *Dictionnaire universel*, 1690; Pierre Bayle, *Dictionnaire historique et critique*, 1697; John Harris, *Lexicon Technicum*, 1704; e Ephraim Chambers, *Cyclopaedia*, 1728.

29. Yeo, *Encyclopaedic Visions*, p. 25.
30. Ibid. O modelo para essa faceta da *Encyclopédie* era o *Dictionnaire historique et critique* de Pierre Bayle. Além de usar referências cruzadas de modo bastante semelhante ao que Diderot e D'Alembert adotariam sessenta anos depois, Bayle também era adepto de criticar a Igreja sem insultá-la abertamente.
31. Ver Gilles Blanchard e Mark Olsen, "Le Système de renvois dans l'*Encyclopédie*: Une cartographie des structures de connaissances au XVIIIe siècle", *RDE*, v. 31-32, pp. 45-70, 2002.
32. *Enc.*, v. 5, p. 642.
33. Ibid., v. 5, p. 643.
34. Ibid., v. 5, p. 642.
35. Ibid., v. 2, p. 640.
36. Ibid., v. 1, p. 180.
37. Ver *Diderot: Choix d'articles de l'Encyclopédie*, Org. de Marie Leca-Tsiomis (Paris: CTHS, 2001), pp. 48-50; e Michèle Crampe-Casnabet, "Les Articles 'âme' dans l'*Encyclopédie*", *RDE*, v. 25, pp. 91-9, 1998.
38. Crampe-Casnabet, "Les Articles 'âme'", p. 94.
39. *Enc.*, v. 1, p. 342.
40. Diderot pode jamais ter acrescentado uma remissão para deixar explícito esse ponto. No entanto, uma referência lógica seria a seu verbete "*Spinosiste*", no qual ele sustentava que os espinosistas acreditam que "a matéria é sensível", que ela compõe todo o universo, e que é tudo que precisamos para explicar "o processo todo" da vida. (*Enc.*, v. 15, p. 474).
41. Em parte, isso é uma vulgarização tanto de Hobbes como de Locke. A ideia de que nenhum homem pode dar a outro o poder absoluto sobre si — porque nem ele tem poder absoluto sobre si próprio — faz parte da teoria clássica do contrato social. O mesmo vale para a ideia de que nenhum homem nasceu com o direito de imperar sobre outro. Como Hobbes e Locke assinalam, num idealizado "estado de natureza", os fortes podiam dominar os fracos — mas isso seria uma dominação tirânica que só beneficiaria os fortes. Ver Thomas Hobbes, *Leviathan* (Londres: Penguin Classics, 1985); e John Locke, *Two Treatises of Government*. Org. de Peter Laslett (Cambridge, Reino Unido: Cambridge University Press, 1988). A novidade do artigo de Diderot vem do fato de que ele estava adotando essas concepções sob a mais absoluta das monarquias europeias.
42. *Enc.*, v. 1, p. 898.
43. Embora Chambers tivesse uma pequena coleção de imagens, uma quantidade tão ampla de ilustrações geralmente não aparecia nos dicionários. Ver Stephen Werner, *Blueprint: A Study of Diderot and the Encyclopédie Plates* (Birmingham, AL: Summa, 1993), p. 2. Ver também Wilson, *Diderot*, pp. 241-3.
44. D'Alembert prometeu seiscentas lâminas de ilustrações em dois volumes, no "Discurso preliminar".
45. *Enc.*, "Discours Préliminaire des Editeurs", v. 1, p. xxxix.
46. Werner, *Blueprint*, p. 14. Goussier pode até ter produzido mais lâminas do que as indicadas, mas algumas foram deixadas sem assinatura. Ele também escreveu cerca de 65 artigos.

47. Madeleine Pinault, "Diderot et les illustrateurs de l'*Encyclopédie*". *Revue de l'Art*, v. 66, n. 10, p. 32, 1984. Ver também Madeleine Pinault, "Sur Les Planches de l'*Encyclopédie* de Diderot e D'Alembert", em *L'Encyclopédisme — Actes du Colloque de Caen 12-16 janvier 1987*. Org. de Annie Becq (Paris: Aux Amateurs de Livres, 1991), pp. 355-62.
48. O processo de gravação é detalhado no quarto conjunto de lâminas da *Encyclopédie* (publicado em 1767). Ver *Enc.*, v. 22, 7, p. 1. Para uma abordagem da época sobre o processo de gravação, ver Antoine-Joseph Pernety, *Dictionnaire portatif de peinture, sculture, et gravure* (Paris: Chez Bauche, 1757), p. 53.
49. Ver John Bender e Michael Marrinan, *The Culture of Diagram* (Stanford: Stanford University Press, 2010), p. 10.
50. O incendiário artigo de Jaucourt "*Traite des nègres*" [Tráfico negreiro] era muito mais direto quanto a suas intenções. Depois de declarar que a escravidão do elemento africano em colônias francesas viola "a religião, a moralidade, as leis naturais e todos os direitos da natureza humana" (*Enc.*, v. 16, p. 532), Jaucourt proclama que preferiria que as colônias "fossem destruídas" a causar tanto sofrimento no Caribe (ibid., v. 16, p. 553).

5. O cilício da *Encyclopédie* [pp. 110-43]

1. *Corr.*, v. 9, p. 30.
2. Berryer certamente estava envolvido, emitindo uma nota de permissão para a publicação do "Prospecto". Ver Wilson, *Diderot* (Nova York: Oxford University Press, 1957), p. 120.
3. James M. Byrne, *Religion and the Enlightenment: From Descartes to Kant*. Louisville, KY: Westminster John Knox, 1996), p. 35.
4. Alguns estudiosos chegam a identificar o desenvolvimento do humanismo sob a ordem dos jesuítas como uma espécie de "iluminismo católico". Ver *Medicine and Religion in Enlightenment Europe*. Org. de Ole Peter Grell e Andrew Cunningham (Hampshire, Reino Unido: Ashgate, 2007), p. 118.
5. O título completo era *Mémoires pour l'histoire des sciences et des beaux-arts, plus connus sous le nom de Journal de Trévoux ou Mémoires de Trévoux* (1701-67).
6. *Enc.*, v. 3, p. 635.
7. Jean-François Marmontel, *Memoirs of Marmontel*. 2 v. Nova York: Merrill and Baker, 1903, v. 1, p. 217.
8. Madame de Pompadour também incentivou Diderot e D'Alembert a persistir em sua obra apesar das pressões políticas, e especialmente se evitassem tópicos relacionados à religião. Mais tarde na vida, suas opiniões sobre o empreendimento de Diderot iriam mudar: desesperançada com a instabilidade e o declínio que percebia na França, ela expressou seu desalento diante de uma obra que solapava a religião, a monarquia e os próprios alicerces da sociedade e do Estado. Ver Évelyne Lever, *Madame de Pompadour* (Paris: Perrin, 2000); e Christine Pevitt Algrant, *Madame de Pompadour: Mistress of France* (Nova York: Grove, 2002).
9. Era na verdade um posto novo. A responsabilidade de supervisionar a indústria editorial tinha sido até então parte da função do secretário real. O pai de Malesherbes era Guillaume de Lamoignon de Blancmesnil.
10. A pergunta em si é uma reformulação de Gênesis 2,7, sugerindo aparentemente uma reflexão sobre o status de Adão ou talvez uma meditação sobre as intenções de Deus: "E formou o Senhor Deus o homem do pó da terra, e soprou em suas narinas o fôlego da vida".

11. Wilson, *Diderot*, p. 154.
12. Ibid.
13. Ibid.
14. Parlement de Paris, *Recueil de pièces concernant la thèse de M. l'abbé de Prades, soutenue em Sorbonne le 18 Novembre 1751, censurée par la Faculté de Théologie le 27 janvier 1752, & par M. l'Archevêque de Paris le 29 du même mois, divisé en trois parties*, 1753, p. 32.
15. Ibid.
16. Ibid.
17. Ibid.
18. Em 1752, Prades publicou uma retratação que era tudo menos isso. Embora defendesse suas posições uma por uma indicando sua ortodoxia, ele também aproveitou para louvar Bayle e outros escritores opostos à instituição, e para rejeitar paladinos cristãos como Descartes e Malebranche. Permaneceu em Berlim até a morte. Ver John Stephenson Spink, "The Abbé de Prades and the Encyclopaedists: Was there a Plot?". *French Studies*, n. 3, pp. 225-36, jul. 1970.
19. Diderot deixou Paris, de fato, em 20 de maio para visitar Langres — na primeira vez em dez anos que visitava o lar da família. Voltou para sua casa em 17 de junho para continuar seu trabalho. Ver Raymond Trousson, *Denis Diderot, ou Le vrai Prométhée* (Paris: Tallandier, 2005), p. 185.
20. Marquis d'Argenson, *Mémoires et Journal inédit*, v. 4, p. 77.
21. Diderot também publicou a *Suite de l'Apologie de M. l'abbé de Prades* [Continuação da Retratação de Monsieur abbé de Prades], em nome do abade exilado. Ela foi publicada em outubro e defendeu a causa da *Encyclopédie* contra a intolerância religiosa.
22. Jacques Matter, *Lettres et pièces rares et inédites*. Paris: Librairie d'Amyot, 1846, p. 386.
23. Wilson, *Diderot*, p. 166.
24. Ver ibid., p. 164; e Margaret Bald, *Banned Books: Literature Suppressed on Religious Grounds* (Nova York: Facts On File, 2006), p. 92.
25. *Enc.*, v. 4, p. iii.
26. O naturalista tomou o lugar de Jean-Joseph Languet de Gergy, o falecido arcebispo de Sens, enquanto D'Alembert assumiu o assento anteriormente ocupado pelo falecido Jean-Baptiste Surian, bispo de Vence. D'Alembert louvou o bispo em seu discurso de posse. Ver Jean-Baptiste-Louis Gresset, *Discours prononcés dans l'Académie Française, le jeudi 19 décembre M.DCC.LIV à la réception de M. d'Alembert* (Paris: Chez Brunet, 1754).
27. *Corr.*, v. 1, p. 186. Talvez de modo mais significativo, o documento solidificava a posição de Diderot como "editor de todas as partes da *Encyclopédie*". Ver *Corr.*, v. 1, p. 185; e Wilson, *Diderot*, pp. 219-20. A remuneração de Diderot pelo projeto todo chegou a 80 mil libras.
28. O sacerdote jesuíta padre Tholomas desqualificou D'Alembert pessoalmente, insultando o matemático bastardo com uma tradução livre e incisiva de Horácio, convertendo *"cui nec pater est, nec res"* em "quem não tem pai nada é". Pierre Grosclaude, *Un Audacieux Message: L'Encyclopédie* (Paris: Nouvelles Éditions Latines, 1951), p. 80.
29. O primeiro artigo da primeira edição fustigava Diderot por seus *Pensées sur l'interprétation de la nature* [Pensamentos sobre a interpretação da natureza], de 1753. Ver Jean Haechler, *L'Encyclopédie: Les combats et les hommes* (Paris: Les Belles Lettres, 1998), pp. 191-205.
30. Ver Berthe Thelliez, *L'Homme qui poignarda Louis XV, Robert-François Damiens* (Paris: Tallandier, 2002); Dale K. Van Kley, *The Damiens Affair and the Unraveling of the Ancien Régime* (Princeton: Princeton University Press, 1984); e Pierre Rétat, *L'Attentat de Damiens:*

Discours sur l'événement au XVIIIe siècle, sous la direction de Pierre Rétat (Paris: Éditions du CNRS; Lyon: Presses Universitaires de Lyon, 1979).

31. Autores que escreviam para jornais, entre eles o relativamente moderado *Mercure de France*, alinharam-se com os críticos veteranos que haviam atacado a *Encyclopédie* no jesuíta *Mémoires de Trévoux* ou no jansenista *Nouvelles Écclésiastiques*.
32. Wilson, *Diderot*, p. 277.
33. Jacob-Nicolas Moreau, *Nouveau Mémoire pour servir à l'histoire des Cacouacs*. Amsterdam, 1757, p. 92. Ver Gerhardt Stenger, *L'Affaire des Cacauacs: Trois pamphlets contre les philosophes des Lumières, présentation et notes de Gerhardt Stenger*. Saint-Étienne, França: Publications de l'Université de Saint-Étienne-Jean Monnet, 2004.
34. Palissot deu sequência a suas *Lettres* três anos depois com um ataque violento muito mais bem-sucedido contra os enciclopedistas, uma peça teatral intitulada *Les Philosophes*, que o principal ministro do rei, Choiseul, impôs à Comédie-Française. Essa peça, à qual retornaremos, acabou tendo um efeito tremendo sobre Diderot.
35. *Déclaration du roi*, Versalhes, 1757.
36. D'Alembert não foi a única pessoa a cometer um erro estratégico na época. Embora muito mais cuidadoso quanto a expressar suas próprias opiniões na *Encyclopédie*, Diderot traduziu duas peças teatrais de Goldoni e fez um comentário petulante na dedicatória que lhe custou um dos seus últimos apoios na corte, o duque de Choiseul.
37. *Enc.*, v. 7, p. 578.
38. Wilson, *Diderot*, p. 284.
39. Ver Yves Laissus, "Une Lettre inédite de d'Alembert". *Revue d'Histoire des Sciences et de Leurs Applications*, n. 1, pp. 1-5, 1954.
40. Rousseau, *The Confessions*, p. 355.
41. Esse tinha sido também o caso em 1754, quando Rousseau se enfureceu com o modo como Diderot e seus amigos tinham zombado de um abade ingênuo que tivera a audácia de submeter a eles, para aprovação, toda uma tragédia em prosa.
42. Ver Leo Damrosch, *Jean-Jacques Rousseau: Restless Genius* (Nova York: Houghton Mifflin, 2007), p. 264, para um resumo excelente desse debate.
43. Louise Florence Pétronille Tardieu d'Esclavelles Épinay, *Mémoires et correspondance de Madame d'Épinay*. Paris: Volland le Jeune, 1818, v. 2, p. 280.
44. Ibid.
45. Ibid.
46. Rousseau, *Confessions*, p. 329. Ambos desempenhariam um papel muito público, com efeito, na rixa entre partidários da ópera italiana e da ópera francesa.
47. Era um trocadilho com "Tirant lo Blanch", o personagem principal do poema renascentista da Catalunha. Ver Wilson, *Diderot*, p. 119.
48. Rousseau, *Confessions*, p. 436.
49. *DPV*, v. 10, p. 62.
50. *Corr.*, v. 1, p. 233.
51. Jean-Jacques Rousseau, *Œuvres complètes de Jean-Jacques Rousseau*. Paris: Hachette, 1945, v. 10, p. 23.
52. Foi talvez tendo isso em mente que, por volta dessa época, Diderot delegou indelicadamente a D'Alembert o artigo "Genebra", apesar do fato de Rousseau ter nascido e crescido naquela cidade-estado.
53. *Corr.*, v. 1, p. 256.
54. Jean-Jacques Rousseau, *Lettre à M. d'Alembert sur les spetacles*. Lille: Droz, 1948, p. 9.

55. Denis Diderot, *Œuvres philosophiques*. Org. de Michel Delon. Paris: Bibliothèque de la Pléiade, 2010, p. 1023.
56. Essa carta foi enviada por Voltaire ao conde de Tressan em 13 de fevereiro de 1758. Ver *Corr.*, v. 2, p. 36.
57. *Corr.*, v. 2, p. 123.
58. Diderot, em particular, não recebeu bem essas ideias. Na edição de 15 de agosto de 1758 da *Correspondance Littéraire*, ele escreveu um resumo crítico do livro de Helvétius, destacando quatro das proposições centrais do tratado como paradoxos insustentáveis. Ver Gerhadt Stenger, *Diderot: Le combattant de la liberté*, p. 586; D. W. Smith, *Helvétius: A Study in Persecution* (Oxford: Clarendon, 1965), pp. 157-8, 162; e Claude-Adrien Helvétius, *Œuvres complètes d'Helvétius*. Org. de Gerhardt Stenger e Jonas Steffen (Paris: Honoré Champion, 2016), p. 359.
59. Uma anedota repetida com frequência. Ver Bernard Hours, *La Vertu et le secret: Le dauphin, fils de Louis XV* (Paris: Honoré Champion, 2006), p. 359.
60. Abraham-Joseph de Chaumeix, *Préjugés legitimes contre l'Encyclopédie, et essai de réfutation de ce dictionnaire*. Paris: Herissant, 1758, p. xviii.
61. *Arrests de la Cour de Parlement, portant condamnation de plusieurs livres & autres ouvrages imprimés*, 1759, p. 2.
62. Ibid., p. 26.
63. *Corr.*, v. 2, p. 122. As infames *Mémoires pour Abraham Chaumeix contre le prétendus philosophes Diderot et d'Alembert* têm sido atribuídas, desde então, a André Morellet, clérigo, escritor e enciclopedista. Entre outras coisas, ele escreveu o artigo "Fé" para Diderot. Ver Sylviane Albertan-Coppola, "Les Préjugés legitimes de Chaumieux ou l'*Encyclopédie* sous la loupe d'un apologiste", *RDE*, v. 20, n. 1, pp. 149-58, 1996.
64. *Corr.*, v. 2, p. 119.
65. Para um bom resumo da vida de Jaucourt, ver *Le Chevalier de Jaucourt: L'Homme aux dix-sept mille articles*. Org. de Gilles Barroux e François Pépin (Paris: Société Diderot, 2015).
66. *Enc.*, v. 8, p. i.
67. Andrew S. Curran, *Anatomy of Blackness: Science and Slavery in an Age of Enlightenment*. Baltimore: Johns Hopkins University Press, 2011, p. 62.
68. Ibid., p. 63.
69. Ibid., p. 64.
70. *Corr.*, v. 2, p. 126.
71. Wilson, *Diderot*, pp. 311; 359.
72. Ver a notável pesquisa empreendida por Françoise Weil: "L'Impression des tomes VIII à XVII de l'*Encyclopédie*", *RDE*, v. 1, n. 1, pp. 85-93, 19863.
73. O *Dictionnaire de Trévoux* foi impresso ali em 1704 e 1721, e o dicionário de Bayle foi reimpresso ali em 1734.
74. Le Breton não tinha como saber que o principado de Dombes seria anexado definitivamente à França em 1762. Weil especula que, embora a cidade tenha passado a ser parte da França durante o processo de impressão, subornos teriam silenciado facilmente funcionários responsáveis ali. Ver Weil, "L'Impression des tomes VIII à XVII".
75. O grupo dos "Associados" encolheu nos anos 1760. Durand morreu em 1763, David em 1765.
76. A expulsão dos jesuítas da França se encaixa na história mais ampla de seu banimento e desagregação por toda a Europa no curso de uma década e meia, culminando, em 1773, na dissolução da Companhia de Jesus pelo papa. Ver Jean Lacouture, *Jésuites: Une multibiographie*, v. 1, *Les Conquérants*. Paris: Seuil, 1991.

77. Apesar da aflição de Diderot, as tentativas de Le Breton de mexer no conteúdo subversivo da *Encyclopédie* devem ser colocadas em perspectiva: muitas vezes, sua interferência nada fez para apagar a mensagem geral de um artigo heterodoxo e, no todo, o assim chamado 18º volume contém apenas 3% da gargantuesca *Encyclopédie*. Como definiram Douglas Gordon e Norman Torrey, "as passagens censuradas não são muito grandes. Representam no máximo os picos podados das alturas da audácia de Diderot". Douglas Gordon e Norman L. Torrey, *The Censoring of Diderot's Encyclopédie and the Re-established Text* (Nova York: Columbia University Press, 1947), p. 41.
78. *Enc.*, v. 18, p. 664. Esse "18º" volume nunca foi publicado. O melhor lugar para examinar esses artigos está no banco de dados do projeto "ARTFL". Os números de páginas referem-se a esse volume.
79. *Enc.*, v. 18, p. 771.
80. *Enc.*, v. 18, p. 893.
81. *Enc.*, v. 18, p. 621.
82. *Corr.*, v. 4, p. 304.
83. *Corr.*, v. 4, p. 172.
84. O homem que mais lucrou com esse empreendimento foi o editor e escritor francês Charles-Joseph Panckoucke. Esse gênio empresarial publicou edição após edição da *Encyclopédie*, acrescentando índices de assuntos, publicando o livro em formatos portáteis, mais finos (isto é, condensados), e por fim dedicando-se a reescrever, completar e aperfeiçoar o projeto de Diderot, publicando sua *Encyclopédie méthodique*. Ver Daniel Roche, "Encyclopedias and the Diffusion of Knowledge" (In: *The Cambridge History of Eighteenth-Century Political Thought*. Org. de Mark Goldie e Robert Wolker. Nova York: Cambridge University Press, 2006), pp. 172-94.

6. Sobre a virtude e o vício [pp. 147-62]

1. Ver *DPV*, v. 4, pp. 111-22.
2. Ibid., v. 4, p. 43.
3. Ele havia escrito, porém, o importante artigo "*Encyclopédie*". Em 1755, sua única publicação individual foi um pequeno estudo explicando a antiga arte da pintura com cera.
4. Ver Paul Kuritz, *The Making of Theater History* (Upper Saddle River, NJ: Prentice Hall, 1988), p. 172.
5. Ver *DPV*, v. 10, p. 144.
6. Ibid., v. 10, p. 112. Uma das fontes para essa tragédia doméstica é *The London Merchant* (1731), de George Lillo. Em 1759, Diderot começou a trabalhar numa tragédia doméstica desse tipo, chamada *Le Shérif* [O xerife], que nunca chegou a concluir.
7. *Corr.*, v. 3, p. 280. Em várias cartas da época, Diderot previu que essas peças — e os escritos teóricos que ele publicou com elas — anunciariam uma revolução na estética e na prática do teatro. Em muitos aspectos, ele não estava errado. Os tremendamente bem-sucedidos *Barbeiro de Sevilha* e *Bodas de Fígaro*, de Beaumarchais, cujos personagens principais eram da classe trabalhadora, beberam amplamente nos escritos de Diderot.
8. *DPV*, v. 10, p. 373.
9. Caroline Warman argumentou de modo persuasivo, talvez em contraste com o que estou escrevendo aqui, que *O filho natural* e seus diálogos teóricos também fazem parte de um movimento pré-romântico do século XVIII. Ver "Pre-Romantic French Thought"

(In: *The Oxford Handbook of European Romanticism*. Org. de Paul Hamilton. Oxford: Oxford University Press, 2016), pp. 17-32.
10. Tecnicamente, esse era o cunhado de seu pai.
11. Jacques Chouillet, *Diderot*. Paris: Sedes, 1977, p. 154.
12. Goldoni, que acabou vendo a peça de Diderot, refutou essa crença em suas memórias. Ver Jean Balcou, *Fréron contre les philosophes* (Genebra: Droz, 1975), p. 257.
13. Para um relato das sete apresentações da peça, ver Jean-François Edmond Barbier, *Chronique de la Régence et du règne de Louis XV (1718-1763), ou Journal de Barbier* (Paris: Charpentier, 1857), v. 7, pp. 248-50.
14. Henry Carrington Lancaster, *The Comédie Française, 1701-1774: Plays, Actors, Spectators, Finances*. Filadélfia: American Philosophical Society, 1951, p. 797.
15. A peça era baseada muito vagamente em uma das primeiras peças de Molière, *Les Femmes savantes* (1672).
16. English Showalter, "'Madame a fait um livre': Madame de Graffigny, Palissot et *Les Philosophes*", *RDE*, v. 23, pp. 109-25, 1997.
17. Charles Palissot de Montenoy, *Les Philosophes, comédie en trois actes, en vers* (Paris: Duchesne, 1760), p. 54. Para adicionar insulto à injúria, o filósofo viu-se acusado de escrever uma violenta réplica contra Palissot e dois de seus patrocinadores, a muito poderosa princesa de Robecq e a condessa de La Marck, que era amante do duque de Choiseul, o chefe do governo. Mais tarde se revelou que havia sido o abade Morellet, amigo de Diderot e colaborador da *Encyclopédie*, o autor do fraudulento *Prefácio à comédia* Les Philosophes, *ou a Visão de Charles Palissot*, o que fez Morellet ir parar na Bastilha.
18. Palissot de Montenoy, *Les Philosophes*, p. 74.
19. *Corr.*, v. 3, p. 190.
20. Ibid., v. 3, p. 292.
21. Robert Darnton, *The Great Cat Massacre and Other Episodes in French Cultural History*. Nova York: Basic Books, 1984, p. 242.
22. No ano seguinte a essa conquista formidável, Rousseau publicou sua obra mais importante de teoria política, *Du contrat social* (1762). No mesmo ano, publicou seu tratado sobre a educação, *Émile*. Em meados dos anos 1760, o cada vez mais recluso Rousseau tinha começado a ter não apenas um séquito de cultores, mas a tomar o lugar de Voltaire como maior expoente literário vivo da época.
23. Diderot, *Rameau's Nephew — Le Neveu de Rameau: A Multi-Media Bilingual Edition*. Trad. de Kate E. Tunstall e Caroline Warman. Cambridge, Reino Unido: Open Book, 2016, p. 85.
24. Ibid., p. 15.
25. Essa associação tinha começado em 1753, quando Rameau ajudou a escrever um vaudeville musical para a Comédie-Française que atacava Diderot e os enciclopedistas. Sob o título "Les Philosophes du siècle" [Os filósofos do século], era um assim chamado "vaudeville filosófico" escrito por Bertin de Blagny, Palissot e Rameau. Ver *Rameau le neveu: Textes et documents*. Org. de André Magnan (Paris: CNRS, 1993), pp. 60-6.
26. Ibid., p. 43.
27. Ibid., p. 12.
28. Louis-Sébastien Mercier, *Tableau de Paris*. Org. de Jean-Claude Bonnet. Paris: Mercure de France, 1994, v. 2, p. 1447.
29. *Rameau le neveu*, p. 109.
30. Ibid., p. 10.

31. Diderot, *Rameau's Nephew — Le neveu de Rameau*, pp. 15-6.
32. Ibid., p. 16.
33. Ibid.
34. Como escreveu no artigo da *Encyclopédie* sobre "Lei natural", Diderot acreditou até seu último suspiro que "A virtude é tão bela que até os ladrões respeitam sua imagem, mesmo nas partes mais escuras de suas covas" (*Enc.*, v. 5, pp. 131-4).
35. Diderot, *Rameau's Nephew — Le neveu de Rameau*, p. 43.
36. Ibid., p. 115.
37. Ibid., p. 95.
38. Ibid., p. 74.
39. Ibid., p. 82.
40. Ibid., p. 42.
41. Ibid., p. 66.
42. Johann Wolfgang von Goethe, *The Autobiography of Goethe: Truth and Poetry: From My Own Life*. Trad. de John Oxenford. Londres: G. Bell, 1894, p. 301.
43. Petr Lom fornece uma análise interessante de *O sobrinho de Rameau* em relação às filosofias de Goethe e, de modo mais importante, de Hegel. Petr Lom, *The Limits of Doubt: The Moral and Political Implications of Skepticism* (Albany: State University of New York Press, 2001), pp. 65-6.
44. Friedrich Schiller e Johann Wolfgang von Goethe, *Correspondence between Schiller and Goethe, from 1794 to 1805*. Trad. de L. Dora Schmitz (Londres: G. Bell, 1879), v. 2, p. 493.
45. Ibid., p. 493.

7. Sobre arte: Diderot no Louvre [pp. 163-86]

1. Ver Annie Becq, *Genèse de l'esthétique française moderne. De la raison classique à l'imagination créatrice: 1680-1814* (Paris: Albin Michel, 1994).
2. Depois de 1773, porém, Jacques-Henri Meister, o secretário de Grimm, assumiu o posto de editor da *Correpondance*.
3. O Palácio das Tuileries se tornou a sede do poder até ser incendiado durante a Comuna de Paris em 1871.
4. "Lettres sur l'Académie Royale de Sculpture et de Peinture et sur le Salon de 1777", reeditado em *Revue Universelle des Arts*, v. 19 (Paris: Veuve Jules Renouard, 1864), pp. 185-6, citado em Thomas E. Crow, *Painters and Public Life in Eighteenth-Century Paris* (New Haven: Yale University Press, 1985), p. 4.
5. Jacqueline Lichtenstein, *The Blind Spot. An Essay on the Relations between Painting and Sculpture in the Modern Age*. Trad. de Chris Miller. Los Angeles: Getty Research Institute Publications Program, 2008, p. 11.
6. Uma exceção notável a isso seria o fato de que era negada às mulheres a admissão à própria Academia.
7. O artigo da *Encyclopédie* "Connoisseur" ecoava isso. *Enc.*, v. 3, p. 898.
8. Crow, *Painters and Public Life*, p. 10.
9. Ibid., p. 8.
10. Diderot, *Diderot on Art I: The Salon of 1765 and Notes on Paintings*. Trad. de John Goodman. New Haven: Yale University Press, 1995, p. 1.
11. Ibid., p. 238.
12. Diderot, *Essais sur la peinture: Salons de 1759, 1761, 1763*. Paris: Hermann, 1984, p. 112.

13. Para uma discussão dessa trajetória, ver Jacques Proust, "L'Initiation artistique de Diderot". *Gazette des Beaux-Arts*, n. 55, pp. 225-32, 1960.
14. De modo bastante interessante, ele afirma aqui que a beleza é um conceito profundamente relativo que depende da percepção de afinidades ou conexões que têm lugar numa dada mente individual. Ver Colas Duflo, *Diderot philosophe* (Paris: Champion, 2013), p. 103.
15. Diderot, *Diderot on Art I*, p. 1.
16. Diderot, *Essais sur la peinture*, p. 181. A primeira história abrangente da arte, *Geschichte der Kunst des Alterthums* [A história da arte na Antiguidade], de Winckelmann, apareceu apenas no ano seguinte, 1764.
17. Michael Hatt e Charlotte Klonk, *Art History: A Critical Introduction to Its Methods*. Manchester, Reino Unido: Manchester University Press, 2006, p. 3.
18. Diderot, *Essais sur la peinture*, p. 181.
19. Diderot, *Diderot on Art I*, p. 158.
20. Diderot, *Essais sur la peinture*, p. 212.
21. Ibid., p. 213.
22. Diderot, *Diderot on Art II: The Salon of 1767*. Trad. de John Goodman. New Haven: Yale University Press, 1995, v. 1, p. 86.
23. Diderot, *Essais sur la peinture*, p. 97.
24. Ibid., p. 220.
25. Ibid.
26. Em 1765, depois de elogiar a representação de uma "terrina de porcelana pintada e coberta, um limão, um guardanapo que foi desdobrado e desleixadamente derrubado no chão, um patê numa tábua redonda e um copo com vinho pela metade", ele se dá conta de que "praticamente não há objeto algum na natureza que não seja compensador [como tema artístico] e que é apenas uma questão de mostrá-los adequadamente". Ver *Diderot on Art I*, p. 62.
27. Ibid., p. 97.
28. Diderot, *Notes on Painting*, ibid., p. 222.
29. Na verdade, ele está provavelmente aludindo ao pintor de paisagens Claude-Joseph Vernet e a sua notável habilidade para evocar em suas telas horríveis naufrágios e tempestades que ameaçavam a vida de humanos desamparados.
30. Diderot, *Diderot on Art I*, p. 225.
31. Peter Gay, *The Enlightenment: The Science of Freedom*. Nova York: Norton, 1996, p. 240.
32. Gravador, ceramista e desenhista de tapeçarias elogiadas, Boucher tinha sido também designado reitor e professor de História da Pintura na Academia, o grau mais elevado.
33. Diderot, *Essais sur la peinture*, p. 195.
34. Gay, *The Enlightenment*, p. 240.
35. Diderot, *Essais sur la peinture*, p. 197.
36. Diderot, *Diderot on Art II*, p. 224.
37. Ver René Démoris, "Le Langage du corps et l'expression des passions de Félibien à Diderot", *Des Mots et des couleurs* (Lille: Presses Universitaires de Lille, 1987), v. 2, p. 64.
38. Diderot, *Pensées détachées sur la peinture, la sculpture, l'architeture et la poésie pour servir de suíte aux Salons*. Paris: Ligaran, 2015, p. 10.
39. John Hope Mason defende uma ideia semelhante em *The Irresistible Diderot* (Londres: Quartet Books, 1982), p. 171.
40. Em sua resenha do salão de 1781, Diderot diria de Jacques-Louis David: "Este homem mostra grande estilo em seu trabalho, tem espírito, os rostos de suas figuras são expressivos

sem afetação, suas poses são naturais e nobres". Diderot, *Héros et martyrs, Salons de 1769, 1771, 1775, 1781* (Paris: Hermann, 1995), p. 350.
41. Um tema incomum desde os irmãos Le Nain. Ver Emma Barker, *Greuze and the Painting of Sentiment* (Cambridge, Reino Unido: Cambridge University Press, 2005).
42. *Année Littéraire*, 1761, Lettre 9, p. 209.
43. Diderot, *Essais sur la peinture*, p. 234.
44. Diderot, *Diderot on Art I*, p. 97.
45. Ibid., p. 98.
46. Ibid., pp. 98-9.
47. Ibid., pp. 97-8.
48. Ibid., p. 99.
49. Ibid., p. 94.
50. Diderot, *Diderot on Art II*, p. 88.
51. Ibid., pp. 88-9.
52. Ver Eik Kahng, "L'Affaire Greuze and the Sublime of History Painting". *Art Bulletin*, v. 86, n. 1, pp. 96-113, 2004. Kahng assinala que essa pintura era "a exceção e não a regra". Fragonard depois disso pintou uma série de quadros "inclassificáveis", incluindo cenas da vida doméstica, pinturas de fantasia e cenas eróticas de budoar.
53. Ibid., pp. 145-6.
54. Ver Tom Baldwin para um resumo dessa ideia, "Ekphrasis and Related Issues in Diderot's *Salons*" (In: *New Essays on Diderot*. Org. de James Fowler. Cambridge, Reino Unido: Cambridge University Press, 2011), p. 236.
55. Ibid., p. 146.
56. Norman Bryson, *World and Image: French Painting and the Ancien Régime*. Cambridge, Reino Unido: Cambridge University Press, 1981, p. 155.
57. Ver Wilda Anderson, *Diderot's Dream* (Baltimore: Johns Hopkins University Press, 1990). Ver também Andrew Herrick Clark, *Diderot's Part: Aesthetics and Physiology* (Hampshire, Reino Unido: Ashgate, 2008).
58. Theresa M. Kelly, *Reinventing Allegory*. Cambridge, Reino Unido: Cambridge University Press, 1997, p. 88.
59. O erudito Michael Fried explorou extensivamente os vertiginosos níveis de ficcionalidade crítica na crítica de arte de Diderot. Ver Michael Fried, *Absorption and Theatricality: Painting and Beholder in the Age of Diderot* (Berkeley: University of California Press, 1980).
60. Diderot, *Diderot on Art I*, p. 141.
61. A mensagem de Platão é de que as pessoas não compreendem as formas do que chamamos de realidade platônica. Ver Theresa M. Kelley, *Reinventing Allegory*, p. 90.
62. Diderot, *Diderot on Art I*, pp. 141-2.
63. Carol Sherman, *Diderot and the Art of Dialogue*. Genebra: Droz, 1976, p. 41.

8. Sobre a origem das espécies [pp. 187-207]

1. Diderot, *Héros et martyrs, Salons de 1769, 1771, 1775, 1781*. Paris: Hermann, 1995, pp. 100-1.
2. Quinta-feira era o dia da "Sinagoga". Domingo era o dia em que vinham diferentes convidados. Diderot conhecera D'Holbach pouco depois de ser libertado da prisão de Vincennes, talvez já em novembro de 1749. D'Holbach comprou o prédio da Rue Royale em 1759. Ver A. C. Kors, *D'Holbach's Coterie: An Enlightenment in Paris* (Princeton: Princeton University Press, 1976), p. 12.

3. Diderot descreveu com afeição a Rue Royale como um santuário intelectual repleto das "pessoas mais refinadas e perspicazes" de Paris: "Títulos e erudição não são suficientes para garantir a entrada ali: a pessoa também tem que ser boa. Ali se pode contar com uma troca de ideias; ali a história, a política, as finanças, a literatura e a filosofia são discutidas; ali cada um é tido em suficientemente alta conta para ser contradito; ali se encontram os verdadeiros cosmopolitas". Diderot, *Diderot on Art I: The Salon of 1765 and Notes on Painting*. Trad. de John Goodman (New Haven: Yale University Press, 1995), pp. 128-9. A lista de convidados limitou-se geralmente a quinze depois de 1765 (*Corr.*, v. 5, p. 212). Ver também Antoine Lilti, *The World of the Salons: Sociability and Worldliness in Eighteenth-Century France*. Trad. de Lydia G. Cochrane (Nova York: Oxford University Press, 2005), p. 22.
4. Para publicar tais obras sem incorrer na ira do diretor do ramo dos livros, D'Holbach enviava seus manuscritos a editores distantes, em Amsterdam ou Nancy. Para evitar ainda mais a censura, ele também atribuía seus livros a autores recém-falecidos. Por volta de 1770, essa manobra havia transformado o barão no autor mais prolífico de livros blasfemos do século XVIII. Ver Mladen Kozul, *Les Lumières imaginaires: Holbach et la traduction* (Oxford: Oxford University Studies in the Enlightenment, 2016).
5. *Corr.*, v. 9, pp. 94-6.
6. Ibid., v. 9, p. 125.
7. Ibid., v. 9, p. 126.
8. Diderot, *Rameau's Nephew and D'Alembert's Dream*. Trad. de Leonard Tancock. Londres: Penguin, 1966, p. 149.
9. Descartes explorou pela primeira vez a questão em suas *Meditações sobre a filosofia primeira* (1641), em que esperava demonstrar que a alma humana era distinta do corpo e não perecia com a morte dele. Ele mais tarde afirmaria que o corpo e a mente se conectam na glândula pineal, que as ideias representam o mundo exterior sem comportar semelhança com este e que os humanos têm ideias inatas que existem fora do mundo material. Para uma discussão da influência de Descartes sobre Diderot, ver Aram Vartanian, *Descartes and Diderot: A Study of Scientific Naturalism in the Enlightenment* (Princeton: Princeton University Press, 1953), p. 3.
10. Diderot, *Rameau's Nephew and D'Alembert's Dream*, p. 149.
11. A estátua foi encomendada em 1763 para Madame de Pompadour, depois do que Diderot a comentou entusiasticamente no salão de 1763. Ela hoje reside no piso térreo da galeria Richelieu no Louvre.
12. Ver Mary D. Sheriff, *Moved by Love: Inspired Artists and Deviant Women in Eighteenth-Century France* (Chicago: University of Chicago Press, 2004), p. 183. Ver também Marc Buffat, "Diderot, Falconet et l'amour de la postérité", *RDE*, v. 43, pp. 9-20, 2008.
13. Sheriff, *Moved by Love*, p. 183.
14. Diderot, *Rameau's Nephew and D'Alembert's Dream*, p. 151.
15. Ibid., pp. 151-2.
16. Ibid., p. 152.
17. *Bibliothèque raisonée des ouvrages des savants de l'Europe. Pour les mois de janvier, février et mars 1730*. Amsterdaam: Chez les Wetsteins et Smith, 1730, v. 4, pp. 377-91.
18. Diderot, *Rameau's Nephew and D'Alembert's Dream*, pp. 152-3.
19. Rachel Ginnis Fuchs, "Crimes against Children in Nineteenth-Century France: Child Abuse", *Law and Human Behavior*, v. 6, n. 3-4, p. 240, 1982.
20. Diderot, *Rameau's Nephew and D'Alembert's Dream*, p. 153.

21. Ibid.
22. Ibid., p. 166.
23. Ibid., p. 167.
24. Ibid., p. 169. Em outra passagem do livro, a comunicação entre partes do corpo e o cérebro é comparada com uma espineta com memória e capacidade de sentir tocando sozinha, ou uma aranha conectada a uma teia viva, sentindo o mundo por meio de seus fios imperceptíveis.
25. Ibid., p. 170.
26. Ibid., p. 171.
27. Na primeira parte do *Sonho*, quando os personagens Diderot e D'Alembert estão discutindo a vida de D'Alembert, ambos concordam em que o preformismo é absurdo. Bordeu também ridicularizará mais tarde a versão de L'Espinasse da mesma teoria. Para uma discussão do entendimento de Diderot da geração relativamente a várias teorias da época, por exemplo de Haller, Bonnet e Buffon, ver Andrew Herrick Clark, *Diderot's Part: Aesthetics and Physiology* (Hampshire, Reino Unido: Ashgate, 2008), pp. 67-75.
28. Diderot, *Rameau's Nephew and D'Alembert's Dream*, p. 172.
29. Ibid.
30. Ibid., p. 173.
31. Ibid.
32. Ver W. G. Moore, "Lucretius and Montaigne", *Yale French Studies*, n. 38, pp. 109-14, 1967; William B. Jensen, "Newton and Lucretius: Some Overlooked Parallels" (In: *Lucretius: His Continuing Influence and Contemporary Relevance*. Org. de David B. Suits and Timothy J. Madigan. Rochester: RIT Press, 2011), p. 2.
33. Diderot, *Rameau's Nephew and D'Alembert's Dream*, pp. 173-4.
34. Ibid., p. 174.
35. Ibid., pp. 174-5.
36. Ver Ronald L. Numbers, *The Creationists: From Scientific Creationism to Intelligent Design* (Cambridge, MA: Harvard University Press, 2006).
37. Arthur O. Lovejoy explica isso como um interesse geral na grande cadeia da existência. Ver *The Great Chain of Being: A Study of the History of an Idea* (New Brunswick, NJ: Transaction, 2009), pp. 183-4.
38. Durante a Antiguidade, os humanos tinham sido parte integrante da cadeia natural de seres. Aristóteles classificara os animais em gêneros e espécies e concebera uma escada com os homens no topo.
39. Ver Thierry Hoquet, *Buffon/Linné: Eternels rivaux de la biologie?* (Paris: Dunod, 2007), p. 97. Para uma discussão muito mais ampla da teoria da degeneração humana e, em particular, suas conexões com a escravidão e os africanos, ver Andrew S. Curran, *The Anatomy of Blackness: Science and Slavery in an Age of Enlightenment* (Baltimore: Johns Hopkins University Press, 2011), especialmente o capítulo 3.
40. Diderot, *Rameau's Nephew and D'Alembert's Dream*, pp. 175-6.
41. Ver Andrew Curran, *Sublime Disorder: Physical Monstrosity in Diderot's Universe* (Oxford: Studies on Voltaire and the Eighteenth Century, 2001).
42. Ibid., p. 190.
43. Diderot, *Rameau's Nephew and D'Alembert's Dream*, p. 225.
44. Ver Patrick Graille, "Portrait scientifique et littéraire de l'hybride au siècle des Lumières" (In: *Eighteenth-Century Life: Faces of Monstrosity in Eigtheenth-Century Thought*. Org.

de Andrew Curran, Robert P. Maccubbin e David F. Morill. Baltimore: Johns Hopkins University Press, 1997), v. 21, pp. 2; 70-88.
45. Diderot, *Rameau's Nephew and d'Alembert's Dream*, p. 232. Quando soube por D'Alembert que Monsieur Diderot havia escrito uma série de diálogos com ela como um dos personagens, Mademoiselle de l'Espinasse ficou lívida e instruiu D'Alembert a insistir para que Diderot queimasse o manuscrito. Diderot afirmou falsamente que o havia queimado.
46. *DPV*, v. 17, p. 27.

9. O sexólogo [pp. 208-32]

1. *Corr.*, v. 4, p. 120.
2. *Corr.*, v. 16, p. 64. Ele até acreditava que o sexo estava ligado a experiências de infância que ficam marcadas em nós. Numa carta que enviou a um destinatário desconhecido, Diderot confessou que uma de suas experiências eróticas mais formadoras ocorreu quando ele era um garotinho em Langres. "Uma menina que era linda como uma flor mordeu minha mão. Seu pai, a quem eu me queixei, arrancou a roupa dela [para dar-lhe umas palmadas] na minha frente. Aquela pequena bunda ficou gravada em mim e permanecerá comigo pelo resto da minha vida. Quem sabe qual é a influência dela na minha moralidade?"
3. *Corr.*, v. 3, p. 216.
4. Adriann Beverland, État de l'homme dans le péché originel. Imprimé dans le monde, 1714, pp. 37-8.
5. Ver *Opuscules divers, contenants un recueil de quelques lettres très instructives pour la conduite des curés et jeunes ecclésiastiques* (Langres: Claude Personne, 1719), p. 60.
6. Ibid., p. 58.
7. Ibid., pp. 61; 63.
8. Madame de Vandeul, *Diderot, mon père*. Estrasburgo: Circe, 1992, p. 56.
9. *DPV*, v. 2, p. 18.
10. *DPV*, v. 3, p. 233.
11. André-Joseph Panckoucke, *L'Art de désoppiler* [sic] *la rate*. Gallipoli, 175 886 [Paris, 1758], p. 148.
12. Jacques-André Naigeon, *Mémoires historiques et philosophiques sur la vie et les ouvrages de D. Diderot*. Paris: Chez J. L. J. Brière, 1886, p. 37.
13. *DPV*, v. 17, p. 412.
14. Diderot, *Sur Les Femmes*. Paris: Pichon, 1919, p. 11.
15. Ibid., p. 21.
16. Ibid.
17. Diderot, *Jacques the Fatalist*. Trad. de David Coward. Oxford: Oxford University Press, 1999, p. 97.
18. Para uma análise do filme de Rivette em relação à filosofia do teatro de Diderot, bem como para uma história da proibição do filme (e sua posterior liberação e sucesso), ver Mary M. Wiles, *Jacques Rivette* (Urbana: University of Illinois Press, 2012), pp. 22-40. Guillaume Nicloux também filmou outra versão de *La religieuse* em 2012.
19. Era o prefácio-anexo, a parte do texto que fecha a história e revela sua gênese.
20. *DPV*, v. 11, p. 70.
21. Ibid., v. 11, p. 30.
22. Ibid., v. 11, p. 31.

23. Diderot, *The Nun*. Trad. de Russell Goulbourne. Oxford: Oxford University Press, 2005, p. 105.
24. Ibid., p. 26.
25. Ver Pierre Saint-Amand, *The Libertine's Progress: Seduction in the Eighteenth-Century French Novel*. Trad. de Jennifer Curtiss Gage (Hanover, NH: University Press of New England, 1994), p. 53.
26. Ibid., p. 35.
27. Ibid., p. 58.
28. Ibid., p. 123.
29. Ibid., p. 103.
30. Ibid., p. 136.
31. *DPV*, v. 11, p. 31. Ver Jean de Booy e Alan Freer, *"Jacques le Fataliste" et "La Religieuse" devant la critique révolutionnaire* in *Studies on Voltaire and the Eighteenth Century* (Genebra: Institut et Musée Voltaire, 1965), v. 33, p. 157.
32. A resenha nunca foi publicada.
33. Louis-Antoine de Bougainville, *Voyage autour du monde, par la frégate du roi* La Boudeuse, *et la flûte* L'Étoile. Paris: Chez Saillant & Nyon, 1772.
34. Ibid., v. 3, p. 74.
35. Ibid., v. 3, pp. 74-5.
36. Ibid., v. 3, pp. 78-9.
37. Ibid., v. 3, p. 65.
38. Ibid., v. 2, p. 44.
39. Ibid., v. 3, p. 87.
40. Diderot, *Rameau's Nephew and Other Works* [inc. *Supplement to Bougainville's Voyage*]. Indianápolis: Hackett, 2001, p. 187.
41. Ibid., p. 194.
42. Ibid., p. 196.
43. Ibid., pp. 198-99.
44. Ibid., p. 206.
45. Ibid., p. 204.
46. Ibid., p. 208.
47. Ver, por exemplo, a revista católica quinzenal *Revue Pratique d'Apologétique*, Paris, G. Beauchesne, v. 17, p. 231, 1796.
48. *Code Pénal, ou Recueil des principales ordonnances, édits et déclarations*. Paris: Chez Desaint et Saillant, 1752, v. 2, p. 256.
49. Ibid. Ver Maurice Lever, *Les Bûchers de Sodome* (Paris: Fayard, 1985).
50. *Enc.*, v. 16, p. 617.
51. Diderot, *Rameau's Nephew and D'Alembert's Dream*. Trad. de Tancock, p. 170.
52. Ibid., p 172.
53. Ibid., p. 175.
54. *Corr.*, v. 4, p. 39.
55. Louis Crompton, *Homosexuality and Civilization*. Cambridge, MA: Harvard University Press, 2003, p. 522.
56. Diderot, *Diderot on Art I*, p. 217.
57. Diderot, *Rameau's Nephew and D'Alembert's Dream*, p. 135.
58. *Corr.*, v. 7, p. 96.
59. *Corr.*, v. 8, p. 118.
60. *Corr.*, v., 2, p. 269.

10. Sobre o amor [pp. 233-49]

1. *Corr.*, v. 2, p. 97.
2. Ibid.
3. Friedrich Nietzsche, *On the Genealogy of Morals and Ecce Homo*. Nova York: Vintage, 1989, p. 107.
4. Ibid.
5. Ibid.
6. *Corr.*, v. 1, pp. 27-8.
7. Ibid., v. 1, p. 32.
8. Alice Laborde, *Diderot et Madame de Puisieux*. Saratoga, CA: Anma Libri, 1984, p. 18.
9. *DPV*, v. 1, p. 392.
10. O relatório é mostrado em Émile Campardon, *Les Prodigalités d'un fermier général: Complément aux mémoires de Madame d'Épinay* (Paris: Charavay, 1882), pp. 119-20.
11. *Denis Diderot*. Org. de Raymond Trousson. Paris: PUPS, 2005, p. 60.
12. Ibid., p. 61.
13. *Corr.*, v. 1, p. 141.
14. Ibid., v. 2, pp. 124-5.
15. Ibid., v. 5, p. 69.
16. Meghan K. Roberts, *Sentimental Savants: Philosophical Families in Enlightenment France*. Chicago: University of Chicago Press, 2016, p. 125.
17. Sigmund Freud, *Civilization and Its Discontents*. Org. de Todd Dufresne. Trad. de Gregory C. Richter. Peterborough, Ontario: Broadview, 2015.
18. Diderot, *Rameau's Nephew and d'Alembert's Dream*. Trad. de Tancock, pp. 5-46.
19. Wilson, *Diderot*, p. 229. Para um sumário dos vários lugares onde os Volland viveram, ver Laurent Versini, "Diderot piéton de Paris" (In: Adirel, *Travaux de littérature*. Genebra: Droz, 2000), v. 13, pp. 177-94.
20. O atual Quai de La Tournelle.
21. *Corr.*, v. 2, pp. 168-9.
22. Ibid., v. 3, p. 68.
23. Ibid., v. 2, pp. 136-7.
24. Ibid., v. 3, p. 74.
25. Ibid.
26. Ibid.
27. Ver Stenger, *Diderot*, p. 185; e Michel Delon, *Diderot cul par-dessus tête* (Paris: Albin Michel, 2013), p. 259.
28. *Corr.*, v. 2, p. 193.
29. Ibid., v. 3, p. 63.
30. Ibid., v. 3, p. 69.
31. Ibid., v. 5, p. 35.
32. Ibid., v. 2, p. 145.
33. Ibid., v. 7, p. 68.
34. Ibid., v. 6, pp. 155-60.
35. Ibid., v. 4, p. 52.
36. Auguste Rey, *Le Château de la Chevrette et Madame d'Épinay*. Paris: Plon, 1904, p. 121.
37. Ibid.
38. Ver Versini, "Diderot piéton de Paris", p. 185.

39. *Corr.*, v. 10, p. 97. Isso é tirado da *Voyage à Bourbonne* de Diderot.
40. *Corr.*, v. 10, p. 142.
41. *Corr.*, v. 10, p. 154.
42. *Corr.*, v. 10, p. 155.
43. *Corr.*, v. 15, p. 77.
44. *Corr.*, v. 15, p. 254.
45. Lydia Claude Hartman, "Esquisse d'un portrait de Sophie Valland: Quelques notes sur la vie privée, les amitiés du philosophe", *Diderot Studies*, Genebra, Droz, v. 16, pp. 69-89; 9, 1973.
46. *Corr.*, v. 2, p. 284.
47. Ibid.

11. Uma viagem à Rússia: Política, filosofia e Catarina, a Grande [pp. 250-71]

1. Robert K. Massie, *Catherine the Great: Portrait of a Woman*. Nova York: Random House, 2012, p. 7.
2. Ibid.
3. Ibid.
4. Catarina, a Grande, *The Memories of Catherine the Great*. Trad. de Mark Cruse e Hilde Hoogenboom. Nova York: Modern Library, 2006, p. xxvi.
5. Ibid., p. xxx.
6. Stenger, *Diderot*, p. 306.
7. Ver Inna Gorbatov, *Catherine the Great and the French Philosophers of the Enlightenment: Montesquieu, Voltaire, Rousseau, Diderot and Grimm* (Bethesda, MD: Academic Press, 2006), p. 77.
8. Catarina, a Grande, *The Memoirs of Catherine the Great*, p. xxvi.
9. Citado em *Corr.*, v. 7, p. 354.
10. Ibid., v. 7, p. 355.
11. Ibid., v. 7, p. 101.
12. Ibid., v. 7, p. 67.
13. Os quadros tinham sido comprados por seu tio, o rico investidor e colecionador de arte Antoine Crozat, durante o final do século XVII e início do XVIII. Diderot foi ajudado nisso por François Tronchin, que teve a ideia de adquirir a coleção, e por Robert Tronchin, que examinou seu conteúdo.
14. Ver Joanna Pitman, *The Dragon's Trail: The Biography of Raphael's Masterpiece* (Nova York, Touchstone, 2007), para uma discussão da família Crozat. Ver também o inventário de Alden Gordon da coleção, *The Houses and Collections of the Marquis de Marigny, Documents for the History of Collecting: French Inventories*, v. 1 (Los Angeles: Getty, 2003).
15. Henry Tronchin, *Le Conseiller François Tronchin et ses amis: Voltaire, Grimm, Diderot, etc.* Paris: Plon, 1895, p. 307.
16. *Corr.*, v. 12, p. 49.
17. J. F. Bosher, "The French Crisis of 1770", *History: Journal of the Historical Association*, v. 57, n. 189, p. 18, 1972.
18. Esse é o contexto dos *Dialogues sur le commerce des blés*, do abade Galiani, que foi editado substancialmente e preparado para publicação por Diderot em 1770. O debate sobre os grãos foi também a fonte da *Apologie de l'abbé Galiani*, composta por Diderot em 1770 e 1771. Essa carta, nunca publicada, foi descoberta nos Fonds Vandeul.

19. Bosher, "The French Crisis of 1770", p. 24.
20. *Corr.*, v. 12, p. 49.
21. Anthony Strugnell, *Diderot's Politics: A Study of the Evolution of Diderot's Political Thought After the Encyclopédie, International Archives of the History of Ideas* 62. Heidelberg: Springer Netherlands, 1973, p. 134. Ele próprio ex-presidente do Parlamento de Paris, René Nicolas Charles Augustin de Maupeou, que se tornou chanceler da França em 1768, acabou supervisionando a suspensão das funções do Parlamento.
22. *Corr.*, v. 12, p. 49. Ele estava falando especificamente do fato de que as bulas papais não precisavam mais ser registradas antes de ser difundidas na França.
23. Strugnell, *Diderot's Politics*, p. 108.
24. *Corr.*, v. 12, p. 49.
25. Ibid., v. 12, p. 64.
26. Ibid.
27. Diderot começara a esboçar arranjos preliminares para introduzir sua filha pelo casamento naquela distinta família de industriais dezessete anos antes (ver ibid., v. 1, p. 191). Embora tenha se afastado desse arranjo extraoficial em meados dos anos 1760 — a certa altura ele cogitara brevemente Grimm como um possível "genro" —, Diderot voltou à sua ideia original em 1767. Ele cogitou também o engenheiro Viallet para marido dela. Ver ibid., v. 7, p. 181.
28. Ibid., v. 10, pp. 40-1.
29. Ibid., v. 12, p. 113.
30. Ibid., v. 12, p. 135.
31. Ibid., v. 12, p. 136.
32. Numa carta semelhante à sua irmã, ele admitia com amargura: "Não tenho mais uma filha, estou sozinho, e minha solidão é insuportável" (ibid., v. 12, p. 139). A Grimm, a quem confessava suas dúvidas quanto ao casamento em si, ele se queixou irritadamente que Abel queria "vestir [Angélique] como uma boneca" e aparentemente não tinha interesse algum em que ela continuasse a tocar espineta (ibid., v. 12, pp. 179-80).
33. Ibid., v. 12, p. 126.
34. Diderot, *Mémoires pour Catherine II*. Paris: Garnier Frères, 1966, p. 266.
35. *Corr.*, v. 12, p. 232.
36. Ibid.
37. A. V. Naryshkin (1742-1800) tinha na corte o grau oficial de Kammer-herr, ou camareiro.
38. O mar do Norte.
39. *Corr.*, v. 13, p. 15.
40. *Corr.*, v. 13, p. 31.
41. Diderot também encontrou tempo para anotar *De l'Homme*, de Helvétius, e *Lettre sur l'homme et ses rapports*, de Hemsterhuis. Também acrescentou material novo a *O sobrinho de Rameau* e *Jacques, o Fatalista*.
42. Stenger, *Diderot*, p. 617.
43. Laurent Versini, "Note sur le Voyage de Diderot en Russie". In: *L'influence française en Russie au XVIIIème siècle*. Org. de Jean-Pierre Pousson, Anne Mézin e Yves Perret-Gentil. Paris: Institut d'Études Slaves, 2004, p. 227.
44. E por um *escudo*... por um *escudo*?
    O que você faz? Bem, vejo seu *cu*.
    Por dois *escudos*, o que você faz?
    Pego sua cona e a fodo.

E por meus três *escudos*, dois *testons* e um *óbolo*,
Peguei uma teta, um cu, a cona e a sífilis.
(Herbert Dieckmann, *Inventaire du fonds Vandeul et inédits de Diderot*. Genebra: Droz, 1951, p. 288.)

45. *Corr.*, v. 13, p. 64.
46. Herbert Dieckmann, "An Unpublished Notice of Diderot on Falconet". *Journal of the Warburg and Courtauld Institutes*, v. 15, pp. 257-8, 1952.
47. *Corr.*, v. 12, p. 228.
48. Wilson, *Diderot*, p. 631. Diderot deve ter pensado em se hospedar com seu único outro amigo de verdade em São Petersburgo, Melchior Grimm. Grimm, porém, estava totalmente ocupado com o casamento do grão-duque, filho da imperatriz, que aconteceria no dia seguinte.
49. Inna Gorbatov, "Le Voyage de Diderot en Russie". *Études Littéraires*, v. 38, n. 2-3, pp. 215-29, 2007.
50. Quando Diderot ainda estava na Rússia (em fevereiro de 1774), Catarina iniciou o relacionamento mais importante da sua vida, com Grigory Potemkin, que possivelmente se tornou seu marido secreto e que com toda certeza se converteu em seu conselheiro e representante mais digno de confiança.
51. Massie, *Catherine the Great*, p. 524.
52. Ibid., p. 338.
53. Voltaire, *Œuvres complètes de Voltaire*. Org. de Louis Moland. Paris: Garnier, 1877-85, v. 26, p. 551.
54. *Corr.*, v. 13, p. 81.
55. Na verdade, sob pressão, Diderot foi obrigado a abjurar na "Errata" ao volume 3. Ver a excelente introdução a Diderot, *Diderot, Political Writings*. Org. de John Hope Mason e Robert Wokler (Cambridge, Reino Unido: Cambridge University Press, 1992), p. xii.
56. David Williams (Org.), *The Enlightenment: Cambridge Readings in the History of Political Thought*. Cambridge, Reino Unido: Cambridge University Press, 1999, p. 33.
57. Diderot, *Mémoires pour Catherine II*, p. 178.
58. Virginia Cowles, *The Romanovs*. Londres: William Collins, 1979, p. 90. Jacques Necker propôs isso em 1789, mas a ideia foi rejeitada pela nobreza.
59. Louis-Philippe, conde de Ségur, *Mémoires ou Souvenirs et anecdotes*. Paris: Henri Colburn, 1827, v. 3, p. 35.
60. State Papers Foreign 91 [Rússia], v. 94, f. 136, Public Records Office, British Museum.
61. Ele também ofereceu a D'Alembert uma pensão significativa e a presidência da Academia Real de Ciências em Berlim.
62. O *Ensaio* de D'Holbach foi publicado sob o nome do falecido enciclopedista César Chesnau Dumarsais. Ver Strugnell, *Diderot's Politics*, p. 132.
63. Diderot, "Introdução" [a *Pages contre un tyran*], *Œuvres politiques*. Paris: Garnier, 1963, p. 129.
64. Ibid., p. 148.
65. O ensejo para a resenha foi a publicação de uma edição não autorizada das obras reunidas de Diderot que aparecera recentemente em Amsterdam; incluía livros medíocres e ensaios escritos por outros autores. Ver Adrienne Hytier, "Le Philosophe et le despote", *Diderot Studies*, v. 9, p. 74, 1964.
66. V. A. Bilbassov, *Diderot à Pétersbourg*. São Petersburgo: Skorokhodov, 1884, p. 173. Grimm indica que Frederico estava por trás daquele complô numa carta enviada em 7 de fevereiro de 1774 a Nesselrode (*Corr.*, v. 13, p. 192).

67. Ibid., v. 13, p. 208.
68. Ibid., v. 13, p. 203.
69. Ibid., v. 13, p. 234.

12. Últimas palavras: Falando a déspotas e a insurgentes americanos [pp. 272-93]

1. *Corr.*, v. 14, p. 48.
2. Ibid., v. 13, p. 223. Riga fica a 25 quilômetros de "Mittau", onde Diderot descreve como foi jogado num bote.
3. *Corr.*, v. 13, p. 238.
4. Ele não especifica onde eles perderam a carruagem que Catarina lhe dera.
5. O autor era Ivan Ivanovich Betskoy. Ver *Plans et statuts des différents établissements ordonnés par Sa Majesté Impériale Catherine II pour l'éducation de la jeunesse et l'utilité générale de son empire* (Amsterdam: M. M. Rey, 1775).
6. *Corr.*, v. 13, p. 231.
7. Segundo Jean-Baptiste-Antoine Suard, que relatou que Diderot voltou "embriagado de admiração" por aquela mulher. Ver *Corr.*, v. 14, pp. 106-8.
8. Diderot, "Introdução" [a *Pages contre un tyran*], *Œuvres politiques*. Paris: Garnier, 1963, p. 179.
9. Ibid., p. 163.
10. Ver *Corr.*, v. 14, p. 73. Em dezembro, Diderot escreveu para pedir a ela que convocasse de novo sua Comissão Legislativa para elaborar um novo código legal que seria o alicerce de uma nova Rússia.
11. Diderot, "Introdução", p. 343.
12. Ibid., p. 344.
13. Ibid., p. 345.
14. Florence Boulerie, "Diderot a-t-il inventé une université pour le gouvernement de Russie?". In: François Cadilhon, Jean Mondot e Jacques Verger (Orgs.), *Universités et institutions universitaries européenes au XVIIIe siècle: Entre modernisation et tradition*. Bordeaux: Presses universitaires de Bordeaux, 1999, p. 131.
15. Diderot, *Œuvres complètes*. Paris: Le Club Français du Livre, 1971, v. 11, p. 745.
16. Ibid., v. 11, pp. 745-6. Ver Michèle Chabanon, "Le *Plan d'une université*: Une ouverture à demi-mot", *RDE*, v. 35, 2003, pp. 41-60, para uma discussão do vínculo entre educação e a civilização e a missão de civilizar "selvagens".
17. Ver Béatrice Didier, "Quand Diderot faisait le plan d'une université", *RDE*, v. 18, 1995, pp. 81-91.
18. Diderot, *Œuvres complètes*, 1971, v. 11, p. 750.
19. O Parlamento registrou um "Édit de tolerance" em 29 de novembro de 1787, proibindo a perseguição aos protestantes e permitindo-lhes ocupar cargos tanto no governo como no Exército. Quanto aos judeus da França, sua reabilitação veio com a Revolução, em setembro de 1791.
20. Stenger, *Diderot*, p. 653.
21. *Corr.*, v. 14, p. 218.
22. Ibid., v. 14, p. 150.
23. Ibid., v. 14, p. 218.
24. Começou como o *Plan d'un divertissement domestique* [Plano para um divertimento doméstico], que apareceu na *Correspondance Littéraire*.

25. James Fowler (Org.), "Introduction". In: *New Essays on Diderot*. Cambridge, Reino Unido: Cambridge University Press, 2011, p. 7.
26. Pierre Frantz, *Est-il bon? Est-il méchant?* Paris: Folio, 2012.
27. Ver *Corr.*, v. 14, p. 169. Ver também Thierry Belleguic (dir.), *Le Dernier Diderot: Autour de l'*Essai sur les règnes de Claude et de Néron, *Diderot Studies*, n. 32, 2012. D'Holbach e Naigeon completaram essa tradução depois que o tradutor original, abade La Grange, morreu durante a tarefa.
28. O século XVIII acreditava que ele não era um dramaturgo.
29. *DPV*, v. I, p. 425.
30. Diderot, *Essai sur la vie de Sénèque le philosophe, sur ses écrits e sur les règnes de Claude et de Néron*. Paris: Chez les Frères De Bure, 1779, v. 7, p. II. Ver também Joanna Stalnaker, "Diderot's Literary Testament", *Diderot Studies*, v. 31, pp. 45-56, 2009.
31. Ver Elena Russo, "Slander and Glory in the Republic of Letters: Diderot and Seneca Confront Rousseau", *Republic of Letters*, n. 1, maio 2009. Disponível em: http://rofl.stanford.edu/node/40.
32. Diderot, *Essai sur la vie de Sénèque*, v. 7, p. II.
33. *DPV*, v. 15, pp. 126-7.
34. Diferentemente dos dois livros de Diderot sobre Sêneca, as *Confissões* venderam imediatamente 8 mil exemplares. Ver Dorthea E. von Mücke, *The Practices of the Enlightenment: Aesthetics, Authorship, and the Public* (Nova York: Columbia University Press, 2015), p. 265.
35. *Nouvelles de la république des lettres et des arts*, Paris, Ruault, v. II, p. 82, 13 mar. 1982.
36. Ver Michèle Duchet, *Diderot et l'Histoire des deux Indes* (Paris: A. G. Nizet, 1978), p. 31.
37. O manual se chamou *École militaire*. Ver Hans-Jürgen Lüsebrink e Manfred Tietz, "Introdução". In: Id. (Orgs.), *Lectures de Raynal: l'"Histoire des deux Indes" en Europe et en Amérique au XVIIIe siècle. Studies on Voltaire and the Eighteenth Century*. Oxford: Voltaire Foundation, 1991, v. 286, p. 2.
38. Girolamo Imbruglia, "Civilisation and Colonisation: Enlightenment Theories in the Debate between Diderot and Raynal", *History of European Ideas*, v. 41, n. 7, p. 859, 2015. Ele próprio um latifundiário em São Domingos, Choiseul provavelmente estava entre as pessoas de pensamento mais avançado que clamavam por uma forma dita "esclarecida" de escravidão.
39. Lüsebrink e Tietz (Orgs.), *Lectures de Raynal*, p. 3.
40. Goggi, "Quelques Remarques sur la collaboration de Diderot à la première édition de l'*Histoire des deux Indes*", ibid., p. 17.
41. Diderot, *Diderot, Political Writings*. Org. de John Hope Mason e Robert Wokler. Cambridge, Reino Unido: Cambridge University Press, 1992, p. 171.
42. Ibid., p. 172.
43. Ibid., p. 182.
44. Andrew S. Curran, *Anatomy of Blackness: Science and Slavery in an Age of Enlightenment*. Baltimore: Johns Hopkins University Press, 2011, v. 229, n. 41.
45. *HDI*, 1770, v. 4, pp. 167-8.
46. Diderot, *Political Writings*, p. 212.
47. *HDI*, 1780, v. 3, p. 280.
48. Ibid., 1780, v. 4, p. 418.
49. Ver Guillaume Ansart, "Variations on Montesquieu: Raynal and Diderot's *Histoire des deux Indes* and the American Revolution", *Journal of the History of Ideas*, v. 70, n. 3, pp. 399-420, 2009.

50. Jonathan Israel, *The Expanding Blaze: How the American Revolution Ignited the World, 1775-1848*. Princeton: Princeton University Press, 2017, p. 117.
51. Embora a correspondência de Diderot nos seus últimos anos de vida deixe novamente grandes lacunas, é bastante provável que ele tenha tido pelo menos algum contanto com Franklin. Um fragmento de prova está numa carta de A. C. G. Deudon a Benjamin Franklin, escrita em 10 de agosto de 1783, na qual ele lembra a Franklin que Diderot providenciara para que Deudon visse sua famosa "harmônica de vidro", que Franklin inventara uns vinte anos antes. A carta sugere que Diderot tinha visto o instrumento e, presumivelmente, o próprio Franklin. Ver Benjamin Franklin, *The Papers of Benjamin Franklin* (New Haven: Yale University Press, 2011), v. 40, p. 453.
52. Ibid., v. 20, pp. 447-8.
53. C. P. Courtney, "Burke, Franklin et Raynal: À propos de deux lettres inédites". *Revue d'Histoire Littéraire de la France*, v. 62, n. 1, p. 81, 1962.
54. Essa honra era conferida a despeito das afirmações ridículas do livro de que o "novo" continente sofria de degeneração endêmica.
55. *HDI*, 1774, v. 7, p. 182.
56. Isso está muito bem resumido in Strugnell, *Diderot's Politics*, pp. 208-9.
57. *HDI*, 1780, v. 4, p. 417.
58. Ibid., 1780, v. 4, p. 456.
59. Ibid., 1780, v. 1, p. 398.
60. *Correspondance littéraire, philosophique et critique par Grimm, Diderot, Raynal, Meister, etc.*, v. 14, p. 465. Ver *Corr.*, v. 14, p. 225.
61. Em teoria, essa frase era dedicada a Elisa Drapper, mas o título passou a ser associado ao próprio Raynal.
62. *Corr.*, v. 15, p. 211.
63. Embora não saibamos com certeza, parece mais do que provável que Diderot nunca enviou essa carta.
64. *Corr.*, v. 15, pp. 213; 226.
65. Ibid., v. 15, p. 227.
66. Diderot, *Political Writings*, p. 214.

Epílogo: Caminhando entre duas eternidades [pp. 295-315]

1. *Corr.*, v. 15, p. 19. Os dois homens trocaram 26 cartas.
2. Ibid., v. 15, p. 91.
3. Ibid., v. 15, p. 38. Estou citando a analogia que ele usara na verdade ao falar com François Tronchin.
4. Ibid., v. 15, p. 90.
5. Ibid.
6. Ibid.
7. A morte de Rousseau foi admiravelmente narrada por Leo Damrosch em *Jean-Jacques Rousseau: Restless Genius* (Nova York: Houghton Mifflin, 2007), p. 488.
8. *Corr.*, v. 15, p. 132.
9. Ibid., v. 15, p. 247. Ver Eric Hazan, *The Invention of Paris: A History in Footsteps*. Trad. de David Fernbach (Londres: Verso, 2010), p. 20. Louis-Sebastien Mercier descreveu os sabores típicos em *Tableau de Paris* (Amsterdam, 1789), v. 12, p. 180.
10. *DPV*, v. 17, p. 516.

11. Tomo emprestada essa expressão de Charles Wolfe. Ver *Materialism: A Historico-Philosophical Introduction* (Ghent: Springer, 2016), p. 62.
12. O fatalismo evocado no título desse livro é bem diferente do que o termo "fatalismo" evoca hoje em dia. No uso contemporâneo, os fatalistas se curvam diante da providência ou destino, sustentando que não têm controle algum sobre o futuro ou sobre si próprios. Em vívido contraste, um fatalista, do ponto de vista de Diderot, é alguém que acredita que a vida inteira de um indivíduo não é predeterminada pelo destino, mas é certamente definida pela sua essência biológica e psicológica.
13. Diderot, *Jacques the Fatalist*. Trad. de David Coward. Oxford: Oxford University Press, 1999, p. 3.
14. Fatalismo e determinismo são bem diferentes, filosoficamente falando, mas estão essencialmente fundidos no sistema de Diderot. Ver Anthony Strugnell, *Diderot's Politics: A Study of the Evolution of Diderot's Political Thought After the Encyclopédie, International Archives of the History of Ideas* (Heidelberg: Springer Netherlands, 1973), v. 62, p. 45.
15. Em 1756, numa carta que enviou ao dramaturgo Paul-Louis Landois, Diderot afirma de modo bastante brutal que, num mundo em que todas as coisas são determinadas, o comportamento humano não era mais do que o que corresponde "à ordem geral, a nossa organização [fisiologia], a nossa educação, e à cadeia de eventos". Ver *DPV*, v. 9, p. 257.
16. Colas Duflos, *Les Aventures de Sophie: La philosophie dans le roman au XVIII*ème *siècle*. Paris: CNRS, 2013, p. 253.
17. Sócrates havia dito, celebremente, que era absurdo temer o que não conhecemos. Ver Platão, *Apologie de Socrate, Criton, Phédon*. Trad. de Léon Robin e Joseph Moreau (Paris: Gallimard, 1968), p. 43.
18. Diderot, *Jacques the Fatalist*, p. 63.
19. *Corr.*, v. 15, p. 321.
20. Madame de Vandeul, *Diderot, mon père*. Estrasburgo: Circe, 1992, p. 48.
21. Ibid.
22. Ibid., p. 56.
23. *Corr.*, v. 15, p. 320.
24. Ibid., v. 15, p. 335.
25. Diderot, *Voyage à Bourbonne, à Langres et autres récites*. Paris: Aux Amateurs des livres, 1989, p. 27. Juntamente com seu amigo, o célebre dr. Tronchin, Diderot acreditara durante muito tempo que o modo mais eficaz de superar uma doença era se exercitar e evitar purgantes e sangrias. Era uma ideia radical para a época.
26. Vandeul, *Diderot, mon père*, p. 48.
27. Ibid., p. 49.
28. Ver o relato dessa morte por Roger Pearson em *Voltaire Almighty* (Nova York: Bloomsbury, 2005), pp. 385-91.
29. Ausentes seu coração e seu cérebro, que tinham sido removidos, o corpo de Voltaire permaneceu em Romilly-sur-Seine até ser transferido para o Pantheon em 1791. D'Alembert, que morreu em 1783, também foi ameaçado com a ignomínia da *voirie*. Em seu caso, porém, ele recebeu um enterro decente graças a uma questão técnica: como secretário da Académie Française, tinha um status especial protegido e uma sepultura garantida no interior do mausoléu comum do cemitério de Porcherons (ver Wilson, *Diderot*, p. 711).
30. L. Petit de Bachaumont et al., *Mémoires secrets pour servir à l'histoire de la République des Lettres em France*. Londres: Chez John Adamson, 1784, v. 23, p. 241.

31. O genro de Diderot, Caroillon de Vandeul, relatou que o padre "cativou a estima de Monsieur e Madame [Diderot]". *Corr.*, v. 15, p. 331.
32. Vandeul, *Diderot, mon père*, p. 50.
33. Ibid., p. 51.
34. Ibid.
35. Ibid., pp. 51-2.
36. Ibid., p. 52.
37. Ibid.
38. *Enc.*, v. 8, p. 576.
39. *Corr.*, v. 6, p. 66.
40. Philippe Blom desenvolve uma ideia semelhante. Ver *A Wicked Company: The Forgotten Radicalism of the European Enlightenment* (Basic Books, 2010), p. 308.
41. René Tarin, *Diderot et la Révolution française: Controverses et polemiques autour d'un philosophe*. Paris: Champion, 2001, pp. 51-2.
42. Louis-Sébastien Mercier o havia atribuído de fato a Diderot já em 1791, alegando ter ouvido Diderot declamá-lo no café Procope. A citação na verdade é uma paráfrase da versão de Voltaire do famoso *Testamento* de Meslier, que Diderot conhecia bem. Ver Pascal Pellerin, "Diderot, Voltaire et le curé Meslier: un sujet tabou", *Diderot Studies*, v. 29, p. 54, 20034.
43. Dali em diante, Diderot seria visto como um sanguinário precursor dos sans-culottes, associado ao agitador das massas protocomunista François-Noël Babeuf, guilhotinado em 1796. Essa imagem também foi disseminada pelo abade Barruel em suas *Mémoires pour servir à l'histoire du Jacobinisme*, que tratava Diderot como um extremista envolvido numa conspiração anticristã.
44. F. G. de La Rochefoucauld, *Esprit des écrivains du 18ème siècle*. Paris: Chez Giguet et Michaud, 1809, p. 29.
45. Essa é uma citação famosa de Augusto Comte, *Le Livre: Revue mensuelle* (Paris: A. Quantin, 1884), p. 114.
46. Raymond Trousson (Org.), *Denis Diderot*, p. 30.
47. *Célébration du centenaire de Diderot au Palais du Trocadéro le dimanche 27 juillet 1884: discours de M. Pierre Laffitte* . Paris: Au Dépôt de la *Revue occidentale*, 1884, p. 5.
48. Parte de um projeto muito mais amplo que buscava inscrever os valores da República na topografia da cidade, a imagem de Diderot deveria se juntar a uma porção de outras estátuas que prestavam tributo a uma série de heróis do século XVIII, entre eles Jean-Paul Marat, Camille Desmoulins, Georges Danton e o marquês de Condorcet. A cidade de Paris encomendou outra estátua em 1884. Feita por Leon Aimé Joachim Lecointe, ela foi erguida na Place d'Anvers. Foi derretida em 1942.
49. Daniel Brewer, *The Enlightenment Past: Reconstructing Eighteenth-Century French Thought* (Cambridge, Reino Unido: Cambridge University Press, 2008), p. 151.
50. Ibid.
51. Gautherin não conseguira concluir a estátua a tempo para a inauguração. Em vez disso, entregou um pálido modelo em gesso do filósofo que acabou ficando exposto às intempéries por quase dois anos. Ver *Le Correspondant* (Paris: Bureaux du *Correspondant*, 1884), v. 100, p. 910.
52. Colas Duflo, "Et Pourquoi Des Dialogues en des temps de systèmes?", *Diderot Studies*, v. 28, pp. 95-109; 96, 2000.
53. Elisabeth de Fontenay, *Diderot ou le matérialisme enchanté*. Paris: Grasset et Fasquelle, 1981, p. 14. Ver também Andrew Curran, *Sublime Desorder: Physical Monstrosity in Diderot's Universe*.
54. Duflo, "Et Pourquoi Des Dialogues?", p. 96.

Referências bibliográficas

ALBERTAN-COPPOLA, Sylviane. "Les Préjugés légitimes de Chaumeix ou l'*Encyclopédie* sous la loupe d'un apologiste". *Recherches sur Diderot et sur l'Encyclopédie*, Paris, Aux Amateurs de Livres, n. 20, pp. 149-58, 1996.

ALEMBERT, Jean le Rond d'. *Discours prononcés dans l'Académie française, le jeudi 19 décembre MDCCLIV, à la réception de M. d'Alembert. Suivi de Réponse de M. Gresset* [Jean-Baptiste-Louis], *Directeur de l'Académie française, au Discours prononcé par M. d'Alembert*. Paris: Brunet, 1754.

_____. *Preliminary Discourse to the Encyclopedia of Diderot*. Trad. e intr. de Richard N. Schwab. Chicago: University of Chicago Press, 1995. [Ed. bras.: *Enciclopédia: Discurso preliminar e outros textos*. Org. de Pedro Paulo Pimenta e Maria das Graças de Souza. São Paulo: Unesp, 2015. v. I.]

ALGRANT, Christine Pevitt. *Madame de Pompadour: Mistress of France*. Nova York: Grove, 2003.

ANDERSON, Wilda. *Diderot's Dream*. Baltimore: Johns Hopkins University Press, 1990.

ANDREW, Edward G. *Patrons of Enlightenment*. Toronto: University of Toronto Press, 2006.

ANSART, Guillaume. "Variations on Montesquieu: Raynal and Diderot's *Histoire des deux Indes* and the American Revolution". *Journal of the History of Ideas*, Filadélfia, University of Pennsylvania Press, v. 70, n. 3, pp. 399-420, 2009.

ARGENSON, René-Louis de Voyer de Paulmy d'. *Mémoires et journal inédit du marquis d'Argenson*. Paris: P. Jannet, 1857.

ARRESTS *de la Cour de Parlement, portant condamnation de plusieurs livres et autres ouvrages imprimés*. Paris: P. G. Simon, 1759.

BACHAUMONT, Louis Petit de. *Mémoires secrets pour servir à l'histoire de la République des Lettres en France*. Londres: John Adamson, 1784. v. 23.

BACON, Francis. *The Advancement of Learning*. Org. de Stephen Jay Gould. Nova York: Random House and Modern Library, 2001. [Ed. bras.: *O progresso do conhecimento*. Trad. de Raul Fiker. São Paulo: Unesp, 2007.]

BALCOU, Jean. *Fréron contre les philosophes*. Genebra: Droz, 1975.

BALD, Margaret. *Literature Suppressed on Religious Grounds*. Nova York: Infobase, 2006.

BALDWIN, Tom. "Ekphrasis and Related Issues in Diderot's *Salons*". In: FOWLER, James (Org.). *New Essays on Diderot*. Cambridge, Reino Unido: Cambridge University Press, 2011. pp. 234-47.

BARBIER, Edmond Jean François. *Chronique de la Régence et du règne de Louis XV (1718-1763), ou Journal de Barbier*. Paris: Charpentier, 1866. (Série 7.)

BARKER, Emma. *Greuze and the Painting of Sentiment*. Cambridge: Cambridge University Press, 2005.

BARRUEL, Abbé Augustin. *Mémoires pour servir à l'histoire du jacobinisme*. Ausburg: Les Libraires Associés, 1797. 5 v.

BAYLE, Pierre. *Pensées diverses sur la comète*. Org. de Joyce Bost e Hubert Bost. Paris: Flammarion, 2007.

BECQ, Annie. *Genèse de l'esthétique française moderne: De la Raison classique à l'Imagination créatrice, 1680-1814*. Paris: Albin Michel, [1984] 1994. (Coleção Bibliothèque de l'Évolution de l'Humanité.)

_____. "L'*Encyclopédie*: Le choix de l'ordre alphabétique". *Recherches sur Diderot et sur l'Encyclopédie*, Paris, Aux Amateurs de Livres, v. 18, pp. 133-7, 1995.

BELLEGUIC, Thierry. "La Matière de l'art: Diderot et l'expérience esthétique dans les premiers Salons". *Diderot Studies*. Genebra: Droz, n. 30, 2007. pp. 3-10.

BENDER, John B.; MARRINAN, Michael. *The Culture of Diagram*. Stanford: Stanford University Press, 2010.

BERENGUIER, Nadine. *Conduct Books for Girls in Enlightenment France*. Londres: Routledge, 2016.

BETSKOY, Ivanovich. *Plans et statuts des différents établissements ordonnés par Sa Majesté Impériale Catherine II pour l'éducation de la jeunesse et l'utilité générale de son empire*. Amsterdam: M. M. Rey, 1775.

BEVERLAND, Adriaen. *État de l'homme dans le péché originel*. Amsterdam: Imprimé dans le Monde, 1714.

BIBLIOTHÈQUE *raisonnée des ouvrages des savants de l'Europe*. Amsterdam: J. Wetstein and G. Smith, v. 4, jan./fev./mar., 1730. pp. 377-91.

BILBASSOV, V. A. *Diderot à Pétersbourg*. São Petersburgo: Skorokhodov, 1884.

BLANCHARD, Gilles; OLSEN, Mark. "Le Système de renvois dans l'*Encyclopédie*: Une cartographie des structures de connaissances au XVIIIe siècle". *Recherches sur Diderot et sur l'Encyclopédie*, Paris, Aux Amateurs de Livres, v. 31-2, pp. 45-70, abr. 2002.

BLOM, Philippe. *Enlightening the World: Encyclopédie, The Book that Changed the World*. Nova York: Palgrave Macmillan, 2005.

_____. *A Wicked Company: The Forgotten Radicalism of the European Enlightenment*. Nova York: Basic Books, 2010.

BONNEFON, Paul. "Diderot prisonnier à Vincennes". *Revue d'Histoire Littéraire de la France*, Genebra, Droz, v. 6, pp. 200-24, 1899.

BOOY, Jean de; FREER, Alan. *"Jacques le Fataliste" et "La Religieuse" devant la critique révolutionnaire (1796-1800)*. Genebra: Institut et Musée Voltaire; SVEC, n. 33, 1965.

BOSHER, John Francis. "The French Crisis of 1770". *History: The Journal of the Historical Association*, Londres, Historical Association, v. 57, n. 189, 1972.

BOUGAINVILLE, Louis-Antoine de. *Voyage autour du monde, par la frégate du roi* La Boudeuse *et la flûte* L'Étoile *(1766-69)*. Paris: Saillant et Nyon, 1772.

BOULERIE, Florence. "Diderot a-t-il inventé une université pour le gouvernement de Russie?". In: CADILHON, François; MONDOT, Jean; VERGER, Jacques (Orgs.). *Universités et institutions universitaires européennes au XVIIIe siècle: Entre modernisation et tradition*. Bordeaux: Presses Universitaires de Bordeaux, 1999. pp. 131-47.

BOUQUET, Henri Louis. *L'Ancien Collège d'Harcourt et le Lycée Saint-Louis. Notes et documents*. Ilust. de George Antoine Rochegrosse. Paris: Delalain Frères, 1891.

BREWER, Daniel. *The Discourse of Enlightenment in Eighteenth-Century France*. Cambridge, Reino Unido: Cambridge University Press, 1993.

BREWER, Daniel. *The Enlightenment Past: Reconstructing Eighteenth-Century French Thought*. Cambridge, Reino Unido: Cambridge University Press, 2008.

BRILLON, Pierre-Jacques. *Dictionnaire de jurisprudence et des arrests*. Paris: Cavelier, Brunet, Gosselin et Cavelier, 1727. v. 6.

BRITISH Museum, Public Records Office. *State Papers Foreign* 91 (Rússia), v. 94, f. 136.

BRYSON, Norman. *Word and Image: French Painting of the Ancien Régime*. Cambridge, Reino Unido: Cambridge University Press, 1981.

BUDDEUS, Johann Franz; PHILON, Louis; FISCHER, Jean Chretien. *Traité de l'athéisme et de la superstition*. Trad. de Louis Philon. Amsterdam: J. Schreuder et P. Mortier le Jeune, 1756.

BUFFAT, Marc. "Diderot, Falconet et l'amour de la postérité". *Recherches sur Diderot et sur l'Encyclopédie*, Paris, Aux Amateurs de Livres, n. 43, pp. 9-20, 2008.

BYRNE, James M. *Religion and the Enlightenment: From Descartes to Kant*. Louisville, KY: John Knox Press, 1996.

cambridge History of Eighteenth Century Philosophy. Cambridge, Reino Unido: Cambridge University Press, 2006. v. 2.

CAMPARDON, Émile. *Les Prodigalités d'un fermier général: Complément aux mémoires de madame d'Épinay*. Paris: Charavay Frères, 1882.

CATHERINE the Great. *The Memoirs of Catherine the Great*. Trad. de Mark Cruise e Hilde Hoogenboom. Nova York: Modern Library Paperback, 2006.

"CÉLÉBRATION du centenaire de Diderot au Palais du Trocadéro le dimanche 27 juillet 1884: Discours de M. Pierre Laffitte". *La Revue Occidentale Philosophique, Sociale et Politique*, Paris, Au Bureau de la *Revue*, n. 4, p. 263, 1884.

CENSORSHIP: *A World Encyclopedia*. Org. de Derek Jones. Londres: Routledge, 2001.

CHABANON, Michèle. "Le *Plan d'une université*: Une ouverture à demi-mot". *Recherches sur Diderot et sur l'Encyclopédie*, Paris, Aux Amateurs de Livres, n. 35, pp. 41-60, 2003.

CHAUMEIX, Abraham-Joseph de. *Préjugés légitimes contre l'Encyclopédie et essai de réfutation de ce dictionnaire*. Bruxelas: Herissant, 1758-9. 2 v.

CHOMEL, Noël; ROGER, Pierre. *Supplément au Dictionnaire œconomique* [sic] *contenant divers moyens d'augmenter son bien, et de conserver sa santé*. Amsterdam: J. Covens et C. Mortier, 1740.

CHOUDHURY, Mita. *The Wanton Jesuit and the Wayward Saint: A Tale of Sex, Religion, and Politics in Eighteenth-Century France*. University Park: Pennsylvania State University Press, 2015.

CHOUILLET, Anne-Marie. "Trois lettres inédites de Diderot". *Recherches sur Diderot et sur l'Encyclopédie*, Paris, Aux Amateurs de Livres, n. 11, pp. 8-18, 1991.

CHOUILLET, Jacques; CHOUILLET, Anne-Marie. *Diderot*. Paris: CDU-Sedes, 1977.

CLARK, Andrew Herrick. *Diderot's Part*. Hampshire: Ashgate, 2008.

CODE PÉNAL, *ou Recueil des principales ordonnances, édits et déclarations*. Paris: Desaint et Saillant, 1752. 2 v.

COLLIGNON, Albert. *Diderot: Sa vie, ses œuvres, sa correspondance*. Paris: F. Alcan, 1895.

COMTE, Auguste. *Le Livre: Revue mensuelle des lettres, des sciences et des arts*. Paris: A. Quantin, 1884. v. 114.

CORDESS, Christopher. "Criminality and Psychoanalysis". In: ERWIN, Edward (Org.). *The Freud Encyclopedia: Theory, Therapy, and Culture*. Londres: Routledge, 2002.

COURTNEY, C. P. "Burke, Franklin et Raynal: À propos de deux lettres inédites". *Revue d'Histoire Littéraire de la France*, Genebra, v. 62, n. 1, pp. 78-86, 1962. Droz, n. 1, 1962. pp. 78-86.

COWLES, Virginia. *The Romanovs*. Londres: Collins, Smith, 1979.

CRAMPE-CASNABET, Michèle. "Les Articles 'Âme' dans l'*Encyclopédie*". *Recherches sur Diderot et sur l'Encyclopédie*, Paris, Aux Amateurs de Livres, n. 25, pp. 91-9, 1998.

CROMPTON, Louis. *Homosexuality and Civilization*. Cambridge, MA: Harvard University Press, 2003.
CRONK, Nicholas. *Voltaire: A Very Short Introduction*. Oxford: Oxford University Press, 2017.
CROW, Thomas E. *Painters and Public Life in Eighteenth-Century Paris*. New Haven: Yale University Press, 1985.
CROWTHER, Louise. "Diderot, Spinoza, and the Question of Virtue". *MHRA Working Papers in the Humanities*, Cambridge, Reino Unido, Modern Humanities Research Association, n. 2, pp. 11-8, 2007.
CUNNINGHAM, Andrew; GRELL, Ole Peter. *Medicine and Religion in Enlightenment Europe*. Hampshire: Ashgate, 2007.
CURRAN, Andrew S. *Sublime Disorder: Physical Monstrosity in Diderot's Universe*. Oxford: Studies on Voltaire and the Eighteenth Century, 2001.
_____. *The Anatomy of Blackness: Science and Slavery in an Age of Enlightenment*. Baltimore: Johns Hopkins University Press, 2011.
DAMROSCH, Leopold. *Jean-Jacques Rousseau: Restless Genius*. Boston: Houghton Mifflin, 2007.
DARNTON, Robert. *The Business of Enlightenment: A Publishing History of the* Encyclopédie, *1775-1800*. Cambridge, MA: Harvard University Press, 1779. [Ed. bras.: *O Iluminismo como negócio*. Trad. de Laura Teixeira Mota e Maria Lucia Machado. São Paulo: Companhia das Letras, 1996.]
_____. *The Great Cat Massacre and Other Episodes in French Cultural History*. Nova York: Basic Books, 1984. [Ed. bras.: *O grande massacre dos gatos e outros episódios da história cultural francesa*. Trad. de Sonia Coutinho. Rio de Janeiro: Graal, 1986.]
_____. *Poetry and the Police: Communication Networks in Eighteenth-Century Paris*. Cambridge, MA: Belknap Press, 2010. [Ed. bras.: *Poesia e polícia: Redes de comunicação na Paris do século XVIII*. Trad. de Rubens Figueiredo. São Paulo: Companhia das Letras, 2014.]
DELON, Michel. *Diderot cul par-dessus tête*. Paris: Albin Michel, 2013.
DESCARTES, René. *The Philosophical Writings of Descartes*. Trad. de John Cottingham, Robert Stoothoff e Dugald Murdoch. Nova York: Cambridge University Press, 2008. v. 2.
DIDEROT, Denis. *Essai sur la vie de Sénèque le philosophe, sur ses écrits et sur les règnes de Claude et de Néron*. La Haye: Detune, 1779. 2 v.
_____. *Œuvres complètes de Diderot*. Org. de Jules Assézat. Paris: Garnier Frères, 1875-7. 20 v.
_____. *Sur les femmes*. Paris: L. Pichon, 1919.
_____. *Correspondance*. Org. de Georges Roth e Jean Varloot. Paris: Minuit, 1955.
_____. "Introduction" [a *Pages contre un tyran*]. *Œuvres politiques*. Paris: Garnier, 1963.
_____. *Mémoires pour Catherine II*. Paris: Garnier, 1966.
_____. *Rameau's Nephew and D'Alembert's Dream*. Trad. de Leonard Tancock. Londres: Penguin, 1966. [Ed. bras., entre outras edições: *Obras III: O sobrinho de Rameau*. Trad. de Jacob Guinsburg. São Paulo: Perspectiva, 2006.]
_____. *Œuvres complètes*. Org. de Roger Lewinter. Paris: Le Club Français du Livre, 1969-73. 15 v.
_____. *Œuvres complètes*. Org. de Herbert Dieckmann, Jean Varloot, Jacques Proust e Jean Fabre. Paris: Hermann, 1975-. 34 v. programados.
_____. *Essais sur la peinture: Salons de 1759, 1761, 1763*. Org. de Jacques Chouillet e Gita May. Paris: Hermann, 1984. [Ed. bras.: *Ensaios sobre a pintura*. Trad. de Enid Abreu. Campinas: Editora da Unicamp, 2013.]
_____. *Voyage à Bourbonne, à Langres et autres récits*. Paris: Aux Amateurs de Livres, 1989.

DIDEROT, Denis. *Political Writings*. Org. de John Hope Mason e Robert Wokler. Cambridge, Reino Unido: Cambridge University Press, 1992.
_____. *Diderot on Art I*. Trad. de John Goodman. Intr. de Thomas E. Crow. New Haven: Yale University Press, 1995.
_____. *Diderot on Art II*. Trad. de John Goodman. Intr. de Thomas E. Crow. New Haven: Yale University Press, 1995.
_____. *Jacques the Fatalist and His Master*. Org. de David Coward. Oxford: Oxford University Press, 1999. [Há pelo menos duas edições brasileiras: *Jacques, o fatalista, e seu amo*. Trad. de Magnólia Costa Santos. São Paulo: Nova Alexandria, 2001; *Obras IV: Jacques, o fatalista, e seu amo*. Trad. de Jacob Guinsburg. São Paulo: Perspectiva, 2006.]
_____. *Rameau's Nephew and Other Works*. Org. de Ralph Henry Bowen. Trad. de Jacques Barzun. Indianápolis: Hackett, 2001. [Ed. bras.: *O sobrinho de Rameau*. Trad. de Daniel Garroux. São Paulo: Unesp, 2019.]
_____. *The Nun*. Trad. de Russell Goulbourne. Oxford: Oxford University Press, 2005. [Ed. bras.: *Obras VII: A religiosa*. Trad. de Jacob Guinsburg. São Paulo: Perspectiva, 2019.]
_____. *Diderot, Rameau's Nephew and First Satire*. Trad. de Margaret Mauldon. Nova York: Oxford University Press, 2006.
_____. *Œuvres philosophiques*. Org. de Michel Delon com Barbara De Negroni. Paris: Gallimard, 2010.
_____. *Pensées détachées sur la peinture, la sculpture, l'architecture et la poésie pour servir de suite aux Salons*. Chalon-sur-Saône: Ligaran, 2015.
_____. *De La Poésie dramatique: Réponse à la lettre de Mme. Riccoboni*. Chalon-sur-Saône: Ligaran, 2015.
_____. *Rameau's Nephew. Le neveu de Rameau: A Multi-Media Bilingual Edition*. Org. de Marian Hobson, Kate E. Tunstall e Caroline Warman. Cambridge, Reino Unido: Open Book, 2016.
DIDEROT, Denis; D'ALEMBERT, Jean le Rond. *Encyclopédie, ou Dictionnaire raisonné des sciences, des arts et des métiers*. Paris: Briasson, David l'aîné, Le Breton, Durand, 1751-72. 17 v. de texto, 11 v. de ilustr. [Ed. bras.: *Enciclopédia completa*. Org. de Pedro Paulo Pimenta e Maria das Graças de Souza. São Paulo: Unesp, 2018. 6 v.]
DIDIER, Béatrice. "Quand Diderot faisait le plan d'une université". *Recherches sur Diderot et sur l'Encyclopédie*, Paris, Aux Amateurs de Livres, n. 18, pp. 81-91, 1995.
DIECKMAN, Herbert. *Inventaire du fonds Vandeul et inédits de Diderot*. Genebra: Droz, 1951.
_____. "An Unpublished Notice of Diderot on Falconet". *Journal of the Warburg and Courtauld Institutes*, Londres, Warburg Institute, n. 15, pp. 257-8, 1952.
DOYLE, William. *Jansenism: Catholic Resistance to Authority from the Reformation to the French Revolution*. Nova York: Saint Martin's, 2000.
DUCHET, Michèle. *Diderot et l'Histoire des deux Indes*. Paris: A. G. Nizet, 1978.
DUFLO, Colas. "Et Pourquoi Des Dialogues en des temps de systèmes?". *Diderot Studies*, Genebra, Droz, n. 28, pp. 95-109, 2000.
_____. *Les Aventures de Sophie: La philosophie dans le roman au XVIIIème siècle*. Paris: CNRS, 2013.
_____. *Diderot philosophe*. Paris: Champion, 2013.
ENCYCLOPEDIA *of the Enlightenment*. Org. de Michel Delon. Chicago: Fitzroy Dearborn, 2001.
THE ENLIGHTENMENT: *Cambridge Readings in the History of Political Thought*. Org. de David Williams. Cambridge: Cambridge University Press, 1999.
ÉPINAY, Louise Tardieu d'Esclavelles, marquesa d'. *Mémoires et correspondance de Madame d'Épinay, où elle donne des détails sur ses liaisons avec Duclos, J.-J. Rousseau, Grimm,*

Diderot, le baron d'Holbach, Saint-Lambert, Mme d'Houdetot, et autres personnages célèbres du dix-huitième siècle. Paris: Volland le Jeune, 1818.

ERWIN, Edward. *The Freud Encyclopedia: Theory, Therapy, and Culture*. Nova York: Routledge, 2002.

FALKENSTEIN, Lorne; GRANDI, Giovanni. "Étienne Bonnot de Condillac". In: ZALTA, Edward N. *The Stanford Encyclopedia of Philosophy*. Stanford: Metaphysics Research Lab, Stanford University, 2017.

FONTENAY, Élisabeth de. *Diderot ou le matérialisme enchanté*. Paris: Grasset et Fasquelle, 1981.

FORMEY, Jean-Henri-Samuel. *Pensées raisonnables opposées aux "Pensées philosophiques"; avec un essai de critique sur le livre intitulé "Les Mœurs"* [de François-Vincent Toussaint]. Berlim: Chretien Frederic Voss, 1769.

FOSSA, François de. *Le Château historique de Vincennes à travers les âges*. Paris: H. Daragon, 1908. 2 v.

FOWLER, James. *New Essays on Diderot*. Cambridge: Cambridge University Press, 2011.

FRANÇOIS, L. *Lettres à M. Bizot de Fonteny à propos de l'érection de la statue de Diderot*. Langres: Rallet-Bideaud, 1884.

FRANKLIN, Benjamin. *The Papers of Benjamin Franklin*. New Haven: Yale University Press, 2011.

FRANTZ, Pierre; LAVEZZI, Élisabeth. *Les Salons de Diderot: Théorie et écriture*. Paris: Presses de l'Université de Paris-Sorbonne, 2008.

FREUD, Sigmund. *Civilization and Its Discontents*. Org. de Todd Dufresne. Trad. de Gregory C. Richter. Peterborough: Broadview Press, 2016. [Ed. bras.: *Obras completas: O mal-estar na civilização, Novas conferências introdutórias à psicanálise e outros textos*. Trad. de Paulo César de Souza. São Paulo: Companhia das Letras, 2010. v. 18.]

FRIED, Michael. *Absorption and Theatricality: Painting and Beholder in the Age of Diderot*. Berkeley: University of California Press, 1980.

FUCHS, Rachel Ginnis. "Crimes against Children in Nineteenth-Century France: Child Abuse". *Law and Human Behavior*, American Psychological Association, v. 6, n. 3-4, pp. 237-59, 1982.

FURBANK, Philip Nicholas. *Diderot: A Critical Biography*. Nova York: Knopf, 1992.

GAY, Peter. *Deism: An Anthology*. Princeton: Van Nostrand, 1969.

GIFFART, Pierre-François; FRESNE, Raphaël Trichet du. *Traité de la peinture, par Léonard de Vinci*. Paris: Pierre-François Giffart, 1716.

GOETHE, Johann Wolfgang von. *The Autobiography of Goethe: Truth and Poetry: From My Own Life*. Trad. de John Oxenford. Londres: G. Bell, 1894. [Ed. bras.: *De minha vida: Poesia e verdade*. Trad. de Mauricio Mendonça Cardozo. São Paulo: Unesp, 2017.]

GOGGI, Gianluigi. "Quelques Remarques sur la collaboration de Diderot à la première édition de l'*Histoire des deux Indes*", *Studies on Voltaire and the Eighteenth Century*, Oxford, Voltaire Foundation, v. 286, pp. 17-52, 1991.

GORBATOV, Inna. *Catherine the Great and the French Philosophers of the Enlightenment: Montesquieu, Voltaire, Rousseau, Diderot, and Grimm*. Bethesda: Academic Press, 2006.

____. "Le Voyage de Diderot en Russie". *Études littéraires*, v. 38, n. 2-3, pp. 215-29, 2007.

GORDON, Alden. *The Houses and Collections of the Marquis de Marigny*. In: GORDON, Alden R. *Documents for the History of Collecting: French Inventories*. Los Angeles: Getty, 2003. v. 1.

GORDON, Douglas H.; TORREY, Norman L. *The Censoring of Diderot's Encyclopédie and the Re-established Text*. Nova York: Columbia University Press, 1947.

GRAILLE, Patrick. "Portrait scientifique et littéraire de l'hybride au siècle des Lumières". In: CURRAN, Andrew; MACCUBBIN, Robert P.; MORILL, David F. (Orgs.). *Faces of Monstrosity in Eighteenth-Century Thought*. Special issue of *Eighteenth-Century Life*. Baltimore: Johns Hopkins University Press, n. 21, pp. 70-88, maio 1997.

GREENBLATT, Stephen. *The Swerve: How the World Became Modern*. Nova York: Norton, 2011.

GRIMM, Friedrich-Melchior; DIDEROT, Denis; MEISTER, Jacques-Henri; RAYNAL, Guillaume--Thomas. *Correspondance littéraire, philosophique et critique par Grimm, Diderot, Raynal, Meister etc*. Paris: Garnier Frères, 1877-82. 16 v.

GROSCLAUDE, Pierre. *L'Encyclopédie: Un audacieux message*. Paris: Nouvelles Éditions Latines, 1951.

HAECHLER, Jean. *L'Encyclopédie: Les combats et les hommes*. Paris: Belles Lettres, 1998.

HANNA, Blake T. "Diderot théologien". *Revue d'Histoire Littéraire de la France*, Paris, Armand Colin, n. 78, pp. 19-35, jan./fev. 1978.

_____. "Denis Diderot: Formation traditionnelle et moderne". *Recherches sur Diderot et sur l'Encyclopédie*, Paris, Aux Amateurs de Livres, n. 5, pp. 3-18, 1988.

HARTMAN, Lydia Claude. "Esquisse d'un portrait de Sophie Volland: Quelques notes sur la vie privée, les amitiés du philosophe". *Diderot Studies*, Genebra, Droz, n. 16, pp. 69-89, 1973.

HATT, Michael; KLONK; Charlotte. *Art History: A Critical Introduction to Its Methods*. Manchester: Manchester University Press, 2006.

HAZAN, Éric. *The Invention of Paris: A History in Footsteps*. Trad. de David Fernbach. Londres: Verso, 2010.

HELVÉTIUS, Claude-Adrien. *Œuvres complètes d'Helvétius*. Org. de Gerhardt Stenger e Jonas Steffen. Paris: Honoré Champion, 2016. v. I.

HESSELN, Mathias Robert de. *Dictionnaire universel de la France*. Paris: Dessaint, 1771. 6 v.

HITCHENS, Christopher. *The Portable Atheist: Essential Readings for the Nonbeliever*. Filadélfia: Da Capo, 2007.

HOBBES, Thomas. *Leviathan*. Org. de C. B. Macpherson. Londres: Penguin Classics, 1985. [Ed. bras.: *Leviatã ou Forma e poder de uma república eclesiástica e civil*. 4. ed. Trad. de João Paulo Monteiro e Maria Beatriz Nizza da Silva. São Paulo: Martins Fontes, 2019.)

HOQUET, Thierry. *Buffon-Linné: Éternels rivaux de la biologie*. Paris: Dunod, 2007.

HOURS, Bernard. *La Vertu et le secret: Le dauphin, fils de Louis XV*. Paris: Champion, 2006.

HUNTINGTON, Samuel P. *The Soldier and the State: The Theory and Politics of Civil-Military Relations*. Cambridge, MA: Belknap Press, 1985.

HYTIER, Adrienne. "Le Philosophe et le despote: Histoire d'une inimitié, Diderot et Frédéric II". *Diderot Studies*, Genebra, Droz, n. 6, pp. 55-87, 1964.

IMBRUGLIA, Girolamo. "Civilisation and Colonisation: Enlightenment Theories in the Debate between Diderot and Raynal". *History of European Ideas*, v. 41, n. 7, pp. 858-85, 2015.

ISRAEL, Jonathan Irvine. *Radical Enlightenment: Philosophy and the Making of Modernity 1650-1750*. Oxford: Oxford University Press, 2001.

_____. *Enlightenment Contested: Philosophy, Modernity, and the Emancipation of Man, 1670-1752*. Oxford: Oxford University Press, 2006.

_____. *The Expanding Blaze: How the American Revolution Ignited the World, 1775-1848*. Princeton: Princeton University Press, 2017.

JENSEN, William B. "Newton and Lucretius: Some Overlooked Parallels". In: SUITS, David B.; MADIGAN, Timothy J. (Orgs.). *Lucretius: His Continuing Influence and Contemporary Relevance*. Rochester: RIT, 2011. pp. 13-27.

JOY, Lynn S. "Interpreting Nature: Gassendi Versus Diderot on the Unity of Knowledge". In: KELLEY, Donald R.; POPKIN, Richard H. (Orgs.). *The Shapes of Knowledge from the Renaissance to the Enlightenment*. Dordrecht: Kluwer, 1991. pp. 123-34.

KAFKER, Frank A. "Gua de Malves and the Encyclopédie". *Diderot Studies*, Genebra, Droz, n. 19, pp. 93-102, 1978.

____; LOVELAND, Jeff. "Diderot et Laurent Durand, son éditeur principal". *Recherches sur Diderot et sur l'Encyclopédie*, Paris, Aux Amateurs de Livres, pp. 29-40, 2005.

KAHNG, Eik. "L'Affaire Greuze and the Sublime of History Painting". *Art Bulletin*, n. 86, pp. 96-113, mar. 2004.

KELLY, Theresa M. *Reinventing Allegory*. Cambridge, Reino Unido: Cambridge University Press, 1997.

KORS, Alan Charles. *D'Holbach's Coterie. An Enlightenment in Paris*. Princeton: Princeton University Press, 1976.

KOZUL, Mladen. *Les Lumières imaginaires: Holbach et la traduction*. Oxford: Oxford University Studies in the Enlightenment, 2016.

KURITZ, Paul. *The Making of Theatre History*. Upper Saddle River: Prentice Hall, 1988.

LABORDE, Alice M. *Diderot et Madame de Puisieux*. Saratoga: Anma libri, 1984.

LACOUTURE, Jean. *Jésuites: Une multibiographie*. Paris: Seuil, 1995. v. 1.

LAFARGA, Francisco. *Diderot*. Barcelona: Publicacions Edicions Universitat de Barcelona, 1987.

LAFFITTE, Pierre. *Célébration du centenaire de Diderot au Palais du Trocadéro le dimanche 27 juillet 1884. Discours de M. Pierre Laffitte*. Paris: Au Dépôt de la *Revue occidentale*, 1884.

LAISSUS, Yves. "Une Lettre inédite de d'Alembert". *Revue d'histoire des sciences et de leurs applications*. Paris: Presses Universitaires de France, n. 7, 1954. pp. 1-5.

LANCASTER, Henry Carrington. *The Comédie Française, 1701-1774: Plays, Actors, Spectators, Finances*. Filadélfia: American Philosophical Society, 1951.

LA ROCHEFOUCAULD-LIANCOURT, Frédéric Gaëtan de. *Esprit des écrivains du 18ème siècle*. Paris: Giguet et Michaud, 1809.

LATUDE, Jean Henri. *Mémoires de Henri Masers de Latude, prisonnier pendant trente-cinq ans à la Bastille, à Vincennes, à Charenton et à Bicêtre*. Gand: Dullé, 1841.

LE BRETON, André-François. "Brevet exclusif qui permet aux sieurs Guerin, Testard, et autres artificiers, de faire et exécuter, pendant 12 ans, un feu d'artifice sur la rivière de Seine, la veille de la fête de S. Louis, du dix-neuf mai 1741". Paris: Le Breton, 1741.

LE CHEVALIER *de Jaucourt: L'homme aux dix-sept mille articles*. Org. de Gilles Barroux e François Pépin. Paris: Société Diderot, 2015.

LE CORRESPONDANT, *recueil périodique*. Paris: Bureaux du Correspondant, 1884. v. 100.

LE DERNIER DIDEROT: *Autour de l'*Essai sur les règnes de Claude et de Néron. Org. de Thierry Belleguic. *Diderot Studies*, Genebra, Droz, n. 32, 2012.

LECA-TSIOMIS, Marie. *Écrire l'Encyclopédie: Diderot: De l'usage des dictionnaires à la grammaire philosophique*. Oxford: Voltaire Foundation, 1999.

____. *Diderot, choix d'articles de l'Encyclopédie*. Paris: CTHS, 2001.

LECOURT, Dominique. *Diderot: Passions, sexe, raison*. Paris: Presses Universitaires de France, 2013.

LECTURES DE RAYNAL: *L'"Histoire des deux Indes" en Europe et en Amérique au XVIIIe siècle*. Org. de Hans-Jürgen Lüsebrink e Manfred Tietz. *Studies on Voltaire and the Eighteenth Century*, Oxford, Voltaire Foundation, n. 286, 1991.

LEIBNIZ, Gottfried Wilhelm. *Theodicy: Essays on the Goodness of God, the Freedom of Man, and the Origin of Evil*. Org. de Austin Farrer. Trad. de E. M. Huggard. New Haven: Yale University Press, 1952. [Ed. bras.: *Ensaios de Teodiceia*. Trad. de Willian de Siqueira Piauí e Juliana Cecci Silva. São Paulo: Estação Liberdade, 2013.]

LEVER, Évelyne. *Madame de Pompadour*. Paris: Perrin, 2000.

LEVER, Maurice. *Les Bûchers de Sodome*. Paris: Fayard, 1985.
LICHTENSTEIN, Jacqueline. *The Blind Spot: An Essay on the Relations between Painting and Sculpture in the Modern Age*. Trad. de Chris Miller. Los Angeles: Getty Research Institute, 2008.
LILTI, Antoine. *The World of the Salons: Sociability and Worldliness in Eighteenth-Century France*. Trad. de Lydia G. Cochrane. Nova York: Oxford University Press, 2005.
LOCKE, John. *The Second Treatise of Government*. Org. de C. B. Macpherson. Indianápolis: Hackett, 1980. [Ed. bras.: *Segundo tratado sobre o governo civil e outros escritos*. Trad. de Magda Lopes e Marisa Lobo da Costa. Petrópolis: Vozes, 2019.]
_____. *Two Treatises of Government*. Org. de Peter Laslett. Cambridge: Cambridge University Press, 1988.
LOM, Petr. *The Limits of Doubt: The Moral and Political Implications of Skepticism*. Albany: State University Press, 2001.
LOVEJOY, Arthur O. *The Great Chain of Being: A Study of the History of an Idea*. New Brunswick: Transaction, 2009.
MAGNAN, André. *Rameau le neveu: Textes et documents*. Paris: CNRS; Saint-Étienne: Éditions de l'Université de Saint-Étienne, 1993.
MANNEVILLE, Charles. *Une Vieille Église de Paris: Saint-Médard*. Paris: Champion, 1906.
MARMONTEL, Jean-François. *Memoirs of Marmontel*. Paris: Société des Bibliophiles, Merrill & Baker, 1903. 2 v.
MARTINIÈRE, Antoine Augustin Bruzen de la. *Le Grand Dictionnaire géographique et critique*. Veneza: Jean Baptiste Pasquali. pp. 1726-39. 10 v.
MARX, Karl. "Confessions". *International Review of Social History*. Trad. de Andy Blunden. Cambridge, Reino Unido: Cambridge University Press, n. 1, 1956.
MASON, John Hope. *The Irresistible Diderot*. Londres: Quartet Books, 1982.
MASSIE, Robert K. *Catherine the Great: Portrait of a Woman*. Nova York: Random House, 2012.
MATÉRIALISTES *français du XVIIIe siècle: La Mettrie, Helvétius, d'Holbach*. Org. de Sophie Audidière, Jean-Claude Bourdin, Jean-Marie Lardic, Francine Markovits e Charles Zarka. Paris: Presses Universitaires de France, 2006.
MATTER, Jacques. *Lettres et pièces rares ou inédites publiées et accompagnées d'introductions et de notes*. Paris: Librairie D'Amyot, 1846.
MCCRACKEN, Grant David. *Culture and Consumption: New Approaches to the Symbolic Character of Consumer Goods and Activities*. Bloomington: Indiana University Press, 1988.
MCMANNERS, John. *Church and Society in Eighteenth-Century France*. Oxford: Oxford University Press, 1999. v. 2: The Religion of the People and the Politics of Religion.
MEDICINE *and Religion in Enlightenment Europe*. Org. de Ole Peter Grell e Andrew Cunningham. Hampshire: Ashgate, 2007.
MEISTER, Jacques Henri. "Aux Mânes de Diderot". In: ASSÉZAT, Jules; TOURNEUX, Maurice (Orgs.). *Œuvres complètes de Diderot*. Paris: Garnier Frères, 1875. pp. xii-xix.
MÉMOIRES *pour l'histoire des sciences et des beaux-arts*. Paris: Jean Boudot, 1745. v. 177.
MERCIER, Louis Sébastien. *Tableau de Paris*. Amsterdam: [s.n.], 1782. v. 4.
_____. *Tableau de Paris*. Org. de Jean-Claude Bonnet. Paris: Mercure de France, 1994. 2 v.
MERCURE DE FRANCE, *dédié au Roi*. Paris: Cailleau, out. 1749.
MESLIER, Jean. *Testament: Memoir of the Thoughts and Sentiments of Jean Meslier*. Org. de Mike Shreve. Amherst: Prometheus Books, 2009.
MILLARD, John; PLAYSTOWE, Philip. *The Gentleman's Guide in His Tour through France*. Londres: G. Kearsly, 1770.

MONTGERON, Louis-Basile Carré de. *La Vérité des miracles opérés à l'intercession de M. de Pâris*. [S. l.]: [s.n.], 1737.

MOORE, W. G. "Lucretius and Montaigne". *Yale French Studies*, n. 38, pp. 109-14, 1967.

MOREAU, Jacob-Nicolas. *Nouveau Mémoire pour servir à l'histoire des Cacouacs*. Amsterdam: [s. n.], 1757.

MORÈRE, Pierre. "Signes et langage chez Locke et Condillac". *Bulletin de la Société d'Études anglo-américaines des XVIIe et XVIIIe siècles*, Reims, Presses Universitaires de Reims, n. 23, pp; 16-29, 1986.

"MORT de M. Diderot". *Année Littéraire*, Paris, Mérigot le Jeune, n. 6, p. 282, 1784.

MORTIER, Roland. "Didier Diderot lecteur de Denis: Ses Réflexions sur l'*Essai sur le mérite et la vertu*". *Recherches sur Diderot et sur l'Encyclopédie*, Paris, Aux Amateurs de Livres, n. 10, pp. 21-39, 1991.

MOUREAU, François. *La Plume et le plomb: Espaces de l'imprimé et du manuscrit au siècle des Lumières*. Paris: PUPS, 2006.

MÜCKE, Dorthea E. von. *The Practices of the Enlightenment: Aesthetics, Authorship, and the Public*. Nova York: Columbia University Press, 2015.

NAIGEON, Jacques-André. *Mémoires historiques et philosophiques sur la vie et les ouvrages de D. Diderot*. Paris: J. L. J. Brière, 1886.

NEWTON, Isaac. *Sir Isaac Newton's Mathematical Principles of Natural Philosophy and His System of the World*. Org. de Florian Cajori. Berkeley: University of California Press, 1934. [Ed. bras.: *Principia, Livro I: Princípios matemáticos de filosofia natural*. Trad. de Trieste Ricci, Leonardo Gregory Brunet, Sônia Terezinha Gehring e Maria Helena Curcio Célia. São Paulo: Edusp, 2018. *Principia, Livros II e III: Princípios matemáticos de filosofia natural*. Tradução: Fabio Duarte Joly e André Koch Torres Assis. São Paulo: Edusp, 2017.]

_____. *Philosophical Writings*. Org. de Andrew Janiak. Cambridge Texts in the History of Philosophy. Cambridge: Cambridge University Press, 2004.

NIETZSCHE, Friedrich Wilhelm. *On the Genealogy of Morals: Ecce Homo*. Org. de Walter Kaufmann e R. J. Hollingdale. Nova York: Vintage, 1989.

NIKLAUS, Robert. "Les *Pensées philosophiques* de Diderot et les *Pensées* de Pascal". *Diderot Studies*, Genebra, Droz, n. 20, pp. 201-17, 1981.

NOUVELLES *de la République des lettres et des arts*. Paris: Ruault, mar. 1782. v. 11.

NUMBERS, Ronald L. *The Creationists: From Scientific Creationism to Intelligent Design*. Cambridge, MA: Harvard University Press, 2006.

O'MALLEY, John W. (Org.). *The Jesuits II: Cultures, Sciences, and the Arts, 1540-1773*. Toronto: University of Toronto Press, 2006.

O'NEAL, John C. *Changing Minds: The Shifting Perception of Culture in Eighteenth-Century France*. Newark: University of Delaware Press, 2002.

OPUSCULES DIVERS, *contenants un recueil de quelques lettres très instructives pour la conduite des curés et des jeunes ecclésiastiques; avec un faux raisonnement des gens du monde sur leur conduite, détruit par les principes du bon sens et de la religion*. Langres, França: Claude Personne, 1719.

PALISSOT de Montenoy, Charles. *Les Philosophes, comédie en trois actes, en vers*. Paris: Duchesne, 1760.

PANCKOUCKE, André Joseph. *L'Art de désoppiler* [sic] *la rate, Sive de modo C. prudenter: En prenant chaque Feuillet pour se T. Le D. Entremêlé de quelques bonnes choses*. Gallipoli: L'An des Folies, 1756.

PARLEMENT de Paris. *Recueil de pièces concernant la thèse de M. l'abbé de Prades, soutenue en Sorbonne le 18 Novembre 1751, censurée par la Faculté de Théologie le 27 janvier 1752, & par M. l'Archevêque de Paris le 29 du même mois, divisée en trois parties*, 1753.

PARLEMENT de Paris. *Arrests de la Cour de Parlement, portant condamnation de plusieurs livres & autres ouvrages imprimés*, 1759.

PASCAL, Blaise. *Pascal's Pensées*. Intr. de T.S. Eliot. Nova York: Dutton, 1958. [Ed. bras.: *Pensamentos*. Trad. de Mário Laranjeira. São Paulo: Martins Fontes, 2001.]

PEARSON, Roger. *Voltaire Almighty*. Nova York: Bloomsbury, 2005.

PELLERIN, Pascal. "Diderot, Voltaire et le curé Meslier: Un sujet tabou". *Diderot Studies*, Genebra, Droz, n. 29, pp. 53-63, 2003.

PERNETY, Dom Antoine-Joseph. *Dictionnaire portatif de peinture, sculpture et gravure; avec un Traité pratique des différentes manières de peindre, dont la théorie est développée dans les articles qui en sont susceptibles*. Paris: Bauche, 1757.

PICART, Bernard; BERNARD, Jean Frédéric. *Cérémonies et coutumes religieuses de tous les peuples du monde*. Amsterdam: Bernard, 1723. v. 1.

PINAULT, Madeleine. "Diderot et les illustrateurs de l'*Encyclopédie*". *Revue de l'Art*, Paris, Éditions du CNRS, n. 66, pp. 17-38, 1984.

_____. "Sur Les Planches de l'*Encyclopédie* de Diderot et d'Alembert". *L'Encyclopédisme*. Actes du colloque de Caen. Paris: Klincksieck, 1991. pp. 355-62.

PITMAN, Joanna. *The Dragon's Trail: The Biography of Raphael's Masterpiece*. Nova York: Touchstone, 2007.

PLATON. *Apologie de Socrate, Criton, Phédon*. Trad. de Léon Robin e Joseph Moreau. Paris: Gallimard, 1968.

PROUST, Jacques. "L'Initiation artistique de Diderot". *Gazette des Beaux-Arts*, Paris, Presses Universitaires de France, n. 55, pp. 225-32, abr. 1960.

_____. *Diderot et l'Encyclopédie*. Paris: Albin Michel, 1962.

RÉTAT, Pierre. *L'Attentat de Damiens: Discours sur l'événement au XVIIIe siècle*. Lyon: CNRS; Presses Universitaires de Lyon, Centre d'Études du XVIIIe siècle, Université Lyon II, 1979.

REY, Auguste. *Le Château de la Chevrette et Madame d'Épinay*. Paris: Plon, 1904.

ROBERTS, Meghan K. *Sentimental Savants: Philosophical Families in Enlightenment France*. Chicago: University of Chicago Press, 2016.

ROCHE, Daniel. "Encyclopedias and the Diffusion of Knowledge". In: *Cambridge History of Eighteenth-Century Political Thought*. Org. de Mark Goldie e Robert Wolker. Nova York: Cambridge University Press, 2006. pp. 172-94.

ROSSO, Jeannette Geffriaud. *Diderot et le portrait*. Pisa, Itália: Libreria Goliardica, 1998.

ROUSSEAU, Jean-Jacques. *Discourse on the Origin of Inequality*. Indianápolis: Hackett, 1992. [Ed. bras.: *A origem da desigualdade entre os homens*. Trad. de Eduardo Brandão. São Paulo: Companhia das Letras, 2017.]

_____. *Confessions*. Trad. de Angela Scholar. Oxford: Oxford University Press, 2000. [Ed. bras., entre outras edições: *As confissões*, 4, ed. Trad. de Wilson Lousada. Rio de Janeiro: Nova Fronteira, 2018.]

_____. *Œuvres complètes*. Org. de Bernard Gagnebin, Marcel Raymond e Robert Osmont. Paris: Gallimard, 2001. v. 1.

_____. *The Confessions of Jean-Jacques Rousseau*. Org. de J. M. Cohen. Londres: Penguin, 2007.

ROUSSEL, Charles François. *Le Diocèse de Langres: Histoire et statistique*. Langres: Librairie de Jules Dalet, 1879. v. 4.

RUSSO, Elena. "Slander and Glory in the Republic of Letters: Diderot and Seneca Confront Rousseau". *Republics of Letters: A Journal for the Study of Knowledge, Politics, and the Arts*, Stanford, Stanford University Press, n. 1, maio 2009.

SAINT-AMAND, Pierre. *The Libertine's Progress: Seduction in the Eighteenth-Century French Novel*. Trad. de Jennifer Curtiss Gage. Hanover: University Press of New England, 1994.

SCHILLER, Friedrich; GOETHE, Johann Wolfgang von. *Correspondence between Schiller and Goethe from 1794 to 1805*. Org. de L. Dora Schmitz. Londres: G. Bell, 1877. 2 v.

SÉGUR, Louis-Philippe, comte de. *Mémoires ou Souvenirs et anecdotes*. Paris: Henri Colburn, 1827.

SEJTEN, Anne Elisabeth. *Diderot ou Le défi esthétique: Les écrits de jeunesse, 1746-1751*. Paris: Jean Vrin, 1999. (Col. Essais d'Art et de Philosophie.)

SHANK, John Bennett. *The Newton Wars and the Beginning of the French Enlightenment*. Chicago: University of Chicago Press, 2008.

SHERIFF, Mary D. *Moved by Love: Inspired Artists and Deviant Women in Eighteenth-Century France*. Chicago: University of Chicago Press, 2004.

SHERMAN, Carol. *Diderot and the Art of Dialogue*. Genebra: Droz, 1976.

SHOWALTER, English. "'Madame a fait un livre': Madame de Graffigny, Palissot et *Les Philosophes*". *Recherches sur Diderot et sur l'Encyclopédie*, Paris: Aux Amateurs de Livres, n. 23, pp. 109-25, 1997.

SMITH, David Warner. *Helvetius: A Study in Persecution*. Oxford: Clarendon Press, 1965.

SPINK, John Stephenson. "The Abbé de Prades and the Encyclopaedists: Was There a Plot?". *French Studies*, New Haven, Yale University Press, v. 24, n. 3, pp. 225-36, jul. 1970.

STALLINGS, Alicia Elsbeth. "So Potent Was Religion in Persuading to do Wrong". In: LUCRETIUS, *The Nature of Things*. Trad. de A. E. Stallings. Londres: Penguin, 2007. pp. 6-15.

STALNAKER, Joanna. "Diderot's Literary Testament." *Diderot Studies*, Genebra, Droz, n. 31, pp. 45-56, 2009.

_____. *The Unfinished Enlightenment: Description in the Age of the Encyclopedia*. Ithaca: Cornell University Press, 2010.

STENGER, Gerhardt. *L'Affaire des Cacouacs: Trois pamphlets contre les philosophes des Lumières*. Saint-Étienne: Éditions de l'Université de Saint-Étienne, 2004. (Col. Lire le Dix--Huitième Siècle.)

_____. *Diderot: Le combattant de la liberté*. Paris: Perrin, 2013.

STRAYER, Brian Eugene. *Suffering Saints: Jansenists and Convulsionnaires in France, 1640-1799*. Brighton: Sussex Academic Press, 2012.

STRUGNELL, Anthony. *Diderot's Politics: A Study of the Evolution of Diderot's Political Thought After the Encyclopédie*. International Archives of the History of Ideas. Holanda: Springer, 1973. v. 62.

_____. "La Candidature de Diderot à la Société Royale de Londres". *Recherches sur Diderot et sur l'Encyclopédie*, Paris, Aux Amateurs de Livres, n. 4, pp. 37-41, 1988.

TAINE, Hippolyte. *Les Origines de la France contemporaine*. Paris: Hachette, 1885.

TARIN, René. *Diderot et la Révolution française*. Paris: Champion, 2001.

THELLIEZ, Berthe. *L'Homme qui poignarda Louis XV: Robert-François Damien, 1715-57*. Paris: Tallandier, 2002.

TINDAL, Matthew. *Christianity as Old as the Creation*. Stuttgart-Bad Cannstatt: Frommann--Holzboog, 1967. v. 1.

TRONCHIN, Henry. *Le Conseiller François Tronchin et ses amis Voltaire, Grimm, Diderot etc*. Paris: Plon, 1895.

TROUSSON, Raymond. *Denis Diderot*. Textes réunis et présentés par Raymond Trousson. Paris: Presses de l'Université de Paris-Sorbonne, 2005. (Col. Mémoire de la Critique.)

_____. *Denis Diderot ou Le vrai Prométhée*. Paris: Tallandier, 2005.

TUNSTALL, Kate E. "Paradoxe sur le portrait: Autoportrait de Diderot en Montaigne". *Diderot Studies*, Genebra, Droz, n. 30, pp. 195-207, 2007.
_____. *Blindness and Enlightenment: An Essay*. Nova York: Continuum, 2011.
TURGOT, Anne-Robert-Jacques. *Œuvres de Turgot et documents le concernant, avec biographie et notes*. Paris: F. Alcan, 1913.
TURNELL, Martin. *The Rise of the French Novel: Marivaux, Crébillon fils, Rousseau, Stendhal, Flaubert, Alain-Fournier, Raymond Radiguet*. Londres: H. Hamilton, 1979.
VALET, Paul. *Le Diacre Paris et les convulsionnaires de St. Médard. Le jansénisme et Port-Royal. Le masque de Pascal*. Paris: Champion, 1900.
VANDEUL, Marie-Angélique de. *Diderot, mon père*. Estrasburgo: Circé, 1992.
VAN KLEY, Dale K. *The Damiens Affair and the Unraveling of the Ancien Regime, 1750-70*. Princeton: Princeton University Press, 1984.
_____. *The Religious Origins of the French Revolution: From Calvin to the Civil Constitution, 1560-1791*. New Haven: Yale University Press, 1996.
VARTANIAN, Aram. *Diderot and Descartes: A Study of Scientific Naturalism in the Enlightenment*. Princeton: Princeton University Press, 1953.
VERSINI, Laurent. "Diderot piéton de Paris". *Travaux de littérature*, Genebra, Droz, n. 13, pp. 177-94, 2000.
_____. "Note sur le voyage de Diderot en Russie". In: POUSSOU, Jean-Pierre; MÉZIN, Anne; PERRET-GENTIL, Yves (Orgs.). *L'Influence française en Russie au XVIIIème siècle*. Paris: Presses de l'Université de Paris-Sorbonne, 2004. pp. 223-34. (Col. Historique de l'Institut d'Études Slaves.)
VIARD, Georges. *Langres au XVIIIe siècle: Tradition et lumières au pays de Diderot*. Langres: Dominique Guéniot, 1985.
VOLTAIRE. *Œuvres complètes de Voltaire*. Org. de Louis Moland. Paris: Garnier, 1877-85. 52 v.
_____. *The Complete Works of Voltaire: Les Œuvres Complètes de Voltaire*. Oxford: Voltaire Foundation, 1996.
_____. *Letters on England*. Trad. de Leonard Tancock. Nova York: Penguin, 2005.
WEIL, Françoise. "L'Impression des tomes VIII à XVII de l'*Encyclopédie*". *Recherches sur Diderot et sur l'Encyclopédie*, Paris, Aux Amateurs de Livres, n. 1, pp. 85-93, 1986.
WERNER, Stephen. *Blueprint: A Study of Diderot and the Encyclopédie Plates*. Birmingham: Summa, 1993.
WILES, Mary M. *Jacques Rivette*. Urbana: University of Illinois Press, 2012.
WILSON, Arthur McCandless. *Diderot*. Nova York: Oxford University Press, 1957.
WOLFE, Charles. *Materialism: A Historico-Philosophical Introduction*. Ghent: Springer, 2016.
YEO, Richard R. "A Solution to the Multitude of Books: Ephraim Chambers's *Cyclopaedia* (1728) as 'the Best Book in the Universe'". *Journal of the History of Ideas*, Filadélfia, University of Pennsylvania Press, v. 64, n. 1, pp. 61-72, 2003.
_____. *Encyclopaedic Visions: Scientific Dictionaries and Enlightenment Culture*. Cambridge, Reino Unido: Cambridge University Press, 2010.

Índice remissivo

A

Academia de Ciência de Berlim, 191
Academia Real da Prússia, 86
Academia Real de Ciências de Paris, 165
Academia Real de Pintura e Escultura de Paris, 17, 165, 167
Académie Française, 90, 117, 165, 191, 256, 297, 340, 359
Agostinho, Santo, 59, 168, 333
Agripina, Júlia, 281
Alainville, Henri-Louis d', 214
Albertan-Coppola, Sylviane, 342
Alemanha, 48, 160, 190, 260, 272
Alembert, Jean le Rond d', 79-80, 85-6, 88-95, 97-102, 110-1, 113, 116-8, 123-5, 128, 130-1, 134-6, 188, 191-202, 204-6, 251, 297-9, 303, 319-21, 323, 328, 336-42, 348-50
Algrant, Christine Pevitt, 339
América, 48, 288
América do Norte, 10, 255, 284, 289-90
América do Sul, 222
amor/amantes, 19, 41-2, 55, 128, 130, 149, 154, 170, 208, 210, 213-4, 220, 223, 228-9, 232-5, 238, 241, 243, 245-7, 249, 256-7, 264, 301, 303
amoralidade, 85, 152, 157-8, 161
ancien régime, 12-3, 33, 44, 64, 68, 73, 74, 89, 97, 279, 313
Anderson, Wilda, 347
Ange, irmão (monge carmelita), 37-8, 43
Année Littéraire (periódico), 119, 150, 328, 347
Ansart, Guillaume, 357
Ansbach, margrave de, 185
anticlericalismo, 9, 67, 103, 112, 133, 189, 331
Argenson, Marc-Pierre de Voyer de Paulmy d', marquês, 336, 340
Argenson, René-Louis de Voyer de Paulmy d', conde, 71, 77, 85
Argis, Antoine-Gaspard Boucher d', 94
Aristóteles, 35, 349
Assézat, Jules, 328, 335
ateísmo, 9-10, 12, 14, 19, 47-50, 53, 58, 62-3, 67, 70, 85, 147, 150, 157, 188-9, 218, 260, 270, 295, 299, 304, 306, 311-3, 315, 320, 329, 331, 337
Audidière, Sophie, 334

B

Bachaumont, Louis Petit de, 359
Bacher, Georges-Fréderic, 304
Bacon, Francis, 51, 52, 95-6, 332
Balcou, Jean, 344
Bald, Margaret, 340
Baldwin, Tom, 347
Balla, Athanasius, 272
Balzac, Honoré de, 12
Barbier, Edmond Jean François, 344
Barker, Emma, 347
Barré, Maguerite, 235-6
Barroux, Gilles, 342
Barruel, Augustin, abade, 360
Bartholdi, Frédéric Auguste, 24-5
Baudelaire, Charles, 12
Bayle, Pierre, 89, 99, 139, 333, 338, 340, 342
Beaumarchais, Pierre-Augustin Caron de, 343

Beccaria, Cesare, 256
Becq, Annie, 338-9, 345
Belleguic, Thierry, 357
Bender, John B., 339
Bento XIII, papa, 31
Bento XIV, papa, 115
Berenguier, Nadine, 333
bernardos (ascetas), 46
Berryer, Nicolas-René (conde de La Ferrière), 65-7, 72-3, 75-9, 83, 110, 115, 326, 334-5, 339
Berthélemy, Jean-Simon, 310
Berthier, Guillaume-François, padre, 96, 111
Betskoy, Ivan Ivanovich, 252-3, 273, 356
Beverland, Adriann, 350
Beyle, Marie-Henri *ver* Stendhal
Bíblia, 51, 53, 176
Biheron, Marie-Catherine, 237
Bilbassov, V. A., 355
Billard, Madame, 299
Blanchard, Gilles, 338
Blancherie, Mammès-Claude-Catherine Pahin-Champlain de La, 283
Blancmesnil, Guillaume de Lamoignon de, 339
Blom, Philippe, 360
Bonnefon, Paul, 334, 335
Bonnet, Charles, 349
Bonnet, Jean-Claude, 344
Booy, Jean de, 351
Bordeu, Théophile de, 191, 197-8, 205-6, 229, 349
Bosher, John Francis, 353-4
Bost, Joyce e Hubert, 333
Boucher, François, 174-5, 178, 180, 346
Bougainville, Louis-Antoine de, conde, 163, 222-4, 322, 351
Boulerie, Florence, 356
Bouquet, Henri-Louis-Alfred, 330
Boyer, Jean-François, 75, 111, 116, 335
Brasil, 222
Brenet, Nicolas-Guy, 44
Brewer, Daniel, 360
Briasson, Antoine-Claude, 88
Brunel de La Carlière, Élisabeth Françoise, 239

Bruzen de la Martinière, Antoine-Augustin, 329
Bryson, Norman, 347
Buddeus, Johann Franz, 332
Buffat, Marc, 348
Buffon, Georges-Louis Leclerc de, conde, 95, 117, 188, 203-4, 349
Burke, Edmund, 173, 358
Byrne, James, 339

C

Cadilhon, François, 356
Cajori, Florian, 332
Calas, Jean, 297
Cardel, Elisabeth (Babet), 250
Caribe, 13, 137, 287, 339
carmelitas, monges, 42-3
Carmontelle, Louis de, 232
Caroillon La Salette, Madame, 236
Catarina, a Grande (Catarina II), imperatriz da Rússia, 11, 15, 18, 128, 160, 185, 243, 250-6, 259, 263-7, 297, 304, 321-2, 324, 329, 335, 353
catolicismo, 40, 45-6, 48-9, 59, 62, 98, 297; *ver também* Igreja
Cazotte, Jacques, 155
ceticismo, 45, 58, 63, 67, 70
Chabanon, Michèle, 356
Chambers, Ephraim, 86, 337-8
Chambray, Roland Fréart de, 168
Champion, Ambroise, 40
Champion, Anne-Antoinette (Toinette), 40-4, 56, 73, 78, 79, 117-8, 149, 190, 233-8, 240, 246-7, 257-9, 264, 273, 298-9, 303, 306-7, 309, 319-20, 327
Chardin, Jean Baptiste Siméon, 169, 171-2, 254, 298
Chartres, duque de, 246
Châtelet, Florent-Claude du, marquês, 80, 236, 335
Châtelet, Gabrielle Émilie Le Tonnelier de Breteuil du, marquesa, 234
Chaumeix, Abraham-Joseph de, 133, 342
Chenu, Pierre, 16
Cherbury, Herbert de, Lord, 332

Choiseul, Étienne-François de, duque, 284-5, 341, 344, 357
Chomel, Noël, 330
Chouillet, Anne-Marie, 334, 344
Clark, Andrew Herrick, 347, 349
classe trabalhadora, 109, 148, 343
Clemente IX, papa, 47
Clemente XIII, papa, 138
Cleópatra, 270
Cochrane, Lydia G., 348
colégio dos jesuítas (Langres), 33
Collège D'Harcourt (Paris), 14, 33-4
Collignon, Albert, 330
Collot, Marie-Anne, 262
Comédie-Française (Paris), 37, 150, 152-3, 166, 321-2, 341, 344
Companhia de Jesus, 32, 111, 342; *ver também* jesuítas
Comte, Augusto, 360
Condillac, Étienne Bonnot de, abade, 91-2, 188, 337
Condorcet, Marie Jean Antoine Nicolas de Caritat de, marquês, 188, 360
convulsionnaires (convulsionários), 59, 61, 333
Cook, James, capitão, 222
Corday, Charlotte, 291
Cordess, Christopher, 329
Corneille, Pierre, 250
Correggio, Antonio Allegri da, 254
Courtney, C. P., 358
Cousin, Jean, 168
Crampe-Casnabet, Michèle, 338
Crébillon, Claude-Prosper Jolyot de, 210
Cristo *ver* Jesus Cristo
crítica de arte, 12, 170, 180, 182, 184-5, 347
Croismare, Marc Antoine Nicolas de, marquês de, 214-5
Crompton, Louis, 351
Cronk, Nicholas, 332
Crow, Thomas E., 345
Crozat, Louis-Antoine (barão de Thiers), 254, 322, 353
Cunningham, Andrew, 339
Curran, Andrew S., 342, 349, 357

D

Dalberg, Karl von, conde, 185
Damiens, Robert-François, 119-22, 321, 340
Damilaville, Étienne Noël, 240, 245, 297
Damrosch, Leopold, 341, 358
Danton, Georges, 270, 291, 360
Darbot, Jean-Ernest, 23-5
Darnton, Robert, 335, 344
Darwin, Charles, 11
Daubenton, Louis-Jean-Marie, 94
David, Jacques-Louis, 175-6, 346
David, Michel-Antoine, 88, 342
De Gaulle, Charles, 214
Debucourt, Philibert-Louis, 164
Declaração de Independência Americana (1776), 291
deísmo/deístas, 47, 53-4, 58, 63, 66-7, 70, 157, 283, 296, 311, 314, 332-3
Delacroix, Eugène, 173
Delon, Michel, 342, 352
democracia, 267, 288, 290
Demócrito, 190-1
Descartes, René, 52, 95, 102, 192, 315, 332, 339-40, 348
Deshays (Jean-Baptiste Henri Deshays de Colleville), 169
Desmarets, padre, 111
Desmoulins, Camille, 291, 360
despotismo esclarecido, 115, 163, 255, 269
Destouches, Louis-Camus, 193-4
Deudon, A. C. G., 358
Deus, 19, 27, 29, 36, 45-9, 53-6, 58-9, 61-3, 67-8, 70-1, 78, 92, 96-7, 99, 101-2, 113-4, 119, 157, 187, 189, 191, 198, 201, 203, 215-6, 225-6, 228, 248, 258, 265, 267, 299, 306, 311, 313-5, 331-3, 339
Devaines, Jean, 259
Dictionnaire de l'Académie Française, 90
Dictionnaire de Trévoux, 90, 111, 137, 139, 342
Diderot, Angélique (mãe de Diderot), 23, 27, 29, 45, 252, 319-20, 322
Diderot, Denis (obras): *An Inquiry Concerning Virtue and Merit* [*Essai sur le mérite et la vertu*, de Anthony Ashley-Cooper Shaftesbury, tradução de Diderot], 320; *Correspondance*

Littéraire [Correspondência Literária], 128, 163, 173, 190, 222, 284, 303, 319-21, 342, 356; *De l'Interprétation de la nature (Pensées sur l'interprétation de la nature)* [Da interpretação da natureza], 320; *Éléments de physiologie* [Elementos de fisiologia], 208, 212, 299, 322; *Éloge de Richardson* [Elogio de Richardson], 321; *Encyclopédie, ou Dictionnaire raisonné des sciences, des arts et des métiers* ver *Encyclopédie*; *Entretiens sur le fils naturel* [Conversas sobre o filho natural], 148, 321; *Essai sur la vie de Sénèque le philosophe* [Ensaio sobre a vida de Sêneca], 281, 322, 357; *Essai sur les règnes de Claude et de Néron* [Ensaio sobre os reinados de Cláudio e Nero], 322; *Essais sur la peinture* [Notas sobre a pintura], 173, 230-1, 329, 345-7; *Est-il bon? Est-il méchant?* [Ele é bom? Ele é mau?], 280, 322, 357; *Histoire philosophique et politique des deux Indes* [História filosófica e política das duas Índias, abade Raynal, Diderot como principal ghost-writer], 13; *Jacques le fataliste* [Jacques, o Fatalista], 11, 163, 213, 247, 300, 301-2, 312, 321, 354; *La Promenade du sceptique* [O passeio do cético], 21, 66-7, 235, 320; *La religieuse* [A religiosa], 11, 46, 163, 213-4, 220, 221, 232, 241, 312, 321, 350; *Le Fils naturel* [O filho natural], 128, 148-9, 321; *Le Neveu de Rameau* [O sobrinho de Rameau], 12, 83, 156-7, 159-62, 191, 201, 238, 267, 280, 299-300, 321-2, 328, 345; *Le Père de famille* [O pai de família], 149; *Le Rêve de d'Alembert* [O sonho de D'Alembert], 163, 190, 195, 200-1, 204, 206, 229-30, 299-300, 303, 322; *Les Bijoux indiscrets* [As joias indiscretas], 68, 76-8, 180, 320, 334; "Les Éleuthéromanes" [Os maníacos da liberdade], 311; *Lettre sur les aveugles* [Carta sobre os cegos], 10, 68, 71, 73, 77, 147, 157, 201, 295, 320; *Mémoires pour Catherine II* [Memórias para Catarina II], 264, 354-5; *Observations sur le "Nakaz"* [Comentários sobre "Nakaz"], 322; *Pages contre un tyran* [Páginas contra um tirano], 355-6; *Pensées philosophiques* [Pensamentos filosóficos], 56-8, 62-5, 67-8, 70, 77, 111, 157, 209, 307, 320, 333, 336; *Plan d'une université pour le gouvernement de Russie* [Plano de uma universidade para o governo da Rússia], 322; *Principes de politique des souverains* [Princípios políticos dos soberanos], 274; "Regrets sur ma vieille robe de chambre" [Lamentações sobre meu velho robe de chambre], 321; *Salons*, 185; *Supplément au voyage de Bougainville* [Suplemento à viagem de Bougainville], 163, 222; *Sur La Poésie dramatique* [Sobre a poesia dramática], 321; *Sur les femmes* [Sobre as mulheres], 163, 212-3, 350; *The Grecian History* [*A história da Grécia*, de Temple Stanyon, tradução de Diderot], 38, 42, 54, 320; *Voyage à Bourbonne, à Langres et autres récits* [Viagem a Bourbonne, Langres e outras histórias], 353, 359

Diderot, Denise (irmã de Diderot), 27, 257, 319
Diderot, Didier (pai de Diderot), 23, 25-8, 32, 33, 36, 38, 42, 78, 319, 321, 324, 333
Diderot, Didier-Pierre (irmão de Diderot), 27, 54, 55, 210, 237, 257-8, 319, 327, 333
Didier, Béatrice, 356
Dieckmann, Herbert, 12-3, 328, 355
Diógenes Laércio, 331
Diógenes, o Cínico, 27, 263
Diot, Jean, 228
Doyle, William, 331
drama burguês, 149
Drapper, Elisa, 358
Duchesne, Nicolas-Bonaventure, 150
Duchet, Michèle, 357
Duflo, Colas, 346, 360
Dupré de Saint-Maur, Marie-Marthe Alléon, 71
Durand, Laurent, 54, 58, 66, 76, 88, 89, 132, 334, 336-7, 342
Dürer, Albrecht, 254

E

educação, 29-30, 47, 78, 93, 156, 159, 237, 250, 276-7, 319, 330, 344, 356, 359
Eidous, Marc-Antoine, 54
enciclopedistas, 10-1, 19, 111, 113, 115, 117, 121, 125, 130, 133-6, 139-40, 142, 151, 161, 163, 251, 278, 297, 311, 334, 341-2, 344, 355
Encyclopédie (Diderot et al.), 9-10, 14-5, 40, 46, 65, 68, 73, 77, 79, 84-100, 102-7, 109-17, 119, 121-4, 131-42, 147-8, 150, 154, 168, 191, 211, 228, 234, 237, 239-41, 251-2, 256, 259, 265-7, 273, 278, 285, 295, 297-8, 301, 309-10, 315, 320-2, 328, 335-8, 340-1, 343-5
Épinay, Louise Tardieu d'Esclavelles d', marquesa, 16, 125-6, 129, 188, 214, 242, 245, 257, 298, 319, 324, 341, 352
Erasmo de Roterdã, 281, 331
Erwin, Edward, 329
escravidão, 136, 224, 287-90, 339, 349, 357
Espinosa, Baruch, 49, 101, 114, 332

F

Falconet, Étienne-Maurice, 9, 170, 192-5, 231, 243, 253, 259, 262, 348, 355
Falkenstein, Lorne, 337
Farrer, Austin, 333
Fauche, Samuel, 139, 141
felicidade, 45, 55, 81, 243, 281, 293
Fert, A. J. de, 105
filosofia/filósofos, 10, 13-4, 30, 32, 34-5, 38, 40, 48-52, 57-9, 67-8, 81-3, 93, 96, 110, 113-4, 117, 119, 121-3, 125, 128, 131-2, 135, 137, 141, 147-8, 150-4, 156-9, 165, 187, 190, 200-1, 210, 237, 245, 250-1, 255-6, 266, 268, 269, 275, 281-2, 285, 295-6, 300-1, 307-8, 312, 314-5, 320, 322
Fleury, Omer de, 133
Foissy, Chevalier de, 246
Fontenay, Élisabeth de, 360
Fontenelle, Bernard Le Bouyer de, 95, 307
Formey, Johann Heinrich Samuel, 116, 333

Fossa, François de, 335
Fowler, James, 347, 357
Fragonard, Jean-Honoré, 182-4, 347
Franklin, Benjamin, 188, 288-9, 295, 358
Frantz, Pierre, 357
Frederico, o Grande (Frederico II), rei da Prússia, 115, 128, 210, 269-70, 272-4, 355
Freer, Alan, 351
Fréron, Élie Catherine, 119, 150, 344
Freud, Sigmund, 11-2, 208, 238, 352
Fried, Michael, 347
Fuchs, Rachel Ginnis, 348
Furbank, Philip Nicholas, 329, 331
Furetière, Antoine, 90, 338

G

Galiani, Ferdinando, 188, 190, 353
Galileu Galilei, 313
Galland, Antoine, 210
Garand, Jean-Baptiste, 16, 308
Gautherin, Jean, 314, 360
Gay, Peter, 332, 346
Geffriaud Rosso, Jeannette, 329
Genebra, 40, 123, 125-6, 130-1, 193, 266, 298, 319, 341
Gergy, Jean-Joseph Languet de (arcebispo de Sens), 340
Girbal, Roland, 302
Goethe, Johann Wolfgang von, 15, 160, 345
Goggi, Gianluigi, 357
Goldie, Mark, 343
Goldoni, Carlo, 148, 341, 344
Golitsyn, Dmitry Alekseevich, príncipe, 252-4, 260, 273, 275
Gondrin, Pierre de Pardaillan de, 30, 330
Goodman, John, 329, 346, 348
Gorbatov, Inna, 353, 355
Gordon, Alden, 353
Gordon, Douglas H., 343
Goussier, Louis-Jacques, 79, 104-6, 338
Graille, Patrick, 349
Grandi, Giovanni, 337
Grandval (Sucy-en-Brie, propriedade do barão D'Holbach), 164, 188, 190, 207, 269

Grécia/gregos, 18, 38, 182, 190-1, 303
Greenblat, Stephen, 331
Grell, Ole Peter, 339
Gresset, Jean-Baptiste-Louis, 340
Greuze, Jean-Baptiste, 149, 169, 176-8, 180, 308-9, 347
Grimm, Friedrich Melchior, 15, 125-8, 134, 159-60, 163, 168, 179-80, 182, 185, 188, 190, 214, 231-2, 239-40, 246-7, 252, 254, 257, 264, 272, 280, 291-2, 303-4, 306, 319-21, 323, 329, 336, 345, 353-5, 358
Grosclaude, Pierre, 340
Grotius, Hugo, 266
Guadalupe, ilha de, 287
Guillotte, François-Jacques, 65, 334
Guillotte, Madame, 65-6

H

Haakonsenn, Knud, 332
Haechler, Jean, 340
Haiti, 13, 287-8
Haller, Albrecht von, 212, 349
Hanna, Blake T., 330
Hardouin, 280
Hartman, Lydia Claude, 353
Hatt, Michael, 346
Hazan, Éric, 358
Helvétius, Claude-Adrien, 132-3, 151, 188, 269, 307, 321, 334, 342, 354
Hémery, Joseph d', 66-8, 72, 110
Hemsterhuis, François, 303, 354
hermafroditas, 228, 231, 241
Hesse-Darmstadt, príncipe de, 185
Hesseln, Mathias Robert de, 330
Hipócrates, 191
Hitchens, Christopher, 332
Hobbes, Thomas, 58, 101, 103, 114, 159, 338
Holanda, 48, 81, 90, 115, 134-5, 138, 254, 273-4, 284
Holbach, Paul Henri Thiry d', barão, 128, 134-5, 164, 187-90, 207, 237, 239-40, 245, 257, 264, 269, 280, 282, 307, 325, 334, 347-8, 355, 357
Holmes, Gervais, 70
Homero, 44

homossexualidade, 207, 211, 215, 228-30, 232, 241
Hooke, Luke Joseph, 114
Hoquet, Thierry, 349
Horácio, 303, 340
Houdetot, Élisabeth Sophie Françoise Lalive de Bellegarde d', condessa, 129-30, 188
Hours, Bernard, 342
Houry, Laurent-Charles, 89
Huggard, E. M., 333
Hume, David, 188
Huntington, Samuel P., 331
Hytier, Adrienne, 355

I

Igreja, 35-6, 44, 46-7, 49, 53, 55, 58, 67, 78, 81, 97, 101, 131, 140, 189, 232, 266, 291, 304-6, 313-4, 333, 338; *ver também* catolicismo
Iluminismo, 13, 19, 50, 81, 85-6, 94, 111, 142, 159, 191, 226, 265, 269, 311, 336
Imbruglia, Girolamo, 357
Independência dos Estados Unidos (1776), 279, 289, 291
Inglaterra, 48, 50-1, 80, 152, 289, 334
Israel, Jonathan Irvine, 332, 334, 358

J

James, Robert, 54, 67, 87
Janiak, Andrew, 332
Jansen, Cornelius (bispo de Ypres), 46-7
jansenistas, 9, 33, 46-7, 59, 61, 72, 75, 100, 110, 116, 330, 334, 341
Jaucourt, Louis de, 134-7, 298, 324, 339, 342
Jensen, William B., 349
jesuítas, 9, 29-30, 32, 46-7, 75, 87, 90, 96, 100-1, 111-2, 115-6, 119, 139, 209, 330, 333, 339-42; *ver também* Companhia de Jesus
Jesus Cristo, 46, 123, 189, 305-6
João Crisóstomo, São, 21
Joy, Lynn S., 331

K

Kafker, Frank A., 336-7
Kahng, Eik, 347
Kelley, Donald R., 331
Kelly, Theresa M., 347
Klinger, Maximilian, 160
Klonk, Charlotte, 346
Kors, Alan Charles, 347
Kozul, Mladen, 348
Kuritz, Paul, 343

L

L'Espinasse, Jeanne Julie Éléonore de, 195
La Carlière, Madame de, 213-41, 244
La Condamine, Charles Marie de, 188
La Fontaine, Jean de, 250
La Harpe, Jean-François, 311
La Marck, Marie Anne Françoise de, condessa, 344
La Mettrie, Julien Offray de, 210, 269, 334, 335
La Porte, Henri-Horace Roland de, 180
La Rochefoucauld, Frédéric Gaëtan de, 360
La Tour, Maurice-Quentin de, 39-40, 50, 90, 112
Laborde, Alice, 352
Lacouture, Jean, 342
Lafarga, Francisco, 329
Laffitte, Pierre, 314, 360
Laissus, Yves, 341
Lancaster, Henry Carrington, 344
Landois, Paul-Louis, 359
Langres (França), 14, 19, 22-5, 27, 29, 31-3, 35, 37, 41-3, 47, 54-6, 75, 77, 104, 209, 220, 236, 246, 257-8, 306, 319-20, 322, 329-30, 350
Laslett, Peter, 338
Latude, Jean Henri, 75, 335
Le Blond, Guillaume, 94
Le Breton, André-François, 67, 86-90, 106, 110, 116-7, 132, 134, 138-42, 150, 298, 321, 336-7, 342-3
Le Brun, Charles, 168
Le Gendre, Jean-Gabriel, 239

Leca-Tsiomis, Marie, 337-8
Lecointe, Leon Aimé Joachim, 360
Lecourt, Dominique, 328
Leibniz, Gottfried Wilhelm, 95, 333
Leonardo da Vinci, 168
Lesage, Alain-René, 247
lésbicas, 228, 241
Lessing, Gotthold Ephraim, 261
Leucipo, 190, 191
Levaré, Pierre Hardy de, padre, 65-6
Levasseur, Marie-Thérèse, 125, 130, 234, 298
Lever, Évelyne, 339
Lever, Maurice, 351
liberdade, 51, 83, 86, 102-3, 125, 137, 160, 233, 243, 267, 269, 274, 286, 288, 290-1, 301, 310, 335
Lichtenstein, Jacqueline, 345
Lillo, George, 343
Lilti, Antoine, 348
Lineu, Carlos, 203
Liotard, Jean-Étienne, 126
livre-arbítrio, 11, 47, 301
livre-pensamento, 9, 27, 45, 48-9, 84-5, 122-3, 125, 174, 188, 320
Locke, John, 51-3, 68, 92, 95, 103, 114, 282, 332, 337-8
Lom, Petr, 345
Louvre (Paris), 17, 89, 163-8, 187, 254
Lovejoy, Arthur O., 349
Loveland, Jeff, 337
Lucotte, Jacques-Raymond, 105
Lucrécio, 48, 71, 200
Luís XIV, rei da França, 47-8, 89, 165
Luís XV, rei da França, 16, 47, 61, 67, 72-3, 75, 103, 111-2, 115, 119, 124, 175, 182, 210, 255-6, 277-8, 321, 325
Luís XVI, rei da França, 278-9, 286, 305, 322, 325
Lüsebrink, Hans-Jürgen, 357
luta de classes, 12

M

Maccubbin, Robert P, 350
Macpherson, C. B., 332
Madigan, Timothy J., 349

Magnan, André, 344
Mairobert, Mathieu-François Pidansat de, 165
Malebranche, Nicolas, 199, 340
Malesherbes, Guillaume-Chrétien de Lamoignon de Chiebes de, 113, 116, 133-4, 138, 147, 278-9, 326, 339
Mallet, Edme-François, abade, 101
Malouet, dr., 304
Malpighi, Marcello, 199
Malves, Jean-Paul de Gua de, 88, 336
Manneville, Charles, 334
Marat, Jean-Paul, 291, 360
Marigny, Abel-François Poisson de Vandières de, marquês, 254, 353
Marmontel, Jean-François, 188, 336, 339
Marrinan, Michael, 339
Martinica, 287
Marx, Karl, 12, 159, 329
Mason, John Hope, 346, 355, 357
Massanes, Élie Randon de, 36
Massie, Robert K., 353, 355
materialismo, 63, 73, 100-1, 132-3, 147, 157, 191-3, 195, 198, 201, 205, 207, 240, 245, 248-9, 299, 300, 313, 322, 335, 337
Matter, Jacques, 340
Maupeou, René Nicolas Charles Augustin de, marquês, 255, 261, 354
Maux, Jeanne-Catherine de, 188, 244-7, 256, 258, 322
McManners, John, 330
Meister, Jacques-Henri, 10, 15, 163, 303, 328-9, 336, 345, 358
Mémoires de Trévoux (periódico), 87, 111, 339, 341
Mercier, Louis-Sébastien, 89, 337, 344, 358, 360
Meslier, Jean, padre, 49, 332, 360
Mignot, Marie-Louise, 234
Millard, John, 337
Mills, John, 87-8, 336
Milton, John, 79, 212
Moland, Louis, 355
Molière (Jean-Baptiste Poquelin), 151, 250, 344
monarquia, 23, 74, 102, 121, 165, 287-8, 312, 339

Mondot, Jean, 356
monges/vida monástica, 42, 46, 215, 331
Montaigne, Michel Eyquem de, 248, 281-2, 299, 329
Montesquieu, Charles Louis de Secondat de La Brède e de, barão, 250, 266, 291, 353, 357
Montgeron, Louis-Basile Carré de, 333
Monval, Georges, 161
Moore, W. G., 349
moralidade, 13, 28, 55, 66, 73, 81, 83, 110, 137, 148, 157-8, 161, 177, 200, 206, 213, 224-6, 229, 232, 236, 238, 290, 306, 339, 350
Moreau, Jacob-Nicolas, 122, 341
Morellet, André, 188, 237, 342, 344
Morère, Pierre, 337
Morill, David F., 350
Mortier, Roland, 333
Moureau, François, 335
Mücke, Dorthea E. von, 357
Museu Hermitage (São Petersburgo), 15, 160, 254, 263-5, 268
música, 18, 38, 81, 91, 93, 103, 127, 154, 156, 168, 218, 237, 250, 337

N

Naigeon, Jacques-André, 11, 188-9, 211, 252, 280, 283, 320, 350, 357
Napoleão Bonaparte, 312
Naryshkin, Aleksei Vasilyevich, 260, 262-3, 354
Nassau-Sarrebruck, príncipe de, 185
natureza, 49, 52, 70, 81, 102, 137, 147, 169, 172, 182, 189, 199-201, 206, 209, 212-3, 223-4, 320, 332, 339-40
Needham, John Turberville, 201
Nero, imperador romano, 145, 281-2
Newton, Isaac, 51-3, 69, 95, 277, 332
Nicolau II, tsar da Rússia, 329
Nietzsche, Friedrich Wilhelm, 234, 352
Niklaus, Robert, 333
Noir, Bruno le, 228
Numbers, Ronald L., 349

O

O'Malley, John W., 330
O'Neal, John Coffee, 337
Olsen, Mark, 338
Orléans, duque d', 239
Orlov, Grigory, conde, 264
Ovídio, 170

P

Paine, Thomas, 290
paixões, 58, 168-9, 209-10, 260
Palissot de Montenoy, Charles, 122, 344
Panckoucke, André-Joseph, 350
Panckoucke, Charles-Joseph, 343
Paris, 15-6, 19, 24, 32-5, 37, 39, 41-5, 47, 50, 54, 56, 68, 71, 73, 75-6, 80, 83, 85, 88, 91, 107, 115, 118, 121, 125, 127-9, 131, 138, 141, 155, 159-60, 163-4, 166, 175, 185, 187, 190, 214, 217, 220, 231, 240, 244, 246, 251, 257, 260, 274-5, 284, 288, 295, 298, 304-6, 314, 319, 322, 333-4, 337, 340, 344-5, 348, 352, 358, 360
Pâris, François de, 60-1
Parlamento de Paris, 9, 51, 63, 110, 112, 114, 133, 255, 354
Pascal, Blaise, 47, 58-9, 333
Pearson, Roger, 359
Pechméja, Jean-Joseph de, 287
Pedro III, imperador da Rússia, 251
Pellerin, Pascal, 360
Pépin, François, 342
Pernety, Antoine-Joseph, 339
Petrarca, Francesco, 331
Picart, Bernard, 330
Piles, Roger de, 168
Pinault, Madeleine, 339
Pitman, Joanna, 353
Platão, 82-3, 168, 184, 302, 347, 359
Plutarco, 282
Pompadour, Jeanne-Antoinette de, marquesa, 75, 112-3, 116, 174, 210, 326, 339, 348
Popkin, Richard H., 331

posteridade, 13, 15, 192, 262, 282, 302, 309-10, 313
Potemkin, Grigory, 355
Poussin, Nicolas, 254
Prades, Jean-Martin de, abade, 113-5, 124, 133, 269, 340
Préville (Pierre-Louis Dubus), 152
Prévost, abade (Antoine François Prévost d'Exiles), 250
Prévost, Benoît-Louis, 105
Proust, Jacques, 328, 336-7, 346
Prunevaux, Madame de, 246
Prússia, 86, 152, 210, 269, 291
Pufendorf, Samuel von, 266
Puisieux, Madeleine d'Arsant de, 56, 68, 79, 235-6, 238, 333, 352

Q

Quesnay, François, 112
quietistas, 46

R

Rabelais, François, 247, 331
Racine, Jean, 250, 297
Rafael (pintor), 254
Rameau, Jean-François, 154-5, 156, 160
Rameau, Jean-Philippe, 154
Ravaillac, François, 121
Raynal, Guillaume-Thomas, abade, 13, 188, 284-7, 289, 291-2, 297, 322, 325, 328-9, 336, 357-8
Réaumur, René-Antoine Ferchault de, 72
Reforma Protestante, 46
Rembrandt van Rijn, 254
Restauração dos Bourbon (1814-30), 12, 23
Rétat, Pierre, 340-1
Revolução Americana (1776), 279, 289, 291
Revolução Francesa (1789), 12, 277, 291
Rey, Auguste, 352
Richardson, Samuel, 221, 321
Ris, Clément le, 36
Rivette, Jacques, 213, 350
Robecq, princesa de, 344

Roberts, Meghan K., 352
Robespierre, Maximilien de, 291, 311
Robson, Marian, 328
Roche, Daniel, 343
Rochebrune, Agnan Philippe Miché de, 72-3
Roma, 281
Roth, Georges, 328
Rousseau, Isaac, 39
Rousseau, Jean-Jacques, 14-5, 38-40, 68, 80-2, 91, 102, 124-31, 142, 151-3, 194, 234, 239, 266-7, 281-3, 291, 298, 300, 311, 314, 319-23, 329, 331, 336-7, 341, 344, 353, 357-8
Roussel, Charles François, abade, 330
Rouvroy, Fleurs de, 335
Rubens, Pierre Paul, 254
Rússia, 134, 185, 250, 253, 256, 259, 263, 265, 267-9, 272, 274-7, 286, 322, 329, 335, 353, 355-6
Russo, Elena, 357

S

Sade, marquês de, 74-5
Saint-Amand, Pierre, 351
Saint-Hérem, Gilbert Gaspard de Montmorin de (bispo de Langres), 35
Saint-Lambert, Jean-François, marquês de, 129-30
Salignac, Marie-Jeanne de, 244
Salignac, Pierre Vallet de, 239
São Domingos (Haiti), 13, 287-8, 357
São Petersburgo (Rússia), 11, 86, 131, 160, 243, 250-1, 253-6, 259-60, 262-5, 268-70, 272-4, 277, 322, 355
Sartine, Antoine de, 140, 261, 278
Saunderson, Nicholas, 69-71, 334-5
Saxe-Gotha, Augusta de, duquesa de, 185
Saxe-Gotha, Ernest II, duque de, 185
Schiller, Friedrich, 160, 345
Schomberg, Jean Frédéric, conde de, 127
Ségur, Louis-Philippe de, conde, 355
Sejten, Anne Elisabeth, 334
Sellius, Gottfried, 86-7, 336
Sêneca, 280-4, 286, 290, 297, 299, 322, 357
sexo/sexualidade, 19, 207-9, 211-3, 221-4, 226, 228-32, 234, 237-8, 241, 267, 312, 350

Shaftesbury, Anthony Ashley-Cooper, 54-6, 157, 320, 333-4
Shakespeare, William, 297
Shank, John Bennett, 332
Sheriff, Mary D., 348
Sherman, Carol, 347
Showalter, English, 344
Smith, Adam, 188
Smith, David Warner, 342
Sociedade Real de Londres, 86
Sócrates, 82-3, 302, 308, 315, 359
Sorbonne, 9, 14, 33-5, 44-6, 49-50, 110-4, 320
Spink, John Stephenson, 340
Staël, Madame de, 15, 329
Stallings, Alicia Elsbeth, 331
Stanyon, Temple, 38, 42, 320
Steffen, Jonas, 342
Stendhal (Marie-Henri Beyle), 12
Stenger, Gerhardt, 329-32, 341-2, 352-4, 356
Sterne, Laurence, 188
Stoothoff, Robert, 332
Strayer, Brian Eugene, 333
Strugnell, Anthony, 335-4, 355, 358-9
Suard, Jean-Baptiste-Antoine, 356
Surian, Jean-Baptiste (bispo de Vence), 340
Swammerdam, Jan, 199

T

Tácito, 274
Taine, Hippolyte, 328
Taiti, 11, 221-3, 226-8
Tancock, Leonard, 348, 351-2
teatro francês, 148, 152, 297
teísmo, 333; *ver também* deísmo/deístas
Tencin, Claudine-Alexandrine-Sophie Guérine de, 193-4
Tercier, Jean-Pierre, 132
Terssac, Jean-Joseph Faydit de, 305-6
Thelliez, Berthe, 340
Tholomas, padre, 340
Ticiano, Vecellio, 254
Tietz, Manfred, 357
Tindal, Matthew, 53, 332
tirania, 267, 286, 288
Toland, John, 53

Torrey, Norman L, 343
Tourneux, Maurice, 329, 335
Toussaint Louverture, François-Dominique, 288
Toussaint, François-Vincent, 54
tragédia burguesa, 148
tragédia da classe trabalhadora, 148
Trembley, Abraham, 198
Tressan, conde de, 342
Trévoux (França), 138-9, 321
Tronchin, François, 254, 353
Tronchin, Henry, 353
Tronchin, Théodore, 126
Trousson, Raymond, 322, 340, 352, 360
Tunstall, Kate E., 328-9, 335, 344
Turgot, Anne-Robert-Jacques, 59, 118, 164, 188, 278-9, 333
Turnell, Martin, 328

U

Urfé, Honoré d', 39

V

Valet, Paul, 333
Vallet de La Touche, Nicolas, 239
Van Kley, Dale K., 340
Van Loo, Louis-Michel, 16-8, 165, 298
Vandeul, Abel François Nicolas Caroillon de, 237
Vandeul, Marie-Angélique de, Madame, 11, 28, 33, 36-7, 41, 43, 73, 76, 79, 82, 118, 161, 209, 262, 271, 275, 298, 304, 306-7, 309, 320, 329, 335-6, 350, 359
Varloot, Jean, 328, 332
Vartanian, Aram, 348
Vassilchikov, Alexander, 264
Venel, Gabriel-François, 94
verdade, a, 14, 45, 52, 63, 99, 109, 125, 141, 147, 156-7, 199, 213, 238-9, 258, 282, 291-2, 315
Verger, Jacques, 356
Vernet, Claude-Joseph, 180-2
Veronese (Paolo Caliari), 254
Versini, Laurent, 352, 354
Viard, Georges, 329

Victoire, Madame, 120
Vien, Joseph-Marie, 169
Vigneron, Angélique (mãe de Diderot) *ver* Diderot, Angélique
Vigneron, Didier, 29
Vincennes, Château de (prisão), 10, 71-6, 78-85, 92, 203, 334-5
Virgílio, 44, 297, 303
Volland, Jean-Robert, 239
Volland, Louise-Henriette (Sophie), 149, 190, 229, 238-40, 319-20
Volland, Marie-Charlotte, 229, 239, 241-2, 244
Volland, Marie-Jeanne, 239
Voltaire (François-Marie Arouet), 11, 14, 35, 50-2, 58, 68-9, 81, 95, 115, 117, 123, 131-2, 136, 142, 153, 215, 234, 240, 250-1, 264, 269, 295-8, 300, 305-6, 315, 319, 322-3, 330, 332-3, 337, 342, 344, 349, 351, 353, 355, 357, 359-60

W

Warens, Françoise-Louise de, 40
Warman, Caroline, 328, 343-4
Watteau, Jean-Antoine, 254
Weil, Françoise, 342
Werner, Stephen, 338
Wiles, Mary M., 350
Williams, David, 355
Wilson, Arthur McCandless, 329-31, 334-6, 338-42, 352, 355, 359
Winckelmann, Johann Joachim, 175, 346
Wokler, Robert, 355, 357
Wolfe, Charles, 359
Wolff, Christian, 168

Y

Yeo, Richard, 337-8
Yvon, Claude, abade, 101

Z

Zalta, Edward N., 337
Zola, Émile, 12

Créditos das imagens

p. 16: *Retrato de Diderot a partir de Garand*, gravura de Pierre Chenu. Cortesia da Maison des Lumières Denis Diderot, Langres

p. 17: *Retrato de Denis Diderot*, pintura a óleo de Louis-Michel van Loo. Museu do Louvre. Alamy Stock Photo

p. 22: *Vista da cidade de Langres*, a partir do lado oeste, 1700. Aquarela, autor anônimo. Bibliothèque Nationale de France

p. 24: *A Place Chambeau*, Langres, c. 1840, aquarela de G. Saby. Coleções dos Musées de Langres. Foto de Sylvain Riandet

p. 25: *Estátua de Diderot* em Langres, de Auguste Bartholdi. © Jean-François Feutriez

p. 26: [acima] A casa onde Diderot nasceu, atualmente nº 9 da Place Diderot, Langres. Foto. © Jean-François Feutriez; [abaixo] *Retrato de Didier Diderot*, pintura a óleo, autor anônimo. Coleções dos Musées de Langres

p. 27: Uma faca feita por Didier Diderot, mestre cuteleiro. Cortesia da Maison des Lumières Denis Diderot, Langres

p. 28: A oficina de um cuteleiro. Wesleyan University Special Collections and Archives

p. 30: *Tonsura de um abade*, de Bernard Picard. *Cérémonies et coutumes religieuses de tous les peuples du monde* (Amsterdam: Laporte, 1783). Wesleyan University Special Collections and Archives

p. 34: O Collège D'Harcourt, gravura, 1675, autor anônimo. Chronicle/ Alamy

p. 35: *Vista da Sorbonne*, mostrando o pátio do Musée des Artistes. Água-tinta colorida à mão. *Vues des plus beaux édifices publics et particuliers de la ville de Paris dessinées par Durant, Garbizza [Toussaint] et Mopillé, architectes, et gravées par Janinet, J. B. Chapuis etc.* (Paris: Esnault, 1810). Cortesia Anne S. K. Brown Military Collection, Brown University Library

p. 39: *Retrato de Jean-Jacques Rousseau*, pastel de Maurice-Quentin de La Tour. Museu Jean-Jacques Rousseau, Montmorency

p. 50: *Retrato de Voltaire*, estudo de Maurice-Quentin de La Tour. Museu Antoine-Lécuyer/ ART Collection/ Alamy

p. 57: Frontispício da primeira edição dos *Pensées philosophiques* (1746). "A filosofia arranca a máscara da horrenda superstição." Beinecke Rare Book and Manuscript Library, Yale University

p. 60: *François de Pâris*, gravura de Jean II Restout. Louis Basile Carré de Montgeron, *La Vérité des miracles opérés à l'intercession de M. de Pâris*, 1737. Coleção particular

p. 61: *Reunião de fiéis e convulsionnaires em torno do túmulo de François de Pâris no cemitério de Saint-Médard*, gravura de Jean II Restout. Louis Basile Carré de Montgeron, *La Vérité des miracles opérés à l'intercession de M. de Pâris*, 1737. Coleção particular

p. 66: *Retrato de Nicolas-René Berryer*, pintura a óleo de Jacques François Delyen. Musée des Beaux-Arts de Troyes. Foto Carole Bell

p. 69: *Retrato de Nicholas Saunderson*, gravura a partir de J. Vanderbank. Wellcome Images.

p. 74: O Château de Vincennes. Vista do calabouço. Foto Pocholo Calapre/ Alamy

p. 90: *Retrato de Jean le Rond d'Alembert*, gravura a partir de um pastel de Maurice-Quentin de La Tour, 1752. Wellcome Collection

p. 91: *Retrato do Abade Étienne Bonnot de Condillac*, gravura anônima. *Essai sur l'origine des connaissances humaines, Œuvres de Condillac* (Ano VI-1798). McCain Library and Archives da University of Southern Mississippi

p. 96: "Sistema do conhecimento humano" de Diderot, um esboço sistemático de todos os campos do conhecimento humano, publicado no primeiro volume da *Encyclopédie*. Gravura do *Recueil de planches*. Wesleyan University Special Collections and Archives

p. 100: "O cordeiro vegetal", uma planta lendária descrita na *Encyclopédie*. De Henry Lee, *The Vegetable Lamb of Tartary: A Curious Fable of the Cotton Plant* (Londres: S. Low, 1887). Redesenhado a partir da *Specula Physico-Mathematico-Historica Notabilium ac Mirabilium Sciendorum* (1696) de Johann Zahn. Cortesia William College Libraries

p. 105: [acima] A aprovação para publicação assinada por Diderot. Cortesia *Recherches sur Diderot et sur l'Encyclopédie*, 2013; [abaixo] *Ateliê do gravador*, gravura em *Recueil de planches*. Wesleyan University Special Collections and Archives

p. 106: *Oficina tipográfica*, gravura em *Recueil de planches*. Coleção particular

p. 107: Instrumentos cirúrgicos, gravura em *Recueil de planches*. Wesleyan University Special Collections and Archives

p. 108: Africanos escravizados trabalhando num engenho de açúcar, gravura em *Recueil de planches*. Wesleyan University Special Collections and Archives

p. 112: *Retrato de Madame de Pompadour*, pastel de Maurice-Quentin de La Tour. Museu do Louvre. Heritage Image Partnership LTD/ Alamy

p. 113: *Retrato de Guillaume-Chrétien de Lamoignon de Chiebes de Malesherbes*, pintura a óleo de Jean Valade. Musée Carnavalet, Paris/ The Archives/ Alamy

p. 118: A Rue Taranne aparece no canto inferior direito no mapa de Paris de Michel-Étienne Turgot, 1734-9. Coleção particular

p. 120: *Robert François Damiens*, gravura anônima. Chronicle/ Alamy

p. 122: *A execução de Robert-François Damiens*, gravura anônima. Alamy

p. 126: *Retrato de Madame Louise d'Épinay*, pastel de Jean-Étienne Liotard. © Musée d'Art et d'Histoire, Genebra, Cabinet d'Arts Graphiques. Foto Bettina Jacot-Descombs

p. 127: *Retrato de F. M. Grimm*, de Carmontelle, gravura de Ambroise Tardieu. Biblioteca Nacional da Áustria/ Interfoto/ Alamy Stock Photo

p. 136: *Retrato do Chevalier de Jaucourt*, gravura anônima

p. 140: Página de rosto do volume 8 da *Encyclopédie*, 1765. Coleção do autor

p. 151: Cena de *Les Philosophes*, gravura em *Œuvres de M. Palissot* (Liège: Chez Clément Plomteux, 1777). Coleção do autor

p. 155: Suposta cópia de um retrato a bico de pena de Jean-François Rameau por Johann Georg Wille, com a inscrição "Rameau, meu aluno em 1746". Diderot, *Le Neveu de Rameau* (Paris: A. Quantin, 1883). Coleção do autor

p. 164: [acima] O Louvre e arredores no mapa de Paris de Michel-Étienne Turgot, 1734-9. Coleção particular; [abaixo] *A fachada oeste do Louvre*, pintura a óleo de Philibert-Louis Debucourt. Museu do Louvre/ Active Museum/ Alamy

p. 165: O Salão do Louvre de 1787, água-forte e gravura a partir de Johan Heinrich Ramberg. The Elisha Whittelsey Collection. Metropolitan Museum of Art

p. 170: *Pigmaleão e Galatea*, escultura de Étienne-Maurice Falconet. The Walters Art Museum, Baltimore

p. 172: *A arraia*, pintura a óleo de Jean-Baptiste Siméon Chardin. Museu do Louvre. Foto Violette Graille

p. 174: *A odalisca loura*, pintura a óleo de François Boucher. Museu do Louvre. Foto Violette Graille

p. 176: *Belisário pedindo esmolas*, pintura a óleo de Jacques-Louis David. Museu do Louvre. Heritage Image Partnership Ltd/ Alamy

p. 177: *O contrato de casamento*, pintura a óleo de Jean-Baptiste Greuze. Museu do Louvre/ Artimages/ Alamy

p. 178: *Menina com um canário morto*, pintura a óleo de Jean-Baptiste Greuze. Galerias Nacionais da Escócia, RMN-Grand Palais/ Art Resource, NY

p. 181: *Cena costeira: O farol de Gênova e o templo de Minerva Médica*, pintura a óleo de Claude-Joseph Vernet. © Musées d'Art et d'Histoire, Genebra. Foto Yves Siza

p. 183: *O sumo sacerdote Coreso sacrificando-se para salvar Calirroé*, pintura a óleo de Jean-Honoré Fragonard. Museu do Louvre. Heritage Image Partnership/ Alamy

p. 188: *Retrato do barão D'Holbach*, gravura anônima do século XIX. Chronicle/ Alamy

p. 196: *Retrato de Mademoiselle de l'Espinasse*, aquarela e guache de Louis Carrogis (Carmontelle). Museu Condé. © RMN-Grand Palais/ Art Resource, NY. Foto René-Gabriel Ojéda

p. 197: *Retrato de Théophile de Bordeu*, vinheta de Lambert, gravura de Tardieu. Wellcome Library, Londres

p. 198: *Pólipos de água doce*, gravura e aquarela, em *Roesel Insecten-Belustigung*, 1755. Coleção do autor

p. 204: *Retrato do conde de Buffon*, gravura de Hart, a partir de François-Hubert Drouais. Wellcome Library, Londres

p. 219: "Ela toca e canta como um anjo", gravura de Antoine-Cosme Giraud, em Diderot, *La Religieuse* (Paris, 1804). Bibliothèque de l'Assemblée Nationale

p. 223: *Retrato do almirante e conde Louis-Antoine de Bougainville*, gravura anônima. Reportage/ Archival Image

p. 231: *O barão Melchior de Grimm e Denis Diderot*, desenho a lápis de Louis Carrogis (Carmontelle). Coleção particular/ Bridgeman Images

p. 245: *Retrato de Madame de Maux, sua filha Mademoiselle de Maux e Monsieur de Saint-Quentin*, aquarela de Louis Carrogis (Carmontelle). Museu Condé, Chantilly, França. Foto René-Gabriel Ojéda

p. 263: *Retrato de perfil de Catarina II*, pintura a óleo de Fedor Rokotov. Galeria Tretyakof. GL Archive/ Alamy

p. 278: *Retrato de Luís XVI*, gravura pontilhada anônima. Doação de Susan Dwight Bliss. Metropolitan Museum of Art

p. 284: *Guillaume Thomas Raynal, o defensor da Humanidade, da Verdade e da Liberdade*, gravura anônima no frontispício de *Histoire philosophique et politique des établissements et du commerce des Européens dans les deux Indes* (Genebra: Jean-Léonard Pellet, 1780). Coleção do autor

p. 296: *Busto de Voltaire*, mármore sobre base de mármore cinza de Jean-Antoine Houdon. Metropolitan Museum of Art. Aquisição de sr. e sra. Charles Wrightsman

p. 308: [acima] Diderot com o queixo na mão, gravura de Pierre Chenu a partir de Garand. Cortesia da Maison des Lumières Denis Diderot, Langres; [abaixo] *Memento mori ou Retrato fúnebre de Denis Diderot*, desenho a lápis colorido de Jean-Baptiste Greuze. Montargis, Museu Girodet

p. 310: *Retrato de um homem com um busto de Denis Diderot*, pintura a óleo de Jean-Simon Berthélemy. Bpk Bildagentur/ Staatlich Kunsthalle Karlsruhe/ Foto Annete Fischer/ Heike Kohler/ Art Resource NY

p. 312: *Diderot e suas treze amantes*, retrato anônimo em gravura, em L. François, *Lettres à M. Bizot de Fonteny à propos de l'érection de la statue de Diderot* (Langres: Rallet-Bideaud, 1884). Bibliothèque Nationale de France

p. 313: Em 1884, Diderot foi homenageado no Palácio do Trocadéro em Paris. *A Salle des Fêtes no Palácio do Trocadéro*, Paris, gravura de Trichon, em Simon de Vandière, *L'Exposition universelle de 1878 illustrée* (Paris: Calmann Lévy, 1879). Brown University Libraries

p. 314: *Estátua de Denis Diderot* de Jean Gautherin, inaugurada em 1884 em Paris, perto da Rue Taranne. © Léopold Mercier/ Roger-Viollet

Diderot and the Art of Thinking Freely © Andrew S. Curran, 2019

Todos os direitos desta edição reservados à Todavia.

Grafia atualizada segundo o Acordo Ortográfico da Língua Portuguesa de 1990, que entrou em vigor no Brasil em 2009.

capa
Flávia Castanheira
imagem da capa
The Picture Art Collection/ Alamy Stock Photo
tratamento de imagens
Carlos Mesquita
composição
Manu Vasconcelos
preparação
Andressa Bezerra Corrêa
índice remissivo
Luciano Marchiori
revisão
Jane Pessoa
Fernanda Alvares

Dados Internacionais de Catalogação na Publicação (CIP)

Curran, Andrew S.
 Diderot e a arte de pensar livremente / Andrew S. Curran ; tradução José Geraldo Couto. — 1. ed. — São Paulo : Todavia, 2022.

 Título original: Diderot and the Art of Thinking Freely
 ISBN 978-65-5692-219-5

 1. Biografia. 2. Perfil. I. Diderot, Denis. II. Couto, José Geraldo. III. Título.

CDD 928

Índice para catálogo sistemático:
1. Biografia : Perfil biográfico 928

Bruna Heller — Bibliotecária — CRB-10/2348

todavia
Rua Luís Anhaia, 44
05433.020 São Paulo SP
T. 55 11 3094 0500
www.todavialivros.com.br

fonte
Register*
papel
Pólen soft 80 g/m²
impressão
Geográfica